国家社科基金
GUOJIA SHEKE JIJIN HOUQI ZIZHU XIANGMU
后期资助项目

语言哲学研究

21世纪中国后语言哲学沉思录（下）

Researches on Philosophy of Language

Meditation on China's Post-Philosophy of Language in 21st Century

王　寅　著
陈嘉映　钱冠连　黄　斌　审

北京大学出版社
PEKING UNIVERSITY PRESS

图书在版编目 (CIP) 数据

语言哲学研究：21 世纪中国后语言哲学沉思录（下）/ 王寅著 . —北京：北京大学出版社，2014.6

ISBN 978-7-301-24427-2

Ⅰ . ①语… Ⅱ . ①王… Ⅲ . ①语言哲学—研究—中国—21 世纪 Ⅳ . ① H0-53

中国版本图书馆 CIP 数据核字 (2014) 第 137693 号

书　　名 语言哲学研究——21世纪中国后语言哲学沉思录（下）
YUYAN ZHEXUE YANJIU

著作责任者 王　寅　著

责任编辑 刘文静

标准书号 ISBN 978-7-301-24427-2

出版发行 北京大学出版社

地　　址 北京市海淀区成府路 205 号　100871

网　　址 http://www.pup.cn　　新浪微博：@ 北京大学出版社

电子邮箱 编辑部 pupwaiwen@pup.cn　　总编室 zpup@pup.cn

电　　话 邮购部 62752015　发行部 62750672　编辑部 62754382

印 刷 者 北京虎彩文化传播有限公司

经 销 者 新华书店

730 毫米 ×1020 毫米　16 开本　24.25 印张　350 千字

2014 年 6 月第 1 版　2025 年 9 月第 5 次印刷

定　　价 59.00 元

《国家社科基金后期资助项目》出版说明

后期资助项目是国家社科基金设立的一类重要项目，旨在鼓励广大社科研究者潜心治学，支持基础研究多出优秀成果。它是经过严格评审，从接近完成的科研成果中遴选立项的。为扩大后期资助项目的影响，更好地推动学术发展，促进成果转化，全国哲学社会科学规划办公室按照“统一设计、统一标识、统一版式、形成系列”的总体要求，组织出版国家社科基金后期资助项目成果。

全国哲学社会科学规划办公室

目 录

序　一

王寅教授《语言哲学研究》的启示

钱冠连

一、启示 1：哲学与人共生共长

不会走路的婴儿，朝着大人用手指着周围的某个东西，开始了他或她的求生之路。两岁左右，他在大人的牵引下，一刻不闲着，努力将大人拉向他想要奔向的目标，并用手指向(refer to)那个目标(object, a thing)，嘴巴里发出近似于"这个"(this one)、"那个"(that one)的词语。人开始了他的语言人生(所谓人生就是语言人生)，他命中注定地要与世界(the world)的某些对象发生关系，他命中注定地就是一个哲学家坯子。年纪大了之后，他给他的儿或孙不断地现场教学，或问："何物在此？(What is there?)"或问"这是什么？(What is this?)""那是什么？(What is that?)"用手指，说词语，好意地强迫他的儿孙与这个世界的某些对象发生联系。用西方哲学的眼光，这上下两辈人就把毕因论(王寅译 ontology)或本体论的典型问题(What is there?)轻轻松松地、无意识地都规定好了！绝大多数人终生都不知道，他们的指称活动与指称性的提问与答问都写进了西方哲学书中！

生活中大多数时候，成年人与这个世界产生联系时，在奔向这个那个目标时，可以"心指"或"意向"，已经不屑于用身子奔、用嘴巴说、用手指。如果他从亚里士多德那里学会了逻辑学，从欧几米德那里学到了几何学，他逐渐有了抽象的符号推理能力，他的思维可以超越直接的感觉经验，可以从事纯粹的思维操作。

看，哲学本来是和一个人共生共长的东西，不幸的是，它和那么多的人没有缘分，竟然分道扬镳。

二、启示 2：哲学与语言学共生共长

语言问题从来就是哲学视野中的重要话题。语言与哲学的血脉渊源，大

致上可用三个断言说清楚:"人在本质上是个语言存在物"(亚里士多德),"语言是存在之居所"(海德格尔),"所有的理解都具有语言性"(伽达默尔)。在王寅此著作中,这是一条随时可见的、最醒目的主线。王寅说:"认知语言学与后现代哲学具有同生同长、相互关照、双方呼应的关系",这是对后现代哲学与认知语言学之间关系的一个全新认识,具有普遍意义,对推动语言学家学习哲学,对语言学与哲学的共同发展,具有重要的意义。

国外语言学家都经受过哲学的早期训练。这样必然使他们的语言学研究原创性较多(没有只引进不创新之类的奇怪病象),理论深刻,方法论丰富,批判之风气正常而经常,既有不断的超越又有频繁的回归,没有跟风与抢热门的现象,带来了学术的持久繁荣。这样的因,结出这样的果,对中国语言学和其他人文学科是个很对症的启示。可是我们长期忽视了。

中国语言学的发展太特殊了。许慎、刘勰就不说了,晚清的那一批语言学家也不说了,我们的话题直接从共和国成立以后的大学中文系与外语系说起。高中毕业生考虑报考中文或外语系的,多数人是数学不好、理科不怎么样的学生。凭着大学四年的中文系与外语系的语言功底,在完全没有西方哲学训练(没有逻辑学、数学、符号学等等)的背景下就研究起语言学来。可能有人反驳说,现代汉语专业中不是也开逻辑课么?事实上,这一点点知识不可能代替专门的逻辑训练。而且,在逻辑学课程中,师生的兴趣不在其哲学渊源与哲学需要,只讲逻辑是思考的规律与需要,那么,这样对逻辑的理解,就有点隔靴搔痒了(见本著作中的数理逻辑部分)。有一部分人凭自己的好学精神自修了中国古代哲学,这是有眼光的,可是不学西方哲学,那基本上就难以与现代语言学沾边了。一句话,中国语言学家看家本领中的哲学意识基本空缺。

哲学意识基本空缺的语言研究者(包括本文作者在内),其语言研究之艰难可想而知。直到现在还有相当多的语言研究者认为学习哲学完全是多此一举,自找无趣。

现代语言学家可以不懂西方哲学吗?

徐烈炯①说得好:"如果我们的兴趣在于哲学语义学,可以基本上不考虑语言学家的研究,但是如果我们的兴趣在于语言学中的语义学,则非得了解哲学家、逻辑学家的语义学研究不可,语言学家的工作很大程度上以哲学家的概念和框架为基础,为出发点。"(见该著作第六章第一节"概述")

不知道分析哲学家(语言哲学家)如何从指称与意义着手而到意义的真

---

① 徐烈炯,1990,《语义学》,北京:语文出版社。

值论继而奠定了语义学的基础[①]，就无法知道语义学的概念与框架是怎么来的。

如果不知道语言哲学家如何从指称与意义着手从而发现“生活形式”与“语言游戏”论，直至发现“言有所为”与“言有所述”意义论，又到“会话含义”意义论，继而奠定了语用学的基础[②]，就无法知道语用学的概念与框架是怎么来的。

研究母语习得的学者，不研究语言哲学大家 Quine[③]：*Word and Object* 的第一章 Language and Truth ，就不知道哲学和语言学的研究为何要从日常指称事物开始，就不知道儿童是如何学会用词语指称事物的，当然就不知道母语学习到底是怎么一回事。

研究两语翻译理论的学者，不研究 Quine 的 *Word and Object* 的第二章 Translation and Meaning，就真的不知道翻译理解之不确定性究竟起源于何方，也不知道哲学家论翻译比翻译理论家论翻译，更为深刻而无不及。

语言学家“顺手牵羊”式地从此书中获得的东西定会大喜过望：指称的个体发生哪些非常细致的情形；为什么语言是一种精神的、文化的现象；一个语言共同体的语音常规是怎么建立起来的；哪些情形下引起了指称的模糊性；为何与怎样使用数理逻辑(量化逻辑)式子(标准记法等等逻辑表达式)，使用那些日常生活中人们几乎不使用的形式逻辑表达式究竟有什么好处(使不确定的意义得到精密规整)，量化是什么意思(表达式中出现了变元以全称量词和存在量词来限定)，量化又有什么功能；知道内涵逻辑与外延逻辑的争论对语言学家有什么好处，什么情形下内涵逃逸了，这些看似无用的东西对于科学理论的构建有什么必要；知道毕因论(本体论)抉择对语言学家有什么帮助；知道“语义上行”(semantic ascent)有什么好处(把人们对于对象的谈论变成了对词语的谈论[④]，这样就非常方便地从谈论那些没有真实对象的困境中上溯到谈论词语的使用)，等等。上面所述仅是语言学家对哲学必修之部分

---

① Alfred Tarski, 1944. “The Semantic Conception of Truth and the Foundations of Semantics”, *Philosophy and Phenomenological Research*, 4.

② Ludwig Wittgenstein, 1958. extract from *Philosophical Investigations*, translated by G. E. M. Anscombe (Oxford: Blackwell). J. L. Austin, 1962. “Performatives and Constatives” (chapter I) and “Conditions for Happy Performatives” (Chapter 11) in *How to Do Things with Words*. Oxford: Clarendon Press. H. P. Grice, 1989. “Meaning”, in *Studies in the Way of Words*. Cambridge, MA.: Harvard University Press.

③ Willard V. Quine, 1960. *Word and Object*. Cambridge, MA.: MIT Press.

④ 原句：A shift from talk of objects to talk of words, p. 271 ，这便是影响众多哲学家的 Semantic Ascent(语义上行) 论。

例子。

因此,拒绝语言哲学的中国现代语言学者们,总有一天,会发觉语言研究举步维艰,不绝如缕的局面。在读王寅此书的时候,不时地有一句话在我耳边响起来:拒绝哲学的语言研究像没有向导的盲人企图远行。

建议把语言哲学当成语言学学者与学生的必修课(广东外语外贸大学的博士点就是这样办的),就会逐渐地从根本上改观我国语言学的困难局面。

现将王寅书中反复引用过的一段话以原文抄录如下,并作为本节的结束:Philosophy in its widest sense had been the cradle of linguistics①. 从广义上看,哲学从来就是语言学的摇篮。

三、堪称绕不开的基础教科书

本著作给我印象最深刻的有如下几点:

有时,先从语言学的须须摸到哲学的根根,再从哲学的根根滋润到语言学的须须。有时,直接从哲学的根根搜寻到语言学那里去,让语言学的读者悟出自己的摇篮原来是哲学家铺就的。这是第一。

第二,本著作把分析哲学(后来的标签为语言哲学②)存在近百年的一段潮流(trend,或运动)的来龙去脉交代清楚了。这可算西方哲学史的一个小线段。甚至可以说,作者从语言哲学上溯两千多年,又从其下接到了西哲第四转向后的后现代哲学潮流,把整个西方哲学的简史也摆出来了。这可算西方哲学史一条总线。能够弄清断代史的人不少,写出通史或全史或总史的人不多,能够同时把一个线段和一条总线都梳理出来的人,更是不多。你可以发现梳理之中的种种疏漏,挑出种种问题,但扪心自问,我们得承认,作者所用之功夫,绝非一般人所能有;做出如此之重要贡献,绝非一般人所能叩问。

第三,作者善于用串联式图解来滤清思路,道出来龙去脉。从图 1—1 直到图 20—1,总共绘制了 85 个图。在这些图中,如何分栏,如何提炼出极少的字词放进去以概括某一理论之精髓或概括两者之间的关系,如何画箭头表示去向与承接,如何把最经典的口号与流行语(如“上帝死了”)浓缩进去,如何使用各种符号以分清层次,等等,一要有智慧,二要愿意花时间,三要用心血。这么多的东西,落实到读者那里却只有一个感叹:“啊,原来如此!”串联式图

---

① R. H. Robins, 1967. *A Short History of Linguistics*. London: Longman, p. 103.

② “In a broad sense, philosophy of language is nearly synonymous with analytic philosophy.”, See Nicholas Bunnin, JiyuanYu, 2001, *Dictionary of Western Philosophy: English-Chinese*. Beijing: People Publishing House.《西方哲学英汉对照辞典》,北京:人民出版社。p. 755.

解把你心头许久的困惑一吹而散。这时,你不得不感谢作者思考百日才使读者云开雾散于一时的效果转换。

第四,作者几乎为每一个语言学理论在哲学的纵向的发展线条中找一个归属点。这必须有横扫(synchronical description)与竖梳(diachronical description)的功夫。横,共时线条上的一个点,即作者正在论及的一个对象(某问题或某理论)。那么,把这个点放进竖的历时链条中的哪一个位置上?找准了这个切入点,就把某一个问题或某一理论的承前启后的历史作用与地位定下来了。

第五,将"史论"(对历史事实的客观论述)与"我论"(史论作者本人的论断)结合起来。写哲学史就是在做哲学,这是大家公认的。把"我论"写进史中去并不简单,本著作的作者在许多问题上都有自己的见解与发展,这就更不容易了。

第六,他对两千余年西方哲学人本观做出了诚恳批评(通观全书与参见第二十章第二节"不同哲学流派视野下的人本观"),他对语言哲学的梳理引发出了对中国后语哲视野(第二十章)的期望、伸张与设想(建设)。写通史与断代史,批评与建设的理论勇气总是要有的。

综合上述几点,我认为这本书,堪称基础教科书,"基础"者,不是说它浅显,而是说它重要,绕不开,是必读教程。

我希望,没有受过哲学前期训练的中文研究者与外语研究者,赶快通读王寅的这本书,补上这一课。

我特别希望,没有受过哲学前期训练的要投考语言学博士与硕士的学者(无论是在外语院校读,还是在中文院校读),把王寅的这本书当成必读书,读过之后,估计你们就再也坐不住了,就会发现差距,有读哲学的紧迫感了。

这本书,可省去语言哲学和语言学的初学者在茫茫大海中的许多苦苦摸索时间。

四、王寅之路

我以"王寅之路",谓王寅将语言学与哲学打通的研究之路。其细节是:

第一,及早地具有自觉意识,全面地打通哲学与语言学,做个语言学研究的明白人。"我们必须从语言哲学的高度……跳出纯语言研究的束缚,不至于成为井底之蛙,终为糊涂人。"

第二,研究西土的东西不忘本土的资源。

第三,继承重要,不忘创造更重要。这方面的论述,贯穿全书始终。

另外,王寅,作为著名语言学家和语言哲学家,对中国后语言哲学的支持与参与,使事实上存在着的中国后语言哲学的溪流,形成了公开的潮流与趋势。(见即将出版的钱冠连《后语言哲学之路》导言)

五、本著作可能的久远影响

此书可能会在下面两个方面对后人产生久远的影响:

第一,他对两千余年西方哲学人本观的诚恳批评;

第二,他对语言哲学的梳理引发出来的对中国后语哲视野的期望、伸张与设想。

如果这个世界与人类不是酒阑花谢,我们总可看到与人共生共长的哲学归路。

Posterity will judge.

2012 年 4 月 14 日于湖北仙桃

序　二

陈嘉映

王寅教授的《语言哲学研究》用洋洋洒洒几十万字勾勒出了语言哲学的宏大景观。该著作不仅清晰梳理了西方哲学和语言哲学简史、主要内容和研究方法，而且大力发展了钱冠连先生等提出的“中国后语哲”理论。纵览全书既能深切感受王寅教授渊博的学识、深邃的思想以及执着的探索精神，也能充分预见该书的出版必将在哲学和语言学领域形成新的发展动力。

该著作的难能可贵之处首先在于将整个庞杂的西方哲学史完整清晰地进行了梳理。从古希腊时期的哲学开始娓娓道来一直到后现代哲学潮流，编制图表达 85 个之多，清晰地展现了两千多年的西方哲学发展史。足以可见王寅教授所投入的精力之巨大，绝非一般人所能及。

其次，创新始终与梳理同在。在该著作第一章将“感性 vs 理性”和“哲学三转向”结合起来；第六章基于波普尔(Popper)和阿佩尔(Apel)的三次转向以及后现代哲学思潮的兴起和发展，提出了哲学的第四转向，即“后现代转向”；第十四章从马列主义唯物论角度论述了体验哲学的理论基础。以上观点极具原创性，填补了国内外相关研究的空白；这些仅仅只是列举了一二，王寅教授在沉思过程中始终贯彻“梳理与创新”的方法，各章都遵循“既有传承、也有发展、更有创新”的思路。

再次，本书文字表达清晰，流畅。很多学者惯用艰深、隐晦的“哲学文体”以显示哲学的“高雅”与“深远”，这往往使得一些精妙的思想被晦涩的表达所掩盖，令不少读者望而生畏。本著作力求语句平白，表达衔接，层次分明，将艰深的问题用简单易懂的语言表述出来。其用语可用“精辟、精准、精简”来形容，使读者大有茅塞顿开、意犹未尽之感。

最后，深远的启示性令该著作锦上添花。王教授几乎分析了每一个语言学理论的哲学基础，明确指出要能对语言有更高层次的认识，对语言学做出更深刻的思考，对语言学理论有所贡献，(语言)哲学是一个永远绕不过去的关口。有充分的理由相信该书必定会在很大程度上改变国内语言学研究现状，促使越来越多的语言学研究者超越纯语言研究的局限，深入语言哲学的源泉中充分吸取养分，见到一片更为宽阔的蓝天。

2013 年 8 月 8 日于北京

序　三

后语哲的希望在中国

The hope for postmodern philosophy of language lies in China

—— Congratulations on the 12th Summer Academy for Sino-West Philosophy of Language.

John B. Cobb, Jr.

Please accept my sincere congratulations on the 12th Summer Academy for Sino-West Philosophy of Language. I really appreciate the chance to write you about my hopes for the contribution you are making.

As you know, English-language philosophy has been, in recent years, chiefly linguistic philosophy. I have been prejudiced against it. Rightly or not, I have felt that it tends to separate language from other types of activity and experience and from knowledge gained in other ways, such as history and science. It tends to treat it as if it could be understood in itself, rather than in its relations with everything else. I have also felt that too often Western linguistic philosophers have known only Indo-European languages, and that they have been too influenced by their shared characteristics.

When you speak of a "philosophy of language" I sense that you approach language with ideas that are drawn from a wider frame of reference. Just as there is a philosophy of science and a philosophy of history; so, also, there is a philosophy of language. Of course, each can be helpful to the others, but no one should claim to be *the* key to everything else. Each is a key to everything, and each can be enriched by using other keys as well. Since so much of modern philosophy has assumed that all our knowledge of the world comes through the sense organs and especially vision, I commend the "radical empiricism," developed by William James and employed by Alfred North Whitehead, as providing a much wider range of reference.

Chinese thinkers have the great advantage that, while most of them know one or more Indo-European languages, all know one language that is not Indo-European. You are protected thereby from the parochialism that afflicts so much linguistic philosophy in the West. With your knowledge of multiple types of language and your willingness to reflect about language both scientifically and historically, I think you are finding much in Whitehead's writings about symbolism, including its specifically linguistic form, that is helpful. I hope so. But language is a complex and inexhaustible topic. However much you learn from Whitehead, you will be able greatly to enrich process thinking about language. I feel very thrilled to see the great achievements your community has made under the leadership of Prof. Guanlian Qian and Yin Wang. You have my admiration for promoting the postmodern turn of philosophy of language. I am convinced that the hope for a constructive postmodern philosophy of language lies in China.

前　言

（一）

国内已出了几本“语言哲学”方面的教材和专著，为什么还要再写这样一本题为《语言哲学研究——21世纪的中国后语言哲学沉思录》的书？

目的主要有二：(1)清晰梳理西方哲学和语言哲学简史、主要内容和研究方法，便于教学与研究，可使各种理论之间的关系更为清晰易见；(2)中国学者当自强，经沉思后当有我国自己的理论，不必总是在为老外忙乎！积极响应中国学者提出的前沿观点，努力发展钱冠连等提出的“中国后语哲”理论。

学界认为，西方哲学主要经历了三次转向：古希腊的毕因论（即本体论或存在论）是在反思自然哲学的基础上形成的，着力研究Being（毕因、存在）的实在性，努力追寻客观世界背后的绝对真理，建构形而上学知识体系，行走在研究“客主关系”的路径上。近代认知论发现上一目标难以实现，转向了Being的认识性，研究人们认识的能力、本质、范围、特征等，追问人们如何获得真知，从而形成了经验论和理性论两大阵营，坚守在论述“主客关系”的方向上。现代语言论认为形而上学的运思方向误导世人，不存在那些诸如“本质、绝对真理”等一类的命题（其中若干是伪命题），它们常起因于自然语言的模糊性，这才是引起误解和纷争的祸首，从而转向了Being的表达性；力主基于现代形式逻辑建构理想语言（又叫人工语言、形式语言），精确分析语言意义，将哲学重新定位于分析“语言与客主体的关系”上。

当我们回顾20世纪前半叶西方哲学时，似乎感觉到这样一个悖论：客体性与主体性的颠倒，工具理性与价值理性的错位，形式主义与认知功能主义的对立。在此怪圈中，前者受到不该有的张扬，后者受到不该有的压抑，人的主体地位被冷落，个性和自由受到威胁，科学主义和人文主义严重分裂，使得社会科学陷入了前者所设下的形式主义怪圈。后现代哲学家（包括西方的体验哲学家和认知语言学家，以及中国后语言哲学家）深刻反思这一危机，严厉批判了（逻辑）实证主义，使得我们深刻认识到，科学主义和工具理性不是人文研究的根本出路，基于其上的形式语言学理论，虽自有其超越传统研究方法的过人之处，提出了很多令人耳目一新的观点，但也同样面临着自身难以克服的若干弊端。

后现代哲学家高举继承与批判大旗,大唱反思与颠覆的高调,提出了一系列惊世骇俗的观点,真可谓:语不惊人誓不休。各种思潮不断涌现,可谓派别林立、繁杂多义,甚至互为对立,形成了一幅蔚为壮观的时代新画面,其显著特征为:反传统、超基础、去中心、非理性、后人道、多元化等。我们基于此提出了哲学的第四次转向"后现代主义",它是对语言哲学的一次升华,大致经历了"人本性和批判性、破坏性和解构性、建设性和体验性"三个阶段。

有部分学者认为,西方语言哲学亦已渐趋式微,照此思路,当西方语哲这盏灯不亮之时,为何不点亮中国语哲这盏灯呢?我国著名学者陈嘉映先生(2005:191)曾在谈到为何不全盘接受西方思想体系,要加点自己的东西时,将赵汀阳的观点总结为三点:

(1) 作为中国人想要做点特殊的贡献,是个自然的愿望;

(2) 丰富性本来就是思想的天然趋向;

(3) 现代世界的问题不是西方人的问题,而是大家的问题,需要大家献计献策来解决。

我想,语言哲学也应无国界之别,它虽源自西方,但也不应当仅是西方学者的专利,中国人同样可做出自己的贡献。当西方语言哲学处于渐趋式微之势(亦有争议)时,我们应有所担当,当点亮中国之灯!笔者拟将钱冠连等提出的"中国后语言哲学(下文简称:中国后语哲)"置于全球人文研究的后现代思潮第三期之中,以进一步明确我们的研究方向。钱冠连等以(当代)语言为对象,大力倡导"节外生新枝"的创新精神,重新解读了语言家园中的奥秘,提出了一系列很有影响的崭新观点,如"语言全息论"、"语言是人类最后的家园"、"先秦名家语言哲学"、"明达思维语研究"、"语言三层次透明观"等。我们也在此基础上进一步批判了客观主义哲学理论,极力光大以人为本的原则,建构了"SOS 理解模型"、"体验人本观"、"意义体认观"、"命名转喻观",为促发中国后语哲新局面做了些许尝试,并希冀能给全世界的语哲研究带来一丝光明。

对西方语哲和中国后语哲做如上一番"研究性沉思",对当前的语言或语言哲学研究有何启发?我们认为,可进一步理清西方语哲要旨,尽快进入具有后现代特征的中国后语哲,确立继承与创新的理念,灵活运用"分析"之原则,不断开发有我国自己特色的科研创新之路,以期能为我国人文科研提供一种新的运思方案。为能将有关观点陈述清楚,本书拟努力实现以下三大方法:

(1) **图表梳理、论述系统**。笔者将西方哲学史、语言哲学史、语言与哲学交织史、隐喻研究简史、指称之争、人本纵观、认知过程等皆以图表的方法列出，然后以其为基本线索逐条论述，以能保证线条清晰、论述到位，且还具有“好学、便记、易查”的功效，争取做读书人“事半功倍”之良友。

(2) 学会方法、传承发展。本书第四、五章重点论述了学习西语哲的七个方法，即分别从七个角度梳理其主要内容、历史渊源、具体成因、语言分析、意义定义、分析与综合之辩、指称之争等。在论述中始终贯穿“传承与创新”的理念，力争做到“既有学习，也有反思，更有发展”。

(3) 表达清晰、语句流畅。很多学者惯用“哲学文体(艰深、隐晦、拗口、绕弯)”撰写哲学论著，以显示哲学的高雅与深远，常使得深邃的境界淹没在晦涩的文字中，吓走了一大批读者。雷柯夫和约翰逊(1980，1999)、陈嘉映(2003，2005，2007)、钱冠连(2002a，b，c；2005)、陈波(1998，2001，2005)、江怡(2009)、黄斌(1999)、韩林合(2007，2010)等大力倡导用浅显语句表达思想，令人羡慕。我们亦以其为楷模，力求语句平白，表达衔接，层次分明。

(二)

语言学界的同行为何还要花时间和精力来学习西方语言哲学呢?

这是很多学者所关注的问题，我们学了那么多年的外语基本功，听、说、读、写、译等就实实在在地让我们忙得不轻，还读了那么多文学作品，看了一大堆语言学理论，做一名大学外语老师够用了。其实反思一下我们所学习的语言理论，不少内容亦已陈旧，寻根溯源不足，理论更新较慢，分析尚不透彻，不能适应新形势发展的需求。正如季国清先生(1999)20世纪末就指出：“语言学家对此(笔者注：指对索氏任意性从哲学高度的认识和批判)的反应尤其是对其深层次的哲学寓义还相当冷淡，这不能不说是件憾事。更大的遗憾来自于语言学对哲学成果的麻木和冷漠。”或许我们今天便可更好地认识到季先生这句话的深刻含义，就拿“语义学”和“语用学”这两门人人熟知的学科来说吧，国内外语言学界很多著作和教材都未能深入语言哲学的源泉中充分吸取养分，论述很不到位，留下颇多遗憾，只知其一不知其二者甚多，这是“对哲学麻木和冷漠”造成的。

我们知道，语言分析自古有之，亚里士多德为其奠定了坚实的基础，通过语言分析建立了哲学和逻辑学理论，经过中世纪的发展语言分析活动得到了进一步完善，近代哲学也对其做出了重要的贡献。但学界所说的“语言论转向(即语言哲学)”于19世纪末20世纪初始于分析哲学，运用现代形式逻辑分析语言，努力将该说的问题说清楚，建立了理想语言学派和日常语言学派，且还包括欧陆人本哲学(参见图 4－1)。正是由于这一运动的兴起和发展，使得人们超越了传统的语言工具论，彻底颠倒了语言的客体地位，将其升华到主体、先验的哲学高度，为语言学界提出了很多重要的基础理论和值得深思的崭新观点，我们不禁为之而精神振奋，备受鼓舞。如语言学中的语义学和语用学，大多搬用了哲学家的成果。可见，要能对语言有更高层次的认识，对语言研究做出更深刻的思考，对语言学理论有所贡献，(语言)哲学是一个永远绕不过去的关口。若将其称为"瓶颈"不一定每位学者都认可，但很多学者都深刻体会到，当通过这个"关隘"之后将会见到一片更为宽阔的蓝天，观察现象和分析问题的视角将会有别样感受。这就意味着，从哲学层面来思考语言必将会使分析更深入，见解更升华，运思更锐利，我想人们不会对此有多大分歧。这或许就是近年来国内不少院校为研究生(包括硕士和博士)开设西方语言哲学课程的原因，不言而喻，这一举措具有治本之功效。

站在世纪交替的十字路口，我们应当尽快打通语言学与(语言)哲学之间的通道，迅速解决两界相分离的"两张皮"问题，早日实现两界的合流，相互取长补短，这必将能成为本世纪语言学研究的一个新的发展动力，有学者还主张将其视为"之首"，也不为过。难怪有远见的学者面对当今形势发出了如下呼喊：尽快超越纯语言研究的局限，迈向多元思索的新时代！这就是胡壮麟(2012)所说的"真理有时不在某一理论之'内'，而是在不同理论之'间'"，这一论断实在精辟！

是呀！我们为何不借用(语言)哲学界的研究成果来扩大我们的视野呢？为何不用(语言)哲学来武装我们自己的头脑呢？语言和哲学，本来就不可分家，你中有我，我中有你，两者在漫长的历史中本来就是交织在一起的(详见第二章)，罗宾斯(R. H. Robins 1967)所写的 *A Short History of Linguistics*(《语言学简史》)主要就是依据哲学理论来梳理和讲述语言学史的，若不了解哲学，何以能读好、读懂、读透这本语言学界必读之书呢？语言理论中有哲学观点，哲学流派中蕴涵着语言理论，在当今大力倡导跨学科研究的时代，我们更要与时俱进，静下心来认真读些这方面的著作，当会获得居高临下的感觉。

当然了，哲学著作一般颇费思索，难以理解，思想深邃，文字艰深，表达晦涩，盘旋在"抽象世界"，混迹于"概念游戏"，沉湎于"批判创新"，这也使很多学者望而却步，不愿涉足的主要原因。特别是维特根斯坦前期和后期的代表作，是以节号的方式编排的，各小节之间似有联系，但又很脱节。更使人恼火的是，不同学者对他的同一语句还有不同解读，莫衷一是，各持己见，以至于争论不休，难怪 Lugg(2000：1，144)说道：

Nearly everything about Wittgenstein's remarks in the *Investigations*

> is controversial — how to read them, how they relate one to another, what they are meant to convey individually and collectively, and whether they are of enduring importance.（维氏在《哲学研究》中的几乎每句话都有争议——如何阅读它们，它们是如何互相关联的，它们在单用或合用状况下各传达了什么意义，以及它们是否具有持久性意义。）
>
> But other readings are possible.（其他若干读法都是可能的。）

就连大哲学家罗素、弗雷格、费格尔等也常常误解，或根本就不理解维氏的思想，这才有了维氏对罗素写于《逻辑哲学论》的导言很不满意的事情。更有甚者，维氏在若干相关论述中还出现了前后不一致之处，人们不禁会问，维氏本人对这些深奥的哲学问题真的都想清楚了吗，为何会在不同场合有不同解读。正如我国研究维氏的专家韩林合(2007:816,820,822)所说，

> 一个人欲真正完全正确地理解维特根斯坦在这本书中所表达的全部思想，这大概是不太可能的……
>
> 总而言之，理解这本书绝非易事。
>
> 误读同样会给某些读者带来快乐。

或许，后现代哲学思潮所倡导的"作者死了"的观点倒可很好地解释这一现象，既然作者在写完作品之后便已完成了自己的历史使命，剩下的便是"读者反应论者"的广阔空间，"读者至上式的解读或新解(包括误解)"将不断更新文本的意义。同时，这类解释也在推动学术的进展，上文所引韩林合的最后一句话正可反映这一立场。

(三)

我国外语界的语言哲学研究基本状况如何？

笔者拟将我国近三十年来的语哲研究大致分为三个阶段：20 世纪 90 年代的引进介绍，21 世纪初期的消化吸收，近几年中国后语哲的节外生新枝。

20 年前的昨天，外语界同行们认识到在英汉对比时尚需解决语言学与哲学的"两张皮"问题，很多学者在这方面做出了可贵的努力，取得了不少喜人的成果，如许国璋(1988;1991)、钱冠连(1987;1989;1991;1995;1996;1999a,b;2000a,b;2001a,b,c;2002a,b,c;2003a,b,c;2005;2007a,b)在外语界首开西方语言哲学之中国先河，顺应了语言研究的潮流，踏紧了与时俱进的节奏，引领了学科发展的方向。在他们的指引下不乏后来者，王寅(1987a,b,c;1988a,b,c;1993;2001;2003a,b;2004;2005a, b, c, d;2006a, b,2007a,b,c,

d;2008a,b,c,d;2009b,c;2010)、黄斌(1999)、李洪儒(2001;2006a, b)、隋然(2003)、韩红(2005)、刘利民(2006;2007)、王爱华(2006;2007)、杜世洪(2010a, b;2011;2012)等积极响应,不断传来节外开新枝的好消息。钱冠连曾在2005年首都师大召开的首届中西语言哲学研讨会上说"需要十年就可看出今天奋斗的价值",但是我们更为乐观,或许不需要这么久。

我国于2008年1月正式成立"中西语言哲学研究会",每两年召开一次学术年会(每届都有外国学者参加),会刊为《语言哲学研究》。从2005年起每年夏季举办"夏日语言哲学书院",现已举办6期,参加人次过千。每届年会和夏哲院上都邀请哲学界名家做报告。国内很多外语类核心期刊或开辟语言哲学专栏,或不断择文发表,大力推动了我国的语哲研究。外语界学者还积极参加哲学界举办的各类会议,特别是2011年8月在北京师范大学哲学与社会学院主办的"语言与价值国际哲学研讨会"竟有14名外语界老师参加,且有4人做了大会主题发言(详见第十六章第二节),掀开了中国语言哲学研究的新篇章。

吉林大学著名哲学家孙利天在2011年暑期语言哲学书院上也喊出了一句响亮的口号:"中国真地需要一场分析哲学运动。"我们衷心期盼中国相关学者能继续努力,奋发图强,为这场分析哲学运动的到来使劲出力,擂鼓助威!

体验哲学为我们提供了新视野,中国后语哲也在召唤我们向前迈步,认知语言学更为我们提供了新理论。必须尽快让自己的身心也进入前沿阵地,进入中国后语哲阵地,掌握"分析"的方法,不断拓展和更新自己的研究领域,实现与时俱进、持续发展之大略,完成我们这一代人应尽的使命。

言"只争朝夕"似有急功近利之嫌;说"畏难不前"似缺奋发努力之劲;道"离我较远"却是消极颓废之调,皆不可取。唯当记取罗宾斯(Robins 1967:103)之名言"哲学是语言学的摇篮",以身效仿钱冠连(2005:19)在此摇篮里打滚的做法,尽快投入到解决哲学与语言学两张皮(李洪儒 2006)的潮流之中,当会有效实现语言学研究的一个新增长点(王寅 2008a)。

(四)

"西方语哲"和"中国后语哲"之间有何紧密关系?体现了何种研究理念?

这两大主题正好可连贯地体现"传承与发展"的精神。就"传承"而言,就是要先静心坐下认真读书,特别是西方语言哲学的经典原著(参见附录1),部分章节应当精读,才可得其要领,获其精华,掌握方法,得道成"仙"。就"发展”而言，就是要在吸收消化的基础上，摆脱“鹦鹉学舌”之旧路，抛弃“人云亦云”之陋习，紧随“与时俱进”之国策，倡导“有破有立”之举措。传承西方语言哲学是基础，建构中国后语哲是后续发展，书写创建有我特色理论的新作，此乃本书名中“沉思录”之新意。

西方语哲与中国后语哲这两大主题之间的关系也是“积”与“发”的关系，学术研究的可循之路为：先积后发（先读后写）、以积带发（以读带写）、边积边发（边读边写）、常积常发（常读常写）、越积越发（越读越写）、积中有发（读中有写）、发中有积（学中有读）、以发促积（以写促读）。笔者现尝试以这两大主题来贯通西方语哲和中国后语哲，以能充分体现“洋为中用，中西合璧，学贯中西”的学术理念。

我们在“沉思”这两大主题时，并不局限于仅对前者做梳理，对后者做创新，而是在沉思过程中始终贯彻“梳理与创新”的方法，书写各章时都遵循“既有传承、也有发展、更有创新”的思路。现将本书各章节主要内容概述如下①。

第一章至第十二章主要围绕“西方语言哲学”来组织相关内容、展开论述。第一章的标题为“语言哲学入门”，在西哲简表（图1—1）中首次将“感性vs理性”和“哲学三转向”结合起来，历史线条简明扼要，便于一目了然地看清楚西方几十位哲学家的主要立场、贡献以及他们之间的理论传承关系。

笔者还较为详细地论述了为什么西方哲人要用语言中的be和being来表示哲学中的“本质、本原、本体、存在”，可帮助中国学生消解对“Ontology”的疑惑，同时亦可说明语言与哲学在形而上学研究之初就交织在一起了。

基于后现代哲学思潮首次提出了“哲学的第四转向——后现代主义”，且尝试将百余年的研究大致划分为三个时期：(1)人本性和批判性；(2)破坏性和解构性；(3)建设性和体验性。

第二章以“西方哲学家论语言：五段情结”为题，在第一章西哲简史基础上分别从“古希腊毕因论、中世纪神学毕因论、近代认识论、现当代语言论、后现代转向”这五个阶段简述了哲学与语言学相互交织的历史，重点论述了语言哲学三原则（或三项主要内容）：(1)现代形式逻辑为基础；(2)语言为研究进路；(3)分析为基本方法。在第五节中还探讨了语言哲学对现代语言学的影响。

---

① 本书二十章中的个别内容（如意义的定义、语义形式化、乔氏意义观）与《语义理论与语言教学（增补版）》有交叉，考虑到这两本书面向不同领域的读者，当保持各自的完整性。该书主要读者是语言哲学方向的，包括外语界和哲学界的同仁；而另一本主要是面向语言学界同仁的。

第二章主要基于图 2－1 逐条展开，条目清新，层次分明。这一方面有助于深入理解语言论转向的历史根源；另一方面也有益于较好掌握西方语言学发展简史。

第三章系统分析了 19 世纪末 20 世纪初语言哲学形成的 6 条主要原因，即语言论转向的历史背景：(1)反思形而上；(2)经验兼理性；(3)理想语言登场；(4)进入科学化轨道；(5)受现代语言学影响；(6)批判心理主义。

在第(5)点中兼述了以索绪尔为代表的现代语言哲学与几乎与他同时代的分析哲学之间的渊源关系，详解我们(2001:7)为何将结构主义语言学的哲学基础定位于分析哲学的原因。

第四、五章为学习西方语哲的基本方法，建议可从以下 7 个方面入手：(1)渊源历史；(2)谱系梳理；(3)语言分析；(4)意义的定义；(5)分析与综合之分；(6)40 要点；(7)专名的内涵与外延之争；(8)传承与超越。

笔者主要依据图 4－1 将语言论转向大致划分为两大阶段："英美分析哲学"和"欧陆人本哲学"。前者又可细分为"理想语言学派"和"日常语言学派"，分别列述了主要代表，逐人简介；且列述了几条师生传承线路图。

第六至十章为语言哲学中的主体内容之一"意义的定义"，分别简述了指称论、观念论、涵义论、命题论、摹状论、证实论、真值论、功用论、行为论、语境论、意向论、关系论、成分论、替代论、现象学意义观、存在主义意义观、解释学意义观、解构主义意义观、认知理论意义观、多元互动观、TG 意义观等主要观点和分歧。笔者在十一章"意义理论大观园：批判与发展"中评述了它们各自之不足，进一步理顺了其间的传承与发展脉络。

人类用词语来指称世界，建立了人与世界之间最主要、最方便、最简单的联系，这也是为何大多语言哲学论著都要不厌其烦地介绍指称论的原因。第九章将西方语哲中这一主题"指称论"的发展过程归结为三个阶段：(1)传统指称论(包括真值论)；(2)摹状论(包括涵义论)；(3)因果论；本书提出"转喻论"作为第四阶段。罗素针对传统指称论的四大难题(空名、否定性存在、一致性、不透明性)提出了"摹状论"；克里普克又严厉批判了摹状论，针锋相对地提出了"因果论"，从而形成了西方语哲中围绕指称论的又一条争论主线。

纵观摹状论和因果论的争论，它们都有一定的解释力，各自所存在的很多问题可由对方做出较好的补充，因此这两个理论具有较好的互补性，它们仅关注了命名过程的某一阶段——罗素处于理据源头，克氏聚焦传承过程，他俩都是基于"用部分代替整体"的机制提出了自己的观点。为此我们(2008)提出了统一的解决方案：命名的基本机制为"转喻"，且佐以例证做出说明。

在第十二、十三章中笔者根据自己十几年的教学经验，由浅入深地组织和简要介绍了现代形式逻辑的基础知识，循序渐进地讲述了谓词演算、命题演算、内涵逻辑、语义公设、谓词的涵义特征、蒙塔古语义学等基本知识和形式化方法。最后论述了形式语义学的利与弊。由于外语界同行大多具有文科背景，对数理形式逻辑存有疑虑乃至抵触，其实只要静下心来稍花工夫，并非如想象的那样艰深。掌握基本原理之后便能晓其思路、深入研读。

第十四至二十章主要围绕本书副标题"中国后语言哲学沉思录"来组织相关内容。

第十四和十五章为本书一个新观点，基于波普尔(Popper)和阿佩尔(Apel)的西哲三次转向以及后现代哲学思潮的兴起和发展，提出了哲学的第四转向，即"后现代主义的转向"。笔者重点梳理了后现代哲学思潮的分期、观点、特征等，且指出后现代思潮不仅出现于文学艺术、社会文化和哲学三大领域，而且还出现于语言学中，当今认知语言学正是基于后现代哲学(包括中国后语哲)产生的。

第十六章的标题为"中国后语言哲学：出场与成长"，首先将巴赫兰密尔(Baghramian 1998：xxx)对语哲的经典定义运用"增二减一法"修补为"通过逻辑分析语言以解决哲学问题"，即增加"逻辑"二字，删去"老(old-aged)"一字，意在强调以下观点：通过现代形式逻辑揭示自然语言中的概念结构和逻辑形式，确定思想内容和语言形式反映世界结构的同构规律，拒斥形而上学，从而踏上了通过语言分析认识世界的征途。而且我们不仅要澄清哲学老问题，还要善于在研究中发现和解决新问题，推动哲学研究不断向前发展。我们基于此论述了钱冠连提出的"中国后语哲"的历史背景和主要内容，且以"四项原则"为线索将其有机贯穿起来。第三节论述了中国后语哲的方法论基础。

第十七章基于中国后语哲理论简要梳理了西方哲学史中"超越与回归"的几个典型案例，且以"体验哲学(Embodied Philosophy 简称 EP)"和"认知语言学(Cognitive Linguistics 简称 CL)"为例，尝试为当前语言学研究提供一个"新增长点"，且首次从马列主义唯物论角度论述了体验哲学的理论基础。

本章还重点论述了笔者近几年的科研心得，对中国后语哲做出的些许发展，如：(1)确立认知语言学核心原则；(2)溯源体验哲学；(3)建构 SOS 理解模型；(4)细化认知过程，详解"物质如何决定精神"；(5)提出语言世界观多元论；(6)拟构认知语言学权宜性定义；(7)提出语言新性质"体验性"；(8)强调洋为中用，中西合璧。

第十八章题为"后语哲视野下的 SOS 理解模型"，反思了西方传统哲学中常见的"单向运思模式、双向运思模式(包括：主客互动、主主互动)"，提出了“主体—客体—主体多重互动理解模型(Subject-Object-Subject Multiple-interaction Understanding Model,简称SOS理解模型)”。依据体验哲学的心智体验性原则,两个主体S面对同一客体O,就决定了人们的思维和语言必定会享有部分共同之处。笔者还以同一首唐诗的40篇英语译文为语料来论证该模型的解释力,据其便可合理解读理解和翻译中的“同”和“异”:同就同在体验性上;异就异在认知性上,且可用认知语言学中的“识解(Construal,包括:辖域、背景、视角、突显、详略度)”做出合理解释。

第十九章则在“SOS理解模型”的基础上提出了“意义体认观”,简析了西方语义理论“从二元走向三元(即从传统指称论到涵义论)”的发展路径以及各自的缺陷,进而论述了“从三角走向线性”的创新进路,提出了“意义体认观”。第三节还论述了西方哲学近来逐步流行的“心智哲学”,而体认观则为心智哲学的补充和发展,可将心智哲学视为“后语言哲学”的一项内容。体认观还可用以合理解释语言哲学中的经典议题,说明诸如“妻子、向日葵、月亮、地瓜、汉语108个‘我’”等一物多名的现象。我们还基于此提出了“体认象似性”,论述了将其用于教学实践的意义。

20世纪的语言学主要经历了三场革命:索绪尔革命、乔姆斯基革命、认知语言学革命。在认知语言学看来,前两场革命都属客观主义语言学范畴,意在追寻语言的本质特征,且将大多语言学者局限于传统形而上学哲学理论之中。只有在“中国后语哲”视野下才能彻底摆脱语言学研究的落后状况(因为文学和翻译学早已进入后现代时期)。第二十章在简要回顾西方哲学中人本主义研究概况后提出了“体验人本观”,大力倡导在体验性和人本性原则下重新审视语言,理解隐喻,挖掘其背后的认知机制,且倡导用有限的认知方式为分析语言各层面提供统一的解释框架,这正是认知语言学的基本思路。

隐喻原为“假话”,是客观主义哲学的敌人,自然也是追寻绝对真理的障碍,但它却俯拾即是,到处都有,难以回避。只有从中国后语哲的角度才能对其做出更为合理的解释,因为,以“假”为准的隐喻,却原来是人之所为的结果,它在客观主义理论框架中无解,只有将其置于体验人本观视野下才能深刻理解其成因。

正是由于后现代哲学思潮的滥觞,才使得认知语言学和隐喻认知理论成为当今语言学的主旋律。因此,我们认为认知语言学的历史意义正在于:终使语言学摆脱了客观主义哲学理论的束缚,进入到后现代视野之中。

（五）

余言。

或许剩下的就是出版背景、体例说明和表示谢意之类的话了，虽有点老套，但还是要有所交代！

书中部分内容曾在研究生课程（语言哲学、语义学）中讲述多年，也在中西语言哲学研究会、语言哲学夏日读书院、语言哲学高层论坛、哲学届举办的国际研讨会上宣读过，也有许多内容亦已发表在哲学界和外语界期刊上，得到很多同行的指点和帮助，在此深表感谢！

哲学界常为“按人物”或“按观点”写作而纠结，两种写法各有优缺点。此话说来容易做来难，不经历一事，难得其真谛。在实际写作时，有时真的不太好处理，如说到指称论和摹状语问题，谈到罗素时要提到它，说到意义定义时要述及它，谈到语义与语用时也难以回避它，研究因果论又要从它说起，因此内容难免有交叉和重复。本书主要“按观点”编排，依据两条主线“西方语哲”和“中国后语哲”将昔日所沉思的内容贯通起来，且还做出了较多的补充和发展；同时也兼顾到“按人物”疏理谱系关系。为能保证各章节内容相对完整，个别内容虽会有重复，但同一观点在某章节会重点论述，其他所需之处尽量略述，注好互参章节，亦有互相照应、相得益彰之用，且还有调整各章长度相当之效。书中若有处理不妥之处，欢迎各位读者指正为盼。

我国著名学者钱冠连一直是我的良师益友，共同的性格志趣和研究方向让我们走在一起，用他的话说，他从语用学进入语言哲学，我从语义学进入语言哲学，我们俩正好走了一条十足的互补之路。我在学习和科研中不断向他请教，有些心得也总乐意先请他点评；他总是乐于助人，给人以鼓励和指点，为同行们树立了大家风范。我国著名学者陈嘉映和江怡两位先生在哲学界和外语界威望很高，学问做得好，为人十分谦和，他们的深厚学识和严谨表达给我们留下了十分深刻的印象。特别是他们（2003；2009）的《语言哲学》和《分析哲学教程》早已成为我们研究语言哲学的必读书目。陈嘉映（2008）的译作《哲学中的语言学》（Vendler 1957）也已为外语界同行所耳熟能详，每每谈到动词语义体分类，都要到这本译作中寻找根源。江怡在网络上开设的《语言哲学》系列讲座也为我们打下了良好基础，且还邀请我参加哲学界的国际会议，使得我收获盛丰。近年来我们与这两位语言哲学家，以及黄华新、陈波、黄斌、朱志方等教授的交道日趋频繁，经常邀请他们讲学赐教，参加我们的各种活动，不断为我们答疑解惑。他们还招收多名外语同行读博，这给了外语界以很大鼓励和支持，也给了我诸多帮助。在此我要向这些先生深表谢忱。

中西语言学哲学研究会之所以“会风好、影响大、讲务实、重协作”，是因为我们还有一支优秀的高校教师和研究生队伍，每每与他们一起交流，总有收获，如朱志方、黄斌、陈波、刘利民、林允清、李洪儒、隋然、张克定、王文斌、成晓光、黄会健、包通法、霍永寿、杜世洪、廖美珍、王爱华、梁瑞清、梁爽、张而立、聂大海、周频等等。我也从与弟子们的讨论和交流中颇有收获，他们那种勤奋好学、敏于思索、扎实肯干的精神一直在激励着我不断思索、锐意求新，刘玉梅、姚振军、董成如、赵永峰、郭霞、崔鉴、王艳滨、马应聪、刘云飞、杨静等。四川外国语大学和北京大学出版社外语编辑室张冰主任和刘文静女士给予大力支持，在此一并表示感谢。特别是该书还获得了2013年国家社会科学基金后期资助(编号为13FYY009)，在此谨向国家社科规划办公室及评委致谢！

在新世纪的头十年里，各门学科发展势头迅猛，自然科学成就辉煌，人文科学更上一层楼，语言学理论也取得了显著成就，人们都有目不暇接的感觉：读不完的期刊，看不完的新书。可有些学者身体虽已进入了新世纪，但思想还“涛声依旧”，“怀揣旧船票”，把心留在了上个世纪，诉说着昨日的老故事，重炒他人留下的凉饭，而不去关注当前语言学研究的前沿阵地。我们当牢记“改革创新、与时俱进、持续发展”的时代口号，奋发前行。想当年庄子为论述其“顺其自然、无为而治”的哲学思想时曾感言道“吾生也有涯，而知也无涯，以有涯随无涯，殆已”。此观点多具悲观性，认为学多了会使人感到徒劳倦怠。现今我们尝试将其改为“以有涯人生追寻无涯新知和新创，上乘也”。不仅要用“有涯人生”去追寻“无涯新知”，且还要去追寻“无涯新创”，不断以自己的创新之举为人类和我国的学术事业做出新贡献，愿以此与各位同行共勉。

本书所论述的后现代转向(包括中国后语哲)意在消除形而上学之痼疾，打破传统的条条框框，扭转了固守的定势，拓展了思维的空间，激活了创新的激情。上述所提及的时代口号也正体现了这一后现代思潮的精神。学术探索不是“自古华山一条道”，而是“条条大道通罗马”；哲学研究不能“会当凌绝顶，一览众山小”，只有“山外青山楼外楼”；理论发展无所谓“风景这边独自好”，而应“风物长宜放眼量”。

“问世间语言为何物，只教生死相许。”一辈辈学者继往开来，笔耕不辍，沉思不止；一派派观点承前启后，各领风骚。人类就这样实践着自己不断超越的奋斗目标，在笔耕的历程上留下了“螺旋式进步”的攀登轨迹。循其进程必将有利于我们理清思路、觅得方向；得其要领必将有利于我们不断创新、继续前进！但愿拙书《语言哲学研究》能对同仁有所启发，抛此一块拙砖，引出众家贵玉；投出一丝光线，迎来一片灿烂，笔者亦感欣慰！

作　者

2010.9 于大川寓所

第十章　乔姆斯基：TG 学派语义观

第一节　TG 理论简述

乔姆斯基（Chomsky 1957；1965）严厉批判了行为主义心理学及其语言观，语言学不仅在于描述语言结构及规则，更要解释语言是如何生成的。他于 1957 年正式提出了“转换生成语法（Transformational Generative Grammar，简称 TG）”，开启了研究语言的另一扇全新窗口，号称又发动了一场对结构主义语言学（包括描写主义语言学）的“哥白尼革命”，从而将语言学（包括语义学）引向了“心智内在论（Mental Internalism）”的方向，且大力倡导用形式主义的方法解释语言中句法模块的运作机制，引领着世界语言学进入了新纪元。

但是 TG 学派也遭到不同学界很多学者的批评，乃至批判。幸得乔氏心胸坦荡，乐于接受他所认可的各种观点，且一直在深入思考和仔细修改自己的理论，不断提出新模式，立“博采众长”之贤德，树“吐故纳新”之风范，行“推陈出新”之举措，在一片批判声中也赢得了学界的赞扬。

本书拟将 TG 理论分为六个阶段加以简述，可使读者对其有一基本了解，从而也有利于知晓 TG 的意义观，有关细节当参阅乔氏原著和有关作品。

一、第一阶段（1957）：SS

乔姆斯基于 1957 年出版了 *Syntactic Structures*（《句法结构》），提出了早期的转换生成理论，又叫“句法结构模式（Syntactic Structures Model，简称 SS）”。他（1957：11）开篇便声称：语法是生成语言中所有语句的装置（Device），意在批判结构主义（含描写主义）仅将语法视为分析语句的工具，从而扭转了语言研究的方向。语言学家的任务不在于收集语言素材加以归纳，而应追问语句来自何处，解释语言的生成性（此最初为洪堡特的观点）。语言理论研究可循“大胆假设，小心求证”之路，先提出理论假设，再用讲本族语者的直觉加以验证。根据莱塞赫科尔（Lecercle 2006：20）的观点，他同属于包括奎因、戴维森、普特南等传统英美分析哲学家之行列，将形式主义方法引入语言的句法解释之中,这也是我们在图 4—1 中将乔姆斯基列于理想语言学派中第四行之后的原因。

乔氏 1957 年的模型主要包括三套规则(参见图 10—1 中三个圆):

(1) 短语结构规则 (Phrase Structure Rules)
(2) 转换规则 (Transformational Rules)
(3) 语素音位规则 (Morphophonemic Rules)

且将句法分为"底层结构(Underlying Structure)"和"派生结构(Derived Structure)"(参见图 10—1 中两个方框)。该模型通过"短语结构规则(又叫改写规则 Rewriting Rules)"和"转换规则"生成"语素音位表达",以此来解释语言生成的过程。前者生成句子的底层结构,后者将其转化为线性排列的派生结构。

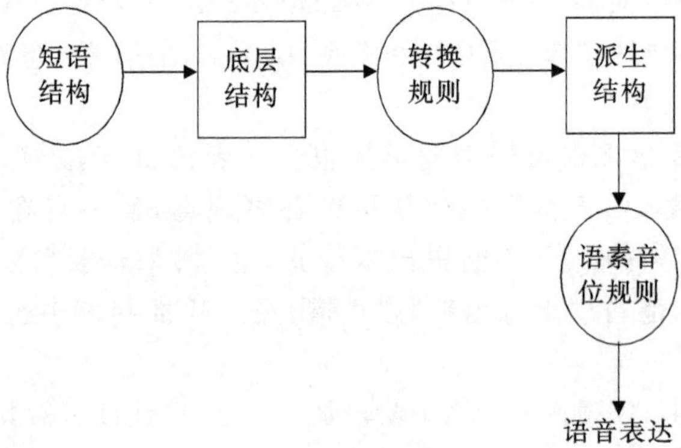

图 10—1

底层结构(在标准理论中被修改为"深层结构"),指短语或句法成分之间潜在的语法关系,可用能插入词项的标有短语标记的树形图表示(参见图 10—2),它又生成自"短语结构(Phrase Structure)"。

派生结构(在标准理论中被修改为"表层结构"),指实际形成的句子各成分线性排列的关系,是通过转换规则从底层结构转换而来,而且它又可通过"音位规则(Phonological Rules)"实现为"语音表达(Phonetic Interpretation)"。

短语结构部分是对传统的直接成分分析法(Immediate Constituent Analysis,简称 IC Analysis)一种形式化的处理方案,意在揭示其生成性。它包括以下短语结构规则:

$$S \longrightarrow NP + VP$$

VP ⟶ V＋NP

NP ⟶ Det＋N

Det. ⟶ the，a，etc.

N ⟶ man，ball，etc.

V ⟶ hit，took，etc.

底层结构可用树形图表示为：

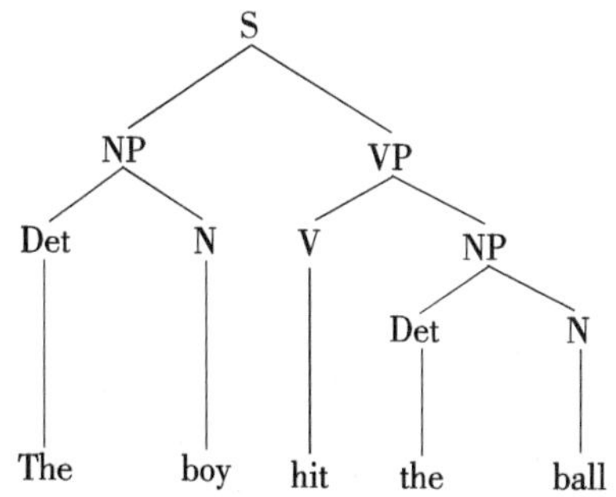

图 10－2

转换规则把由短语结语(Phrase Structure,简称 PS)所生成的底层结构转变为派生结构,语素音位规则可保证获得表层结构中单词的正确拼写和发音。那时乔氏认为主动句和被动句、陈述句和疑问句、肯定句和否定句,两两共享同一个深层结构。

由于乔氏早期专注于语言的句法层面,故意避开语义和语用问题,认为后两者过于灵活多变,不易用形式化的方法处理,采取悬置措施,避而不谈,这从他的公式可见一斑：

[1] Language － Semantics ＝ Grammar

也正因为这一点,SS 模型遭到很多学者的批评和批判。既然生成,不可能避开语义仅生成“句法”。另外,该模式的解释力还不够强,尚有很多语句仅用“转换”得不到完满解释。

二、第二阶段(1965):ST

卡茨(Katz)、福多(Fodor)、波斯特尔(Postal)等在乔氏 SS 框架中将分析词义的 CA 方法扩展到句义层面,为在句法理论中研究语义开辟了一条新途径。乔氏接受了他们的批评建议,于1965年提出了"标准理论(Standard Theory,简称:ST)",可图解如下:

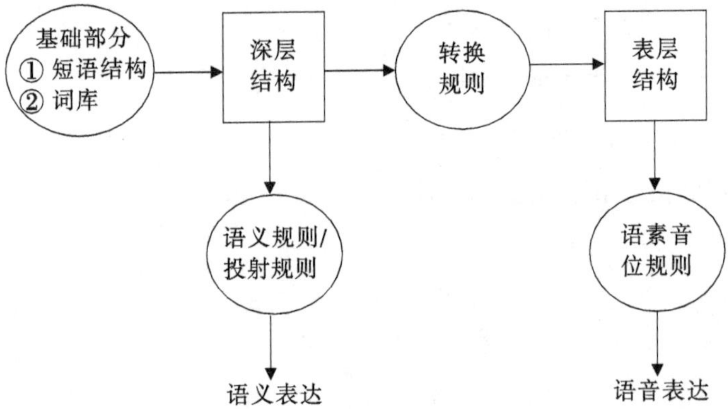

图 10—3

对照图10—1可见此图有以下五点改动:

(1) 开始将语义纳入TG框架,在深层结构下方增加了"语义规则(Semantic Rules,又叫投射规则 Projection Rules)"和"语义表达(Semantic Interpretation)",从此确立了语言学研究的三分说:句法、语音、语义。

(2) 用"深层结构(Deep Structure)"取代了原来的底层结构,用"表层结构(Surface Structure)"取代了原来的派生结构。这两种结构是靠转换规则连接起来的,并提出了很有争议的"转换不影响语义"假设。

(3) 详细描写了深层结构所包含的内容:

A. 词项插入句法树形图;
B. 确定主语、宾语等语法关系;
C. 规定选择限制和同现限制;
D. 可以进入转换阶段;
E. 含有解释语义的信息。

(4) 用"基础部分(Base Component)"取代"短语结构部分"。基础部分有两项内容:"PS"和"词库(Lexicon)",前者包括"短语结构规则"又叫"改写规则";后者包括词项的词性、语义特征和语义限制。与图10—1不同的是:在生成过程的最后不是直接插入词项,而是插入特征说明,如:

[2] N ⟶ [+N, +Common, −Count, +Abstract]

[3] V ⟶ [+V, +... NP, + ... that S']

而且,每个词项的特征在词库中都做了详细说明。一个词只有满足了短语结构规则中对特征的说明时才有被插入的可能,以保证能生成正确的、可接受的句子,而不会出现:

[4] Colorless green ideas sleep furiously.

基础部分包括词库,即存在于转换规则之前,意在强调:由于词汇需要后天的学习,这在某种程度上说明深层结构不完全是天赋的,且不同语言有不同的词库,因此不同语言可有不同的深层结构。这也在向世人昭示:深层结构与普遍语法不是同一个概念。

(5) 区分了"语言能力(Language Competence)"和"语言运用(Language Performance)",前者指人们头脑中关于母语的语法知识,后者指人们使用语言的情况。他也秉承了索氏"二元切分,留一弃一"的策略,仅聚焦于语言能力。

1965 年的 ST 模型比 1957 年的 SS 模型更全面,也更趋成熟,对基本概念(如几对术语)和理论框架的论述更为清楚和详细,开始研究语义并着手解决句法与语义的接口(Interface)问题。但这又引出了新问题:难道转换真的不会影响语义?主动句和被动句之间都存在转换关系?如:

[5] I have been taught physics by Einstein.

就不能转换为:

[6] * Einstein has taught me physics.(因为他已去世。)

三、第三阶段(1972):EST

乔氏又接受了学界对"转换不改变意义"的批评,提出了"扩展的标准理论(Extended Standard Theory,简称 EST)",对 1965 年的 ST 进行了扩充。他特别指出,转换后的表层结构,以及音系规则都可能影响到语义解释,因而在 ST 模型上添加了一条虚线,以能表明这一立场。

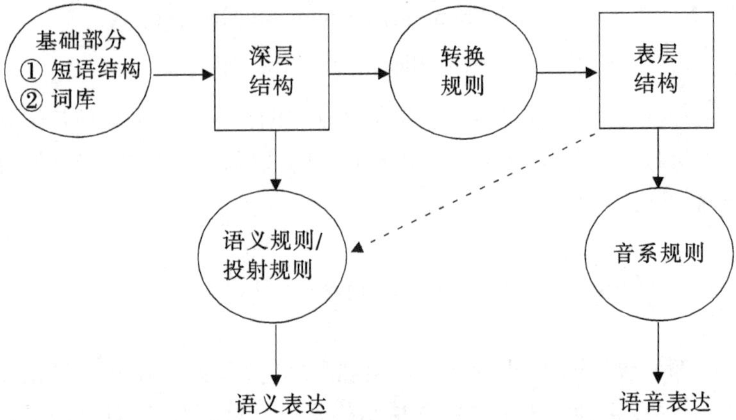

图 10—4

从上图可见,乔氏解决"转换不改变语义"问题的补救方案是从"表层结构"角度入手的,用斜虚线表示,将不好解释的现象推给语用学,限制 TG 的生成能力,也缩小了其研究范围。而以波斯特尔、雷柯夫等人为代表的生成派语义学则是从"深层结构"角度入手的,主张充实语义规则,提出"由其决定对应表达形式"的观点(参见第二节第二条),且主张考虑实际会话中的语用现象,扩大了 TG 的研究范围。

在这一阶段,乔氏还增加了如下五个观点:

(1) X-阶标(X-Bar),重点描写 PS 的层次性,以解释短语的生成规律,且用其来统一分析从词到句子的生成过程;

(2) 完善词库信息,可包括词项的语音、形态、句法、语义、搭配等信息;

(3) α-移动(α-movement),解释转换过程中如何移动深层结构中的短语;

(4) 制约(Constraint),列述移动时所要受到的限制条件;

(5) 过滤规则(Filter Rule),以能排除生成不合语法的表层结构。

四、第四阶段(1975/1976):REST

EST 又引出了如下质问:语义是否就一定出自深层结构?乔氏的"α-移动"尚不完善,留有很多明显不足。据此,他迈出了很大的一步,将 EST 进一步改为"修正的扩展标准理论(Revised Extended Standard Theory,简称:REST)",主张放弃 ST;同时还提出了"语迹论(Trace Theory)":一个成分从某一位置移动到另一位置,会在原来的位置上留下一个痕迹,以能解释词语间的照应现象,如:

[7] Beavers build dams.
[8] Dams are built by beavers.

可在例[8]被动句中标出语迹:

[9] Dams are built *t* by beavers.

以能将深层结构的信息在表层结构中适当体现出来。据此可见,语义部分也完全依赖于表层结构的输出,这为将 EST 修改为 REST 提供了证据。REST 可图示为:

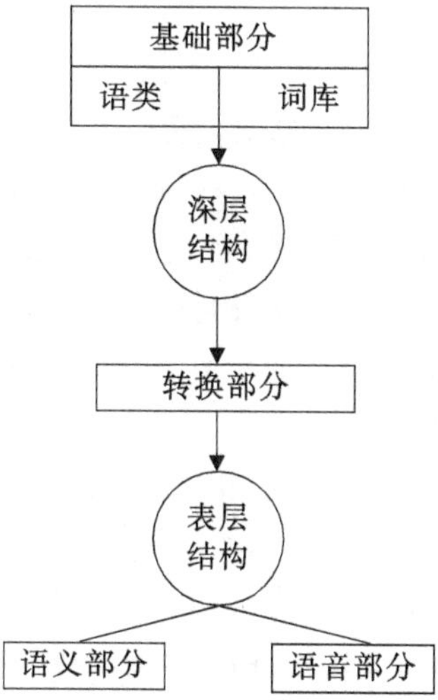

图 10—5

五、第五阶段(1981):GB

我们知道,用深层结构和表层结构来解释语言现象并不是乔氏的专利,古希腊哲学家早就述及了这一论题,语言哲学家罗素在建构"摹状论(Description Theory, Descriptivism)"时对其也有较为详细的论述。乔氏继承了前人的观点(好像未见他提及此事)建构了他的 TG 理论。但越来越多的学者发现,倘若按照乔氏在第三阶段的做法,过分限制 TG 的深层结构和生成能力,那么当初提出区分深层结构和表层结构还有何意义?而且将句法区分成"深层结构"和"表层结构"也留下了很多麻烦,难道每个表达式背后都存在一个深层结构?由同一深层结构转换出来的多个表层结构一定就具有相同的意义？而且用“普遍语法(Universal Grammar，简称 UG)”也解释不了人类语言之间的差异(更别说重大差异)。

为解决这些问题，乔氏于 1979 年 4 月在意大利比萨所做的讲座中首次提出了“管约理论(Government & Binding Theory，简称 GB)”，于 1981 年正式出版了 *Lectures on Government and Binding*(《管辖与约束讲演集》)，主张将深层结构和表层结构这两个概念模糊地说成“D-结构”和“S-结构”。他还提出了“原则—参数(Principle & Parameter)”系统，继续引导世界语言学沿着 TG 方向行进。

GB 阶段的主要改动有：

(1) 取消深层结构和表层结构，模糊地用“D-结构”和“S-结构”取而代之，这也为日后彻底取消这对概念埋下了伏笔。此时的“S-结构”不再是终端结构，而仅是一个“逻辑形式”，包括语迹符号等。从下图可见，乔氏在这一阶段又将“语义”排除在语法研究之外，退回到 20 世纪 50 年代的立场。我们完全可以说，乔氏的 TG 理论对语义问题一直持摇摆不定的立场，时而置之度外，时而纳入句法之下。因此，语义研究在 TG 理论中经过了“大落—大起—大落”的历程，后由雷柯夫等学者的生成语义学和认知语义学再次使其获得“新生”，且占据主要地位。

(2) 明确阐述普遍语法(Universal Grammar，简称 UG)由两大系统构成：原则系统和参数系统，前者是固定不变的，属于语言学共相，它决定了人类各种语言内在的共性，为各种语言所遵守，主要包括：X-bar 理论，GB、格理论、θ 理论、控制理论和界限理论等；后者用以调整特定语言，决定了不同语言的个性，主要包括：词汇规则、句法(语类和转换)、语音规则、语义规则等。

另外，乔氏认为 UG 具有天赋性、独立性，是幼儿习得语言时的最初始的状态，他们据此在接触到具体语言素材时可总结出多套可能的语法，就可为其设定原则的具体参数，从而产生了具体的语法。但因大多不合 UG 的条件，可自动被排除，这才是幼儿迅速学会母语的原因。乔氏还指出，UG 排除不合格的语法，具体语法排除不合格的句子。

(3) 乔氏 1986 年出版了 *Barriers*(《语障》)，进一步论述了语言中某些结构可切断管辖关系，阻断句法移动，因此他对原则和参数作了进一步的修正，主要观点可图示如下：

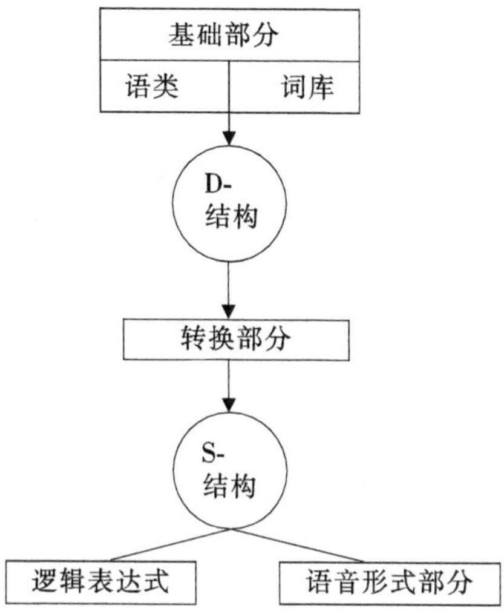

图 10－6

(4) 转换规则只保留一条"α-移动"规则,可在原则系统中对其详加说明。只要满足相关条件,任何成分都可移动到另一位置。

六、第六阶段(1993):MP

很多学者认为,TG 理论过于繁琐,一个人人都明白的、瞬间可被理解的语句,到了乔氏手中,变得如此艰深晦涩,不经过专门训练,或没有认真学习和深刻领会,就不能读懂他的玄奥专著,不能理解他的 TG 思想。人们不禁要问,难道语言研究非得走上"化简取繁、玄而又玄"的思路? 专为理论研究而进行的探索又有多大价值? 乔氏也接受了这类批评,大刀阔斧地简化 TG 理论,于 1993 年又出版了 *A Minimalist Program for Linguistic Theory*(《语言学理论最简方案》)一书,就此,"最简方案(Minimalist Program,简称 MP)"出场了。

在 MP 中,他对原则和参数模式中的结构和转换做了进一步简化和抽象化。所谓"简",表现在句法生成的规则程序相对于 REST 的程序有了较大的简化,主要体现在"三取消"上:

(4) 取消了"S-结构(早期的表层结构)"和"D-结构(早期的深层结构)";
(5) 取消了"管辖";
(6) 取消了"X-阶标"。

他的理论模型如下图所示:

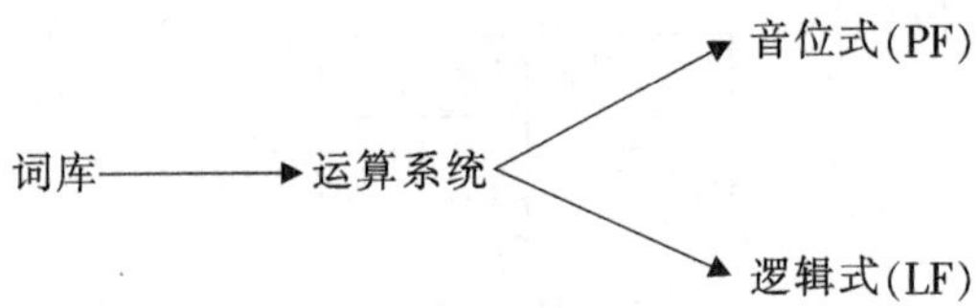

图 10—7

MP 中的运算系统只包括两种操作：

(1) 合并(Merger),即将两个现存成分组合成第三个成分；

(2) 移动(Move),指成分的移位。

这样,大部分玄玄乎乎的原则和条件都被删除了,经典的短语结构规则被缩减成很少的必要部分。但这又产生了新麻烦,理论一简单,就可能生成出一些不合语法的语句,如：

[10] happy go

为此,乔氏又在图 10—7 的基础上增加了验证原则,以防止生成不可接受的语句。

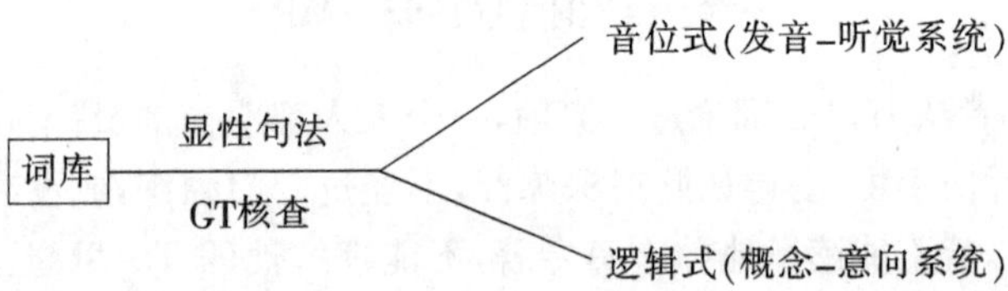

图 10—8

第二节　TG 的五种意义观

TG 学派于 20 世纪 60 年代不仅开始关注语义,而且还在其理论框架中形成了数派语义观,主要有五派:解释派语义学、生成派语义学、菲尔墨格语法、齐夫语义理论、分解语义学。

这些意义观既有传承,也有发展,更有争论,现逐一简介如下。

一、解释派语义学

解释派语义学(Interpretative Semantics)认为,句子的语义表达来源于句法表述,持“句法第一,语义第二”的立场。句法表达式先于语义表达式,语义仅是深层结构(能够解释句义的句法)中的一部分,语义表达式只与深层结构有直接联系,而与表层结构没有直接联系。从图 10—3 和 10—9 可见,语义规则和语义表达是置于深层结构之下的。

笔者将基础部分与深层结构,深层结构与语义规则,语义规则与语义表达之间用黑粗线标出,意在说明解释派对语义来源的建构路径。从图 10—9 还可见该学派所主张的"句法第一、语义第二"的思想,语义规则和语义表达都是源自基础部分和深层结构的,基础部分和深层结构是服务于且用于解释语义规则的。

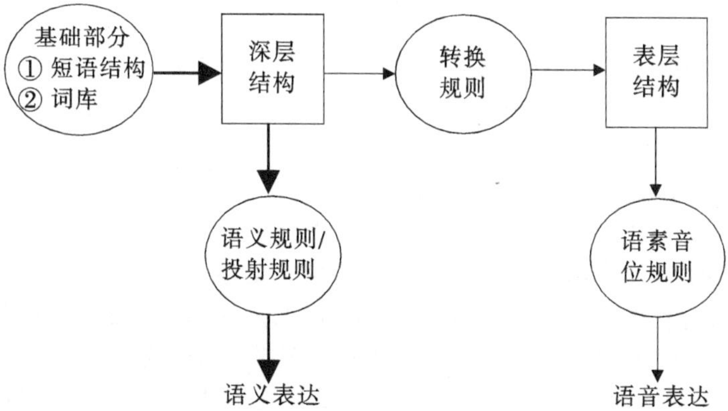

图 10—9

据此,语义学的任务就是要为深层句法结构作出解释,也可根据词和句法结构的演算来揭示意义,故称"解释派语义学"。乔姆斯基、卡茨、福多,波斯特尔,杰肯道夫(R. Jackendoff)、帕蒂(B. H. Partee)等持该观点(参见下文第五条)。

二、生成派语义学

生成派语义学(Generative Semantics)则认为,句法表达来源于语义表达,持"语义第一,句法第二"的立场。句子结构的最小单位是语义元素,句法规则把语义元素进行合并和变位,就产生了语句中的词以及各种语序变化。因此,语言中所有句子都是从语义生成而来的,然后通过"转换规则"生成表层结构,再通过"语素音位规则"生成语音表达。当然,如此操作的前提必须接受"转换不改变意义"这一基本假设。

坚持"语义第一"的立场就可避免该假设的麻烦。据此,语言的生成过程是:首先要提供一个句子的"语义表征(Semantic Representation,亦可称其为'深层结构')",它规定了生成表层结构的条件,而句法规则仅具有解释性,其间不存在其他层面。现将这一意义观图示如下:

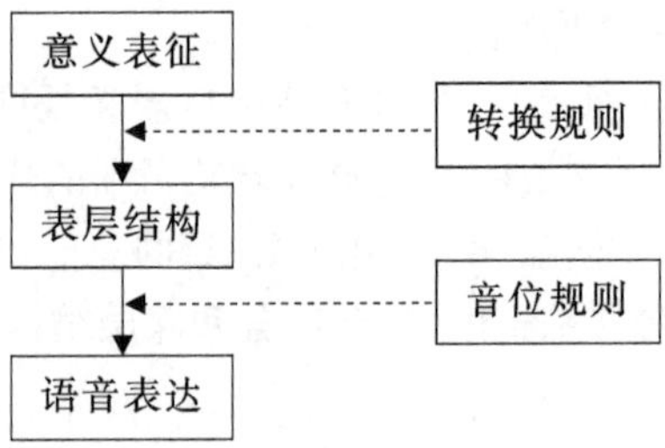

图 10—10

据此,语义部分所起的作用就不是用于解释句法的,它本身就有生成性,故称“生成派语义学”。这种将“语义”置于首要位置的立场也为日后雷柯夫等人提出“认知语义学”铺平了道路(王寅 2007b:§8)。持该观点的学者有雷柯夫(G. Lakoff)、格鲁巴(J. Gruber)、利普卡(L. Lipka)、麦考利(J. D. McCawley)、罗丝(J. R. Ross)、波斯特尔(P. M. Postal)等。

很多学者认为,生成派语义学更符合常人的经验,人们首先在头脑中有一个意义要表达,然后再运用句法和词汇将其表达出来。因此,将句法置于语义之先有悖常理,本末倒置。生成派语义学派反对在句法结构的框架下解释句义,认为人们先生成语义表达式,然后在此基础上按一定的规则转换成句法结构,例如

[11] John kills Bill.

的句义生成过程为:

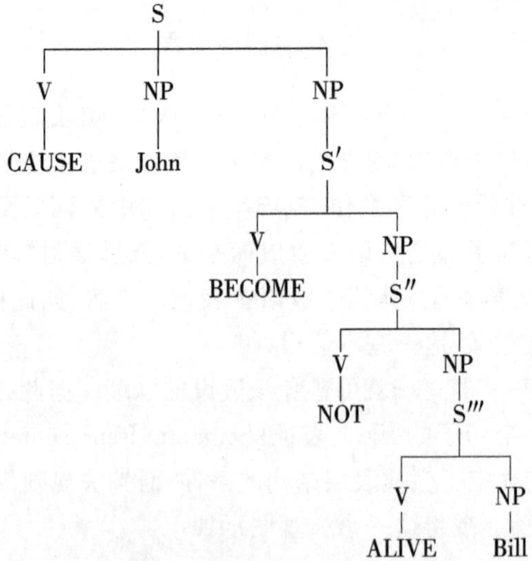

图 10—11

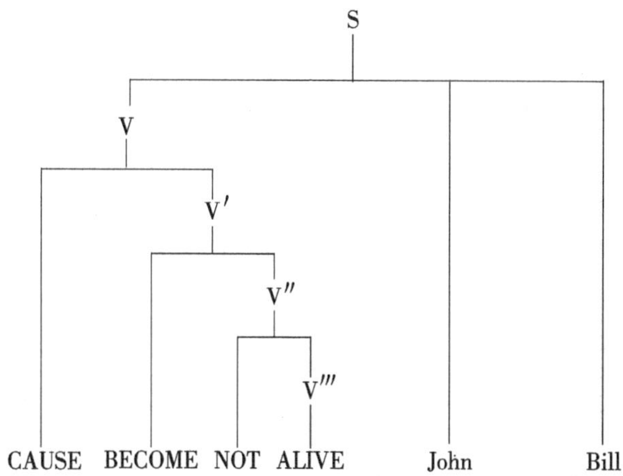

图 10—12

图 10—11 就是例[11]的语义表达式，然后再分别插入词项，用 kill 替换图 10—12 中的 CAUSE BECOME NOT ALIVE，然后再调整 V 和 NP 的位置，就可得到例[11]的句法结构表达式，如图 10—13 所示：

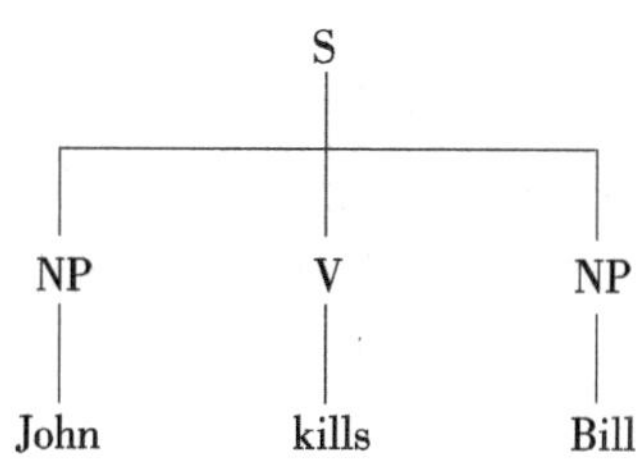

图 10—13

三、菲尔墨格语法

(一) 语义格

乔姆斯基的学生菲尔墨(C. J. Fillmore 1929—2014)在 TG 理论框架中，吸收了法国语言学家特斯尼耶尔(L. Tesniére)的“配价理论(Valence Theory)”，于 1966—1968 年间对深层结构中“格(Case)”的意义进行了深入研究，提出了“格语法(Case Grammar)”，主张以动词语义为中心来论述语言的普遍现象，以弥补 TG 理论之不足。

菲尔墨认为，仅在“词法一句法层面(Morphosyntactic)”研究诸如词性、主语、宾语等语法成分是不完善的，它们不具有跨语言的普遍有效性(如汉语的主语和宾语就十分复杂，常用无主句)。因此受语义驱动的深层结构比起受句法驱动的深层结构来说，在表征和解释普遍共性方面更为有效，从而走上了与乔氏当时所倡导的“句法深层结构(Syntactic Deep Structure)”不同的方向!

菲尔墨基于人类的基本经验建立了“格(Case,又叫 Semantic Case 语义格)”概念(Goldberg 1995: 39),认为它才具有普遍性,且不像乔氏那样仅作理论假设,而是可以论证其真实存在性。他以“格”为出发点深入探讨了语言结构与语义现象之间的关系,认为所有语言都有表示深层结构的语义格,从而开启了一条研究句法与语义“接口(Interface)”的全新思路。他是从分析下列一组句子入手的:

[12] The door will open.
[13] The door will open with the key.
[14] The key will open the door.
[15] The man will open the door with the key.
[16] The door will be opened by the man.
[17] The man will use the key to open the door.

这六个句子尽管表述角度不同,但基本是同指一事,man、key、open、door 之间的语义关系不变,即由 man 用 key 去 open the door。这些词的深层语义格是不变的,不管是哪一句,这些词在什么位置,man 总是 Agent 格(在前三句中省去了),key 总是 Instrument 格,door 总是 Object 或 Affected 格。

菲尔墨通过这些格关系[最初为 6 个,后由麦考艾(McCoy)增至 13 个]从另一角度解释了句义。

(二) 深层格框

在菲尔墨的格语法中,他还采用了“深层格框(Deep Case Frame,现常被称为‘语义结构’或‘概念结构’)”,以表明可与一个动词共现使用的格框架,从而揭示了动词(或动词短语)的语义结构。他认为,在深层结构中一个动词总是和某些“语义格”连用时才能生成正确的句子,例如:

[18] John hit the window with a hammer.
(约翰用锤子敲窗户。)

句中 John 是施事格(A),window 是宾格(O),a hammer 是工具格(I),因此动词 hit 的深层框架可记做:

[19] [+____ A O I]

式中"+"表示所列举的语义格可同现于同一个句之中,"____"表示格框内有一动词。当用在句子中时必须明确谁是施事者 A,敲或打的是什么 O。因此,hit 必须与 A、O 两语义格同用才算正确。而至于用不用工具,用何工具,则句中不必明述,可省去,这样深层格框就可改写成:

[20] [+____ A O(I)]

用"( )"表示可选择项,可出现也可不出现。

又例:open 的深层格框可标注为:

[21] [+____ O(I)(A)]

以此为出发点就可生成英语中诸如例[12]至[17]这类可接受的句子。

再例:jump 的深层格框可记做:

[22] [+ ____ A(S)(G)]

"S"表示来源格,"G"目标格。对于动词 jump 来说,施事格是必须出现的,而其他两个格可用也可不用。jump 的这一语义特征应在词库(Lexicon)中加以规定,这样就能保证生成下列可接受的句子:

[23] Tom jumped.
[24] Tom jumped off a running horse.
[25] Tom jumped into the train.
[26] Tom jumped from a running horse into the train.

(三) 句义=情态+命题

菲尔墨基于格语法理论进一步解释了句义来源,认为句子 S 是由情态部分(Modality)和命题(Proposition)两部分组成,可写成下列式子:

$$S \rightarrow M + P$$

M 和 P 又可分别改写为：

M → tense ＋ mood ＋ aspect ＋ negative...

P → V ＋ C1＋ C2 ＋ C3 ＋ C4 ...（C 表示格关系）

C → K ＋ NP(K 为格标记，如英语中工具格可用 with，日语的宾格可用を。)

因此句子：

[27] The door will open.

的句义结构可表述成：

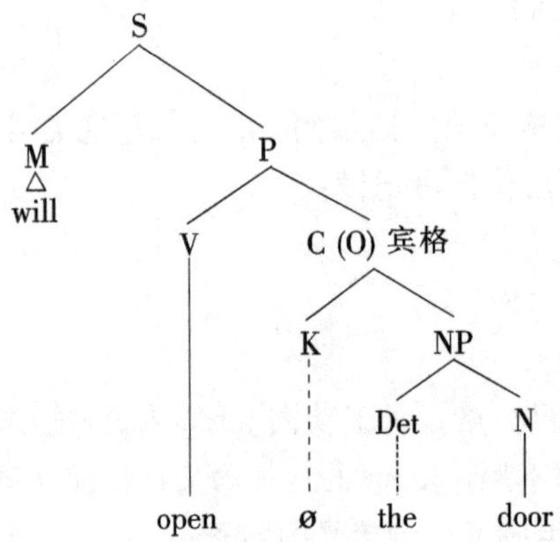

图 10－14

（注：英语中无表示宾语的符号，故用Φ）

另一英语句子

[28] The man will open the door with the key.

的句义结构与此相似，仅仅多了几个格而已(△表示深层结构的详细描述被省略)。

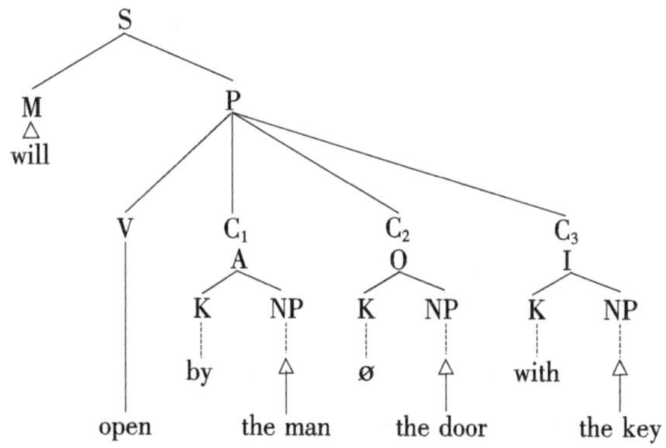

图 10—15

菲尔墨主张在"词库(Lexicon)"中以动词深层格框的形式来规定动词的语义特征，即应明确一个动词可与哪些格搭配使用，这样就能保证生成合乎语法的句子。如英语动词 hit 的深层格框可标为[20]，open 可标注为[21]；jump 可标注为[22]。

他们提出的这些解释句义来源的理论虽然还不完善，但做了语言学界史无前例的尝试，为我们研究句义的来源提出了一些极有启发意义和令人深思的方法。

（四）框架语义学

菲尔墨于 1975 年提出了"框架语义学(Frame Semantics)"，这标志着他越来越远离 TG 理论，这也是雷柯夫的"认知语义学(Cognitive Semantics)"的一个重要来源，同时也是菲尔墨于 1980 年代提出"构式语法(Construction Grammar)"的基础。

他认为，我们需要特定的框架知识来理解语句，如 shore 是指从海上看到的海岸线，coast 是从陆地上看到的海岸线，因此下两句意义不同：

[29] We will soon reach the shore.（从海上）
[30] We will soon reach the coast.（从陆地上）

他(1982)还举了一个很有趣的例句：

[31] The decedent while on land and in mufti last weekend ate a typical breakfast and read a novel high in flip strength.

这个句子几乎每个地方都需借助"框架知识"才能获得其所要表达的意义：

(1) decedent 是讨论死者遗产时所用的法律术语；

(2) 从 on land 来看，这个"死者"长期是在海上工作的；

(3) 根据 in mufti 提供的信息，他是一个军官，此时不穿军官制服而着便装(mufti)；

(4) last weekend 也须置于七天一个星期的计时系统来理解，通常指星期五晚到星期一早晨；

(5) breakfast 是什么样早餐？一般来说应符合三个条件：a)人类文化中的一个行为，一日三餐；b)在睡觉后一天中较早的时候进行；c)有独特的菜单①；

(6) flip strength 的意思更需必要的背景知识，指顾客在书店中翻看(flip)色情书籍时，书中充满色情之类的词语，可以令人兴奋，引起顾客购买欲，这种书就有较高的 flip strength。

当我们具备了上述这些框架知识之后才能很好地理解这个句子的意义，或者说每个词都激活了或唤起了(Evoke)有关框架或语境，这些词就是这些框架语境知识的索引(Index)。在这一点上，菲尔墨与索绪尔具有接近的看法，词语的意义必须置于与其相关的上下文和语言系统中才能获得较为确切的意义。

框架来自哪里？我们的答案是来自"体验"，即基于其上所形成的认知概念系统，或语篇上下文，而不像索绪尔所认为的那样，仅来自于语言系统内部。

四、齐夫语义理论

美国语义学家齐夫(Chafe 1927—)也持生成派语义学观点，他(1970)在 *Meaning and the Structure of Language*(《意义与语言结构》)一书中所提出的一套说明句子语义的理论被称为"Chafe Semantics(齐夫语义学)"。他的主要观点为：

(1) 语言为意义转换成声音提供手段，这个转换是以"语义"为起点的，这与上文所述的解释派语义学不同。

(2) 在从语义到语音的转换过程中，可经过多次转换，而不是仅转换一次，这又是对生成派语义学的发展。

(3) 任何句子都是围绕谓语(主要是动词)部分构成的，因此语义理论就

---

① 违反其中任何一个条件依旧可称为"早餐"，如(1)不一定是一日三餐，一日两餐，前一餐仍可称为早餐。(2)如果开夜车一夜没睡觉，然后在天亮时吃的那一餐也可叫"早餐"；(3)早餐的食物没有严格标准。

应当以分析动词的语义特征为中心。他认为谓语动词总要带上一定量(包括零)的名词,而且还会有选择地和起某种句法作用的名词短语连用。在动词与名词的关系上,他认为动词意义决定了名词意义。

(4) 同一句中的各个语义格是处在不同层面上的,这是对菲尔墨(各个语义格处于同一层面上)格语法的一个发展。

(5) 语言分析不能仅停留在句层面上,还应扩大到话语或篇章层面,这也为语义研究提供了新视角,扩大了语义研究的领域。

可见,齐夫在批判继承前人相关观点的基础上形成了自己的语义学理论,将语义理论不断向前推进。

五、分解语义学

卡茨和福多(Katz & Fodor 1963)于1963年合作发表了 *The Structure of a Semantic Theory*(《语义结构理论》),卡茨和波斯特尔(Katz & Postal 1964)于1964年合作出版了 *An Integrated Theory of Linguistic Description*(《语言描写综合论》),卡茨又于1967年发表了 *Recent Issues in Semantic Theory*(《语义理论新动向》),于1972年出版了 *Semantic Theory*(《语义理论》),于1986年还发表了论文"Common Sense in Semantics(《语义学通识》)",形成了自己独特的语义理论(参见 Leech 1974; Kempson 1977; Akmajian etc. 1979),开创了美国语义学研究的新时代,也使乔姆斯基改变了对语义的看法。他们的论述促使语义学正式成为现代语言学研究的一个独立的组成部分。

后来乔姆斯基放弃了标准理论,福多和波斯特尔也改变了自己的看法,而卡茨仍坚持自己的观点,他本人及其追随者就将卡茨的语义理论称为"Decompositional Theory(分解理论)",又叫"分解语义学(Decompositional Semantics)"。

卡茨始终坚持"解释派语义学"观点,认为句法第一,语义第二,句义包含在句法中,它来自深层结构,而深层结构是由短语结构规则和词库输入的(参见图10—9),词库中的词项主要包括三项内容:

(1) 词性(Parts of Speech);

(2) 语义特征,如 boy 和 father 的语义特征可分别记做:
boy=HUMAN (y),AND MALE(y),AND NOT-ADULT (y)
father=MALE (x), AND (x) PARENT OF (y)

(3) 语义限制,置于〈　〉之中。从 father 的语义特征可进一步规定:

〈ANIMATE (x) AND ANIMATE (y)〉

语义特征是基于CA发展而出的,有了语义限制就能确保生成语义上合格的句子,而不会出现:

[32] * The table is the father of the chair.
[33] * Colorless green ideas sleep furiously.

人们能理解句义是因为有语义知识,而语义知识必然是以规则形式出现的(如上述的语义特征、语义限制),否则就无法解释人们可以理解无限多句子意义的现象。他在分解语义学中主要还设立了以下三条规则:

(1) 投射规则(Projection Rules);
(2) 组合规则(Compositional Rules,简称CR);
(3) 选择限制(Selectional Restriction),又叫:搭配限制 Collocational Restriction,包括:句法限制和语义限制。

将词汇的语义标式用"投射规则"(可被反复使用)把词义沿句法结构树形图从下向上地进行一系列投射和组合,且通过"选择限制"滤出不合规则的异常搭配,这样便可解释"词义"如何组合成"词组义","词组义"如何组合成"句义"。这就是分解语义学的基本原理。

卡茨等认为,投射规则包含三类:

(1) 内嵌(Embedding);
(2) 添加(Attachment);
(3) 转化(Conversion)。

组合规则也包含三条:CR1、CR2、CR3。现以英语句子"A boy kills a dog."为例,配合图表,逐步解释句义的形成过程:

第一步:由PS可画出下图中的Tree 1。

第二步:PS + Lexicon,插入词项特征后的短语结构,可得到Tree 2。

第三步:CR1(组合规则1)给未加以语法范畴化(如主语用1、宾语用2)的词汇变项编目,从而可得到Tree 3和Tree 4。

第四步:CR2(组合规则2)给语法范畴化了的词汇变项标上它们所划归

的 NP、VP 标号,从而可得到 Tree 5。

第五步:CR3(组合规则 3)在遵循语义搭配限制的条件下,用 AND 将各语义成分组合而成,便可得到 Tree 6 和 Tree 7。

第六步:最后的句义得到 Tree 8(以形式化的语义逻辑式加以表示)。

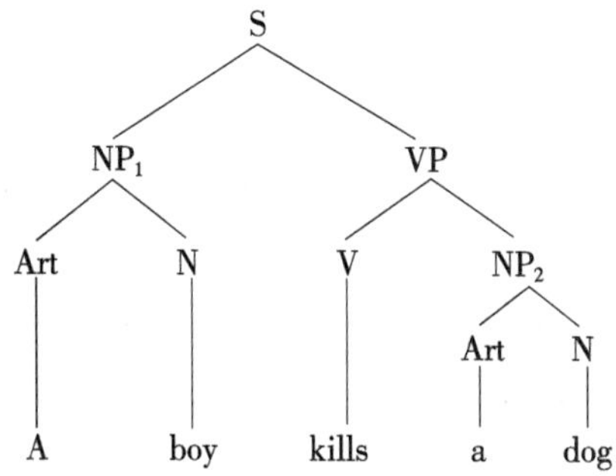

图 10—16　Tree 1

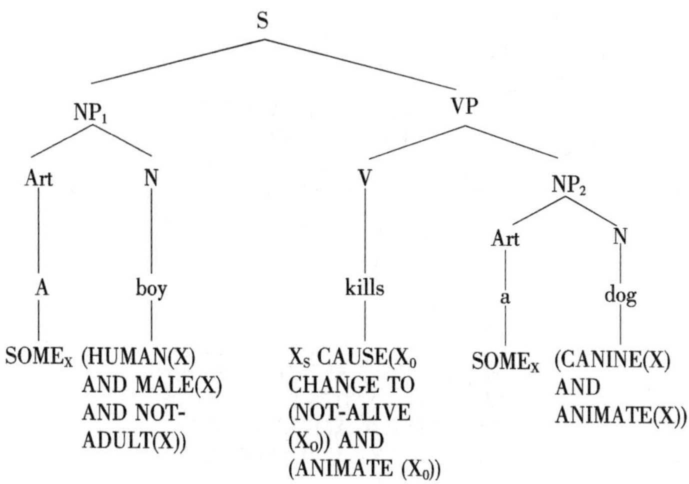

图 10—17　Tree 2

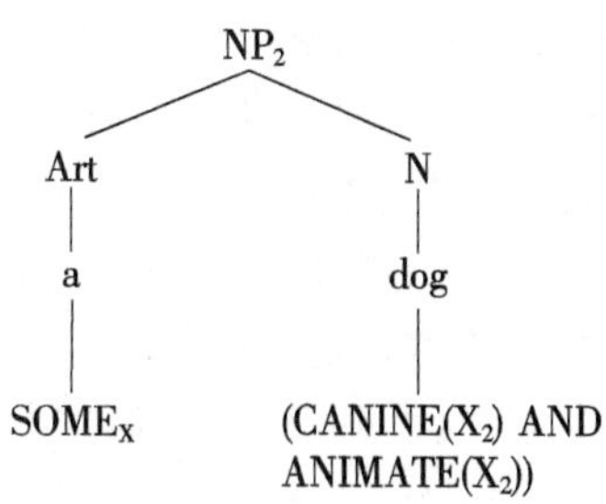

图 10—18　Tree 3

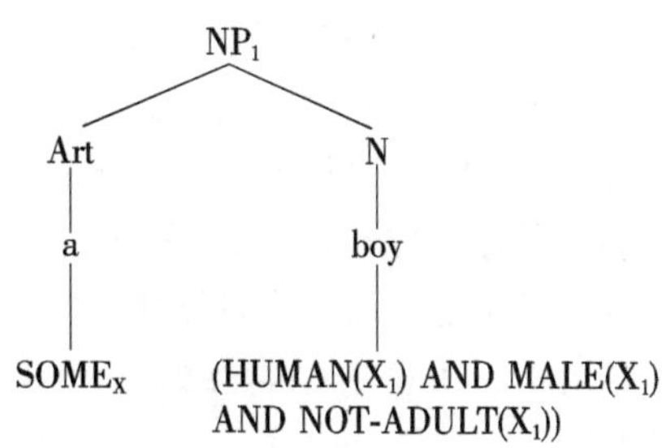

图 10—19　Tree 4

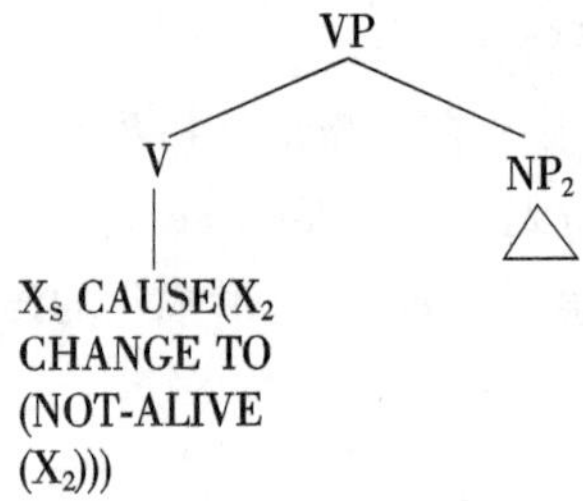

图 10—20 Tree 5

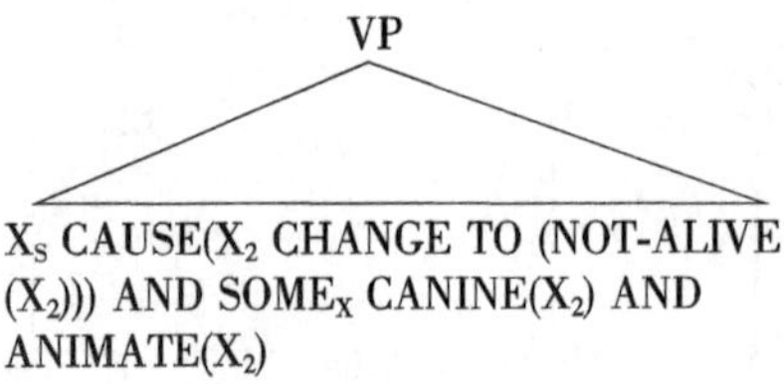

图 10—21 Tree 6

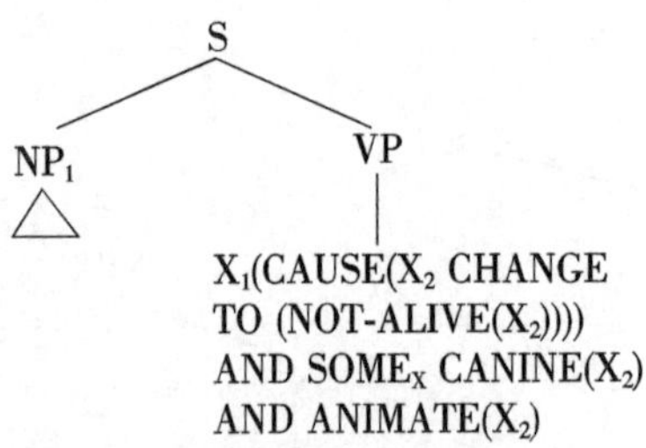

图 10—22 Tree 7

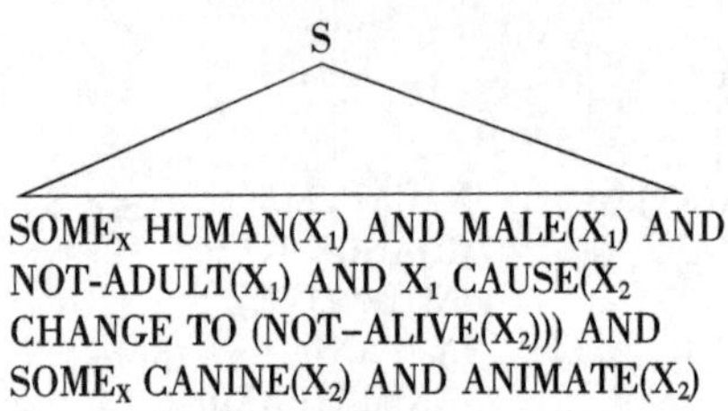

图 10—23 Tree 8

由于语义标式是在 CA 的基础上形成的,CA 的数目难以确定,那么语义标式有多少也成为一个难题。另外语义选择限制的标准也难以确定。要能确保生成语义上完全规范(Well-formed)的句子,究竟需要多少语义搭配限制规则,对其做一完整描写似乎也是不可能的。正如阿伦(Allan 1986:293)所说:犹如要数清撒哈拉大沙漠中的沙粒一样的困难。若要保证语义上完全规范,就可能将语言中比喻性的、超常规的、但完全可以接受的说法排除在外。如:

[34] He is a tall short man.

按"语义搭配限制"，这显然是一个错句，但它确实可用以表示"他在矮人中算高的"意思，这完全是可被接受的说法。因此这一理论与乔氏所规定的语言研究的三个充分性(观察、描写、解释)相差甚远！

第三节　外在论与内在论

乔姆斯基(1995)还将意义理论二分为"外在论(Externalism)"与"内在论(Internalism)"，基本相当于我们上文所说的"外延论"与"内涵论"。

指称论、观念论、涵义论、真值论、境况语义学等属于前者；而索绪尔、乔姆斯基、认知语言学家的语义观属于后者，但后三者之间也存在许多根本差异。索氏强调语言内部结构中的价值，对语义持"结构内在观(Structural Internalism)"；乔氏主张从心智角度研究语言，对语义持"心智内在观(Mentalist Internalism)"；而认知语言学的哲学基础是体验哲学，认为语义是以我们的体验和认知为基础的，要受到生理机制、神经系统的制约，尽管意义是在头脑之中，但又是基于身体经验的，因此对语义持"体验内在观(Embodied Internalism)"(参见王寅 2002；2007b)。

一、外在论

语义外在论与外延论相当，主要从语符与外部世界的关系上来确认语义的理论。指称论便是其代表。

"涵义论"从表面上看强调了观念，当算是头脑内部的东西，但它认为意义是外部世界在心智中的客观反映，人脑像镜子一样可客观地反应事物的真相，从而否定了主观因素在语义建构中的任何作用。意义被认为与我们的体验、想象和感知没有任何关系，因此词有客观的"涵义(Sense)"，并能在客观世界或想象世界中找到"指称对象(Referent)"。雷柯夫(Lakoff 1987：168)将这种观点称为"认知主义的客观主义语义学(Cognitivist Objectivist Semantics)"，实际上这还是一种以客观外界为基础的理论，仍可划归外在论。

证实论、真值论也是以外部世界的"真"和"指称"为基础，前者强调意义的可验证性；后者重在描写语句赖以成真的充要条件，认为词典标明的词语意义是一种潜在性意义，只有在获得真值之后才与具体参照物建立联系，确认其意义。归根结底，这两种理论都认为，使得词语获得真值的过程就是一个寻找所指的过程，这个过程就像涵义论一样，也排除人的主观因素，词语意义可独立于使用者而被理解。

真值论在解释意义时同样也碰到了不少问题。为解决这些问题,哲学家、逻辑学家和语言学家又提出了以"涵义"为中心的"内涵语义学(Intensional Semantics)",确认了外延的内涵研究方法,其经典形式是克里普克(Kripke 1972)的"可能世界语义学(Possible World Semantics)",又叫"模型论语义学(Model-theoretic Semantics)",其中的"世界"已不再仅指我们所生活在其中的真实世界,还包括假想的世界、认知世界,依旧尝试为语句提供真值条件,也可大致划归"外在论"。

巴威斯和佩雷(Barwise & Perry 1983)提出的"境况语义学(Situation Semantics)"也旨在模拟真实世界本体,认为意义是根据符号直接对应于客观世界来定义的,而不必考虑人的理解,忽略了"主体"与"认知"之间的辩证、互动和平衡关系,也可划归外在论。

这几种语义理论虽说法各异,但都没有脱离与外界的关系来论述意义,总是认为:

The mind is a mirror of nature.

从而否定了人的主观因素在语义建构过程中的任何作用,将意义视为与我们的"感知、体验、认知、想象"没有关系,也解释不了人们对同一事件或人可有不同认识的现象(如两灯闪亮可被看成是两灯之间的连续运动,人面花瓶图等,参见王寅 2007b:218),因此它们都可大致划归为语义外在论。这种观点遭到当今认知语言学派的严厉批判(Lakoff & Johnson 1980, 1999;Lakoff 1987)。

另外,功用论、行为论、语境论等主要也是依据具体情景中实际用法、人受到语符刺激后所做出的行为反应、外部语境等情况来确定意义的,因此也可划归外在论。

二、内在论

语义内在论,主要从语言结构系统或心智内部来确认语义,其代表为"结构内在论"、"心智内在论"和"体验内在论"。

索绪尔认为,语言本身是一个封闭的、内在的、自洽的结构系统,他以其为出发点所论述的语义观,可称为"结构内指论"。

乔氏深入反思了索氏的结构主义（特别布龙菲尔德的描写主义），认为语言研究不能仅描写有形的结构，而更要解释其后的生成机制。他认为具有先天性和普遍性的语言是人脑的一种属性，一种心智自治能力，独立于任何与外界相连接的东西，与身体经验无关；他意在追寻语言的本质，即使得语言成其为语言的"普遍语法（Universal Grammar）"，它内存于语言之中，且在本质上是纯形式的，可通过形式化的数理方法进行准确推演。

同时他还认为，意义存在于人脑之中，因此他的语义观属内在论。这样乔氏就将语言学导向了"心智主义（Mentalism）"的方向。

宁春岩（2000：243）将乔氏的意义内在论概括成五个要点，其中有两点是这样描述的：

（1）意念、意义独立于外界感知刺激，先于词语，即在没有词语形式表达之前就已经存在于人脑之中了；

（2）由于人类全部个体都具有人的生物遗传属性，一个个体关于意义的心理感受同另一个个体关于意义的心理感受大体相同又相通，人与人之间便能成功地进行思想交流。

从这里我们可以清楚地看出，乔氏这种纯心智内在论与他的自治论、天赋论一脉相通。人生下来就有一种潜在的意念和思想，就好像是"沉睡着的思想"，在后天的语言环境中不断受到词语符号的刺激就能被"唤醒"，根本不需要外在论所说的什么"意义上的所指"。因此乔氏认为：意念、意义、思想在没有受到词语刺激之前就早已存在于人的头脑之中，意义先于词语，不依赖外界的感知刺激就已存在。

认知语义学家也沿着内在论方向研究语义，与乔氏一样都认为语言和认知存在于人们的头脑里，语义必须按照心理现象来描写。戛登福斯（Gärdenfors 1999：21）指出：认知语义学家的一个重要口号是

> Meanings are in the head.

这一观点就明确表明他们对语义的基本态度也是基于内在论的，与乔氏的内在论有某些共识。但是认知语义学家又严厉批判了乔氏的语义天赋论，认为人们心智中的意义不是先天就有的，而是后天通过互动体验和认知加工之后形成的，意义具有主客观二性，我们将其称为"体验内在论"。

现将上述观点以图小结如下：

<table>
<tr><th colspan="2">客/非客
内/外</th><th>客观主义语义学</th><th>非客观主义语义学</th></tr>
<tr><td rowspan="4">1</td><td rowspan="4">外在论</td><td>指称论</td><td rowspan="4"></td></tr>
<tr><td>涵义论、命题论、摹状论</td></tr>
<tr><td>证实论、真值论</td></tr>
<tr><td>功用论、行为论、语境论</td></tr>
<tr><td rowspan="2">2</td><td rowspan="2">内在论</td><td>结构内在论（索绪尔）</td><td rowspan="2">体验内在论</td></tr>
<tr><td>心智内在论（乔姆斯基）</td></tr>
</table>

图 10－24

三、对比乌尔曼和萨义德的意义理论分类

读罢乔氏对意义理论的分类，使我们想起了乌尔曼(Ullmann 1914—1976)的分类。他在(1962：55－68)专著 *Semantics：An Introduction to the Science of Meaning*《语义学：意义科学入门》中将意义理论分为两类(参见王寅 1993)：

(1) 分析法或指称法(Analytical or Referential Approach)：理解一个词语的意义可分析其构成部分及所指；

(2) 效用法或语境法(Operational or Contextual Approach)：一个语项的意义即为该语项在某环境中所能引起相应的效果和作用。

第(1)类是典型的外在论，而第(2)类也努力将语义向现实语境靠拢，置于客观外界的框架中加以论述，也属外在论。这亦已可见，在 20 世纪 60 年代之前，语义学家主要是基于乔氏所说的"外在论"建构语义学理论的。

20 世纪 60 年代之后是语义研究大发展的年代，出现了很多语义理论，特别是乔氏将句法和语义引向了心智方向以后，提出了内在论意义观，它又影响了 20 世纪 70 年代至 80 年代出现的认知语义学。与乌尔曼相隔 25 年后，在萨义德(Saeed 1997：269)所写的 *Semantics*《语义学》中将语义理论二分为：

(1) 外延方法(Denotational Approach)：语言的主要功能是能使我们谈

论周围世界,当我们与别人交际或自己进行内部推理时,就用语言来描述事实和情景,为其确定模型。因此,理解话语的意义就是能够将话语与其所描述的环境相匹配,语义研究就是研究语言符号如何与现实世界相关,当属乔氏的"外在论",包括了乌尔曼所分出的两种语义研究方法。

(2) 表征方法(Representational Approach):语义研究必须发现语言背后的概念结构,应研究心智表征,这便是乔氏所说的"内在论",同时也是认知学派的语义观。

这一分法显然是接受了乔氏分类的结果。

第四节　结　语

本书从第六至第十章所列述的种种意义观,既有合理性,也有片面性,各自都能说明一定的道理,但也都有不足之处。因此,将意义研究仅局限于一家学说之中,也是不为圈内人士所广泛接受的。关于"意义的定义"似乎只有等把语义理论解释清楚之后才有答案。

下一章主要论述本书所列述的 20 种语义理论之间如何在继承与批判的基础上不断发现问题,在解决问题时又引出了一轮新问题,不断将语义研究引向纵深,从而出现了"语义学大家族"。这个家族成员如此之众,观点如此之多,着实是其他学科所不多见的,本身就说明了语义学自有迷人之处,也揭示出其间深刻的内在矛盾,更反映出人们对语义的深切关注,当然也暴露出语义理论仍有不成熟的缺点。对"意义定义"的批判与发展、继承与学习必然会加深我们对语义学的理解,也会对了解人类思想发展史大有裨益。

第十一章　意义理论大观园：批判与发展

就像这滚滚长江之水后浪推前浪，种种意义观在不断地相互启发、批判、继承的过程中发展至今。正如第十章所说，“意义的定义”既反映了人类的世界观和语言观，也有利于了解人类的思想发展史。本章将对约 20 种意义定义做一综评，重点指出其不足之处以及传承和发展关系。

第一节　指称论

首先，指称论被某些学者描述为“名称的意义在于其所指对象”这一表述本身就有歧义，我们从中可做出如下三种解读：

(1) 名称的意义在于其所指称的那个对象本身；
(2) 名称的意义是由其所指称的对象而规定的；
(3) 名称的意义在于其与所指对象之间的关系。

第(1)种说法显然不妥，因为“词语的意义”与“其所指称的对象”，这两者具有本质性差别，不能等同视之。这就是斯特劳森(1950)举“手帕”例所要说明的基本立场，我们只能从口袋中拿出“手帕”，而不能从口袋中拿出“手帕的意义”来。若将两者等同，岂不是就要接受“思维＝存在”这一等式了吗？罗素就曾持有这一糊涂观点(黄斌 1999)。

第(2)和第(3)种说法基本接近，尤其以后一种解读更为普遍，相当于语言哲学中常说的“外延意义”，比第(1)种说法更为合理，可将“思维”与“存在”区别开来，同时也揭示了这两者之间的“规定性关系”。认知语言学接受了这一合理表述，将其进一步发展为“Meanings are in the head.（意义在头脑中。王寅 2007b：13，297）”。

根据常识，用“指称论(Referentialism)”来说明专名、通名以及作为名称使用的词组，尚能行得通；但用其来解释动词、形容词、副词或介词，效果就差了许多。若用其来说明那些不存在的虚构之物（如：God，unicorn，ghost，

Monkey Sun，World War Three)，这就有点困难了；至于语言中的若干表示语法关系的虚词，用指称论根本无法做出合理解释。

指称论还面临一个大问题，具有相同指称的不同名称会有相同意义吗？如弗雷格著名的例子 the Morning Star 和 the Evening Star，它们虽同指一物但意义却明显不同。另外，一个词语可以指称若干不同的事物和概念，特别是通过隐喻产生的转义，指称论则显得有点力不从心，如人们都理解下一句话：

[1] That guy is a chicken.

难道真的要将那家伙认做“鸡”不成？

柏拉图基于这一经典的意义指称论自然就获得了如下结论：共相（相当于抽象的“意义”）也实实在在地存在着，它也是实体。“唯实论”就这样顺理成章地登场了，“共相本体论”也就被强加在了哲学家的头上，从而为“理性论”打下了坚实的基础。他还依据“共相先于殊相”的原则提出了“现实是理性的影子”这一名言，使得理性论深深扎根于古希腊哲学之中，且流传至今，让“柏拉图的这根老胡须”不管怎么用奥卡姆的剃刀（Ockham's Razor）来剃除没有必要增加的实体，却总是剃也剃不掉，萦绕在哲学界两千多年。

罗素（Russell 1903；1905）主要通过语言分析，在概念结构层面论述了所指对象与陈述语句之间的摹状关系，并没有聚焦于客观世界和具体指称，重点论述了“限定性摹状语的属性用法（Attributive Use of Definite Description)”（参见第九章）。斯特劳森（Strawson 1950）强调了语言的人本性和语用性，认为是人在用词语指称，而不是词语本身，重点论述了“限定性摹状语的指称用法（Referential Use of Definite Description)”。而唐奈兰（Donnellan 1966）同时批评了罗素和斯特劳森，将两者的观点结合起来，认为摹状语既有指称用法，又有属性用法，也进一步完善了指称论和语用学。

维特根斯坦后期（1953）也反思了指称论和图像论的问题，如：

（1）在语言游戏中只知道棋子的名称而不知道如何玩，不掌握游戏规则，这个语言游戏是无法进行的。

（2）人们用词语指称对象时经常是不确定的，不同场合会有不同指称，如指着五个苹果说“五个苹果”时，是指称“苹果”，还是“五个”？

（3）指称与意义不可混为一谈，正如他（§40）所说：

> 如果把“意义”这个词用来表示与这个词相对应的东西，那就是把它

> 用错了。就是把名称的意义同名称的承担者混为一谈了。如果N. N.先生死了,人们说这个名称的承担者死了,而不说这个名称的意义死了①。

据此,他在第55节中进而指出,语言中用名称所表示的东西必须是不可毁灭的(Indestructible)。

(4) 当一个人说:

> [2] 今天42°。

并不纯粹表示发话者在指称一个客观事实,而是蕴涵了他讲这句话的态度(天太热)。这句话已超出了表达式本身的字面意义,带上了人主体的授意,即胡塞尔所说的“意向行为”或“赋意”,这就是符号的“超符号功能”。

奎因(Quine 1953; 1960)严厉批判了意义的指称论,认为意义不同于指称。正是由于指称论将意义等同于指称物,才形成了“柏拉图主义(共相作为抽象实体而独立存在)”,从而引出了

> 任何词语要有意义就必定要有实在的指称物。

说出“某物”就意味着它的存在,如说出“飞马”,就应当有这类的马,否则它就没有意义。又如,要使谓词“红”有意义,客观世界就必须要有能被看做单个“红性”的这一共相实体。他主要从以下三个方面做出了详细论述:

(1) 从专有名称方面来说,意义不能等同于指称,如“长庚星就是启明星”不等于“长庚星就是长庚星”,也不能说“我昨晚见到启明星了”。

(2) 从抽象名词方面来说,指称论也是行不通的,如“行星的数目是9”,但是我们都明白,“行星的数目”和“9”是两个不同的抽象概念,意义明显不同。它与“长庚星就是启明星”一样,都属于综合命题,须依靠经验的观察。

(3) 从普通名词方面来说,指称论也有问题。一个普通名词的所指是以“对之适用的所有事物的类”为其外延的。“内涵”与“外延”是不同的,不可混

---

① 维氏虽强调了意义的用法论,但也没有全盘否定指称论和图画论。他(1953)在第43节在说出名句“一个词的意义就是它在语言中的使用”之后,还有一句话(常被人忽视),“而一个名称的意义有时是通过指向它的承担者来说明的”。他在第560节又说道,“一个词的意义乃是对该意义的说明所说明的东西。即:如果你要理解‘意义’这个词的使用,就要去找被称为‘对意义的说明’的东西。”

同,必须加以区别。如“有心脏的动物”不等于“有肾脏的动物”,尽管这两个表达式可能有相同的外延,但其内涵不同。

奎因既不赞成指称论,也不接受涵义论,他认为“把意义说成心中的涵义或观念更糟糕”,“不能用观念来说明任何事物”。他坚决赞成“行为主义语义论”:要能获得词语的意义,就要到使用语言的人们的“公开行为”中去寻找,这显然受到欧洲逻辑实证主义以及詹姆斯和杜威的实用主义的影响,且也与后期维特根斯坦的用法论相一致(Quine 1953,江天骥等译,1987:序 26)。

指称论之所以备受关注,正在于语言的指称性可用于解释人如何建立了与世界的联系,因而哲学家们围绕它展开了旷日持久的争论,出现了各种观点(参见第九章)。我们认为,指称论常常孤立地、静止地、机械地分析词语的意义,而没有注意到人们在语言实践活动中所产生的意义具有多义性、变异性、动态性、隐含性,更没有考虑到人的主观能动性,难免会打上片面性的烙印。但是指称论也不是一无是处,指称用法毕竟是人们学习语言之起点,且也是哲学家研究意义之初始,因此在语言哲学(包括语义学)中具有重要地位,也为其后若干语哲新观留下了很多批判余地和发展空间。

第二节　观念论

很多学者(从古希腊至今)认为,基于心智角度的观念论可解决指称论之不足,但是该理论又面临以下一些难题:

(1) 究竟何为“观念”,它本身就是一个不可捉摸的、空泛的抽象体,用它又怎能界定另一个抽象实体——意义?可以说,这于事无补!亦有哲学家认为:意义应比观念更加抽象,因此用观念来解释意义明显不足。

(2) 以哪个观念为准?如阿伦(Allan 1986:88)曾举例说,若用观念论来解释“fishing”,那么会使人想到在暴风雨的浪尖上颠簸小船中的打鱼人,还是用网捕捞的小姑娘?是用绳索,还是用飞标,还是放鹰捕捉?究竟是哪个观念能用来解释“fishing”的意义?该如何界定 Lugg 在下面引文中的 associated?

(3) 人们在使用语言进行交际时,并不是为获得心智中的观念或心象,而是要用语言来做事的。因此,“观念论”充其量只是解释了意义中一小部分情况。正如 Lugg(2000:21)所说:

> The purpose of “slab” is to have a slab fetched, not to produce an image of a slab. ... It would be wrong to conclude that words mean the

images with which they are associated.(说“石板”的目的是要取来一块石板,而不是产生石板的心象。下一结论是错误的:词语意味着与其相关联的心象。)

赖尔(Ryle 1900—1976)从功能主义角度批驳了观念论,强调不能把一个词的意义看做与这个词相联系的观念,而应当看做这个词所行施的功能。奎因(Quine 1960)从行为主义立场反对把词语的意义理解为精神实体或观念。认知语言学家(参见 Taylor 1989:30—38)也严厉批判了这种“抽象说”。

第三节 涵义论

弗雷格(1892)提出了涵义论(又叫语义三角),认为“语符(Symbol)”不是直接指向“指称对象(Referent)”的,而是通过其间的“涵义(Sense)”指向它的。他还将涵义定位于一种客观的、抽象的观念,相当于一个关系集合(Lyons 1977)。涵义论虽能克服指称论的一些问题,但也带来其他若干新问题。

(1) 弗雷格认为,语符是通过其镜像性涵义指向对象的,并认为涵义是我们得以所指的方式。问题是,假如语符没有确定的指称对象,也就不能获得其指称的方式,此时其涵义又是从何说起的呢?“镜像”岂不成为无源之水?这就是达米特(Dummett 1987,王路译 2005:72)所说的“指称的失败”,如语符缺少所指对象,就不能具有它们表面上的那种涵义,或根本就不能有涵义。

罗素认为,许多单称词语都有指称对象,这就叫“罗素式词语(Russellian Terms)”。可是,语言中就有很多没有指称对象的“非罗素式词语”,按照上述“指称方式”的观点,它们就该没有涵义,可这与常人的理解又不相符。

(2) 有指称对象就一定有涵义吗?语言中若干词语虽有确定的指称对象,但却一直难觅其背后的涵义,例如到现在为止还没人能给“水”、“电”等提供一个令大家都接受的精确涵义,更不用说那些抽象词语了,诸如:“时间”、“意义”、“漂亮”、“勇敢”等。这就是说,我们能够知道语符所指称的对象,但并不一定是凭借符号的涵义来认知的,这就使得语义三角失去了一定的解释力。

(3) 观念的镜像性使其陷入了客观主义泥潭。弗雷格主张将 Sense(涵义)视为外界事物在人们头脑中的镜像反映,是社团共享的观念,独立于个人心智,具有客观性(Dummett 1987,王路译 2005:65;陈嘉映 2003: 93),而将具有主观性的观念称为 Idea（参见 Akmajian etc. 1979：235；Lakoff & Johnson 1980：199），但何处可觅纯客观的观念？

为能保证"涵义"的客观性、固定性，弗雷格设想其为游离于个体之外的，存在于某社团并为该社团所共享，幼儿在学讲话时就从该社团学得了基于外在事物抽象出的涵义，这样就在"符号、涵义、指称对象"三者之间建立了固定的联系。这里的"固定"似乎太绝对，否定个体的理解和解释，也就消解了人本性，排斥了人的主观能动性，这与意义的实际使用情况相去甚远。难怪雷柯夫和约翰逊（Lakoff & Johnson 1980，1999）等在批判客观主义哲学观时重点将矛头对准了他。

（4）涵义论与理性论同源，很多哲学家（如经验论、马列主义、体验哲学等）都对后者进行了批判，其中很多批判也适用于前者。古希腊哲学家柏拉图和近代认识论开创者笛卡尔分别代表了这一理论的两个不同时代：柏拉图认为"现实是理念的影子"，笛卡尔喊出"我思故我在"的口号，都明确标榜了理性和观念的首要性。张志伟（2004：208）曾指出：

> 我们可以毫不夸张地说，使笛卡尔成为近代哲学的创始人的，就是"我思，故我在"这个哲学命题，它奠定了近代哲学主体论、自我意识和理性主义的基本原则。不过笛卡尔也为近代哲学留下了一道二元论的难题。而这个难题在此框架之内是不可能得到解决的。

这足以可见涵义论的胎里疾了。

但是，指称论和涵义论却为后来的语义学者开启了众多的哲学思考，从而引出了语义理论大家族，成为语言哲学的核心内容。

第四节　命题论

与涵义论密切相关的命题论也有很多致命弱点，如：什么是命题，它在哪里？我们可以听到一个句子，但其中所蕴含的抽象性命题到底为何物？人们是如何将句中所蕴含的命题提炼（或翻译）出来的？是通过句子理解命题，还是通过命题理解句子，何者在先？脱离语言的民族性、社会性和实践性来奢谈抽象性命题，似有将简单问题复杂化之嫌疑，解决不了语义的具体问题，更解释不了为何字面意义与语用隐义不一致的现象。弗雷格所倡导的用以解释命题意义的组合原则，更是受到当今认知心理学（特别的格式塔心理学）以及认知语言学的严厉批评。

罗素等基于命题论发展而出的"逻辑原子论(Logical Atomism)"也面临着上述类似的难题,难道我们所认为真的全部命题都是基于原子事实的吗?若要验证全称命题"All swans are white",势必要将全世界所有的天鹅都检查一遍,这显然是件不可能之事,详见下文。可见,这类全称命题的意义,并不取决于"原子事实(Atomic Fact)"。另外,若用卖矛盾者的寓言来看逻辑原子论,它也难以自圆其说,逻辑原子论并不适用于它自身,我们能否找到确认"命题对应于事实"、"人类所有知识基于原子事实"的证据性事实?

第五节　摹状论

笔者在第九章"指称之争"中已较为详细地论述了摹状论存在的一些问题,语用论(包括斯特劳森的语用观和克里普克的历史因果论)可在某种程度上消解它们,此处不再赘言。

第六节　证实论

语言哲学家们认为,可把自然科学与人文科学统一在同一个"实证主义(Positivism)"理论框架中加以研究,主张把流行于自然科学界的实证方法引入到哲学研究中来,出现了"证实论"和"真值论"语义观。

它们虽在基于外延主义的指称论上向前迈出了一步,从词汇层面上升到命题和句子层面,认为语句不是直接指称对象的,而是依据外部世界的事实情况来确定语句的意义,将其解释成"确认其为真的方法和过程"。真值论将其解释成"确认语句为真的一组条件"。但是,它们依旧是在外延主义的框框中运作,始终未能摆脱客观主义的窠臼,主要缺陷如下:

(1) 过分依赖外部世界。证实论依据实证主义原理提出的语义观,虽跳出了指称对象的束缚,但仍旧强调了外部世界和感知经验的重要性,过于依赖客观环境。而我们知道,语言中确实有很多语句不是靠客观现实中的事态(State of Affairs)来理解其意义的,如分析句(属于先验真理 Priori Truth),它是必然为真(Necessarily True)的陈述①:

[3] Boys will be boys.

---

① 当然,奎因对其有不同见解,认为即便是"分析的",也要运用到经验性知识,因此"不存在分析的语句",详见第五章第五节第二条(Lycan 1999:126)。

[4] Bachelors are unmarried men.
[5] Either he is still alive or he is dead.

与此相同,矛盾句(Contradiction)也不必依赖现实中的真伪便可理解其句义(Saeed 1997: 86),如:

[6] She was assassinated last night but fortunately she is still alive.

既然已遭"谋杀",就说明她已经死了,后半句与前半句显然自相矛盾,这是一句必然为假(Necessarily False)的陈述,永远不能得到经验的证实,但人们都知道它的句义。又例:

[7] He is digging his own grave.
[8] Your dead uncle is alive.
[9] 陈家鹄就像一个活死人一样。(电视剧《风语》〈第 14 集〉台词,2011.2.14 中央电视台八频道)
[10] 他今年 30,明年 28。

(2) 无法解释隐喻性表达和信念句。语言中还有很多是人们仅凭想象,运用隐喻性思维产生的句子,它们不可能被事实所证实为真,但人们却都能理解它们的意义,例如:

[11] My toothbrush was dancing with Linda Ronstadt.

这是一句类似于童话寓言式的语句,明显是个假语句,无法被经验事实所验证,但就连小孩都能知晓其意义。但有趣的是,如果我们在句前加上表达人们主观态度的信念性词语,如"我认为"、"她想象"、"你梦想"等之后,如将其说成:

[12] I dreamt that my toothbrush was dancing with Linda Ronstadt.
[13] I think I dreamt that my toothbrush was dancing with Linda Ronstadt. (Allan 1986:I80)

这些句子就成为可接受的表达。我们无法判定这两个表达就一定为假,它们

可能为真,但却又难以用经验事实来证实。徐友渔(1996:63)指出:

> 实际上,不论在科学上还是在日常生活中,不少重要而有意义的命题不可能获得当下经验的证实。

(3) 证实原则不能证实含全称量词的命题。试想一下,要证实将含全称量词的命题,就要穷尽该类的全部外延,这能办到吗?正如上文所举的例子:

[14] All swans are white.

要能证实该句的真伪,就要将世界上所有的天鹅都找来,一只一只地验证,而这是永远办不到的。可想而知,人类何以能基于此法获得真理?难怪英国哲学家普波尔(Popper 1902—1994)于20世纪50年代提出了"证伪论(Falsificationism)",认为基于归纳法的证实论无法证明命题的普遍性和必然性,人类不能获得真理,只能通过证伪和假设去接近真理。一切知识、命题只有被经验证伪时才是科学的,否则就是非科学的。命题内容越具普遍性,其精确性越高,其证伪度也越高;理论越进步,其证伪度也越高。

(4) 作为一个完善或较为完善的意义理论,它应当适用于语言中全部(即便不是如此,也应是绝大部分)的语言用法,而证实论仅对部分陈述句有效,对若干过去已发生的陈述性事件已无法再被证明,对将来的陈述在当下也无法证明。特别是对于疑问句、祈使句、感叹句、许诺句,还有若干惯用语、幽默句等,更是一筹莫展,因为人们很难为这类语句寻找到可证实的条件,可人们知道它们都是有意义的。若将这类总量还不在少数的语句都排除在外,证实论还能有多少解释力!

(5) 证实论者所接受的是通过感知经验"可被观察到的事实",即被感官过滤过的事实,而不是事实本身,他们常"通过可直接观察得到"来解释这一原则。很多学者对此提出质疑(参见 Lycan 1999:122—123):什么是"直接观察"?戴上眼镜算不算?用放大镜或显微镜算不算?又该如何用"可直接观察"来证明证实原则本身?可人们相信,即使很多无法被证实或证伪的语句,它们仍旧有意义,可被人们理解,如第七章例[5]至[7]还是有其句义的,难怪很多学者要批判证实论。

(6) 证实论者根据语句能否被证实或证伪来确定语句的意义,可人们常常是依据语句的意义来确定其是否可被证实或证伪,因此,"证实"和"句义",哪个在先?这也是证实论者所面临的一大难题。

证实论与真值论都属外延论，它们享有很多相同的基础和观点，因此下文所论述的真值论之缺陷，很多也适用于证实论。

第七节　真值论

日常语言学派的重要代表人物斯特劳森(Strawson 1950)曾指出，语言本身不会指称，是人在用词语指称，因此语言研究中必须考虑人因素。既然指称时涉及人的因素，人就要发挥主观能动性，词语的涵义(Sense)和所指对象(Referent)可以对应，也可以不对应，而且不一一对应的现象随处可见，这本身就说明涵义不完全取决于对象的真值，如：

(1) 人们可用不同词、句来谈论同一对象，如可以称自己的父亲“Dad”或“Father”，或其他什么声音(汉语中的“爸爸”有很多方言称呼)，它们的“真值”相同，但所表达的意义明显有差异(参见 Croft & Cruse 2004：12)。黄斌(1999:34)的语言层次论也可很好地解释这一现象：外延义等同的词句，其内涵义不一定等同。

(2) 人们也可用同一词、句来谈论不同的对象，如一词多义、歧义句等，它们都可能符合“真值条件”，但意义会有较大差异甚至相反，如“自身反义词(或一词两反义)”就是一种特殊情况，这也是“真值论”所难以解释的。

(3) 语言中的陈述句能占多少比例？语言中描写事实的陈述句有几何？并不是所有的陈述句都有真值条件，更不用说语言中还有大量的疑问句、祈使句、感叹句等。如例[1]，难道我们能依据真值条件公式，将这句话理解为：

[15] “He is a chicken” is true if and only if he is a chicken.

这显然是行不通的，却谁都知道这句话的意义。另外，有些“不真不假、似是而非”的语句，同样也可传递意义。例如当问及“张三是否为一位优秀语用学家”时，B做出了如下答复：

[16] 他写得一手好字。

[17] 他是一位乒乓球高手。

这两个句子可能是真的，也可能不是真的，但在这个语境中，它们却能很好地传递出B的语用意义“他的语用学水平不怎的”，这显然用“真值论”难以做出满意回答。

难道说了真话,就能满足交际需要了吗?事实上,在人们的现实交际中还是需要很多"假话"的,这就是人们常说的"礼貌原则优先"。在适当的场合下用适当的方式说出适切的语句,这才是最重要的,至于能否与事实相符,是否具有真假值,这都是次要的。上述两例便是很好的例子,在一般交际场合(除法庭)下,用"委婉"比"直说"要好得多。真可谓:该说"假话"时就要说"假话",该说"真话"时就要说"真话",语句意义与真值条件无甚直接关系,在这一点上格莱斯(Grice 1975)的"合作原则(Cooperative Principle,简称 CP)"比真值论更为可取。

(4) 确认一个语句的真值条件有很多种方法,也有很多途径,究竟以哪一条为准,似乎也无确定的原则可言。如例[1],我们可以数一下这个句子共有五个单词,这也是它的一个真实情况,难道这也能成为该句的意义不成?所有假语句的真值都为"零",难道它们的意义相同?

(5) 根据某一意义,列多少才能列全一组必要的真值条件,或许若干词义的必要条件是永远列不完的,如:zebra 的必要条件可包括(用 X 代表):

[18] X is an animal.
X has four legs.
X is striped.
X is a herbivore.
...

似乎可一直列下去,其中该以哪个或哪些为准(Saeed 1997: 36—37)?

(6) 与证实论一样,真值条件论仅限于描写陈述事实的语句,并不能描写全部陈述句。缺乏事实的语句不具有真值,如表示"情感的、道德的、表态的"等陈述句,它们本身无真假之言,如:

[19] 盗窃是不道德的。

难道它就没有意义?另外,祈使句、疑问句(特别是特殊疑问句)、感叹句等的真值条件又该如何描写?其实,戴维森本人(1967,牟博译 1998:148)早就指出了这个问题。对于这类句型,言语行为论将其视为施为句,它们没有真值可言,仅实施了诸如:命令或请求、询问信息、抒发感情等行为而已,这比真值论更有解释力。还有学者(Adams 1965)认为,索引性(或指示性)词语(如指示代词等)没有确切的真值,因为它们须根据具体语境确定其指称对象,此时也无法陈述其统一的真值条件。

另外,确定语句真值常须凭借科学知识,如:

[20] 地球是扁平的。
　　比较:地球是椭圆的。
[21] 太阳绕地球转(托勒密)。
　　比较:地球绕太阳转(哥白尼)。
[22] 一切都在运动(赫拉克利特)。
　　比较:一切都是静止的(巴门尼德)。
[23] 虚数存在。
　　比较:虚数不存在。

这些语句在不同时代有不同真值,随科学发现而有不同真假情况,但它们的意义却是十分清楚的,也是相对固定的。

可见,用“真值”难以解释“句义”,不但将意义问题复杂化,且也不很靠谱,即在“真值条件”与“意义”之间不能画上“等号”。

(7) “戴维森纲领(Davidson's Program 或Davidson's Paradigm)”也受到质疑。基于塔尔斯基真值条件论建立起来的这一纲领,意在将真值论从解释形式语言的意义扩展到解释自然语言的意义,曾受到很多西方哲学家的青睐,预示着一项重大的理论突破,不久也受到挑战。难道“真”的标准就统一了吗?跨文化、母语不同的民族必有各自的实践经验,不可能完全统一。“同真”就能保证“同义”吗?“雪是白的”和“草是绿的”这两者都是“真”的,难道它们同义吗?同外延的词语不一定是同义词,如“启明星”与“长庚星”、“有肾脏的动物”与“有心脏的动物”等,它们有共同的外延,但其意义却是不一样的。

达米特(Dummett 1973; 1975)指出,人们确定语句条件成真的能力是有限的,也是有差异的;同时人类语言中还有若干不可判断为真或假的语句。这就使得“戴维森纲领”陷入了两难处境。

戴维森后来引入了威尔逊(Wilson 1959)的“宽容原则(Principle of Charity)”和奎因据此提出的“理性宽容原则(Principle of Rational Accommodation)”,强迫人们相信语句使用者一定是诚实之人,预设交际双方在信念系统上从一开始就具有普遍一致性(王寅 2007c:106)。这显然有点牵强附会,话语意义与人格和道德没什么必然关系;即使我们与同事们享有部分或大部分共同信念,但也不一定就事事一致、处处协调,现实交际中时常出现各种误解就是一个很好的反例;即使有了“宽容原则”,也不能就保证人们所说的每句话都是真的,也不能就认定不诚实之人的每句话都是假的,它们没有意义。如被关在监狱中的囚徒也可真实表述“饭菜中一点肉也没有”这样的事实。

根据奎因的举例,就连指着一个“Gavagai”说“Gavagai”都无法确定其义,又何谈预设其他什么一致呢?另外,建立“信念一致”是在交际之前?还是在交际之后?根据正常理解,当在交际之后!还未沟通就已预设“一致”,岂不本末倒置!每次交际之前的“一致”究竟是什么?交际之后的“一致”又是什么?何以测定它们的差异?难怪陈嘉映(2003:280)发出这样的感叹:戴维森纲领虽引起了广泛注意,但接受者甚寡,批评者甚多。

(8) 真值与意义,能否等同?谁先谁后?真值属于外延,意义属于内涵,将这两个层次的问题混为一谈,造成了学界很大的混乱(黄斌 1999)。词和句可有真值(即外延性承受者),也可没有,只有内涵性意义,因此用真值说明意义不妥。

幼儿学语时可能是真值先于意义,难道人们都是根据语句与外界事物有关的真值条件来获得语句意义的吗?很显然,哲学家进行分析时好像是根据句义来把握真值条件的,这种关系的颠倒又能说明什么?如此说来,“先有鸡”还是“先有蛋”的哲学争论又要回来了,先前的未果又要叠加上新的未果。

社会生活是错综复杂、五彩缤纷的,人类表达心理过程的方式会多种多样,行为与心理的关系是不能按照(逻辑)实证主义的方法来理解的,因而许多哲学家主张抛弃真值论。当今认知语言学派也严厉批判了这类“喜好坐在扶手椅中空想的学者(Armchair Scholar)”,认为语义描写必须参照开放的、无限度的知识系统,只有从人本角度才能得到更合理的解释。指称对象同而涵义不同,是因为人们赋予指称对象以不同的涵义,它们被主体“塞入”了不同的主观意向,这正是当今后现代主义哲学和认知语义学的立场。

正如塞尔(Searle 2001,涂纪亮译 2001:78—79)所指出的:

> 意义理论不能仅仅把发话者的说话与世界上的事态联系起来,而且必须说明在发话者的头脑里究竟想些什么,才能使发话者用它的话语在某些方面表达那些事态。
>
> T—语句给出了成真条件,但具体说出成真条件并不一定给出了句子的意义,因为这还没有告诉我们发话者是如何表达这些成真条件的。

有趣的是,维特根斯坦(1953)后期也反思了自己前期的语言图像论,提出了语言游戏论和意义功用论，将意义研究导向了另一条思路。

第八节　功用论

在功用论、行为论、语境论、意向论之间存在一些共通要素，这些语义理论相互启发，互有继承，因此我们将其编入同一大类中，可划归语用学语义理论。

维特根斯坦后期的"功用论"强调语言的使用环境，提出"意义即用法"的观点，认为日常语言中相当数量的语句目的不在于求出意义的真假，也不仅仅是用来指称事物、描述状态，也不是什么精神实体，语句的意义在于它们在语言游戏活动中的功用，这一观点也引发了很多争议。

(1) 知其义而后晓其用。这一质疑同样涉及"意义"与"用法"哪个为先的问题。这与上文述及的质疑真值论的思路是相通的。学者们一般认为一个词在被使用之前就存在意义，也就是说，人们一般是在知晓词句的意义之后才会知道如何使用它们。

(2) 不知其义而晓其用。有时还会出现这样的场合：人们可能会使用某个词语而不一定知道这个词的意义或定义。如儿童不知道某符号的意义，但却会在适当的场合下说出适切用途的话语。即便是成年人，尽管能熟练而又准确地使用词语，但不一定就能很准确地说出它们的定义来，也不一定完全理解了它们的意义，如苏格拉底与大希庇亚斯辩论"美"的问题，人们都会用这个词，但并不能准确说出它的定义(陈嘉映 2005:61)。"用概念说事"与"谈论概念本身"是不同的。

(3) 知其义而不晓其用。语言应用中也常会有这样的情况，知道某个词的意义，但却不知道它的具体用法，甚至还会用错了。理解了词典上某一词项所标注的词义是一回事，能正确运用它可能又是另一回事。现实交际中常会出现误用词语的现象，这就是我们常说的"语用失误"。

(4) "意义"与"用法"毕竟不同，前者为词语的涵义，属于语义学，具有超语境的性质，是从若干具体用法中提炼而出的；后者是指词语在语言交际中的实际用法，属于语用学，含语境特征。显而易见，它们分属于语言的不同层面，有不同的性质，不可混为一谈。哲学家一直在关注"经验 vs 超经验"、"语境 vs 超语境"之间的鸿沟，将"意义"与"用法"等同起来，说"意义等于用法"，似有混淆界限、轻率定义之嫌。

又如，一个词语在若干不同语境中往往会有若干种用法，按"功用论"的观点，就会有若干种意义，此时又该如何确定词语的意义，辞典该如何编写？

另外,在许多完全不同的情景中,语句的功能可能是相同的,但语言环境存在多变性和不确定性,而语言意义还是具有相对稳定性的。

(5) 用“活动”或“游戏”来解释“语言”,虽解决了一些老问题,但也引出了新问题,“普通游戏”与“语言游戏”必然还有很多差异:

A. 前者必须先知道游戏的规则,然后才能参与该游戏活动;而后者却不一定,幼儿就是在不知道语言游戏规则的情况下,仅依靠猜测、推理、验错等心智运作来参与语言活动的。

B. 前者体现不出“表面意义”与“实际意义”之别;而后者却有,且表面意义具有一定的组合性,这是前者所不具有的。

C. 前者各要素仅局限于游戏之内,不具有指称性、施为性(如建议性、许诺性、劝诫性等),与人们切身的实际生活无关;而后者却具有一定的指称性,也具有施为性等属性。语言与人类的生存密切相关,可用它来谈论生活和事件。

D. 前者具有“对抗性、输赢性(如得分或失分)、娱乐性、消遣性”等性质,而它们不一定都存在于后者之中。或许将语言视为引起“活动”或“行为”的激活素更为妥当,奥斯汀(Austin)于1955年就是沿此思路提出了“言语行为论”。

第九节 行为论

行为论接受了当时流行的逻辑实证主义,强调用可观察得到、体验得到的行为来解释心理活动和意义,认为词语意义即为受话者在听到某词语刺激之后所能做出的、可观察得到的反应和行为,且认为这种“刺激一反应”关系适用于所有情景,因此人们就能达成共识,得以有效交际。但由于他们对人性的理解太片面,研究的对象太狭窄,应用的方法太机械,因而研究的实效相对来说不大。从20世纪50年代起,行为主义心理学遇到了人本主义心理学和认知心理学两方面的严重挑战。

(1) 有刺激并无反应。在很多场合下人们听了某句话之后,并没有明显可见的行为反应,如当你听到:

[24] 三角形内角和等于180°。

这句话后,究竟能引起什么样的行为反应?再说了,人都有“掩饰”能力,特别是间谍,这又该作何解释呢?

(2) 无言语刺激也可能有反应。不一定所有的反应都是由言语刺激引起的，人们在没有言语刺激的情况下也会有行为反应。可见在“言语”和“行为”之间尚不能画等号。

(3) 同刺激不一定同反应。同一刺激难道对所有人都能产生相同的反应吗？如一个享受到家庭温暖的孩子与未享受到的孩子，在受到“家”、“父母”语符刺激时不一定会做出同样的反应。另外，按照奎因逼问同义词的方法(参见第五章第五节第二条)，我们也可逼问奎因“何为相同刺激”，不知能否有满意的答案？

另外，根据语用学原理，必须将语句置于实际语境中才能有不同的意义，而且同义语句在不同语境中会有不同的“话语意义(Utterance Meaning)”，它们引起的反应都是一样的吗？若同一话语引出了一批受话者的诸多反应，那又该以哪一种反应为准呢？

(4) 不同的刺激还可能有相同的反应。如让别人来为我开门，我可用很多语句来表达它，即用多种方法来刺激对方，这也使得难以在“刺激－反应”模式中建立简单的对应关系。

(5) 人兽不可混同。“刺激－反应”是一切动物的本能，人兽皆有，它们岂容混同！难怪有学者指责其有简单机械论之嫌。基于这一理论建立起来的学习理论也有其明显的局限性。武断地将研究动物所获得的结论无保留地运用到复杂的人类行为中来，这只能是粗略的、肤浅的、漏洞百出的见解。他们将有机体行为最重要的决定因素视为环境因素和外部因素，这必然要导致忽视人在言语行为中主动性和独立性的结果，更不能解释为什么一个四五岁的孩子就能掌握结构复杂的语言。

(6) 有学者认为，有关心智活动的陈述就是有关公开行为的陈述的缩写(Lycan 1999:121)。如此说来，有的只是可见的行为，可以取消“心理活动”了，不存在什么“心智哲学”了。

受功用论、行为论等观点的影响，奥斯汀、塞尔等人的言语行为理论则也是在反对指称论、涵义论、真值论，批判忽视语言使用环境的基础上发展起来的。但很多学者指出，“言是言”与“行是行”，这两者明显不是一回事，岂能等同视之，而且在很多情况下可能是：

(1) 有其言而不见行；
(2) 无言也可有其行；
(3) 同一言可有多行；
(4) 不同言可有同行

等,因此要在言语和行为之间画上全等号,大有质疑。

奥斯汀等发现,表述句与施为句难以清楚切分,因为表述句也可施为,施为句中也蕴含表述(至少认可所说出的语句为真)。那么有学者追问:在"施为序句+表述句"的复合句中,其真值条件取决于"施为序句(Performative Preface)"部分还是表述部分,还是两个部分兼而有之?例如:

[25] I state that I have never traveled to that country.

[26] I order that you attack and capture the University of Chicago.

有学者认为,话语意义取决于施为序句之后的从句部分的真值,因为在说出例[25]之后,也就传递了从句部分为真的信息。亦有学者指出,施为序句部分也有真值,如说出[26]的"I order",我确实在将自身描述为"发号施令",且这一描述是真的。这至今仍困扰着众多学者(参见 Lycan 1999:182)。

另外,言语交际行为的三个阶段,特别是"意向行为(或以言成事行为)",必然会涉及许多心理和社会因素,这在有关论著中语焉不详。而且,很多学者认为,要能将其论述清楚,不是一件易事,恐怕在很长一段时间内也难有明确答案,这也给该理论蒙上了一层阴影。

第十节 语境论

语用学所情有独钟的语境论,确实很有道理,同一个词句用于不同语境中确实会有不同的指称和情景义,如:

[27] Yesterday he went to the school for a meeting.

这句话被不同人用于不同场景,具体意义是不同的,yesterday 是相对于发话者的"昨天",he 有不同所指。the school 是指哪个学校或学院,得视语境而定,开什么样的 meeting,在不同场合也会有不同所指。

但是这里有一个核心问题不可混淆,必须区分"概括意义"和"情景意义",这两者不是同一回事,不可用一者来否认另一者的存在。词语脱离语境是有意义的,可称其为"概括义(Generalized Meaning)",否则词典就编写不出来。但不谈"情景义(Situational Meaning)",就无法通过语言运用实现有效交际。笔者曾于 1988 年设计出一个以语义为中心的"语言交际锥形图",解读了概括义与情景义之间的辩证关系,还是有一定解释力的,似可解决这一问题(详见王寅 2001：§7)。

这使我们想到了古希腊哲学家赫拉克利特的一句名言：

> 一个人不能两次进入同一条河流。

因为河水是在不断流淌的，情况是不断变化的，人们在不同时间经过同一条河流时会产生德里达所说的“延异”现象，若从这一具体分析的角度来说，这句话是有道理的。但转念一想，不管是什么时间经过这条河流，这条河还是这条河，它还是它，如黄河总归是黄河，不管你何时渡过它。若从这个抽象层次来说，这句话也不是没有问题的，难怪奎因(Quine 1960)要批判这句名言。

与此道理相同，我们不能把抽象层面的问题与具体层面的问题混为一谈，这是于事无补的，这也可说明语用学过分强调形而下的语境层面的意义似有不妥。较为完整的表述应为：词句在抽象层面有其概括义，这就是它的字面义，在任何场合应是较为稳定的。如例[27]，不管有多少读者读这句话，其字面意义是相同或基本相同的；若将其用于具体交际场景，它会有不同的情景义。

这也是我们区分语义学与语用学的原因所在。

第十一节　意向论

格莱斯(Grice 1957；1968；1969)反思了指称论的意义观，提出了从“发话者意向”或“发话者意义”的角度来解释语句意义的新视角(参见第八章第十二节)，但也引发出了新问题。

(1) 格莱斯提出用“会话含意＝发话者意向”来解释话语意义。可是何为“意向(Intention)”？它好像与“观念(Idea，Concept)”一样，也是虚不可摸的。用一个难以确定的概念去解释另一个难以确定的概念，又能解决多少问题呢？

(2) 格莱斯过分强调了语句的意义在于“发话者”的意向。仅从这一个角度来论述语句意义是不全面的，片面夸大了交际一方的心理因素，而忽视“受话者(Hearer)”另一方的感受，似有二分之嫌疑，更有索氏之遗风(切二留一，以一个极端掩盖另一个极端)。因此，很多学者认为，发话者的意识活动不能完全决定语符的意义。另外，也不是发话者所有语句都一定有交际意向的。

(3) 格莱斯区分了语句的字面意义和发话者意义(会话含意)，论述中大有“否定前者,过分强调后者”之嫌。很多学者认为,人们是通过语句的字面意义,结合语境推导出会话含意的,因此我们尚不能完全否定意义的指称论和组合论。特别是受话者在听到从未听到过的陌生句时,他主要运用指称论和组合论获得语句的字面意义,然后再结合语境意义才推导出发话者的意向。

(4) 我们认为,“意义”与“意图”不在同一层面上,有很多学者认为,前者主要指语句本身所具有的意义,属于语义学范畴;后者主要指发话者讲出一语句时的目的和用意,当属语用学的范畴,因此“意义=发话者意图”混淆了语言研究的层次,两者不能等同。

(5) 格莱斯(1975)后来进一步批判了意义的指称论、证实论、真值论,论述了发话者意图可通过“合作原则(Cooperative Principle,简称 CP)”来解读,语句意义来自于人与人之间的合作,弥补了 1957 年过分强调发话者意义之缺陷。但这仅是一个理想化模式,明显具有规定性特征。人们交际时为何就一定要合作(如犯人受到警察审问时,官员与他瞧不起的下层人会话时)? 为何就一定是 4 条准则(Maxim),而不是 5 条或 6 条? “所需量”究竟是多少? “真”到什么程度才为真? 如何设计出丈量相关度的标尺? 何以能用一个理想化的交谈方式来规范所有人的风格? 政客或外交官若不用含混语和冗余句,就不是一个真正的他们。人们在正常交谈时是否真的能意识到这些准则的存在? 若真的存在,人们早该发现了,何必等到 1975 年!

而且,格莱斯依据是否遵守 CP 次则区分出“一般会话含意(Generalized Conversational Implicature,独立于语境)”和“特殊会话含意(Particularized Conversational Implicature,依赖于语境)”,有自相矛盾之嫌:若依据“是”,则必须承认一切会话语句的意义都离不开人际间的合作与默契。若依据“否”(遵守 CP 总则而违背其中的次则),那么总则与次则之间为何关系? 是违背一条还是数条次则,此时似乎又在否定“合作”。

如何区分语句的“字面意义(或普通含义)”与“会话含意”,语用学界提出了很多方案,各路学者们用了很多术语,各自的分法也不尽相同,使得读者深感困惑,不知所从。如用“遵守 vs 违反”来划分“一般会话含意”与“特殊会话含意”,细想起来,这也是一笔糊涂账! 违反了一个准则,却又可能遵守着其他准则,这其间存在不同程度的交叉现象,若违反“数量准则”,却在遵守“相关准则”;违反“方式准则”,却可能遵守着其他的准则。即使按照“语境量”为准来区分一般会话含意和特殊会话含意,这恐怕也是一笔糊涂账,如何衡量这个“量”的大小,到目前为止,未见有学者做出过实质性的论述。间接言语行为与各社团的“礼貌原则”密切相关,而格莱斯未能在 CP 中将其列上。另外，格氏在论述会话含意时常聚焦于单一话语，而忽略了更大的语境，大有“见树不见林”之嫌。

还有学者区分了“规约含意”与“非规约含意”，这其间也存在难以说清楚的问题。“规约性”本身就有一个程度性问题，更会因时、因地、因人、因事而异。若说：

[28] I walked into a house.

就规约出“这不是我的房子”，若是，该说“my house”，但为何就不能将其解释为违反了“数量准则”或“方式准则”呢？又例：

[29] I cut a finger.

就规约出这是“我的手指”，凭的是什么“规约”。如果是外科大夫说这句话呢？可见“规约性”中依旧存在“不规约性”因素。

(6) 更糟糕的是，难道人们一定要了解 CP，掌握了这些准则才能进行言语交际吗？谁也没见过没学语用学的人，不懂得 CP 的人，就不能进行日常言语交际。而语用学者在实际生活中不一定都擅长与人交际，常会出现“语用失误”现象，这在我国的外语学界并不罕见。

另外，德里达对奥斯汀、塞尔、格莱斯等人的“言语行为论”、“意向论”也持有不同看法，反对将它们视做纯粹的意义。德氏认为，无意向的东西总是同有意向的东西一同出现的，无意识的东西总是限制了有意识的东西，环境的具体性、多变性、不确定性限制了动因和意向的清晰性。他的这一观点也是对意向论语义观的一个有力批判。

第十二节　关系论

索氏所创建的结构主义理论，采用“关门打语言”的策略分析自足的、封闭的语言系统，实现了语言内指论转向，企图从语符之间的内部关系来解释语义，这只能是一个美好的遐想。“围墙关门”的结果只能将自己封闭在系统的黑屋之中，锁闭了全面审视语言的视角，所得结论难免会带有片面性。

(1) 颠倒“语言”与“人、存在”的关系。马克思主义强调社会存在决定社会意识和语言，社会意识和语言又可反作用于社会存在。恩格斯在《劳动在从猿到人转变过程中的作用》中指出，劳动不仅创造了人类社会，同时也创造了语言。当然,人除了劳动之外,还有若干其他协作性集体活动,可将它们统称为“体验活动”,包括对现实世界和人际活动的实践,以及为生存而进行的劳动。人在这个过程中,除创造了工具、生活之外,还创造了语言。而结构主义者将语言视为“独立且先验于个人言语的封闭系统”,将其中关键的“劳动”、“体验”、“人本”等因素排除出语言系统,显然违背了马克思主义的语言哲学观。

(2) 关门论语言系统,根据不足。詹姆森(Jameson 1972)认为,语言与言语这两者是不能割裂开来的,语言储存于人们的头脑中,它与社会和文化密切相关,语言何以能自治,又怎能独立?这个门是怎么关也关不上的!语言本身并非是中性的“零度写作(Zero Degree Writing)”,其中充满了意识形态,烙上了人主体的印记。

奥格登和理查兹对索氏关门派的做法也做出了一针见血的批判,质问是否存在“语言系统”这个他所要追寻并研究的目标。他们(Ogden & Richards 1923: 4—5)指出:

> 索绪尔在这个问题(笔者按:指语言系统)上也不停下来追问自己到底在找什么,也不想想是否有理由认定它为什么就一定存在。相反,他走上了所有科学开始时常走的道路:虚构一个合适的物体,名曰“语言(*la langue*)”,它与“言语(*le langage*)”相对……但是,把它作为一门新兴学科的指导原则,实在是异想天开。加之,这种在可调查验证的范围之外虚构语言实体的做法,对其后所论述的符号理论证明是致命的。

此段引语中的“这个问题”、“它”、“虚构的语言实体”,就是指索氏要关门研究的那个“语言系统”。这几句话对于索氏理论根基可谓是“致命的”!

他们的这一批判正如古希腊哲学家高尔吉亚批判形而上学祖师爷巴门尼德的毕因论一样,有异曲同工之处。高尔吉亚曾质疑过客观主义形而上学,“有没有客观真理?即使有,人能不能认识它?即使能认识,人能不能用语言表述出来?”这三个问号正击中了西方形而上学的要害。奥格登和理查兹的批判也击中了索绪尔的软肋,既然无法证明语言这个实体的存在,只好采取虚构的方法,那么建立其上的学科,与在沙滩上建筑大楼又有何区别呢?

(3) 何为能指与所指,语焉不详。索氏所用的两个术语“能指”与“所指”,也是“关门策略”的产物,两者具有任意性,在“关门策略”的理论框架中尚能成立。但仔细琢磨一下,心智中的这两个实体究竟是什么,似乎一时也难以说清楚;它们有什么关系,也不易道得明。正如第三章第五节所说,索氏接受了“语言与世界同构”这一大前提，若基于此再来谈论能指与所指之间的任意性，那么该观点能否成为第一原则自然就不无破绽了！

（4）共时与历时为辩证统一体。索氏区分出历时和共时语言学，拒斥西方当时流行的“历时”之风，大唱“共时”之反调，其革命精神不可否认，开启了人们从另外一个角度认识语言的窗口（乃至语言学之外的其他许多学科），功不可没！但只要细想一下，明明是一个事物的两个方面，用辩证法的观点来看，这两个对立的方面是互为依存、不可或缺的关系。而索氏却要舍其一而留另一，舍弃历时维度，仅将目光聚焦于语言的共时维度，违反了辩证法的基本原则，这个代价实在是太高了。我们认为，语言既具有共时性，也具有历时性，语言研究中有些方面要偏重共时，有些方面要偏重历时，忽略任何一个方面也不可能全面了解语言。

（5）索氏理论自身中包含一些自我矛盾之处，如一方面持语音中心论，另一方面又舍弃言语专注于语言，等等，德里达运用“自毁原则”对其进行了无情的解构（详见第三章第五节）。

（6）语义关系论太片面。结构主义语义学关门策略引出了“语义场理论（Semantic Field Theory）”、分析各种“涵义关系（Sense Relations）”，且建立了CA方法，采用了高度理想化的二元切分法，一刀下去，排除中间状态，无视范畴的隶属度，从而导致了逻辑上的难题。罗宾斯（Robins 1976；李振麟译1986：41）指出：

> 语言的意义不是一个单纯的关系，也不是一类单纯的关系，它包含着多重不同的关系。这些关系既是文化上的又是物质上的；它们存在于话语及其成分跟环境的相关特征和成分之间，构成了包含在人类社会存在中的人与人之间关系的广泛得多的体系的一部分。

瑞士心理学家皮亚杰（Piaget 1896—1980）针锋相对地提出了“建构论（Constructivism）”：主体和客体之间的相互作用建构成认识，从而形成了语义。奥特尼（Ortony 1979）接受了这一观点，认为意义是要建构的。雷柯夫（Lakoff 1987）也指出，意义是事物与我们所发生的一种联系，事物本身无所谓意义，意义不是一种事物，它是产生于一定环境下对一类事物的心智体现。

当今，很多有识之士提出要冲出语言的牢笼，推倒这个以语言系统为篱笆构筑起来的围墙，开启语言系统的大门，颠覆“关门法”，消解唯关系论，建立起真正的语义学，将语符与人本、形式与内容、共时与历时紧密结合起来，以能识得语言真面貌。可以预见，21世纪的语言学必将沿着这一方向不断向纵深发展。

第十三节　成分论

根据结构主义理论建立起来的语义成分分析法 CA 也面临着同样的难题：

(1) 适用面大大受限。采用理想化的二分对立法分析词汇意义，只能适用于部分词汇，若范围一扩大，若干问题会变得复杂起来，甚至无法切分了，更不用说对一个语言的整个词汇系统做出统一的 CA 分析。

(2) 义素数量难以确定。人们一直疑问：究竟能切分出多少义素？这至今还是一个谜。倘若数量一大(如超过 2000 词，因为 *Longman Dictionary of Contemporary English* 后有附录，用约 2000 词解释了词典收录的所有词条)，还不如用普通词汇，也就失去了 CA 分析的意义了。

(3) 陷入形式主义泥潭。CA 意欲采取形式主义的方法，为词义设计出一套整齐划一的表达方法。很多学者认为把自然语义分解为人工的"语义成分"，没有多大实际意义，且也不具有可操作性。更为要害的是，这种静态分析法忽略了语言环境、社会文化信仰，在语言实际交流中有很多局限性。

普特南(Putnam 1970)指出：每个词语在那个语言中都有一个分析性定义，但这是我们每个人都有充分理由不相信的东西！应当从这种局面中摆脱出来。他和艾柯(Eco)、格雷马斯(Greimas)、纽鲍尔和佩托菲(Neubauer & Petofi)都主张运用百科式语义研究方法，结合语言以外的世界知识领域来描写语义。当前所流行的认知语义学把这种成分论和真值论批得体无完肤。

第十四节　替代论

替代论的观点适用范围较窄，因为语言系统中并不存在绝对的同义词语，这种语义观局限太大，根本不能解释清楚意义问题。

另外，语言中还有一种特殊情况，即使用 A 替代 B 后句义相同或相近，但 A 与 B 并不等同，甚至还可能具有反义关系，如：

[30] 我们打败了美国队。
[31] 我们打赢了美国队。

[32] 他生前有一位好朋友。
[33] 他死前有一位好朋友。

具有汉语知识的人,都会认为[30]和[31],[32]和[33]的句义基本相同,但是"败"能等于"赢"吗?"生"与"死"不是反义词吗?英语中也有类似情况:

[34] We bested our enemy.
[35] We worsted our enemy.

[36] I often take him for his brother.
[37] I often mistake him for his brother.

谁都知道,best 与 worst,take 与 mistake 具有反义关系!

请再看下面几组句子,它们基本同义,但一句是肯定句,另一句是否定句(注意下画线词语),它们竟然能同义?

[38] 他在起床之前会听一会儿收音机。
[39] 他在没起床之前会听一会儿收音机。

[40] 这件事差点把我吓死。
[41] 这件事差点没把我吓死。

[42] 我想到你会这样。
[43] 我没想到你会这样。

[44] What the boy has suffered?
[45] What has the boy not suffered?

[46] You can imagine how I miss you.
[47] You can't imagine how I miss you.

[48] Do you prefer coffee or tea?
[49] Don't you prefer coffee or tea?

又如,唐朝诗人孟浩然在《春晓》中的语句:

[50] 夜来风雨声,花落知多少?

句中的"知"实为"不知"的意思。

另外,从概念上来说,人们会认为"红"与"红色"相同,但在汉语中它们的语法功能却有很大差别,如可说:

[51] 不红,很红

但不能说:

[52] 不红色,很红色

可见,仅依据概念相同的替代论还很不完整。

奎因(Quine 1951)在批判逻实论强调区分"分析命题(主词和宾语具有蕴涵或同义关系)"与"综合命题(主词和宾语没有蕴涵或同义关系)"时也指出,语言中不存在可以自由替换的同义词,因而也就很难在这两者之间做出明显区分。

第十五节 TG语义观

乔氏对语义研究一直持摇摆不定的立场,这遭到很多学者的批判。他虽后来接受了波斯特尔、卡茨、福多等学者的批判,在TG理论中接受了语义研究,但给学界留下了很多疑惑。

一、先句法,后语义,方向失误

乔氏的TG理论一直以句法分析为中心,时而将语义置之度外,时而又将其吸纳进来,这足以可见他对"语义"一直存在可有可无的心态。在当今"语义中心论"的年代,回顾这种句法中心论,实在有点肤浅。

蒙塔古(Montague)指出,乔姆斯基的方法是先阐明自然语言的句法理论,然后才转向语义学研究,这是犯了路线性的错误,因此几乎没有任何成功的可能(参见陈嘉映2003:299)。

二、心智内在论语义观,较为片面

乔氏即使关注语义,也是在句法框架内论述它的,即语义仅是用于解释句法的，这就是他的“解释派语义学”。我们认为，这一立场显然不如“生成派语义学”更具合理性（参见下文）。

乔氏与索氏一样，为解决外延论问题又走到了另一极端，彻底抛开外部世界。索氏对语义持“结构内在论”；乔氏把语义视为纯心智、与生俱有的，对语义持“心智内在论”。而认知语言学家虽认为语义需按心理现象来描写，但也吸收了外延论的立场，充分考虑到了外部世界在人类认知中的基础作用，对语义持“体验内指论”（参见第十九章）。

我们知道，乔氏那种先天的、自治的内在论正是认知语言学所批判的靶子。人类语言主要不是来自先天的机制，而是后天习得的；语言不是自治的而是基于人的体验和认知的，我们可将其合称为“体认”。语义虽是存在于头脑之中的，但其根源不是天赋的，而是来源于身体经验，人与客观世界的互动认知，来源于使用者对世界的理解，在推理过程中人的生理构造、身体经验扮演着关键角色。乔氏的心智主义观正好忽视了人类这一最重要的体认特点，这也是认知语言学派与乔氏理论在意义内在论上的根本差异。

三、形式语义观，局限太大

认知语言学派还批判了乔氏的形式主义观。乔氏认为思维和推理的过程是对抽象符号机械运作的过程，可准确反映世界中的理性结构，心智可像计算机一样对符号根据规则进行计算；而且语言在本质上就像数学一样也是纯形式的，可用数理逻辑来描写语言、研究意义，思维、理性、语言、意义是超验的（Transcendental）。乔氏虽摈弃了意义外在论，批判了客观主义中的部分观点，将研究重点转向了人类内在的心智，但对客观主义外延论所采用的形式主义研究方法还是情有独钟。这种观点已受到当今以体验哲学为基础的认知语言学派的猛烈批判，概念和思维是基于身体经验的，而不是基于符号运算的，自然语言的意义远比各种基于逻辑的形式模型丰富得多，接受了连通论（Connectionism）的观点。

四、几种 TG 语义观，各有不足

现分别论述 TG 理论中几种语义学派的失误之处。

（一）解释派语义学之误导

乔氏 TG 理论是基于“句法中心”的，认为它才能反映出语言的本质，语义是用来解释句法的，因此持“句法第一、语义第二”的立场，这就是他的“解释派语义学”，误导了全世界语言学界的研究方向达数十年之久。随着人们对 TG 不断深入的批判，解释派语义学显然有以偏概全甚至颠倒主次之嫌：

语言交际主要是意义问题,而不是句法问题;将句法形式从语义和语用中切出来单独加以研究在实际运用中似乎做不到。因此,它可能将会随着 TG 的衰落而失去市场。

(二) 生成派语义学之不足

该派主张颠倒乔氏关于语义与句法的关系,认为语义第一,句法第二,将语义置于语言研究之首位,迈出了划时代的一步。但其很多观点和方法依旧还是在 TG 框架中做出的反思,仍主张在句法框架中分析语义,尚存在很多局限。随着雷柯夫等人的深入思考,他们于 1975 年彻底走出生成派语义学的框架,决定重起炉灶,着手建立认知语义学(详见王寅 2007b: §8)。

(三) 格语法的缺陷

在 TG 框架中建立起来的其他语义理论也受到很多学者的质疑。菲尔墨的格语法(Case Grammar)名称好像是关于语法的,其实是语义问题,或句法与语义的接口问题,因此学界常将他说的"格"称为"语义格",为 TG 做出了重大贡献。但其本身也面临若干难以逾越的障碍:语言中究竟有多少个语义格,尚无人给出一个较为确切的数字;有些格存在跨类现象,难以做出严格划分,使其缺乏可操作性;所有这些格难道都存在于同一个平面上吗,是否有层次之分(参见下文以及 Talmy 2000:339)?

(四) 齐夫语义理论问题所在

齐夫(Chafe)虽进一步发展了乔氏 TG 理论,提出了"多次转换"的观点,同时也对菲尔墨的格语法做出了修补,认为十几个格不处于同一平面。但他与菲尔墨一样,依然坚持"动词中心主义(Verbalism)"这一被 TG 学派视为语义分析的范式,虽可解释部分语言现象但却忽视了句法结构对动词意义和用法的影响,因而成为新兴的"构式语法(Construction Grammar)"所批判的靶子(参见 Goldberg 1995;2006;王寅 2011)。

(五) 分解语义学的胎里疾

卡茨(Katz)和福多(Fodor)的这一语义理论主要借用 CA 分析词义的思路,将其扩展到句义层面,其问题也是十分明显的:仅在乔氏的句法框架中分析句义,自然要带上很多胎里疾。本来一个十分简单的句子,意义也很明了,经过 CA 的解释,变得十分复杂。难道理论研究一定要走这条"化简为繁"的思路?理想化的 CA 分析法是基于客观主义哲学的,这也决定了这一分析方法的局限性。

第十六节　人本哲学语义观

正如图 4—1 所示，语言哲学中分“英美分析派”和“欧陆人本派”：逻辑语言学派和日常语言哲学属于前者；现象学、存在主义、解释学、解构主义等属于后者，他们之间的观点也互有批判和继承。

(1) 现象学的问题。胡塞尔在现象学中所说的“纯粹意识”仍旧具有明显的先验性特征，认为它是先在的、给定的，直觉地被给予的，且将其定位于“绝对真理”、“内在本质”，使得现象学具有了明显的形而上学客观主义的倾向。但他把“生活世界”界定为主体间性的世界，被学界普遍认为具有重大意义，为 20 世纪人类和理性指出了一条走出哲学危机的重要出路。后来的许多哲学家以其为基础做出了新发展，特别是为海氏和哈氏留下了很大的发展空间，从而也使得现象学成为 20 世纪的主流哲学理论之一。

(2) 存在主义之反思。海德格尔的存在主义将胡氏的“纯粹意识”和“先验自我”导向了“人的存在”，强调语言是存在的家园，是语言在说人，而不是人在说语言。我们不禁要问：语言这个家园是谁建设的？“语言”与“人”到底是什么关系？“语言家园论”与“人本主义”是否矛盾？另外，人们的理解必定涉及“前结构”，它包括“前有、前见、前设”，海氏还强调这三者会因人而异、因国而异，每个人都有自己的前结构，这些不同的前结构也都参与意义建构过程。那么人们如何能达成共识、传递思想、交流信息？如何对其做出限制？

(3) 解释学之误区。伽达默尔传承了他的老师海德格尔的“存在论”和“解释学循环论”等观点，建立了现代解释学，进一步论述了人本哲学语义观，认为人类是以“理解和解释”的方式存在的，理解和解释才是意义的基础。伽氏还将海氏的“前结构”直接说成“Prejudice(偏见)”，德里达则以“痕迹、延异、撒播”等来解释意义的不确定性。总之，人本哲学语义观过分强调意义的不确定性，同样会面临上述问题。倘若人们对同一表达都有不同的理解，且都带有“偏见”，整天行走在“延异”和“撒播”的路途上，大家的理解都“偏”了，何以能达成共识性理解呢？当用解构主义来消解德氏自己的理论时，又会出现什么结果呢？

第十七节　认知语义观

随着认知语言学被广泛接受，不断向纵深发展，该理论本身也显露出很多不足(参见王寅 2007b：§17)。

(1) 反思原型范畴理论。形而上学论者坚持经典范畴论,一直对原型范畴论耿耿于怀,提出不少异议。如范畴边界的不确定性表明范畴一直处于动变之中,这好像将原本清楚的事情搅动得不清楚了,交际双方又是如何互相理解的呢?对于有些多义词范畴来说,有时很难或不能确定哪个为中心成员(中心意义、基本意义、原始意义),哪个是边缘成员(派生意义、延伸意义、扩展意义),因此也就说不上其他成员都是以一个原型成员为中心向外延伸而成的。

我们又该如何运用原型范畴理论来解释近义词呢?它们是在中心意义上还是在其他意义上有重叠?多义词之间的各义项一定都具有家族相似性关系吗?英语单词 buff 可表示 polishing pads, yellow color, amateur enthusiasts 等义,它们之间似乎不存在什么相似性联系。另外,该理论明显不适用于"自身反义(又叫一词两反义)"现象。

(2) 语义百科性之困惑。认知语义学大力倡导语义的百科性,确定一个语言形式的意义需要依赖若干相关认知域,可又如何确定这些认知域呢?难道我们非得等到掌握了一个词语的百科知识之后才能理解它们的意义吗?还是通过词语意义来扩展百科知识?哲学中争论了上千年的老问题"先有鸡还是先有蛋"的问题又被提了出来。

(3) 体验哲学三原则之质疑。根据"心智的体验性",人们的基本概念主要来自对身体和空间的体验和认知,但有些学者认为有不少基本概念不一定与身体和空间有关,如儿童什么时候才开始认识到可将自己的身体、外部的物理环境、视野等都看做容器的?或许不少人一辈子也没有这种认识!人们是什么时候才能比较稳定地理解三维空间?就我们的直觉而言,较好地理解并掌握这些要素还是需要一定智力基础的,儿童早期似乎还不能很好地做到这一点。

"基本隐喻植根于体验"也非普遍适用,如没坐过牢、也没有结过婚的人,又该如何理解"婚姻是牢笼"这一隐喻的?能依靠"间接经验"为其做出彻底的解释吗?间接与直接的程度性又该如何确认?

"认知无意识性"也曾受到很多学者的质疑,如何划分有意识和无意识认知?后者何以能占 95% 以上(Lakoff & Johnson 1999: 13),其根据是什么?在不同人群、不同职业、面对不同问题时是否有程度之别?

也有不少学者反思"思维的隐喻性"。人们不禁要问:隐喻有这么大的作用吗?没有隐喻,我们真的就不能生存了吗(Lakoff & Johnson 1980)?另外,到目前为止,认知语言学界尚未能为隐喻和转喻提供一个大家都接受的区分标准。

（4）主观随意性之谜团。体验哲学和认知语言学针对客观主义理论提出了非客观主义理论，倡导主客观相结合的方法，这体现了辩证的思想，自然没错，但如何把握这两者的分寸，未见有明确说法。认知语义学坚持范畴边界的不确定性、语义的模糊性、理解中的人本性，这似乎过于突显了方法论中的主观性，有随意性之嫌，究竟该如何为其开出一剂更有效的良方。

笔者将在第十九章针对认知语义观具有主观随意性提出了“意义体认观”，这也仅是一个初步方案，还需要深入探索。还有诸如此类的很多问题尚需不断思考和解决。不过我们有一条确切的信念：后现代哲学和认知语言学不能治疗百病，包打天下，它也需要不断修补，才能走向完善。任何一种理论与世界上一切事物都一样，自有利弊，也有生命周期。

第十二章　现代形式逻辑：语言哲学的基础(上)

第一节　形式逻辑简史

一、经典形式逻辑

亚里士多德(Aristotle 前384—322)就逻辑问题一共写了六篇论文，被收集在 *Organon*(《工具论》李匡武译 1984)中。

(1)《范畴篇》论述了十大范畴、词语、概念。

(2)《解释篇》在分析词句的基础上建立了命题和判断的学说，特别是命题的全称肯定、全称否定、特称肯定、特称否定的形式及其关系。

(3)《前分析篇》围绕"分析"描述了推理的性质，基于"必然地推导出"建立起三段论，详细论述了三段论的演绎体系以及该体系的性质和特征，从而建立了"逻辑学"这一学科。他也述及了归纳推理①。

(4)《后分析篇》基于《前分析篇》较为系统地论述了"证明"、"定义"等，进一步说明和论证了为何三段论可作为一种科学证明的方法。《后分析篇》常被视为是关于"方法论"的著作。

(5)《论辩篇》再次强调逻辑应定义为一门"可必然地推导出"的学科，进一步研究了"证明方法"、"四谓词理论②"及其在辩论中的应用。

(6)《论诡辩篇的反驳》讲述了"反驳"问题，探讨了语言歧义和谬误的情况和原因，及其解决方法。

这六篇论文奠定了"经典形式逻辑(Classical Formal Logic，又叫普通逻辑)"的主体内容。之所以冠以"形式"，是因为它抛开了思维的具体内容，以

---

① 亚氏是逻辑(主要是演绎逻辑)的创始人，培根(Bacon)是归纳法的创始人，密尔(Mill)是归纳法的集大成者；现代逻辑学家赖辛巴赫(Reichenbach)、卡尔纳普(Carnap)、科恩(Cohen)对现代归纳逻辑进行了深入研究。参见王路(2008:120,136)。

② 在"S—P结构"中，根据"主谓是否可换(用±表示)"和"谓词是否表示本质(用±表示)"这两条标准，P对S有四种表述方法，这就是亚氏的"四谓词理论"：定义(＋ ＋)、固有属性(＋ －)、属(－ ＋)、种差(－ －)。参见《中国大百科全书·哲学Ⅰ》第539页。最后一种又叫"偶性"。

“概念(命题)、判断和推理”三大主线来论述思维的形式及规律。我国大逻辑学家金岳霖先生(1895—1984)所撰写的《形式逻辑》，自1979年第一次印刷以来，现已被重新印刷了三十多次，已被公认为学习逻辑学的标准必读教程。

但亚氏的经典形式逻辑尚存在不少问题(详见第三章第三节)：

(1) 在传统毕因论形而上学体系中，亚氏主要关注的是“实体”，它位列十大范畴之首，在命题中充当主词，其他九大范畴仅用作谓词，用来描写做主词的实体的性质和关系。可在很多情况下，句子的意义并不主要来自主词，而是由谓词结构所决定的。

(2) 亚氏通过分析语句的结构形式建立了“主词—谓词(S—P)模板”，且据此论述了“实体—属性、个别——一般、殊相—共相、主体—客体”等西方哲学中的关键术语。但人们发现：同一个“S—P模板”可能会隐含若干不同的逻辑关系，这就是后来罗素和乔姆斯基所说的“同一个表层结构可能会隐藏多个不同的深层结构”。

(3) 亚氏启用了符号化方式来揭示逻辑推理的形式，以能清楚地说明什么是“必然地推导出”，但其形式化程度很不彻底，如在他的“三段论(Syllogism)”中还主要用自然语句来表达命题、演绎思维的形式规律。

二、近现代形式逻辑简史

很多学者发现了经典形式逻辑的弊端，对其做出了较大的修补。下文将现代形式逻辑约三百年从萌芽到成型和发展的简史列述如下，以便读者能有一个清晰的线条(C表示“世纪”)：

17C　初始阶段：Leibniz

19C　形成体系：Frege, Whitehead, Russell 一阶逻辑：谓词演算、命题演算

1920年代多值(3、4、n值)逻辑：波兰 Lukasiewcz＋美国 Post(真、假、未定……)

1921 模态逻辑：C. I. Lewis (□、◇)

1965 模糊逻辑：Zadeh

莱布尼茨(Leibniz 1646—1716)首先提出了形式化语言的思路，可望用其来避免自然语言的模糊性，但未能将其付诸实践(参见第二章第五节第二条)。我们所讲的现代形式逻辑(又叫现代数理逻辑、数理语言、逻辑语言、形式语言、理想语言、人工语言、形式语义学、逻辑语义学、外延语义学、数理逻

辑语义学等)滥觞于弗雷格(Frege 1848—1925),且影响了其后的罗素(Russell 1903)、怀特海和罗素(Whitehead & Russell 1910—1913)、维特根斯坦(Wittgenstein 1922),从此使得逻辑进入了现代形式化阶段。其追随者还有维也纳小组(Vienna Circle)、塔尔斯基(Tarski 1902—1983)、卡尔纳普(Carnap 1891—1970)、乔姆斯基(Chomsky 1928—)、蒙塔古(Montague 1930—1971)等。他们认为日常语言不精确、不完善,从而导致了命题表达不清,哲学研究混乱,形而上学猖獗,力主用一套严谨的形式化符号来表述和分析概念和命题,构造一套精确的、完善的、理想的形式语言,以期消除哲学上的混乱。在这样一个历史背景下,现代形式逻辑应运而生。它以形式化为目标,借用数理运算方式(一套符号、公式、公理、规则)来揭示思维和语言的逻辑推理关系和语义结构。

弗雷格于1879年发表了《概念文字——一种模仿算术语言构造的纯思维的形式语言》,标志着现代形式逻辑的开始,因而被尊称为分析哲学之父。他认为逻辑推理过程必须完美无缺,而自然语言不完善,不能担此大任,只有构造一种形式语言才能达到此目的。正如上文所指出的,传统形式逻辑(研究思维的形式和规律)还用了部分自然语言,它与心理学、认识论等哲学内容交织在一起,表达不很清晰,发展较为缓慢。弗雷格的论文可算是一场革命,树立了一座光辉的里程碑,其具体进路参见下文。

自20世纪20年代以来,逻辑学家们又在二值逻辑的基础上提出了多值逻辑。刘易斯首倡运用形式化方法处理"模态逻辑",扎德又建立了"模糊逻辑"(详见有关论著)。

另外,20世纪中叶,大多数人文学科(如逻辑学、哲学、心理学)等都在科学主义的影响下进入到形式主义阵营,而自然语言却因其复杂性始终未能达到这一目标。乔姆斯基(1957)率先对语言中的句法(后来也尝试对语义)进行形式化研究,其历史意义功不可没。他敢为人先,终于将"落后"于其他学科的语言学研究纳入到形式化的科学主义道路。

三、概念与函数

弗雷格区分了"概念(Concept,又叫:思想 Thought,即 Sinn,Sense)"和"所指(又译:意谓 Bedeutung,Reference)",词句的意义就是它的概念(或思想),词句的所指就是它的真值(包括真和假),弗雷格的意义理论围绕这一论题展开。

他发现"概念"和"函数"具有很多共同性质,就想到了用函数关系来形式化表示概念关系,用函数的内部结构来说明概念的内部结构,从而将函数理论引入了哲学和逻辑。

所谓“函数(Function为莱布尼茨首用)”即指“随一个变元而变化的对应关系”。如有两个变量x和y，对于x的每一个值，y都有唯一的值与它对应，y就是x的函数，数学中常用下一式子表示：

[1] $f_{(x)}=y$

式中x为“自变元(主变元)”，y为“因变元(应变元)”。由于自变元x可带入任何数值，因此它的最大特征是“不饱和的(Unsatuated)”，但x在取值时也有一定的范围，叫做“函数的值域”。

我们也可将“函数”本身视为一个无特定内容的“空符号”，它缺乏确切的数值或意义，具有“不完整性”，需由一个自变元来定位，此时函数才有真值。“概念”也是这样，本身是虚空的，无确切的具体对象，需由一个作为自变元的“所指对象(Referent)”来补充，这个所指对象就可使概念取得真值。据此，弗雷格独具慧眼，引入了算术中的函数和自变元，确立了概念的函数特征，而不再仅仅依赖亚氏的主词和谓词(S—P结构)来分析语句(因同样的主谓句可掩盖不同的逻辑关系)，成功地建立了现代形式逻辑，用一套“关系符号”和“数学符号”来建构一种形式化语言，这一研究也促使逻辑学从哲学中独立出来。

弗雷格先引入符号“⊢”，表示“对……思想做出判断”，横线表示“思想”本身(又叫：内容线、内容横线、句根)，相当于Sense；竖线表示判断(又叫：判断杠、判断记号)，意为“所表达的内容是真的”，相当于Reference。这里用横线和竖线就能很好地体现了弗雷格区分Sense和Reference的基本立场。我们可用“x”表示x的思想，但不表示判断；若要“对x的思想做出判断”，就要计做：

[2] ⊢x(原计作：⊢‿x—，因不好印刷而改为前者)

传统逻辑学所论述的顺序为“概念、判断、推理”，而弗雷格将“判断”置于开头，先研究判断与判断之间的关系，据此先构建了“命题演算”，再建“谓词演算”。本书按照结构简繁顺序先讲谓词演算，便于初学者学习。

若表示“以x为自变元、且具有Φ性质的函数”，其判断公式可记作：

[3] $\vdash\Phi_{(x)}$

读作“判断 x 有 Φ 性质”。

若要表示两个名称之间的关系，就可设立两个自变元，可计作：

[4] $\vdash\Psi_{(x,\ y)}$

表示“以 x 和 y 为自变元的函数”，意为“x 与 y 有关系 Ψ”。

若用 L 表示“逻辑学家”，用 x 表示个体变项，再简化掉开头的符号 ⊢①，便可得到我们当今常用的谓词演算公式：

[5] $L_{(x)}$

它相当于自然语言中的“开语句(Open Sentence)”：

[6]（ ）是逻辑学家。

括号中可填入若干名词性词语(值域)使其成真。例[6]是一个命题函式，填入不同的专名后就可获得如下具体命题，即“闭语句(Close Sentence)”，如：弗雷格是逻辑学家。塔尔斯基是逻辑学家。金岳霖是逻辑学家……

若将例[5]和[6]拓展到表示任一谓词属性，用 F 来表示，就可得到下一式子：

[7] $F_{(x)}$

若将例[6]中的“逻辑学家”换成一个变量，则可得：

[8] $F_{(x,y)}$

该式可表示若干自然语句，如“北京是中国的首都”等，此时 F=... 是……首都，x=北京，y=中国。

因此，[7]和[8]就是用以表示任何判断语句的总公式，是基于例[1]的函数表达式 $f_{(x)}$ 发展而来。弗雷格就这样将函数方法引入到概念判断之中，以

① 维氏认为，逻辑所关心的只是未加判断的命题，因此弗雷格的判断线“⊢”从逻辑上没有任何意义，因此可以取消(参见韩林合 2007:268)。

其代替亚氏的S—P模板建立起现代形式逻辑的基础。

四、“对象词—概念词” vs “S—P”

很多哲学家论述了能充当“S—P”结构的具体词语所具有的性质，即研究“主词—谓词”与诸如“殊相—共相、个别—一般、实体—属性、外延—内涵”等之间的对应关系(参见 Strawson 1959，江怡译 2004:134,151)，如:

	S(主词)	P(谓词)
亚氏等:	殊相	共相
斯特劳森:	殊相	共相、共相+殊相
	完全(自身提出事实)	不完全
弗雷格:	对象词	概念词
罗素:	饱和	不饱和
奎因:	单称词	全称词

下文重点论述弗雷格的观点(参见第二章第三节第二条)。

弗雷格认为，对象词(或专指语、专名)具有唯一性，表示特定的个别对象，具有完全性(饱和性)，它仅做命题的主语；概念词是不完全的或未饱和的，仅做命题的谓词，后者是对前者的断定或论述(Strawson 1959，江怡译 2004:101,109)。这与亚里士多德在“本体论”中用“主词—谓词(S—P)”来表示语句基本模板的思路虽有相通之处，但却比亚氏迈出了划时代的一大步:

(1)“S—P”结构中的S可用任何类型的名词。这里的S包括具体的或抽象的、对象性的或概念性的，确指的或不确指的都可以。但在弗雷格的“对象词—概念词”结构中充当主词的必须是具有唯一性的对象词(专指语或专名)，因此我们不能仿照下文的例[9]说出“文学家爱林黛玉”之类的句子，因为“文学家”本身是一个“概念词”，表现出的是诸如例[6]的一种概念结构，没有确切的所指对象。同理，例[6]的括号中也不可填入“语言哲学家”之类的词语，因为它不是专指语或专名，而是概念词，本身也体现了诸如例[6]的概念结构。因为在弗雷格看来，倘若将“概念词”用做命题的主词，就会把不存在的概念实体化，从而造成了语言的混乱，形而上学中若干伪命题就是由此而出的。这就引出了罗素(1905)的摹状论，将无实指对象视为“不饱和摹状语”，如“当今法国国王、金山、飞马”等，它们可化解成谓词，以此便能揭示同一个S—P结构中所隐藏的不同的逻辑结构(参见第四章第三节)。

(2) S与P之间包含着复杂多变的语义关系。可见，若仅从句法角度来说同一个“S—P”结构既可表示判断(主系表)语义关系(可有8类,参见第二章第三节第二条),还可表示其他若干语义关系,如:

[9] 贾宝玉爱林黛玉。
[10] 贾宝玉叫来林黛玉。
[11] 贾宝玉出家了。

它们的表层句法结构相同,即共享同一个“S—P”,但不能区分出“动作”和“关系”等性质,可见它们的深层逻辑结构是不同的(参见第三章例[1]至[7])。若用现代形式逻辑来揭示它们的深层逻辑结构 —— 用不同的大写字母代替[7]和[8]中的F,则可见其差异,如上面三句可分别记做:

[12] $L_{(a, b)}$(L=爱,a=贾宝玉,b=林黛玉)
[13] $A_{(a, b)} \wedge C_{(b)}$(A =叫,C=来,a=贾宝玉,b=林黛玉)
[14] $G_{(a)}$(G=出家,a=贾宝玉)

可见,它们的深层逻辑结构是不同的。

另外,传统语法将例[9]析为“主谓”或“主谓宾”结构,并不能说明多少问题,而弗雷格则认为这是“两个对象”同处“一个概念”之下,体现的是一个二元关系的命题。

(3) 判断标准不同。判断 S—P 结构的正误是以传统形式逻辑为基准的,而弗雷格的“对象词—概念词”判断标准是基于“真值”的。以“判断为真”作为所指的真值,充分体现了外延逻辑的思路,这就要求填入其中的 x 必须确有所指,x 应当是专指语或专名,以能确保“语言与世界同构”原则有效实施,这也是一阶逻辑的基础。这就是学界为什么常说弗雷格意义理论中包含了一个“专名理论”的原因。

“判断为真”的基础为“命题”(表现为句子),而一个对象词(专指语或专名)或一个概念词本身无所谓真或假,只有将一个对象词与一个概念词组合后才有真假可言。例[6]无真假,只有填入对象词后才行,若填入“塔尔斯基”为真,若填入“贾宝玉”则为假。传统观点一直认为,意义的基本单位是主词(名词),由于客观外界存在这个主词所指的对象,于是乎这个主词所在的句子就有了意义。现代形式逻辑认为这一观点不对,句义主要在其谓词结构,而不是主词。如依据上文例[8],我们可以获得很多类似语句:“伦敦是英国的首都”、“巴黎是法国的首都”等。可见,决定这些句子意义的不是那些名词变项(或函项)，而在于句子逻辑上的谓词结构。

(4) 吸取了函数理论的精髓。用专名或专指语为对象词做自变元，它自身具有饱和性，而函数却是不饱和的，它须根据自变元的变化而获得一个对应的值，即在 f(x)= y 中，x 是自变元，y 为因变元，y 的值随着 x 的变化而变化。用饱和的自变元来补充函数就可使其成为饱和的或完整的，基于这一数学原理所建构出命题或句子的基本结构即为“谓词和专名”。谓词是不饱和的，专名(包括“数”)是饱和的，用后者来补充前者才能形成一个饱和的整体。这一分析方案显然比 S—P 结构更为深入和细致。

(5) 传统逻辑虽区分出了“全称命题 vs 特称命题”，但对于一个个体函项的“量”未能做出满意说明。换句话说，适用于诸如例[6]中谓词的对象词有一个范围，这个范围可通过“量词(Quantifier)”对其做出深刻的描写。而现代形式逻辑所建立的量化形式意在解决这一问题(详见下文)。

五、哲学意义

正如上文所说，弗雷格的谓词演算是建立在严格区分“对象”和“概念”之上的。他将[6]称为“概念词”，仅表达一种概念或思想，缺乏具体的指称对象，因此括号中须填入一个表示确定的个体对象的自变量 x 才能形成一个完整的判断。他的现代形式逻辑就是建立在这种“弗氏本体论预设”之上的：世界是由“个别事物”组成的，由“专名”来表示，只有它才能算做真正的“存在”；其他都是“抽象概念”，说不上存在，也不能做主词，只可用于描写或述说表示个别事物的专名。一旦抽象概念做主词，就容易引起指称论的混乱，这正是自然语句之弊端，化解这一弊端的方法就是建立形式语言。罗素和维特根斯坦的“摹状论”和“逻辑原子论”也持此立场。

从哲学角度来说，弗雷格深刻反思了传统形而上哲学将“存在”过分泛化而引出的若干弊端，更是批判了柏拉图的实在论—— 共相可作为抽象实体而独立存在，这一号称“硬茬胡须”的老问题。他首开用逻辑分析自然语言的方法批判了传统形而上学存在论，从而开辟了哲学研究的新纪元，呼唤“语言学转向”的到来。

我们常说，哲学给人以智慧和启迪，从上分析足以可见弗雷格的睿智所在。他提出了一阶谓词逻辑系统，区分涵义 vs 指称、对象词 vs 概念词，给哲学界又开启了一条分析语句的全新思路，确实令我们敬佩不已！现总结为以下三点：

A. 区分对象词和概念词以替代传统的 S—P 分析方法；

B. 以真假为准作为理解语句意义的基础;

C. 适合于某一概念词的对象词的选用范围可用“量词”做出刻画。

第二节 谓词演算

经典逻辑与传统哲学第一转向的“实体毕因论(或实体存在论)”互为照应,相互支撑。古希腊形而上学追寻世界之“本质”或“毕因”,以“实体存在”为重点研究对象,因此在经典逻辑中出现了亚里士多德“以主词为中心、S—P为结构”的逻辑分析体系。十大范畴中的第一类就是“实体(Ousia)”,它做命题的主词,也是句子的主语S;其他九大范畴用做谓词P,用以说明“实体”,即九大范畴是建立在第一范畴之上的,是为它服务的。

而现代形式逻辑学家认为,最能体现命题逻辑结构的不是主词,而是“谓词”,因此谓词才是命题逻辑结构的分析中心。弗雷格设计了上述“谓词逻辑记法”,将其大写置于开头,如上一节的例[5]和[7]。所谓“演算”,并不真的像做算术题那样的推演和计算,只是部分模仿其方法(特别是函数),以谓词为中心的逻辑记法来表示简单命题的逻辑结构。可见,“谓词演算(又叫:命题函项演算)”是研究简单命题内部的逻辑形式,“以谓词为中心”而建立的,故得此名。它是一种将简单命题(又叫原子命题、基本命题)分解为“主词、谓词、量词”来研究命题逻辑的形式结构、推理规则的逻辑演算理论。

一阶逻辑包括谓词演算和命题演算,由“初始符号”、“合式规则(指能形成合乎语法的语句的规则)”、“公理”和“变形规则”组成了一个完全形式化的公理系统。常见初始符号有:

(1) 个体常项 a,b,c ...

(2) 个体变项 x,y,z ...

(3) 谓词常项 A,B,C...

(4) 谓词变项 Φ,ψ,λ ...

(5) 命题变项 p,q,r...

(6) 量词 ∀,∃

(7) 逻辑联结词 ∧(&),∨,~,→,↔(≡)

(8) 括号( ) 对初始符号分组

现从“个体常项(Individual Constant)”说起。

一、个体常项

指称论认为,词语的意义在于它所指称的对象,或它与事物之间的对应联系(又叫:指称关系 Reference)。因此,一个名词的确定意义需由一个确定的对象来保证,这就是"专指语(Referring Expression)",它意为(Hurford 1983: 115,146):

> ... any expression used in an utterance to refer to sth. or sb. (or a clearly delimited collection of things or people), i. e. used with a particular referent in mind. It can pick out individuals in the world.

即一个词语仅指称真实或假想世界中某一特定的对象(包括具体和抽象的对象),仅反映了命题中词语与世界之间的单一关系。命题需有确定指称的主项(Argument),由"专指语"担当,常用专有名词、人称代词、指示代词、带限定词的名词词组(如 this,that, a/the ＋Determiner ＋Description 等)。"谓项(Predicate)"是论述主项的,表示个体的性质或关系,Hurford(1983: 46)将其定义为:

> ... any word (or sequence of words) which (in a given single sense) can function as the predicator of a sentence:

它常用名词、形容词、动词、介词短语、某些副词等,而连接词、冠词、某些副词不能用做谓项。例如命题:

[15] John is a man.

中 John 是专指语,做主项,is a man 是谓词,做谓项。由于弗雷格的谓词演算符号系统难以印刷,现将其简化为(用小写字母代表专指语或主项,用大写字母代表谓词):

[16] $M_{(a)}$ (设:a=John; M=is a man)①

① 谓词演算有多种表达方式,如该命题还可记做:Ma;$MAN_{(a)}$;$Man_{(a)}$;a MAN;a Man 等。

为使谓词演算简单明了，需将自然语句中的冠词、系动词、某些介词、时态等不影响命题真值的词语或语法形式省略。又例：

[17] John loves Mary.

[18] John gave Mary a book.

可分别写成：

[19] $L_{(a,\ b)}$（设：a=John；b=Mary；L=love）①

[20] $G_{(a,\ b,\ c)}$（设：a=John；b=Mary；c=a book；G=give）

谓词演算中的符号顺序十分重要，如上两个公式中的a,b和a,b,c不可随意变更位置。但是，当谓词具有对称性质时则可互换位置而不改变语义公式的意义，如：

[21] John marries Mary.

等于

[22] Mary marries John.

表达这两个语句的谓词演算式之间具有等值关系：

[23] $M_{(a,\ b)} = M_{(b,\ a)}$

二、个体变项与量词

正如上文所述，函数有"值域"，即"取值范围"。说得具体一点，适用于例[6]中的对象词有一个范围，可通过"量词"对个体域做出限制，即对谓词的应用范围做一限定。

在一阶逻辑中用a、b、c表示"专指语"或"个体常项"，以确切指称现实世界中确定的人或物。现用x、y、z表示"个体变项(Individual Variable)"，x的值域(或取值范围)可能会是全域中全部个体或某一个体，没有确切的固定指

① 该谓词演算还可记做：$LOVE_{(a,\ b)}$；${}_aL_b$；${}_aLOVE_b$；${}_jLOVE_m$ 等。

称，此时需要引入"量词(Quantifier)"来约束这个变项，借助量化手段(∀和∃)来赋予其一个特定的值才能确定，再来描写和谈论它，它才有真值。也就是说，必须对普通名词进行"量化(Quantify)"处理后，它才能具有特定的指称，能谈论其真假，用对应的形式化符号来指称它。若从这个角度来说，量词也是一种存在，具有确定指称对象的功能。一阶逻辑(又叫：一阶谓词、一阶语言、标准记法、谓词演算)等主要是关于量词的性质及其规律，因此它又叫做"量词逻辑"。谓词演算中有两个逻辑量词：

(1) 全称量词(Universal Quantifier)，用符号"∀"表示，说明论域中的全部对象；
(2) 存在量词(Existential Quantifier)，用符号"∃"表示，说明论域中至少有一个对象。

有了它们就能限制不确定个体的范围：全称量词(∀)说明最多的情况，存在量词(∃)说明最少的情况，它们代表着两种最普遍的情况，也是两种限定个体范围的最基本方式，这就相当于函数中某一变项的取值范围可从"1"到"无穷大∞"，表示一头一尾，形成一个值域。利用这一性质就可说明某一范围内事物的唯一性，就可规定谓词所适用的范围。这样，个体变项就与变项的值域紧密联系起来，就被理解为由这两个逻辑量词所约束的个体变项(Bound Variable)。

因此，我们可以说：专名(专指语)表示对象，概念词表示概念(谓词)，量词是说明谓词的适用范围。在这个意义上说，"存在"是一种量词，一说到"存在"，就意味着"(至少)有一个事物(如何如何)"。若说：

[24] 某物存在。

在句法形式上，"某物"是主语，"存在"是谓语；但在深层逻辑上，"某物"是谓词，"存在"是量词，是对谓词适用范围的限定，它意味着："(至少)有一事物，这个事物是某物。"原句中的"存在"成为量词，"某物"成为谓词。这就是为什么奎因要说"存在就是成为被约束变项的值"(详见第四章第三节第六条)。

另外，这两个逻辑量词可代表自然语言中许多量词：

量词	英 语	汉 语
∀	all every any each	所有、每个、各个、任何； 皆、毕、诸、一切、凡、尽、周、遍、咸、举世、众人； 重叠：人人、各个、处处、时时
∃	a/an some	有、或(古汉语)、一

图 12—1

因此，在一阶逻辑中要用这两个典型量词来限定个体变项，有了它们才能保证所述及对象 x 的存在，从而也就规定了谓词所适用的值域范围。

(一) 全称量词

如“Socrates is mortal.”可记做：

[25] $D_{(a)}$ (D=die, a=Socrates)

而 All men are mortal. 则须用全称量词记做：

[26] $\forall_x(M_{(x)} \rightarrow D_{(x)})$ (M=man, D=die)

用$\forall_x$来表示某一类型中的所有成员。该谓词演算公式念做：For all x, if this x is a man, then it necessarily follows that this x will die. 又例：All things flow. 可记做：

[27] $\forall_x F_{(x)}$ (设：F=flow)

为能保证普通名词的“存在”，就需要用量词来约束。只有某物存在了，才能对其加以描写。如逻辑学中不直接像数学上那样说：x > 0，而要说：

[28] $\forall_{(x)}(x > 0)$

(二) 存在量词

用于描写某一类型中的个体成员，Somebody is a teacher. 可记作：

[29] $\exists_x T_{(x)}$　(设:T = teacher)

该谓词演算公式念做:There exists at least one x such that this x is a teacher.

可见,那些不确定的词语需经过量化后才能进入谓词演算公式,以确表所述对象的存在性和确定性。又例:There exists a unicorn. 可记做:

[30] $\exists_x U_{(x)}$　(设:U=unicorn)

再例 Some girl is nicer than Jane. 可记做:

[31] $\exists_x (G_{(x)} \wedge N_{(x, j)})$　(设:G=girl,N=nicer,j=Jane)

(三) 两者区分

语言哲学家们认为,同一个自然语句可能会隐含不同的逻辑结构,即我们当前常说的"表层结构(Surface Structure)"可能会隐含不同的"深层结构(Deep Structure)"。自然语言中某些相同句型,可通过全称量词和存在量词来揭示其间的差异,如(设:G=girl,P=pretty):

[32] $\forall_x (G_{(x)} \rightarrow P_{(x)})$　意为 Every girl is pretty.

[33] $\exists_x (G_{(x)} \wedge P_{(x)})$　意为 Some girl is pretty.

自然语句中的句法形式完全相同,皆为主系表结构,但其下却隐藏着不同的逻辑形式,形式逻辑学家巧妙地通过"∀"和"∃"就可区分它们。

(四) 量词复用

经典形式逻辑不能处理同一命题中重复使用量词的现象,而现代形式逻辑就克服了这一弊端,可将 ∀与 ∃这两个逻辑量词结合起来使用,扩大了形式逻辑的解释力,可用以描写更多的语句,例如 Everybody has got a father. 可记做:

[34] $\forall_y \exists_x F_{(x, y)}$　(设:F = father of)

该语义公式可读成:For all y there exists at least one x such that this x is father of y.

在同时使用这两者时,全称量词 ∀和存在量词 ∃的相对位置不可随意颠倒,如逻辑公式:

[35] $\exists_x \forall_y F_{(x, y)}$

该语义公式读做：There exists at least one x such that for all y，this x is father of y. 意为：Somebody is father of everybody.

当全称量词和存在量词同时出现在一个谓词演算公式中时，由于它们的辖域问题可能会蕴含数个不同的谓词逻辑形式。如在[34]中，全称量词 ∀ 辖域着 ∃，因此不管我们讲的是哪一个个体，它总是在这个全称量词之内，总能够在其中找到某个个体是他的父亲，这就代表了自然语句 Everybody has got a father. 而在[35]中，存在着的一个个体 x，它辖域着后面所有的 y，因此它就代表自然语句：Somebody is father of everybody.

又例：Everyone admires someone. 有两种不同解读，即蕴含着两种不同的逻辑形式，现用 ∀ 和 ∃，以及"量词辖域"就可有效地区分开来：

[36] $\forall_x \exists_y A_{(x, y)}$（设 A=admire）
意为 Everyone has someone whom he admires.

[37] $\exists_y \forall_x A_{(x, y)}$
意为 There is someone whom everyone admires.

再例 Everyone hates someone. 与上例相同，它远非能从句法结构"主+谓+宾"角度做出合理解读，也足以可见乔氏 TG 理论之误。它有两个不同的意义，可分别记做：

[38] $\exists_x \forall_y H_{(y, x)}$（设 H = hate）这是一种狭义表达，someone 指某一个具体的人，此时句义则为：人人都恨某一人。

[39] $\forall_y \exists_x H_{(y, x)}$ 这是一种广义表达，someone 可泛指任何人，该句意为：人人都恨一个人。或每人都有自己所恨的人。

(五) 揭示 TG 问题

TG 理论曾认为转换不改变意义，但实际情况并非如此，例如 Everyone in this room speaks two languages. 可记做：

[40] $\forall_x \exists_y S_{(x, y)}$　（设：y=two languages）

但当此句转换为被动语态 Two languages are spoken by everyone in this room. 时,其义就发生了变化(相同的两种语言),这种变化可从其谓词演算公式中看出:

[41] $\exists_y \forall_x S_{(x, y)}$

全称量词和存在量词的位置发生了颠倒,它们的辖域发生了变化,因而语义也就不同了,这足以可见"转换不改变句义"是不可能的。

三、逻辑联结词

语言中有些词或词组具有真值性效应,如英语中的 and,or,if... then, not,equivalence 等,它们能对复合命题的真值条件起到判断和预测作用。上文已经论述到蕴涵词(Implication)"→"表示"if... then",除此之外还有四个常用逻辑联结词(Logical Connectives)。现将这五个逻辑联结词列述如下:

→　Implication(蕴涵词,表示"如果……就",也可用∩或⊃)
～　Negation(否定词,表示"并非",也可用 ┌,┐)
∧　Conjunction(合取词,表示"并且",也称逻辑积、逻辑乘法,还可用·或 &)
V　Disjunction(此为兼容析取词,表示"或者",也称逻辑和、逻辑加法;不相容析取用$\dot{V}$或Ⓥ表示)
≡　Equivalence(等值词,表示"当且仅当……则",又叫充要条件,也可用 iff)

这些逻辑联结词(又叫真值联结词[①])在谓词演算和命题演算中发挥着重要作用,如:可用来形式化表示词义,连接命题,解释量词转换关系,等。

(一) 词义公式化

可将英语单词 bachelor 用谓词演算的方法定义为:

[42] $\forall_x (B_{(x)} \rightarrow U_{(x)})$　(设:B=bachelor;U=unmarried)

读作:For all x, if this x is a bachelor, then it necessarily follows that this x is

① 弗雷格、罗素、维氏等认为逻辑常项主要有两类:真值联结词和量词。

unmarried. 也可记做：

[43] $\forall_x (B_{(x)} \rightarrow \sim M_{(x)})$ （设：$\sim M$=not married）

读作：For all x, if this x is a bachelor, then it necessarily follows that this x is not married.

若我们更换该公式中的 B 和 M，就可建立解释词层面相同意义的总模型，笔者将其称为“同义词总公式”。也就是说卡尔纳普沿着数学公式的形式化思路(一个公式适用于无数的具体情况，即可带入一切具体数字进行正确演算)建立了同义词总公式，这不得不令我们佩服他的智慧！

据此，我们还可建立语言中一切反义词的总公式。我们知道，反义关系是指若一对象为 A，它就必然不可能为～A。如一物是 big，它就必然不是非 big(即 small)；一人是 bachelor，他就不能是 married。因此我们若更换 [43] 中的 B 和 M，我们就可建立语言中一切反义词的总公式。

另外，塔尔斯基(Tarski)建立的 T 约定公式(T-Convention)“S is true iff P”主要用以解释形式语言中的语义问题，戴维森(Davidson)将其扩展用来解释自然语句的意义(参见第四章第三节第五条，第七章第八节)。因此，这一“T 约定公式”貌似简单，其实它表达了一切语言(包括形式语言和自然语言)中句义的总公式！顺此思路，我们也就可以明白乔姆斯基等用形式主义的方法建立 TG 理论的最终用意了，他们尝试用有限几个公式来解释人类一切语言句法生成的总公式，参见第十章第一节中列述的短语结构规则。

如此解读，一方面可以明察到哲学家的用意，另一方面也窥见到他们的智慧！

(二) 合取词当连接命题

在谓词演算中一个主项须对应于一个谓项，即谓词演算只描写个体常项或个体变项；联结词所连接的对象只能是命题，而不能是主项或谓项。例如 John and Mary are American. 只能记做：

[44] $A_{(a)} \wedge A_{(b)}$ (设 A=American)

而不可记做：

[45] $*A_{(a \wedge b)}$

又例 John and Bill love Mary. 应当记做：

[46] $L_{(a,\ c)} \wedge L_{(b\ ,\ c)}$　（设：a=John，b=Bill，c=Mary）

而不能写做：

* [47] $L_{(a \wedge b, c)}$

（三）两量词间的变换

我们还可像数学运算一样建立∀和∃之间的变换公式，如 Some are foolish. 可记做：

[48] $\exists_x\ (F_{(x)}) \equiv \sim \forall_x\ (\sim F_{(x)})$　（设：F=foolish）

“有些人愚蠢”就意味着“不是所有的人都不愚蠢”。

我们还可建立以下等式：

[49] $\exists_x\ F_{(x)} \equiv \sim \forall_x \sim F_{(x)}$

[50] $\sim \exists_x\ F_{(x)} \equiv {}_x \sim F_{(x)}$

[51] $\exists_x \sim F_{(x)} \equiv \sim \forall_x\ F_{(x)}$

[52] $\sim \exists_x \sim F_{(x)} \equiv \forall_x F_{(x)}$

（四）否定辖域

否定联结词有一定的“辖域(Scope)”，如 Everyone did not explain the situation. 这一自然语句有歧义，因其否定范围不同：

[53] $\forall_x \sim E_{(x,\ s)}$　（设：E=explain）　意为：对每个 x 来说，x 没解释该情况。

[54] $\sim \forall_x\ E_{(x,\ s)}$　意为：并非对每一个 x 来说，x 解释了该情况。

上一自然语句含[54]之义，而转换为被动态后，如 The situation wasn't explained by everyone. 仅含[53]义，可见“转换不改变句义”是不可能的。

四、经典逻辑现代化[①]

谓词演算公式还可将亚氏经典形式逻辑的基本原则(演绎推理:三段论 Syllogism)和基本规律(公理系统:三定律)改造成现代形式逻辑。三段论的三个直言命题可记做:

[55] 大前提:All man are mortal. $\forall_x(M_{(x)} \rightarrow D_{(x)})$.
小前提:Socrates is a man. $M_{(a)}$

结　论:Socrates is mortal. $D_{(a)}$

笛卡尔的名言"我思故我在"也是基于亚氏三段论推导出的:

[56] 大前提:如果谁思想,他就实存。$\forall_x(T_{(x)} \rightarrow E_{(x)})$.
小前提:我思想。$T_{(a)}$

结　论:我存在。$E_{(a)}$

亚里士多德的经典形式逻辑的三大基本定律既适用于概念,也适用于命题,因为根据逻辑学可知,前者是后者的缩略形式,后者是前者的扩展形式。我们既可用谓词演算将其现代化为:

[57] 同一律:$\forall_x(F_{(x)} \rightarrow F_{(x)})$ 即对于所有概念来说,它只要是F,就应当一直保持为F。

[58] 排中律:$\forall_x(F_{(x)} \vee \sim F_{(x)})$ 即对于所有概念来说,它要么是F,要么不是F。

[59] 不矛盾律:$\sim\exists_x(F_{(x)} \wedge \sim F_{(x)})$即不存在一个x,它既是F又不是F(很多论著中将其称为"矛盾律",实际上将其称为"不矛盾律"更为妥当)。

也可用命题演算将其现代化为:

---

① 本书统一用"经典逻辑"指亚里士多德的古典形式逻辑,亦有学者用"经典逻辑"指现代逻辑中的"一阶逻辑"。

[60] 同一律：　$p \rightarrow p$　(假如是 p，就当永远是 p)或 $p \equiv p$

[61] 排中律：　$p \vee \sim p$　(p 与非 p 两者必居其一)

[62] 不矛盾律：　$\sim(p \wedge \sim p)$　(不可同是 p 和非 p)

[63] 充分理由律：$p \wedge (p \rightarrow q) \rightarrow q$　(若 p 真，$p \rightarrow q$ 也真，则 q 为真)

由于“充分理由律”主要是基于“真值”而言的，因此它只有命题演算公式，而无谓词演算公式。

另外，若将[59]和[62]改写为：

[64] $\exists_x(F_{(x)} \wedge \sim F_{(x)})$ 或 $(p \wedge \sim p)$

则为“矛盾律”。

另外，语言哲学中常讨论的语句也可进行形式化处理，如(式中字母所替代的内容略)：

[65] 金山不存在。　$\sim \exists_x (G_{(x)} \wedge M_{(x)})$

[66] 当今法国国王不存在。$\sim \exists_x (K_{(x)})$

[67] 学而不思则罔，　$(p \wedge \sim q) \rightarrow r$

思而不学则殆。　$(q \wedge \sim p) \rightarrow s$

五、小　结

一阶逻辑主要是基于“外延”和“二值”建构而成的，这也是一阶逻辑的两个最主要特征。说其是“外延”的，是因为它专注世界中的指称对象，语符的意义取决于外部世界的指称对象和真实事态，体现了“语言与世界同构”的原则；说其是“二值”的，是因为它的判断标准仅有“真”或“假”两种情况。弗雷格据此认为，有了“外延”和“二值”，就可体现出“必然地推导出”这一逻辑的核心性质，因而进一步提出了他著名的“组合原则(Principle of Compositionality)”，一个句子的真值是由其构成部分的真值所决定的。

弗雷格所建立的一阶逻辑来自于他发现了“概念”与“函数”的相似之处，便尝试用“函数”来表示“概念”。函数可分出“一阶”和“二阶”，概念也就有“一阶”和“二阶”之别。一阶函数的自变量为具体的个别数，二阶函数的自变量本身即为一个函数，或叫“函数的函数”；一阶概念中的自变量为指称个别对象的专名，而二阶概念中的自变量本身即为一个一阶概念，或叫“概念的概念”，如在：

[68] 圣人存在。

中,“圣人”本身不是专名,它不指称具体的个别对象,表示的是个体的类,因此也是一个概念词,其深层逻辑形式为“至少有一个 x,这个 x 是圣人。”此时例句中的“存在”成为量词(至少有一个),“圣人”为“谓词”。该句还可运用二阶逻辑作出形式处理(参见第十三章第七节第二条第〈二〉点)。这也可见,“存在”不可在一阶逻辑中做谓词,因为它本身就是一个二阶概念词。

传统的谓词演算为“一阶逻辑(First-order Logic、狭义谓词逻辑、量词理论)”,因为它只研究:

(1) 个体常项(a、b、c)和个体变项(x、y、z),它们作表达式的主词。

(2) 谓词常项(用大写字母表示)和谓词变项(Φ、ψ、λ 等)。

(3) 仅用五个命题联结词:∧ ∨ ～ → ≡ 。

(4) 两个量词:全称量词∀、存在量词∃,它们只约束个体变项。

而广义的谓词演算还应当包含“二阶、三阶、高阶逻辑”,而且量词还应当约束谓词变项。

学界常将“一阶逻辑”称为“量词理论”,因为它主要是关于如何运用量词处理“存在”的理论。用做个体常项的专名或专指语的所指对象为“一”,具有唯一性;用做个体变项的通名须借助两个量词“∀(说明最多)”或“∃(说明最少)”来将其量化,利用这两者的性质就可达到确切性说明,便可确定个体变项的值域范围,使其指称具有唯一性。

一阶逻辑主要包括“初始符号”和“合式规则”,前者相当于“词”;后者相当于“句法”,以能保证生成合乎规则的形式语句。这与自然语言法则相同,语法包括词法和句法两大部分。

一阶逻辑由“谓词演算”和“命题演算”这两部分组成,前者揭示原子命题内部的语义结构,它就是维特根斯坦和罗素所说的“事实”或“事态”,世界由其构成;后者以原子命题为出发点,揭示两个(或以上)原子命题之间的语义结构,重点刻画命题联结词的逻辑性质和演算系统。

谓词演算有两种表达形式:(1)某对象 x 具有 F 或 G 性质或关系,用弗雷格的话来说,x 处于 F 之下;(2)将某对象冠以量词“∀”或“∃”,以能确定其唯一性。

现将一阶逻辑的基本情况简表小结如下:

- 初始符号(词)、合式规则(句法) → 一阶逻辑
  - 原子命题(谓词演算)
    - $F_{(x)}$, $G_{(x)}$
    - $\forall_x\ (F_{(x)} \rightarrow G_{(x)})$[加量词]
  - 复合命题(命题演算)

图 12—2

第三节　命题演算

对上述逻辑联结词的真实性效应的研究叫“命题演算 Propositional Calculus”，可用“逻辑公式”和“真值表”体现出它们的真值效应。它是建立在谓词演算之上的操作，对两个或两个以上简单命题联结后的真假关系进行演算，就可对命题关系做出简洁、一目了然的描述，这与亚里士多德“关门考察判断命题本身的真假”思路相同。

下文从现代形式逻辑的“原子论”说起。

一、逻辑原子论与逻辑真值表

维特根斯坦和罗素所创建的“逻辑原子论(Logical Atomism)”，也是基于“命题与世界同构”这一基础之上的：命题(或语言)与世界对应，简单命题对应于简单事实，复杂命题对应于复杂事实；复杂事实是简单事实的组合，复杂命题则是简单命题的组合。

他们还认为，原子命题的意义只能通过基于感觉经验的“证实原则(Principle of Verification)”获得，这与古典经验论相似；而复杂命题的意义则是通过逻辑的命题演算获得的，可运用维特根斯坦(Wittgenstein 1922)建立的“逻辑真值表(Table of Logical Truth Value)”，从简单命题的真值来推导出复杂命题的真值。这也是他们的理论为何取名为“逻辑实证主义”的主要原因之一，在意义分析过程中既运用到了“证实法(通过切身经验来验证命题的真假)”，也运用到了“逻辑法(通过逻辑演算来确定复合命题的真假)”。他们的这一研究进路同时也解决了 17 世纪至 19 世纪哲学中认识论的核心问题：人类如何获得真知，建立知识系统？

弗雷格和罗素首倡命题的“真值函数理论(the Theory of Truth Functions)”。维氏在 1922 年正式出版的《逻辑哲学论》中首创“真值函数表(又叫逻辑真值表)”来阐释复合命题的真值条件，且认为语言中命题若在还原后要符合逻辑形式(或逻辑句法)的逻辑命题，则为有意义的命题；否则则无，当予抛弃。

McGuinness(麦吉尼斯)的研究表明，维氏早在 1912 年底就开始设计逻

辑语言和真值表了,但由于他所用的一套符号难以书写和印刷,未能流行。当前国内外逻辑学书中一般用“T(或＋、1)”和“F(或－、0)”来分别表示“真”和“假”,现列述如下:

复合 简单		(一)	(二)		(三)	(四)	(五)
		合取	析　取		充分条件	必要条件	充要条件
p	q	$p \wedge q$ 联言	$p \vee q$ 相容	$p \dot{\vee} q$ 不相容	$p \rightarrow q$ 蕴涵	$p \leftarrow q$ 逆蕴涵	$p \equiv q$ 等值
1	1	1	1	0	1	1	1
1	0	0	1	1	0	1	0
0	1	0	1	1	1	0	0
0	0	0	0	0	1	1	1

图 12－3　真值表

有了这个真值表,就可根据“成分真值”和“联结词函项”来决定复合命题的真值[①]。现分别介绍如下。

(一) 合取命题

图 12－3 中无底色第(一)栏表示“合取命题(又叫:联言判断)”,只有当两个原子命题 p 和 q 都为真时,整个复合命题才为真。例如在:

[69] 水能载舟,亦可覆舟。

中包含两个原子命题,只有当它们都为真时,整个复合命题才为真。若其中有一个为假(包括两个都假),整个复合命题则为假。

至于两个原子命题 p 和 q 之间有何关系合取式才能为真,维特根斯坦早期将其规定为“彼此相互独立、从一个的真或者假绝不能推导出另一个的真或者假”(参见韩林合 2010:467),他到中后期将其修补为“原子命题彼此不可相互排斥”。

(二) 析取命题

图 12－3 中第(二)栏为“析取命题(又叫:选言判断)”,又可分为两种:

(1) 相容选言判断(Inclusive Disjunction):在若干可能情况中,至少有一种情况存在(包括两种情况都存在),则整个复合命题为真。若两个分支命题

① 维氏将所有基本命题(如 p,q)以真值函项关系表示的全部可能性叫做“逻辑空间(Logical Space)”,参见江怡(2002:137)。

都假,也就无从选择,整个复合命题自然为假。例如:

[70] 一个人犯错误,或是由于主观原因,或是由于客观原因,或两者兼而有之。

(2) 不相容选言判断(Exclusive Disjunction):在若干可能情况中,只有一个情况存在,即只有一个情况为真,整个复合命题为真;若两个分支命题同真或同假,整个复合命题则为假。例如:

[71] 一个人对待困难,要么迎难而上,要么畏难而退。二者必居其一。

(三) 充分条件

图 12—3 中第(三)栏为"充分条件假言判断",有 p 一定有 q,没有 p 时 q 的情况不明(即没有 p,也就无所谓会有或没有 q,此时整个判断视为真)。例如:

[72] 人有肺炎,就会发烧。

该句还蕴涵:人没有肺炎,也可能发烧,也可能不发烧。

[73] 约翰再靠出一点,他就会掉下去。

前件为真,后件也为真,因此整个判断为真。现假定前件为假,即"约翰没有靠出一点",也就无所谓会不会出现"他掉下去"这件事情,所以整个假言判断取真。

(四) 必要条件

图 12—3 中第(四)栏为"必要条件假言判断",没有 p 就一定没有 q,有 p 而 q 的情况不明。当然了,有 q 就一定有 p。例如:

[74] 只有年满十八周岁,才有选举权。

此命题还蕴涵:即使满了十八岁,也不一定就必能获得选举权,如被剥夺了公民权的罪犯。但"有选举权",一定是年满十八周岁的。

(五) 充要条件

图 12—3 中第(五)栏为"充分必要条件假言判断(简称:充要条件假言判

断)”,有 p 就有 q,没有 p 就一定没有 q。例如：

[75] 三角形三角相等,三边就相等。

若有“三角相等”这个条件,就有“三边相等”这个结果;若三角不相等,三边也就不相等。

二、命题演算

谓词演算主要刻画简单命题的内部逻辑结构,而在命题演算中,简单命题成为不可分割的最小单位,它们用逻辑连结词连接起来以后可依据图 12—3 真值表必然地推理演算出复合命题的真值。命题演算就要涉及图 12—3 中的逻辑联结词。

简单命题的变项符号通常用小写字母 p, q, r... 表示,当它们用 5 个常用逻辑联结符号联结时,会有不同的真值结果。现运用该逻辑真值表并配以英语自然语句来详解 5 个逻辑联结词和否定词。

(一) 合取词 ∧

含有合取词的复合命题可计做：

[76] $p \land q$

该式意为:命题 p 并且命题 q,根据图 12—3 逻辑真值表可知,$p \land q$ 这一复合命题整体的真值为:只要其中有一个命题是假的,则整个复合命题就是假的。例如：

[77] He studied hard and he got a very good mark in the final examination.

只有两个分句都为真时,整个句子才为真;若其中任何一个分句为假,或两者都为假,整个复合命题为假。

(二) 析取词 ∨

含有析取词“∨”的复合命题：

[78] $p \lor q$

根据逻辑真值表可知，析取复合命题分两种情况：相容析取和不相容析取。例如：

[79] Either John is in his office or John is at home.

一个人不可能同时存在于两个不同的地方，此为“不兼容析取”。也就是说，只有当：

[80] John is in his office.
[81] John is at home.

这两个句子有一个为真时，整个复合命题才为真。当两个原子命题“都为真”或“都为假”时，整个复合命题则显然为假。

（三）蕴涵词→

含有蕴涵词的复合命题：

[82] p → q

意为：p 蕴涵(imply)q，即如果 p 则 q (if p, then q)，即图 12—3 中第(三)栏中的充分条件假言判断。若 p 与 q 同真或同假，整个复合命题 p→q 为真。若 p 为假，q 为真，整个复合命题也为真。例如：

[83] If it rains tomorrow, then I will stay at home.

前件和后件可以同真或同假，整个句子为真。若“明天下雨”为假时，后半句也就失去了存在的条件；没有这个条件 p 的约束，q 可为真，也可为假，此时复合命题 p→q 可视为“真”。若明天下雨了，但我没有留在家里，这显然是“假”的。这一带蕴涵词的复合命题中的 p 就表示了 q 的充分条件，整个复合命题 p→q 的真值有三种情况。

（四）逆蕴涵词 ←

在形式逻辑学中常用：

[84] p ← q

表示“逆蕴涵”,即图 12—3 中第(四)栏的必要条件,例如:

[85] Nothing venture, nothing have.

相当于汉语中成语“不入虎穴,焉得虎子”。“逆蕴含”中的“逆”意为从 q 说起,即“得虎子”必然要蕴含“入虎穴”,即 q 的必要条件为 p。但是,即使入了虎穴,也不一定就必得虎子,这就是“有 p 不一定有 q”。

(五) 等值词 ≡

含有等值词的复合命题:

[86] $p \equiv q$

两个简单命题 p 和 q 双向隐含,即图 12—3 中第(五)栏的充分必要条件,此时 p 为 q 的充要条件,可记做:

[87] $((p \rightarrow q) \wedge (q \rightarrow p))$

只有两个简单命题同值时(即同真或同假),该复合命题才为真。

(六) 否定词 ~

逻辑真值表中没有列出否定命题与肯定命题之间关系的真值,因其较为简单。若 p 表示一个肯定的简单命题,则 $\sim p$ 为其否定形式。p 为真时则 $\sim p$ 就为假;若 p 为假时则 $\sim p$ 为真。

这样,罗素和维特根斯坦就基于“命题与世界同构”的原则,运用“证实法”兼“逻辑法”来分析简单命题和复杂命题是如何从真实性和逻辑性角度获得真值,确定意义的,从而奠定了现代形式逻辑的基础。而且这种形式化的命题演算还可用来描写自然语言中复合句的语义。

三、公式变换

逻辑学中还有一种特殊的论证方法,叫“归谬法(Reductio ad Absurdum”,又称“反证法”),亦有学者称其为“间接推理(Indirect Reasoning)”,如奥尔伍德(Allwood 1977,王维贤等译 2009:60)。在论证或反驳过程中,先假设与自己论题有矛盾关系的论题是谬误的,以此便可论证自己的论题是正确的。

要能正确理解归谬法,关键是要知道“矛盾式(Contradictory)”中的变元无论取什么值,整个式子都为假,据此参看图 12—3 可知,无论 p 和 q 取什么值,其复合命题的值都是"假"的。而"重言式(Tautology)"中的变元无论取什么值,整个式子都为"真",它是所有可能世界的集合,因此又叫"永真式"或"普遍有效公式",反映出复合命题之间的内部逻辑规律。即在图 12—3 中,无论 p 和 q 取什么值,其复合命题的值都是"真"的。

下列各式都是重言式,它们都是基于上述几个公理推导出的定理,反映了不同逻辑式之间的等值换算关系,就像我们所熟悉的数学或几何公式一样具有永真性。

[88] $(p \lor q) \equiv (q \lor p)$

[89] $(p \lor q) \equiv (\sim p \land \sim q)$

[90] $\sim (p \land q) \equiv (p \to \sim q)$

[91] $\sim (p \lor q) \equiv (\sim p \land \sim q)$

[92] $(p \lor q) \equiv (\sim p \to q)$

[93] $\sim (p \land q) \equiv (\sim p \lor \sim q)$

[94] $(p \land q) \equiv \sim (p \to \sim q)$

[95] $(p \land q) \equiv \sim (\sim p \lor \sim q)$

[96] $(\sim p \land q) \equiv \sim (q \to p)$

[97] $(p \to q) \equiv \sim (p \land \sim q)$

[98] $\sim (p \to q) \equiv (p \land \sim q)$

[99] $(p \to q) \equiv (\sim p \lor q)$

[100] $\sim \sim p \equiv p$

[101] $p \equiv p \land q$

第十三章　现代形式逻辑：语言哲学基础(下)

第四节　内涵逻辑

一、从外延逻辑到内涵逻辑

弗雷格(1897,王路译 2006:199)在《逻辑》一文中开宗明义地指出：

> 逻辑以特殊的方式研究“真”这一谓词。“真”一词表明逻辑。

这就表明弗雷格的一阶逻辑属于“外延逻辑(Extensional Logic)”。罗素、维特根斯坦前期也是基于现实世界中的真实情况来研究外延逻辑的,塔尔斯基、卡尔纳普和奎因也沿此方向进一步作出了重要发展。

波兰大逻辑学家塔尔斯基在“真值对应论(Truth Correspondence)”的基础上提出了“真值条件论(Truth Conditional Theory)”,主张用“条件和映射”来代替“对应”,命题的意义取决于其赖以成真的真值条件。如在

[1] Snow is white.

中,决定其意义的条件就是:在客观世界中所下的“雪”确实具有“being white”这一性质。戴维森(Davidson 1967)尝试用塔尔斯基针对形式化语言提出的真值条件论来分析自然语句的意义,主张用形式化逻辑公式来建立一个统一而又简约的自然语言形式化语义公式(参见第四章第三节第五条)：

[2] S is true iff P.

这就是自然语言所表意义的总公式,可用 P(元语言)来解释 S(对象语言)。

卡尔纳普(Carnap 1952)提出的“语义公设(Meaning Postulate)”也是循此路径提出的解决方案,如:解释 bachelor 的语义公式可形式化为：

[3] $\forall_x(B_{(x)} \rightarrow U_{(x)})$

若将式中的B和U换用为其他符号,就可解释其他若干词语的意义,因此,它也可视为一切词语意义的总公式(详见第五节)。

另外,奎因(Quine 1953)提出了著名的"毕因论承诺(Ontological Commitment)"。我们该如何言说何物实际存在,可将其归结为"存在就是成为被约束变项的值",可借用函数式表达为:

[4] $y=kx$ (k为常项,用量词一类的词语;x为变项;kx为被约束变项)

可解读为:代替x填入的名词若能使该式为真时,则x存在。这也是一种确定"存在意义"的简约化公式。现以下例说明:

[5] $\forall_x(H_x \rightarrow S_x)$ (式中H = 红颜,S=祸水)

意为"所有红颜都是祸水"。现若令该式中x=陈圆圆,则该句为真,以此就可证明"陈圆圆"此人存在。

他们的研究尚属"外延语义学(Extensional Semantics)",Carnap于20世纪40年代基于弗雷格(1892)区分"涵义vs指称"的原则将其过渡到"内涵语义学(Intensional Semantics)",既要考察语言表达式的所指、外延,也要注重意义和内涵,且尝试用一个形式系统同时刻画表达式的内涵、外延以及两者的相互转化(参见王寅2001:108)。黄华新(2005:58)将内涵逻辑定义为:在自然语言表达和理解过程中,既考虑外延又注重内涵的逻辑就是内涵逻辑。

此后,丘奇(Church 1946,1951)也对其做出了贡献。当今所论述的内涵逻辑主要是关于克里普克(Kripke 1941—)于1972年提出"可能世界(Possible Worlds)"的概念,将内涵视为一个从可能世界到外延的函数,并以其为基准来确定语句真值,最终建立了"可能世界语义学(Possible World Semantics)",又叫"模态逻辑(Modal Logic)"或"模态语义学(Modal Semantics)"。

蒙塔古(Montague 1970;1973;1974)于20世纪70年代则进一步发展和运用了可能世界语义学,主张用一个形式系统来同时刻画表达式的内涵与外延,及两者的相互转化。他将人工语言与自然语言结合起来,尝试建立一个凌驾于这两者之上的普遍模式。

二、内涵逻辑的具体内容

内涵逻辑①为基于外延的一阶逻辑的一种重要扩展类型,主要分析关于"必然、可能、行动、义务、允许、禁止、认识、知道、相信、信念、空间、时间(过去、现在、将来)"等内涵概念,围绕它们给出相应的形式系统,且论证其语义模型、可靠性和完全性等。

我们知道,一阶逻辑是以外部语义学(真值)为基础的,因此又叫"外延逻辑(Denotational Logic, Extensional Logic)",即将"逻辑表达式"与"真实世界的对象"做简单匹配,然后基于表达式的外延和所指来建构推理演算规则,若它们有相同的真值,就可相互替代,但如何处理下一现象呢?

[6] 所有的美国女总统,其集合为0。

[7] 所有会编程序的狗,其集合为0。

这两个命题的真值皆为"0",难道它们相等吗?可见,外延逻辑是基于指称对象和真值条件的,虽具有一定的解释力,但也不能解决诸如上述例句的问题。逻辑学家虽提出用"相干性"来解决这类问题,但"相干性"又是一个"漫无边际"的概念,很难正确界定。

同时,外延逻辑对"信念句(相信、假设、断定等)"和"模态句(可能、必然)"也显得捉襟见肘,无能为力。弗雷格(1892)也曾用"启明星"和"长庚星"的例子来说明具有相同真值的表达式不一定总能相互替代:

[8] a. 任何人都知道晨星是晨星。

b. 晨星就是暮星。

c. 任何人都知道晨星就是暮星。

可见,在"知道"一类的词语后面,同一性替换原则就失效了。a 和 b 两句都是真的,而 c 则不一定,因为缺乏这一知识的人就不知道这两个星实为同一颗星,此时就不能因为"晨星"与"暮星"具有相同外延就将 a 句中第二个"晨星"换成"暮星",这两个词语的内涵义是不同的。那么该如何解决这个问题呢?现代形式逻辑学者想到了"内涵逻辑(Intensional Logic)"。

---

① 冯志伟(1999:324)认为,内涵逻辑学是用于处理可能性、自然性等模态和时态的逻辑学,虽于1930年代便提出,但到1960年代出现模型论(Wodel Theory)后,它才与现代语言学理论结合起来。

根据弗雷格的观点,命题除了有“外延义(Denotational Meaning 或 Extensional Meaning)”之外,还有“内涵义(Connotational Meaning 或 Intensional Meaning)”,或叫“涵义(Sense)”,既然外延义解释不通,就将研究思路转向了“内涵”。不同的内涵义(如“晨星”和“暮星”)可指称同一个对象(金星 Venus),如例[6]和[7]尽管有相同的外延值,但它们的内涵义不同,因此这两个命题不相等,这就引出了“内涵逻辑[①]”。丘奇和蒙太古认为,表达式应有相同的内涵才能相互替代,将“外延等值”变为“内涵等值”才可替代(参见蒋严、潘海华 1998:405)。

例[8]c 用了诸如“知道”这类词语的句子,称为“内涵语句(Intensional Sentence)”,它提供了一种“内涵语境(Intensional Context)”,又叫“隐晦语境(Opaque Context)”、“指称隐晦性(Referential Opacity)”,在此语境中的同义词语不可随便替代,因为它们有不同的内涵意义。与其相对的是“外延语境(Extensional Context)”,又叫“透明语境(Transparent Context)”、“指称透明性(Referential Transparency)”,其中同一性替换原则有效。这也证明了组合运算原则之不足,例[8]c 的真值不等于其组成部分的真值之和。另外,还有一些表达式可能是两者兼而有之,既可提供外延语境,也可提供内涵语境,如用到“想到、寻到”等词语的句子。

根据克里普克的“可能世界语义学”,例[6]和[7]虽都是空集,它们的外延值虽相同,但分属于不同的可能世界,其内涵意义不等值。因此,联系语言和世界的中介有二:

(1) 名称:谓词逻辑就采用了这种办法,将每一属性归结到某个名称上;
(2) 内涵:内涵逻辑采用此法,借用可能世界来识别对象。

因此,内涵逻辑的意义在于:将意义研究扩大至“可能世界”的范围来找真值,而不仅仅局限于我们实际生活于其中的真实世界。这样我们所说的个体和谓词的域值就成了“可能世界”了,其内涵是从可能世界到外延的真值函数,这样就可解决诸如“信念、想象、模态、道义、认识”之类的难题了。如“想象”,既可能有外延;也可能没有,此时仅提供了一个内涵语境:

---

① 不同学者对“内涵逻辑”有不同理解,如陈波(2005:147,150)指出,内涵逻辑应当既可处理内涵,也可处理外延,更要处理外延逻辑所不能处理的难题。陈嘉映(2003:349)认为模态逻辑(模态语义学、可能世界语义学)一般坚持外延方式来处理逻辑问题,而内涵逻辑(或非外延逻辑)则包括:认识逻辑、道义逻辑、时态逻辑等分支。

[9] Bill is thinking of his future wife.

[10] Bill is kissing his future wife.

例[9]有两解：

(1) 实际存在一个未婚妻；

(2) 仅是想想而已(内涵语境)。

而例[10]仅有第(1)种解释。此两句须用"Sense vs Reference"的方法才能有效解释其间的差异。下文所论述的"语义公设"也可视为一种内涵逻辑，从表达式之间的假设等值关系或逻辑后承关系来解释"涵义关系(Sense Relations)"。

三、内涵逻辑的分类

内涵逻辑主要包括：模态逻辑(Modal Logic)、认识逻辑(Epistemological Logic)、时态逻辑(Tense Logic)、道义逻辑(Deontic Logic)、命题态度逻辑(Propositional Attitude Logic)，等。蒙塔古也是沿着内涵逻辑的思路建构其理论的(参见第七节)，现分别简要介绍如下。

(一) 模态逻辑

美国模态逻辑学家(C. I. Lewis 1883—1964)于1918年出版了*A Survey of Symbolic Logic*(《符号逻辑概论》)，创立了"模态逻辑(Modal Logic)"，可将其视为"内涵逻辑(Intensional Logic)"之一种。他新设计了两个符号：

"□"(或用N表示)为"必然"之义，在所有可能世界中为真；

"◇"(或用M表示)为"可能世界"之义，在某些可能世界中是真的。

且在这两者之间建立了下列"相反对立关系(Inverse Opposites)"：

[11] $\Box p \equiv \sim\Diamond \sim p$ [p是必然的，当且仅当非p不是可能的。]

[12] $\Diamond p \equiv \sim\Box \sim p$ [p是可能的，当且仅当非p不是必然的。]

例如：

[13] Necessarily, the sky is blue.
[14] Possibly, the sky is blue.

分别根据[11]和[12]可推导出：

[15] It is not possible that the sky is not blue.
[16] It is not necessarily the case that the sky is not blue.

根据 □、◇ 之间的蕴涵关系，还可建立以下模态逻辑公式：

[17] □p →◇p
[18] □p → p
[19] □p →□□p
[20] p →□◇p
[21] ◇p →□◇p

正如上文所指出的，“□p”和“◇p”的真值不完全取决于 p 的真值，而且还要兼顾“使 p 为真”的那种必然性和可能性。很显然，这种性质不是外延的，而是内涵的，这也是“隐晦”二字的含义所在，必须在内涵逻辑的框架中才能做出合理解释。

奎因还指出，模态词可产生“隐晦语境”，它可使在一阶逻辑系统中成立的同一性替换规则和传递原则失效，如例[8]。又例：

[22] 9 大于 7。
太阳系行星的个数是 9。
结论：太阳系行星的个数大于 7。
[23] 9 必然大于 7。
太阳系行星的个数是 9。
结论：太阳系行星的个数必然大于 7。

在标准的一阶逻辑中，根据传递原则例[22]是成立的，而在模态逻辑中不成立，例[23]中用到了“必然”这样的模态词。有学者对这种逻辑提出了质疑，但不少学者设计出不同的技术方案予以弥补,以至于上述失效现象未对模态逻辑构成致命的威胁。

(二) 道义逻辑

道义逻辑常用两个算子:O 表示“应当的”,P 表示“允许的”。

[24] O_p

[25] P_p

[24]意为:p 是应当的;[25]意为 p 是允许的。这两者之间存在下列转换关系:

[26] $P_p \equiv \sim O_{\sim p}$ [p 是允许的,当且仅当没有 p 是不应当的。]

[27] $O_p \rightarrow p$ [若 p 是允许的,则有 p。]

[28] $p \rightarrow P_p$ [若有 p,则 p 是允许的。]

下一例句用了 someone,它既可用作“特指”,也可用做“无特指”,其歧义可通过道义逻辑来解释:

[29] John must talk to someone.

可分别记作(设:a=John):

[30] $O(\exists_x T_{(a,\ x)})$ [道义算子 O 处于存在量词前,非特指。]

[31] $\exists_x\ O(T_{(a,\ x)})$ [存在量词处于道义算子前,是特指用法。]

(三) 命题态度逻辑

命题态度逻辑公式可记做:

[32] Ba_p

“B”为信念算子,整个式子表示“a 相信 p”。又例:

[33] $Ba(\forall_x\ (F_{(x)} \rightarrow G_{(x)}))$

式中 F = 一个诺贝尔奖金获得者,G = 一个白痴,整个式子意为:a 相信,所有诺贝尔奖金获得者是白痴。

在命题态度句内，小句的真值不代表全句的真值。

(四) 时态逻辑

时态逻辑可用如下记法：

[34] Fa　(a 相对于一个 t 之后的时间点来说是真的)
[35] Ha　(a 相对于一个 t 之前的时间点来说是真的)
[36] Ga　(a 相对于所有的在 t 之后的时间点来说是真的)
[37] Aa　(a 相对于所有的在 t 之前的时间点来说是真的)

下一句有歧义(一句为真，另一句为假)：

[38] All people have been children.

可用时态逻辑加以区分(设：C=children)：

[39] $\forall_x$ H $C_{(x)}$　[对每个人，都曾经有一个时候，那时是小孩。]
[40] H ($\forall_x$ $C_{(x)}$)　[在过去，每个人都是小孩。(这显然是假话)]

可见，逻辑算子的相对位置是很重要的。

上述所论述的推理关系都具有“永真性”，即为我们在第五章第五节第一条中所论述的“分析性真”。运用这类数理逻辑公式就可摆脱自然语言的局限性，使得经典逻辑成为一个高度形式化的学科，这就是现代形式逻辑的魅力之所在。

第五节　语义公设

一、引　言

美籍德裔哲学家卡尔纳普于 1952 年在 *Philosophical Studies*(《哲学研究》)第 III 期上首次提出“语义公设(Meaning Postulate)”的设想，运用上述介绍的谓词演算公式来形式化地解释词汇的“Sense Relations(涵义关系)”，即词项的意义可用蕴涵关系来说明，从而达到系统说明词汇义的目的。参见上一章第二节例[42]语义公式，将词项 bachelor 写做

[41] $\forall_x(B_{(x)} \rightarrow U_{(x)})$

此式成立的条件为“单身汉”的词义必须蕴涵“未婚的”,此时前者就可用后者来解释。若将式中的“B”和“U”换用成其他任何词语,且使此式成立,就可用后者来解释前者,从而[41]就可视做词语释义总公式,且具有普遍性。

语义公设揭示了词项的概念意义(即认知意义),运用形式化公式来体现逻辑中的蕴涵关系,也就是说,蕴涵关系可通过语义公设来规定。若能列出表示 p 和 q 之间的分析性蕴涵关系的语义公设,则前者的意义就可用后者来表示。

又例 kill 的语义公设为:

[42] If John killed Bill, then Bill died.

可记作:

[43] $K_{(a,\ b)} \rightarrow D_{(b)}$ (设 K = kill; D = die; a = John; b = Bill)

根据此式只要 a kill b,b 就肯定要死,当然就不会造出如下的句子来了:

[44] * John killed Bill, but Bill didn't die.

我们知道,英语中

[45] I persuaded John to go.

蕴涵

[46] John went.

否则就不能用 persuade,因此该词的语义公设可记做:

[47] $P_{(a,\ b)} \rightarrow G_{(b)}$ (P = persuade; G = go; a = I; b = John)

二、语义公设与涵义关系

这种蕴涵关系不仅可用来解释上下义关系，而且还可用来解释同义和反义关系。同义是两个谓词相互蕴涵，反义是肯定谓词蕴涵否定谓词。

结构主义语言学在批判历史比较语言学的基础上提出共时语言学，实施“关门打语言”的基本策略，切断了语言与社会和人的联系，将语言自身视为一个封闭的系统加以研究。结构主义语义学也循此思路，实施“关门打语义”的基本策略，聚焦于词语之间“含蓄的”语义关系（即 Sense Relations），将词间的语义关系主要分为：上下义关系（Hyponymy）、同义关系（Synonymy）、反义关系（Antonymy）、部分一整体关系（Meronymy）、多义词（Polysemy）、同音异义词（Homonymy）等，现将几种主要关系用语义公设表达如下。

（一）上下义关系

上下义关系是指一种包容关系，即“属概念”的词包容“种概念”的词，如下表所示：

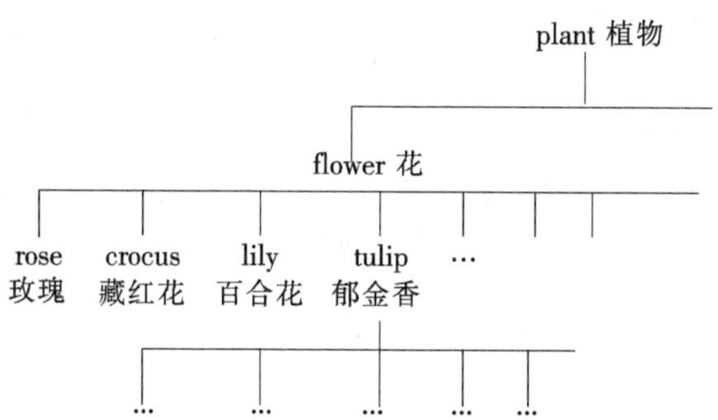

图 13—1

flower 是表示属概念（又叫上义概念）的词，它是 tulip、rose、crocus、lily 等的上义词（Superordinate，又译：上坐标词，支配词）；tulip、rose 等为表示种概念的下义词（Subordinate 或 Hyponymy，又译：下坐标词，受支配词）。而且词的这种上下义关系具有多层级性的特点，如 flower 是 tulip 等的上义词，它同时又是 plant 的下义词。而且 tulip 还可分为很多种类，因此作为 flower 下义词的 tulip，它同时又是各类 tulip 的上义词。

依据概念层级性特点，运用逻辑蕴涵关系就可用谓词演算的方法来实现语义公设操作，如说：

[48] This is a tulip.

它必然是

[49] It is a flower.

因此可记做：

[50] $\forall x\,(T_{(x)} \rightarrow F_{(x)})$ （设：T = tulip；F = flower；x 为个体变项）

该式读作：For all x，if this x is a tulip，then it necessarily follows that this x is a flower. 反之，则不合逻辑：

[51] $*\forall x\,(F_{(x)} \rightarrow T_{(x)})$

该式不成立，因为是 flower 者不一定是 tulip。

从上分析可见，上义词是下义词的必要条件，而下义词则是上义词的充分条件。

（二）同义关系

同义关系指享有相同概念的不同词项之间的关系，如 trash 与 garbage，answer 与 reply 等，我们不妨将它们视为一种对称的上下义关系(Symmetrical Hyponymy)，即如果一物是 trash，它必然是 garbage，反之亦然。语义公设可记做：

[52] $\forall x\,(A_{(x)} \rightarrow B_{(x)}) \wedge \forall x\,(B_{(x)} \rightarrow A_{(x)})$

可读作：For all x，if this x is A，it is necessarily B，and for all x，if this x is B，it is necessarily A。

（三）反义关系

若某对象为 A，它就必然不可能为 B，此时 A 与 B 之间就具有反义关系。如一物有 old 特性，它就必然不具有 new 特性。反义关系的语义公设可记做：

[53] $\forall x\,(A_{(x)} \rightarrow \sim B_{(x)})$

可读作：For all x，if this x is A，then it necessarily follows that this x is not B.

哲学家们认为，语义公设是继"语义成分分析法(Componential Analysis，简称 CA)"之后新出现的一种词义分析的好方法。两者的区分在于：CA 是通过分解词项的义素成分来描写词义，而语义公设是通过描写词义关系来揭示词义，两者思路不同、各有特色、也各有用途。有些词可同时用这两种方法分析，如 bachelor 的意义既可用 CA 来分解为几个独立的义素，也可用语义公设来揭示其内在的逻辑蕴涵关系。而诸如"花"、"牛"等意义就很难用 CA 分解出独立的义素，此时用语义公设就比较方便，如上文对"郁金香花"的分析，若换用 CA 则较为困难。而且，语义公设可表达多种词义关系和搭配关系，且比 CA 更一目了然。

第六节　谓词的涵义特征

一、引　言

自弗雷格提出语义三角理论之后，意义(Meaning)研究就包括两项内容：涵义(Sense)和所指(Reference)。前者又包括两项内容：涵义关系(Sense Relations)和涵义特征(Sense Property)，它们都可分别在词平面和句平面上进行研究，现图示如下：

Meaning = Sense + Reference

Sense Relations　　Sense Property

sense / level	Sense Relations				Sense Property
词平面	下义词 Hyponym	同义词 Synonym	反义词 Antonym	歧义词 Ambiguous Words	零/一/二/三/多元谓词 二元谓词特征(对称、传递、自返)
句平面	蕴涵句 Entailment	释义句 Paraphrase	反义句 Contradictoriness	歧义句 Ambiguous Sentence	分析句 Analyticity 综合句 Syntheticity 矛盾句 Contradiction

图 13—2

二、谓词的元

句子的语义结构可用“述谓结构(Predication,简写:PN,又译:表述结构)”来描写,它由“述元(Argument)”和“谓词(Predicate)”构成。前者在句法上起主语或宾语作用,后者表示前者的关系或特征,在句法上起谓语作用。

充当谓词的成分可为:动词、名词、形容词、介词、副词等,它们的语义特征决定了述元的数量和性质。根据谓词在一个简单句中所能带出述元的数量,可将其分为:

(1) 零元谓词 (No-place Predicate);
(2) 一元谓词 (One-place Predicate);
(3) 二元谓词 (Two-place Predicate);
(4) 三元谓词 (Three-place Predicate);
(5) 多元谓词 (Multiple-place Predicate)。

例如:

[54] John is a man.

仅含一个述元 John,则谓词 is a man 为一元谓词。

[55] The book is on the table.

含两个述元 the book 和 the table,则 is on 为二元谓词。

[56] Jinan is between Beijing and Shanghai.

含三个述元 Jinan、Beijing 和 Shanghai,则 is between 为三元谓词。

三、二元谓词的特征

二元谓词的特征,指按照逻辑关系可分为以下三大类,共六种:

(1) 对称性与非对称性 (Symmetry vs Asymmetry);
(2) 传递性与非传递性 (Transitivity vs Intransitivity);

(3) 自返性与非自返性　(Reflexivity vs Irreflexivity)。

它们都可用谓词演算公式来做形式化处理。

（一）对称性谓词

对称性谓词是指两个述元间的关系具有对称关系,可记做:

[57] $R_{(x,\ y)} = R_{(y,\ x)}$　(设 R=relation; x 和 y 为两个个体变项)

例如:

[58] If x is married to y, then y is married to x.

因此 marry 具有对称性特点,可用语义公式记做:

[59] $\forall_{xy}\ (M_{(x,\ y)} \rightarrow M_{(y,\ x)})$　(设:M=marry)

该式读作:For all x and y, if x is married to y, it then necessarily follows that y is married to x.

又例:be next to 也具有对称性,因为

[60] if x is next to y, then y is next to x.

而 love 则不是,因为 if x loves y 不一定 y loves x。因此,二元谓词 love 具有非对称性。

（二）传递性谓词

有些二元谓词在语义上具有一种传递性关系,如介词短语 in front of 就具有这样的特征:

[61] If x is in front of y, y is in front of z, then x is in front of z.

其语义公式可记做:

[62] $\forall_{xyz}\ (R_{(x,\ y)} \wedge R_{(y,\ z)} \rightarrow R_{(x,\ z)})$　(设:R = relation)

又例 behind, above 等都具有传递性特征,而 opposite 则不具有这一特征,因为

[63] If x is opposite to y, y is opposite to z,

而不一定

[64] x is opposite to z。

因此 opposite 具有非传递性。

(三) 自返性谓词

有些二元谓词所带的两个述元之间具有一种向回反射的关系,就像句中用了反身代词一样,谓词所表意义又返回到做主语的述元自身,例如 equal、identical、resemble 等就具有这样的特征,其语义公式可记做:

[65] $\forall_x R_{(x,\ x)}$ (设:R = relation)

它表示:对所有 x 来说,x 与自身之间有 R 关系。例如:

[66] John resembles himself. (约翰像他自己。)

若 x 与自身之间没有这种关系,则为非自返性,如:taller (较高)、different (不同)等,例如:

[67] * x is taller than x.

是自相矛盾的。

(四) 二元谓词特征的另一种形式化方案

我们还可用全等(≡)逻辑联结词来形式化标记二元谓词的上述三类特征:

对称:若 $p \equiv q$,则 $q \equiv p$
传递:若 $p \equiv q, q \equiv r$,则 $p \equiv r$
自返:$p \equiv p$

第七节　蒙塔古语义学

一、概　述

美国著名逻辑学家蒙塔古(Montague 1930—1971)等人于20世纪60年代至70年代针对当时流行的“解释派语义学”和“生成派语义学”之不足，建立了蒙塔古语法理论(Montague 1973;1974;Gamut 1991)。他运用现代形式逻辑的方法研究自然语言，开辟了研究自然语言中语义的新路子，这使得他成为当代逻辑语义学派的重要代表人物。

二、主要观点

1. 通用语法。蒙塔古认为，自然语言与形式语言在本质上并没有区别，都可作精确的数学描述，而且两者有着同样的规律，可统一在一个“通用语法(Universal Grammar)”的模式中，从而建立了著名的“蒙塔古语法(Montague Grammar)”，运用逻辑的方法成功地构造出英语的部分语句系统，详细描写了自然语言的形式特征，将语言形式化研究推向了一个新阶段。

2. 语义解释内涵法。客观外界是由实体构成的，而实体本身具有自身特征，且实体之间也存在一定关系，因此世界上客观地存在着一种模型，我们应当将其设计或总结出来，据此就能理解客观世界、掌握概念框架，获得语义系统。蒙塔古旨在设计出这种客观模型，可以此来表示实体的内在特性和固定关系。

他将外部世界的真理描写成“满足”客观的集论模型，尝试用数理逻辑式来反映外部世界的特征和关系。其中所用符号本身无意义，可通过与集论模型中成员和其间关系来实现。

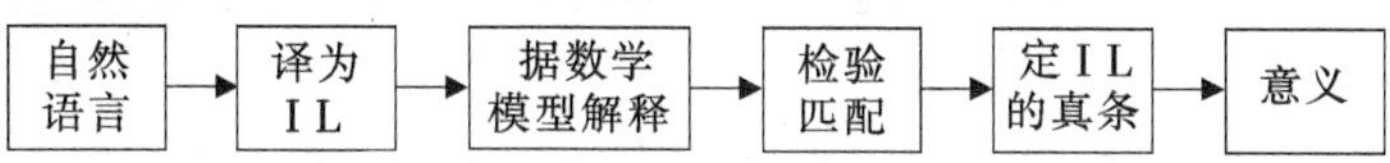

图13—3

蒙塔古也是循着内涵逻辑的方法来解释语义的，他先将自然语言转译为内涵逻辑(IL)，再根据能精确反映现实世界的10条数学模型来解释IL，此后用一组程序来检验IL与模型化现实世界是否匹配，并以此获得IL的真值条件，便可解释语句意义。可见，这是一种间接解释语义的方法。

3. 从上可见，语法不是心理学而是数学的一个分支，可用数理逻辑演算的方法来处理自然语言中的句法和语义问题，“逻辑”可作为研究自然语言的恰当工具。蒙塔古结合自然语言和逻辑研究,侧重“语义分析”,因此他的理论主要成就在语义学方面,所以又称为“蒙塔古语义学”,主要包括三大基础:“真值条件语义学”、“可能世界语义学”和“模型论语义学”。

(1) 真值条件语义学(Truth Conditional Semantics):语言表达和思想内容都具有“世界指向性”,哲学家们自然想出要依据现实世界的真实情况来确定语句的真假值,这就是“外延论”。塔尔斯基于20世纪30年代就提出了真值条件语义学,以真值条件为基础来研究句义,了解一个陈述性语句的意义就是要知晓能使该句成真的实际条件,因此语句的意义也就等于该句赖以成真的一组充分必要条件(详见第四章第三节第五条)。

(2) 可能世界语义学(Possible World Semantics):莱布尼茨早就谈论过“可能世界”问题,可能世界语义学由克里普克于1972年正式提出,主张将现实世界扩展到所有可能的世界,“成真”不仅指“现实世界”,也可指“可能世界”,前者仅是后者中的一种情形。该理论主要研究句义在所有可能世界中都能成真的条件,其语义规则为:依据可能世界中的情况来确定每一句法规则所生成的句子及各成分的语义值,通过语义值与可能世界中情况是否相符来判断语句是真是假。这一理论使形式语义学发展到了一个新阶段,也促进了“内涵逻辑”的发展。

(3) 模型论语义学(Model-theoretic Semantics):蒙塔古沿其思路于20世纪60年代至70年代将人工语言和自然语言结合起来,且将其先转译为“内涵逻辑”,让它贴近自然语言的表现形式;然后建立了现实世界的数学模型,以其为基准检验内涵逻辑的匹配情况和真值条件。蒙塔古通过建立人工语言或自然语言的意义与世界数学模型是否匹配来解释语义,这又为语义外延论提供了一条新思路。

蒙塔古语义学运用这三种语义学的研究方法描述自然语句的外部语义,把自然语言同客观外部世界联系起来考察意义,对自然语言进行高度数学化处理,用集合和函数等数学概念来解释模态算子的语义,建立句法与语义同构的原则。

4. PTQ系统(Proper Treatment of Quantification in Ordinary English)。他设想:词典由9类句法范畴组成,句法规则共17条,语义解释规则也有17条,内涵逻辑的模型论定义解释有10条,都可用形式化表达式(详见Montague 1973,1974;邹崇理 1993:6,1995:23;蒋严 1998:407—409)。如 A woman talks. 的内涵逻辑式可记做:

[68] $\exists_{x}$ [woman'$_{(x)}$ $\wedge$ talk'$_{(x)}$] (’表示集合中的成员)

然后运用 PTQ 系统内的内涵逻辑的模型论定义,可在有穷步骤内求出任何内涵逻辑公式的真值条件。

PTQ 系统还可准确刻画量词意义,而 TG 语法忽视了这一现象,如在 TG 语法中上一例句与 Every woman talks. 的句法结构相同,但蕴涵着不同的内涵逻辑,它可记做:

[69] $\forall x\,[\,woman'_{(x)} \rightarrow talk'_{(x)}]$

这样,用 ∃和 ∀则可加以区分。

PTQ 也可反映动词时态的语义特征,如:

[70] John left　$\exists t\,[\,PAST_{(t)} \wedge AT(t,\ leave'_{(j)})]$
[71] John leaves.　$\exists t\,[\,PRES_{(t)} \wedge AT(t,\ leave'_{(j)})]$
[72] John will leave. $\exists t\,[\,FUT_{(t)} \wedge AT(t,\ leave'_{(j)})]$

第一句的真值条件为:存在一个在现在时间以前的时点,在那时"j"所指个体属于"leave' "所指的集合。其余两句情况相似。

据此还可解释虚拟语气的反事实语句,如 If I had gone, I would have found happiness. 可形式化为;

[73] $P\,(\Box\sim_{p} \wedge \Diamond(_{p}\rightarrow F_{q})$

式中 p 代表 I go, q 代表 I find happiness, P 是过去时态算子,F 将来时态算子,□ 和 ◇ 分别为表示真实世界和可能世界的两个模态算子。整个公式可直观地理解为:在过去某时,事实上我没去,并在以这个时刻为准确定的另一可能世界中,若此刻我去了,则在此刻之后的某时刻我感到愉快。

第八节　现代形式逻辑的利与弊

现代形式逻辑与形式语义学经过一个多世纪的发展,取得了很多丰硕成果,本书仅只介绍其入门知识,详细内容可参见弗雷格(1884)*The Foundation of Arithmetic*(《算术基础》),罗素(1930;1956)*Introduction to Mathematical Philosophy*(《数理哲学导论》)、*Logic and Knowledge*: *Essays* 1901—1950. (《逻辑与知识 1901—1950 论文集》),奥尔伍德(Allwood 1977)*Logic in*

Linguistics(《语言学中的逻辑》),邹崇理(1995)《逻辑、语言和蒙太格语法》,陈波(2005)《逻辑哲学》,蒋严、潘海华(1998)《形式语义学引论》等。有关乔姆斯基如何运用现代形式逻辑来演绎句法(中后期也包括语义),参见第十章以及其他相关著作。

通过本章学习可见,这些哲学家确实开创了一条全新的研究思路。但各门学科皆有利和弊,将现代形式逻辑用于解释词语意义也是如此。

一、优 点

(一) 有助于消解自然语言的歧义

语言哲学家在反思自然语言不精确的基础上,产生了借用现代形式逻辑来描写语义的构思,因为形式化表达式就像数学公式那样准确无误,没有歧义,而且发现差错之后也很容易检验。难怪有些哲学家要说,以后哲学家在讨论中再出现误解,就可拿出纸和笔来,像做数学演算一样来澄清思想。

用具有模糊性的自然语言来准确阐述哲学思想,确实有点勉为其难,而现代形式逻辑正可在这一点上弥补自然语言之不足,有利于准确表达思想,避免歧义和误解。

(二) 科学系统地解释语义

客观主义哲学家认为,语义是客观世界在人们心智中的一种真实反映。由于全人类在很大程度上都享有一个共同或相似的客观世界,因而逻辑和语义也在很大程度上具有"普遍性(Universalism)",这也是不同民族得以相互理解,不同语言得以相互翻译的基础。目前的词典还只能用本族语、外族语,或两者结合来解释词条的意义和特征,尚没有研制出一种为操不同语言的全世界人们所共有的通用式"语义词典(Semantic Dictionary)"。

"语义成分"和"语义公设"的形式化分析方案为语言学家(特别是词典编纂学家)带来了一条清新思路,很多学者尝试根据这一原理设计出一种全新的"语义词典",用一套符号化公式来表示各个词条的定义,包括语义特征、语义关系及述谓意义,这套"元语言(Metalanguage)"符号系统可用来代替沿用了多年的词义解释方法,如可将 woman 记做:

[74] $_{x}$WOMAN:One-place → FEMALE$_{x}$ → ADULT$_{x}$ → HUMAN$_{x}$

似乎可达到这一目的。

(三) 为计算机翻译铺平道路

20 世纪的人工智能、人机对话得到了较大发展,很多学者还设计了许多程序,尝试用计算机替代人工翻译,这亦已成为当今计算语言学研究的一项主要内容。若能按照上文所述的"语义成分"或"语义公设"方案编好程序,则可对自然语言中很多词条的语义做出准确描写,且转换为相应的精确公式,便可为计算机所掌握,机器翻译可望实现。

人类有朝一日真能运用一套理想的形式符号来精确表达语义,就能让计算机听懂人的话语,清除人机对话中的障碍,人类的现代化进程一定又会出现一个新的飞跃,那真是一件再美好不过的事情!

(四) 为 TG 理论出场提供了理论基础

正是由于 20 世纪前半叶盛行逻辑实证主义和形式化理论,这也使得语言学界很多学者深受鼓舞,特别是乔姆斯基(Chomsky 1957, 1965)率先对语言中的句法进行了形式化处理,这影响了全世界近半个世纪的语言学研究方向。

同时,语言哲学家所提出的"同一个自然句法结构可能蕴含数个逻辑结构"的观点,显然直接影响到乔姆斯基提出"表层结构(Surface Structure)"和"深层结构(Deep Structure)",他显然是顺着这一思路行进的。他还认为,一个语句的深层结构决定其语义解释、语义处于底层的句法结构。后来生成语义学派(Lakoff,McCawley,Postal,Ross 等)认为"深层结构=语义表征",再后来用"逻辑形式"来指称深层结构。

二、问 题

陈嘉映(2007:导论 15)也采用辩证的立场指出了数理形式逻辑的优缺点:

> 数学的最大特点在于进行长程推论而不失真,因此,科学可以借数学语言通达感官远远不及的世界而仍保持真实。但反过来,数学对理解充满感性的日常世界只有很少的、间接的帮助。

有利就有弊,本章所论述的种种形式化语义学公式是否真的能准确描写语言的意义,这一直是人们争论的焦点。

(一) 客观主义哲学的胎里疾

我们知道,现代形式逻辑和形式语义学的哲学基础是"客观主义哲学(Objectivist Philosophy)",认为外部世界背后存在一个永恒不变的客观真理,哲学的任务就在于探究这一宇宙的根本原理(即本质、本源、本体、逻各斯、理性、道、绝对真理等),将其挖掘出来即可指导一切,这就是在西方哲学研究中流行了两千多年的“形而上学(Metaphysics)”。为能求得“客观真知”、“绝对真理”,就必须遵循“笛卡尔范式(Cartesian Paradigm)”,排除人的主观因素,消除人的价值污染,将人们心智中的意义视为客观世界的镜像反映,这样才能将其做形式化处理。

而“非客观主义哲学(Non-objectivist Philosophy)”包括若干后现代哲学理论,特别是“体验哲学 (Embodied Philosophy)”认为,客观主义的形而上学立场从根本上来说就是错误的,因为人们在认识世界和语言表达的过程中必然要打上人的烙印,人本因素在哲学研究和语义分析的过程中是不可避免的。

上述分歧在人文科学研究中就形成了“科学主义(Scientism)”与“人文主义(Humanism)”之争。我们必须看到语言中的人文性,很难靠一些通过归纳或演绎论证所取得的科学规范来概括全部语言事实,解决全部语言问题。维特根斯坦于1929年重返剑桥大学,就反思了自己前期提出的科学主义之失误,于1933—1934年间向弟子口授的讲稿(1958,涂纪亮译 2012:34)中就说道:

> 如果我们把语言说成是一种按照精确计算使用的符号系统,那么我们就能在自然科学和数学中发现我们在心中所想到的那种东西。我们通常的语言用法仅仅在极其罕见的情况下才符合于这个精确标准。

美国后现代哲学家代表人物罗蒂(Rorty 1967:16)尖锐批评了理想语言学派:

> ... no sentence in the Ideal Language will be materially equivalent to an unreconstructed sentence in ordinary use, ... an admission that the only function which Ideal Language might serve *is* clarification, rather than replacement. For if such material equivalences are not available, then the Ideal Language can, at best, be what Goodman calls a “map” of the familiar terrain of ordinary discourse, rather than a passport into a new *Lebenswelt* in which philosophical problems are unknown. (……在理想语言中,没有一个语句可实质性等价于日常使用中未经改写的语句……这就承认了:理想语言可能具有的唯一功能就是<u>澄清</u>,而不是<u>代替</u>。因为,假若不能获得实质性等价,那么理想语言最多只能是一张如古德曼所称的关于熟悉日常话语地形的“地图”,而不是进入一个新的生活世界

的通行证,在此世界中不知道哲学问题为何物。)

世界著名的认知语言学家雷柯夫(Lakoff 1987:459)更是一针见血地指出:

> It simply isn't, and it does not even come close. (这一方法根本行不通,甚至连边也沾不上。)

自然科学是研究物质现象的,强调客观事实似乎无可非议,而人文科学是研究个人的思维现象或精神现象,采用研究客观事物的方法研究社会、经济等人文现实,排斥人的主观性,自然就有点文不对题。

语言的复杂性使纯形式化研究在面对具体问题时遇到很多难题,此时人文主义方法可以提供"解释性"手段来弥补其不足,虽然在某些学者眼中被视为是"非科学化"的,但它却是行之有效、不可或缺的。

(二)一阶逻辑的缺陷

一阶逻辑明显存在以下一些缺陷:

(1) 只处理两量词(∀、∃),而不能处理 most / many 等。

(2) 不能量化谓词,如"来了二次"。

(3) 无法处理自然语言中层级性问题。

(4) 仅只局限于五个联结词,还有诸如 but, because, since, therefore 等尚未研究。如 A because B 就不能通过真值表推导出其真假值,即使 A 和 B 都为真,也不能保证 A because B 为真,因为 A 还可能取决于除 B 之外的若干其他原因。

(5) 谓词可包括:名词、动词、形容词等,而它们在自然语言中情况有较大差异;另外,普通名词还有很多种类,它们都未能在一阶逻辑中反映出来。

(6) 仅局限于陈述性命题句,还有疑问句、命令句、感叹句都被排除在外了。虽有人尝试建立内涵逻辑,但还很不成熟。

(7) 高度数学化的表达式使句法生成能力太强,会出现不可接受的句子。

(8) 用"可能世界"来表示信念句显得不足,有没有"不可能世界"?隐喻表达又该如何形式化?

(9) 一阶逻辑只表示指称性实体,如 John is healthy. 可形式化为:

[75] $H_{(a)}$或 $HEALTHY_{(a)}$

但不能对"非指称性实体"做出表述,即无法处理非个体,即上文所说的"概念",在自然语言中我们可以说 Jogging is healthy. 但一阶谓词演算却不能对其形式化,不可写:

[76] * $H_{(jogging)}$

因为 jogging 本身是"概念词",只做谓词,因其不是个体。换句话说,个体对象只能归入"一阶逻辑",因为只有"一阶逻辑"才能直接表示具体的、个别的属性,与外界直接相连。

这也足以可见自然语言无法区分"一阶逻辑"和"二阶逻辑"的问题,它们都同用一个"主系表"句型,自然语言可能隐藏着不同的逻辑关系,而二阶逻辑就可表述这类抽象实体。可先将"概念词"转换成带个体的谓词演算形式,使其具象化,即将抽象概念先带上主项,再将其套入谓词演算之中,如例[77]的逻辑结构可运用 $F(F_{(x)})$计做:

[77] $H(J_{(a)})$(J=jogging, H=health)

这就是为何称其为"二阶逻辑"的原因。三阶逻辑原理相同。

可见高阶逻辑可用于表述个体的集合,个体的 n 元的集合,集合的集合(set of sets),便可对内涵做外延化处理,即将抽象概念转换为个体所具有的属性,用一阶逻辑将其表达出来,然后再向上推演。高阶逻辑还可把量词(如 most, many, some...)加于谓词变项上,也可将其置于主项位置进行描述,这就实现了"对思维本身的思维"。但高阶逻辑仍旧摆脱不了下述难题。

(三) 难以反映语义的复杂性和动态性

人类思维错综复杂,自然语言所表达的意义千变万化,很多认知科学家认为,世界上没有什么比人类思维更为复杂的东西了,这不无道理,人类思维以其"复杂性、想象性、多变性、动态性"而著称。例如 and 除了"和"之外,还有诸如"接着、那么、于是、只要……就会"等义,此时真值表中的"合取演算"就显得太简单了,如:

[78] Utter one word, and you are a dead man.(只要你再多说一句话,就会死。)

[79] She married and had a child.(她先结婚,然后有了孩子。)

[80] She had a child and married.(她先有孩子,然后才结婚。)

这三个例句都不是简单的“合取”问题,真值表在此不适用。另外,根据合取法可知,a+b 就等于 b+a,但例[79]和[80]的词序颠倒之后,含意就完全不同了。因此,试想要用一套静态性、规律性的公式表达复杂和多变的思维和语义,将其用公式完全框住,其结果可想而知。

我们认为,用形式化的方法来解释人类的思维和语义,从方法论角度来说就是谬误的,或充其量而言,仅能解决冰山之一小角的问题。用削足适履、以偏概全的方法来研究语义,自然会使活生生的语言失去多样性、丰富性和想象性,将鲜活的自然语言变为僵硬的、单义的、机械的符号,这永远不会是我们所期望的结果。正如普特南所批判的,卡茨(Katz)和福多(Fodor)设想每个词语最终都可以获得一个分析性的定义,而这是我们每个人都有充分理由不相信的东西(陈嘉映 2003:298)。马克思主义语言哲学家莱塞赫勒(Lecercle 2006:4)也一针见血地指出了形式主义者的要害:

> ... a language is also a history, a culture, a conception of the world—not a dictionary and a grammar.(语言也是历史、文化、世界的概念,而不是一部词典加一本语法书。)

即使某些语言中的部分词语或语法可局部实现形式化,但也仅是沧海一粟。语言所反映的历史、文化、世界的概念,根本不能用形式化的方法来描述。

再从言语行为角度来说,现代形式逻辑将语言的逻辑意义等同于“真值(Truth)”,这充其量也只能限于“言有所述的行为(Locutionary Act,又译:发话行为)”,根本反映不出言语交际中较为普遍存在的“言有所为的行为(Illocutionary Act,又译:行事行为)”和“言之后果的行为(Perlocutionary Act,又译:取效行为)”。也就是说,用现代形式逻辑来描写语言,最多也只是完成了三种言语行为中之最初始的一种“说出”的行为,而抛弃了最为重要的另两种行为,这又有何用呢?

(四) 语义公式本身的局限性

形式语义学除了上述理论基础的问题之外,本身还面临着若干自身难以解决的实际问题。

1. 层级问题

形式化在语言的不同层面发展不平衡,如在“语音层面”就较为成功,学者们已建立了较为可靠的区别性特征音位表;在句法层面上也有一定的解释力,如对句法采用层级性切分的方法,对部分语言现象尚算可行。而在语义层面,尽管很多学者做出了种种尝试,提出种种方案来,但都存在很大缺陷。

2. 范围问题

语义成分、语义公设等虽可十分精确地描写语义,但人们一直在质问究竟能从人类语言中离析出多少对这样的语义成分?到底能用卡尔纳普的蕴涵式解释多少词项的意义?不同的人,不同的民族似乎也难以形成一个统一的看法。倘若分析出的语义成分一多,蕴涵式的解释力就会十分有限,恐怕也就失去了这类逻辑公式的意义了。

到目前为止,我们在有关现代形式逻辑和形式语义学的专著和教材中,常见到的就是有关家庭成员和“孤男寡女(bachelor、spinster)”一类词语的形式化分析,再将其做扩大化处理,就会出现很多难题。

实践也证明,要对全人类语言中全部词汇做出形式化描写,是不可能的,也不需要非走此路!

3. 精确性问题

形式化的特点是语义描写的精确性,可是很多学者发现,若干形式化公式并不能做到这一点。正如后期维特根斯坦所认识到的,现代形式逻辑依旧不能区分出日常语言中本来不同的语法构造(参见韩林合 2010:486)。同是一个 $F_{(x)}$,它可能会代表若干个“某实体 x 具有性质 F”的自然语句,即表面相同的语法形式,可能会掩藏着若干不同的语义内容,这比起亚氏的“S—P 模板”又能有多大进步呢?

语言中有些词语虽可勉强作形式化处理,但也难以揭示出丰富的语义内涵,要能达到细致入微的程度,更是难上加难!这也使得很多学者对其望而止步,不得不打退堂鼓。例如,形式主义者一般将“mother”描写为“female parent”,但解释不了该词在日常语言中所表达的若干丰富意义:

[81] He acts both as a father and a mother.

[82] Failure is the mother of success.

[83] Fundamentalists are sometimes horrified when the Virgin Mary is referred to as the Mother of God.

[84] 有娘养没娘教的。

[85] 他雇了个“钟点妈妈”。

上述各例句中的 mother 或“娘、妈妈”都不能用“female mother”做出合理解释,雷柯夫(Lakoff 1987:74—76)对此有深刻论述,阿伦(Allan 1986:353)也发表了同样的看法:语义公式不明确、不严格、不清楚。

更何况,语言中还有很多隐喻,占三分之二或更多,形式化方法对其更是一筹莫展,因为隐喻原初都是“假话”,例如:

[86] He is a pig.

在逻辑实证主义者眼里,“人”只能是“人”,永远不可能是“猪”,这句话永远没有真值。可人们都知道,这句话是有意义的。现代形式逻辑又该如何对其做形式化分析呢? 如果说隐喻不能用形式化公式来表示,这就意味着语言中有三分之二或更多表达不能如此处理,这样的形式语义学还有多大意义呢?

4. 形式统一问题

各路学者所用语义的形式化方法不尽相同,如同出一门的卡茨(Katz 1972:358)与贾肯道夫(Jackendoff 1972:4)对 open 的形式化描写也大相径庭。更有甚者,卡茨本人几次对 chase 的语义标式的形式也有很多不同之处。

到目前为止,很多形式主义学者提出了若干不同的形式化方案,除了语义成分分析法、谓词演算、命题演算、语义公设等之外,近来还出现了“篇章表述理论(Discourse Representation Theory,简称 DRT)”、“文本更新语义学(File Change Semantics)”、“境况语义学(Situation Semantics)”、“动态谓词逻辑(Dynamic Predicate Logic)”等,可谓花样不断翻新,这是好事,但也有很多弊端。相同的出发点,但引出了差异甚大的表达形式,缺乏统一性,这也颇为学界所苦恼。

5. 复杂句问题

对较短的命题或语句做形式化处理似乎还好办一点,倘若句子一长,句义一复杂,再加上语言中既有真实句,也有虚拟句;既有陈述句,也有疑问句、祈使句、感叹句;既有并列句还有复合句,英语中更有许多叠床架屋式的表达方式,有时一页就仅有一个句子,处理这些不同和复杂语句的语义公式必然会既长又乱,令人不易理解,也难保计算机就一定能“准确理解”。

所以,很多学者认为形式语义学作为理论家的设想,做点“纸上谈兵”式的演算练习尚可,但要将这类“洋码码”加以推广,用以解决实际问题,又谈何容易!

6. 普遍性问题

现代形式逻辑和形式语义学的一个目标意在实现“全球通用”,以能加速解决全球五千多种语言之间的互译问题。但是,目前大多学者一般认为,形式语义学对于描写具有“形合法”特征的西方拼音文字尚只能解释部分现象，更不用说用其来处理具有“意合法”的汉语了。用上述学者提出的形式化方案来分析汉语，语言学家们一般持否定态度。

更何况，我国中学和大学教育中普遍存在文、理科分家的现象，大多数文科学生对理科不太感兴趣，更不用说去静下心来认真学习原本属于理科的“谓词演算”和“命题演算”之类的知识了，让他们来研究和建构新的形式化公式，似乎不太现实。这就是说，在我国语言学界要推广和研发现代形式逻辑和形式语义学，解决汉语形式化问题，前景不容乐观！

三、结　语

现代形式逻辑已有百余年历史，语义成分、语义公设等也已提出了达半个多世纪之久了，可是，用形式化方法解释词条意义的词典至今尚未问世，因为从理论设想到实际编纂还存在很大差距。尽管形式化研究存在诸多难题，但它毕竟是传统语义学的一项最基本内容，对于语言理论研究者来说，必须对其有所了解。约翰逊和雷德克(Janssen & Redeker 1999:8)认为：形式主义与功能主义之间的对立正在逐步和解。这就是说，两学派的结合可望为形式逻辑和语义研究开创一条新途径。

其实，形式逻辑并不难，对于我国学习文科的同行来说，首先需要克服心理畏惧情绪，只要静下心来稍加琢磨就会明白这些公式的含义，因为我们都有基本的数学和几何知识。

第十四章　哲学的第四转向：后现代主义(上)

后现代主义(Postmodernism)亦已成为当代西方最具影响力的文化思潮(王治河 2011)，笔者拟将其视为西方哲学三个转向后的“第四转向”，它对全世界范围内的各个领域都产生了重大影响，包括语言学。

第一节　新时代的宠儿

一、引　言

奥尼斯(F. de Onis 1879—1923)于 1934 年在《1882—1923 年西班牙、拉美诗选》中首次提到“Post-Modernism”术语，后经其他学者，特别是英国历史学家汤恩比(Toynbee 1889—1975)于 1947 年在《历史研究》中再提该术语，以及法国哲学家利奥塔(J. F. Lyotard 1924—1998，素有“后现代哲学之父”之称)于 1979 年出版了《后现代状态》一书，“后现代主义”摇身一变竟又长成了一位“Cinderella(灰姑娘)”，且被冠为当代人文学科的又一宠儿。

由于后现代主义所涵盖的时间和范围跨度较大，从尼采(Nietzsche 1844—1900)到当代欧美哲学家、文学家、社会学家、艺术家、建筑学家等，很多学者(如王治河 2006:5)认为，后现代不必按照“时代性”和“编年史”来理解，它不是继现代主义之后的一种学术运动，而应当依照思维方法和学术观点来划分。我们经过认真思考之后，认为可将两者结合起来，后现代概念既有时代性，也有学派性。

(1) 说其具有“时代性”，是指它的主要成员大多还是当代学者，确实是在反思传统和现代哲学观的基础上成长和壮大起来的。很多学者认为，后现代真正崛起是 20 世纪 60 年代，70 年代到 80 年代风行西方世界，80 年代末到 90 年代流行至全球①。再说其关键词“否定、决裂、破坏、毁灭、解构、颠

① 学界对“现代”与“后现代”的划分不统一，后现代第二期始于 20 世纪 60 年代为大多学者所接受。有学者(如霍兰德，载格里芬 1988；王成兵译 2011:73)认为可将 20 世纪末定为现代世界的历史终结。

覆”也主要出现于这一时期。且纵观各理论学派,其间的划分从来不能在时间上做出整齐的一刀切。

(2) 说其具有“学派性”,是因为这些学者已在以下基本观点上达成了大致的共识:反传统、超基础、去中心、非理性、后人道、多元化、不确定、悲观性等方面(尽管其间也存在不同程度的差别,甚至有不同观点)。这一思潮像“幽灵①”一样成群结队地出没在欧洲,现已遍及全世界,触角伸向各领域。

按照王治河(2006:5)和胡兴荣(2004:150)的观点,后现代主义主要包括以下三个方向:文学艺术、社会文化、哲学。我们觉得还应包括“语言学”,当今亦成主流的认知语言学就可视为该思潮在语言研究中的产物。

二、文学艺术的后现代主义

“后现代主义”在文学创作和评论中主要奉行“达达主义(Dada)②”和“解构主义(Deconstructionism)”,否定传统、破坏一切、批判理性、讽刺习俗、崇尚虚无,行进在“反文学艺术、反传统文化、消解结构”的路线上;“为艺术而艺术”大行其道,主张无选择技法、无中心意义、无完整结构、叙事呈发散性;作品主要体现超现实的意识流和下意识,反映精神创伤、心理变态、生活悲观、个性张扬、鼓吹虚无。其具体表现为:诗歌创作流行“自由体、无韵脚”;小说创作大量采用“断裂和意识流”写法;影视屏幕出现了一大批反传统的主题和形象,玩“穿越”,搞“模仿”悄然兴起,仅为快乐而无甚宣传和教育意指的节目比比皆是;音乐中表现为“无调性”,白话式歌词充斥流行音乐,网络新歌大有压倒高雅乐曲之势;街舞几乎已取得与芭蕾舞和交谊舞同等的地位;绘画中出现了“新表现主义、新超现实主义、新抽象派、后期印象主义、后现代画派”等;文学评论更是以解构主义为主流。

张杰(1998)指出,在20世纪60年代之后,西方理论界已明显不再满足于传统的理论思路和分析方法,他们此时认识到不必追求文学作品的统一性,应着重表现事物间的差异,刻画丰富的个性形象和描绘复杂的情感,所以文学评论不应只是归纳和确定作品的某些规律,而应去揭示作品意义的复杂

---

① 1981年法国《世界报》向晨报读者宣布:“有个幽灵——后现代主义的幽灵在欧洲出没作祟(Lash:1990)。”

② 达达主义(Dada)是20世纪初出现在欧洲的一种文艺流派。此名源于法语“达达(Dada)”,意为:空灵、糊涂、无所谓、虚无。原意为“木马”,为婴儿最初的发音,取此名意在表示“婴儿牙牙学语时期”,对周围事物采取纯生理反应。他们宣称作家的文艺创作就应像婴儿学语那样,只表现感官接触到的印象,对一切事物采取虚无主义的态度,主张否定一切,破坏一切,打倒一切。因此,达达主义是虚无主义在文学上的具体表现,反映了第一次世界大战期间西方某些青年的苦闷心理和空虚的精神状态。

性、不确定性和未完成性。文学评论界开始以艺术思维方式,重语境研究,追问文艺现象的多元性、不确定性,逐步开始形成文学话语学评论。因此张杰(1998)认为,20世纪文学评论界的语言论转向可分为两个时期:语言学阶段和话语学阶段。

奥尼斯(1934)首次用“后现代”来指诗歌在现代主义内部所萌发的逆动现象。诗人奥尔森(C. Olson 1910—1970)在20世纪50年代将那十几年间出现的不同于艾略特的新风格称为“后现代主义”。俄裔美国作家纳博柯夫(V. Nabokov 1899—1977)于1958年所创作的《洛丽塔》轰动一时,后现代文学思潮在美国正式登场,随后漫布全球。20世纪80年代,费德勒(L. Fiedler 1917—)和哈桑(I. Hassan 1925—)大力倡导一种具有鲜明特色的、合唱式的综合艺术,强调从任意艺术、反艺术、反文学、自我破坏艺术和新小说等方面来探讨艺术的新发展。前者试图以大众文学为名反叛正统的现代主义文学传统;后者主张将已有两世纪之久的“沉默文学(Literature of Silence:否定艺术、形式及语言规范)”视为后现代主义的延续。在此后的二十至三十年间,后现代文学作品纷至沓来,我国也出现了一大批受其影响的文学和影视作品。

三、社会文化的后现代主义

后现代文学也对社会和文化产生了巨大影响,激发人们反思后工业化和科学主义给社会文化带来的弊端,考察第三次工业革命浪潮产生的诸多负面影响,认识到作为生产力的科技成为奴役人的力量,金钱在维系人际关系中所占比重急剧升高,乃至出现了一大批利润狂、房奴、钱奴、股票奴等,开始厌倦、怀疑,甚至嘲笑传统意识形态和价值观。这一意识形态成为个性膨胀的温床:鼓吹个性张扬、主张性自由、流行嬉皮士、穿带洞的牛仔裤、着奇装异服、男士蓄长发、女士兴覆盖面积小的服装(包括三角泳装)等,都属此类社会现象。在此流行风气的冲击下,中心变成多元,永恒改为变迁,绝对说成相对,整体解为碎片,传统化为泡影。

有的后现代学者主张以人本方法来对待眼前的变迁和现代化,对各种反传统社会现象(如上文所列)持宽容态度;也有主张建立社会批判理论,揭露和批判意识形态中的问题;还有的尝试从新型的多元文化角度来解释当下社会文化形态,反思中心主义(如欧洲中心主义、强势中心主义、男权中心主义等)之过失,转而关注欧美之外的地方文化、弱势群体和女性权利,倾听少数人群的要求,这就是王治河(2006:4)所述及的“他者、弱小、次要、偶然、差异、边缘、局部、断裂”等现象。贝尔(D. Bell 1919—)于20世纪70年代至80年代论述了20世纪后期因工业化迅猛发展所产生的一种新社会形态与结构。拉什(S. Lash 1950s—)认为后现代主义不是社会类型,而是一种文化范式,表征为非常特异的文化形态,后现代化的过程就是在文化领域消除分化和差异的过程。詹姆森(F. Jameson 1934—)还概括出了后现代主义文化四个基本审美特征:主体消失、深度消失、历史消失、距离消失。

四、哲学的第四转向:后现代时期

鉴于20世纪50年代至60年代在欧洲新冒出一股"后现代幽灵",且迅速游荡、变动扩张、四处蔓延、怪诞多变,在世界范围内形成了一种新的哲学思潮,正如赵一凡(2007:33)所述:

> 一如那印度神车不可一世,辚辚向前,血肉横飞。

据此,我们在波普尔三次转向的基础上又提出了哲学的第四转向——"后现代转向"。

正如第四章图4—1所示,语言论转向主要经历了三个时期:理想语言学派、日常语言学派、欧陆人本哲学。后者大力强调"以人为本"的理念,实现了哲学的又一次超越。很多哲学家以其为出发点,展开了一系列研究,形成了一幅蔚为壮观的时代画面,这就是后现代哲学思潮。由于其内部各种观点不断涌现,派别林立、繁杂多义,甚至互为对立。为便于论述,我们拟将后现代哲学大致分为如下三个时期:

> 第一期:从海德格尔、伽达默尔的人本哲学到法兰克福的批判学派,主要特征为"人本性、批判性"。
>
> 第二期:12位法国后现代哲学家及奥美意的学者,主要特征为反传统、超基础、去中心、非理性、后人道、多元化、破坏性、解构性。
>
> 第三期:建设性后现代,以英美学者为主,也包括中国学者。主要特征为"建设性、体验性"。

我们主张将雷柯夫和约翰逊(Lakoff & Johnson 1980, 1999)所倡导的"体验哲学(Embodied Philosophy)",钱冠连所倡导的"中国后语言哲学(Post-philosophy of Language in China,简称PLC)",以及笔者提出的SOS理解模型、体验人本观等视为后现代第三期"建设性",以便能更清楚地了解这些新理论的来龙去脉,从整体上认识到西方哲学的批判与继承的延续关系,以及中国学者如何与世界学术前沿接轨。

五、语言学的后现代主义

(参见第十七章、第二十章)

第二节　后现代哲学思潮的超越

一、过渡时期

语言转向不仅出现于英美分析哲学之中,而且也出现于欧陆人本哲学之中。胡塞尔在《逻辑研究》中曾指出,语言对于建立纯粹逻辑学必不可少;其弟子海德格尔认为语言处于哲学的中心地位,语言不只是实现交流的工具,而是存在的家园;海氏的弟子伽达默尔也持这一立场,声称语言问题处于 20 世纪哲学的中心地位。利科则指出,当今哲学家应找到一种无所不包的语言来说明人类表达行为的多种功能(参见徐友渔 2001:323)。可见,他们都认识到语言解释在哲学研究中的重要性,但他们与英美分析哲学不同的是,主要从人本精神的角度猛批逻实论,认识到了用科学主义研究人文学科的严重缺陷,当抛弃科学主义强加在人类头上的枷锁,推翻其对人类的奴役和统治,回归生活世界,真正从人的生存角度来理解真理,认识语言,实现返向传统但又超出传统的"回归",现依据图 4—1 论述如下。

科学主义(或科技理性、工具理性)一方面促进了现代科技的发展,但另一方面也使得人们的世界观受限于实证数据,把"人的因素"排斥在科学世界之外,剔除人的价值观念和个人见解,将人的想象力和创造性束缚于工具理性的枷锁之下,形成了科学主义统治人的奇怪局面。很多学者面对这样一场"危机"都在苦思冥想,寻求出路,胡塞尔(Husserl 1958—1938)首开先河,开出了一贴"生活世界"的药方,以图通过对其的回归来摆脱这场危机。他在《欧洲科学危机和超验现象学》(张庆熊译 1988:4—8, 71)一书中猛批实证主义,认为它

> 是一个残缺不全的概念……
>
> 抽象掉了作为过着人的生活的人的主体,抽象掉了一切精神的东西,一切在人的实践中物所附有的文化特性……

它恪守了物理主义的客观主义哲学立场,其实质遮蔽了人生存于其中的生活世界的基础地位,取消了人的生存自由和价值意义,并将其视为欧洲科学危机的主要根源(正如胡氏的书名所示),主张回归"形而下"的现实世界,张扬人的主体性。

胡氏所建立的"现象学"意在通过"纯粹意识"和"现象学还原"求得绝对真理,以弥补感性论(经验论)和理性论之不足(详见第八章第十六节)。通过仔细研读胡氏理论,我们也不难发现他所说的"生活世界"仍旧具有明显的先验性和主体性特征,认为它是先在的、给定的、直觉地被给予的、是前科学的、直观的。这就是雷柯夫和约翰逊(Lakoff & Johnson 1980:195)将他仍归类于客观主义哲学家的原因。

德国哲学家雅斯贝尔斯(K. Jaspers 1883—1969)为存在主义先驱,其哲学充满神秘主义、悲观主义和反理性主义,主要内容包括三项:

(1) 把哲学的任务规定为描述人的存在的意义,且将存在的真正形式定位于"生存",可依据人自己的价值观(而不是概念)来直觉性体验和审视"存在"。

(2) 倡导"新人道主义(New Humanism,又叫 Socialist Humanism 社会主义人性论)",因为现实社会常限制了人的自由,现代科技又使人沦为工具,忘却了追求精神生活和实现自身的真正价值,当用新人道主义来指导科学,追求自由。

(3) 主张通过"内心体验、超越存在"这两种直觉方式来消解生存中的不自由因素,以能达到无限和完满。而要达到此境界,必须借助非理性的内心体验以及宗教信仰,使得他的存在主义直接通向了宗教信仰主义。

我们在图 4-1 中将胡塞尔和雅斯贝尔斯视为从欧陆人本哲学到后现代哲学的过渡人物。国内外也有很多学者将海德格尔和伽达默尔等也列为欧陆人本哲学家,这没有错。但本书基于"后现代转向"将他们与法兰克福学派同列为"后现代哲学第一期",其总体特征可描写为"人本性"和"批判性"。

二、人本性和批判性

学界普遍认为,尽管胡塞尔的"生活世界"还带有形而上学的特征,但将其界定为"主体间性(Intersubjectivity)的世界"却具有重大意义,冲出了传统哲学中"主体 vs 客体"二分的窠臼,为 20 世纪哲学研究指出了一条"走出危机"的可行出路。后来,许多哲学家,特别是海德格尔、伽达默尔、哈贝马斯等,均从某一方面对胡塞尔理论做出了重要发展,从而也使胡氏的"现象学(Phenomenology)"成为上一世纪的主流哲学理论之一。

海德格尔(Heidegger 1889—1976)超越了他的老师胡塞尔的先验哲学和意向性理论,进入到"生存论"视野,尝试在生存体验中确立主体间性结构。他将"Dasein(可译为:亲在、此在、缘在)"视为一个主体的意义源,无论"在手(与客体的关系)"还是"上手(与他人相遇)",都将自然存在物以及他者纳入到"存在的意义世界"中来加以研究。

他还指出,人永远以语言的方式拥有世界,正是语言才使得一物成为一物,语言使得存在出场,世界必须通过语言向我们呈现出来,语言揭示了世界,它是我们遭遇世界的方式。因此,语言就成为存在之家,我们生活在语言的家园之中,而且还不得不生活在语言这个家之中,且一定是生活在程序性语言行为之中的(参见钱冠连 2005:23)。

海氏的学生伽达默尔(Gadamer 1900—2002)创立了"解释学(Hermeneutics)",开始探寻人类一切理解方式中所包含的普遍性,而这又只能在语言中进行。因为在人与世界之间只有语言才构成其内在关系,说到底,人的存在是一种语言性的存在,人的理解在本质上是语言的。他还严厉批判了人文科学中的科学主义研究方法。

产生于20世纪20年代,繁荣于20世纪30年代至60年代的法兰克福学派(Frankfurt School)在西方马克思主义中影响最大,尝试运用多学科理论来分析社会现象,以其来"补充、修正、重构"马克思主义,但很多学者认为他们背离了马克思主义基本原理,抹煞了阶级斗争,过分张扬人本精神,批判逻实论和科学主义,也反对实用主义和功利主义。他们还主张将弗洛伊德的精神分析法引入马克思主义,提出以"本能革命、心理革命"来取代无产阶级革命,以能建立一个没有剥削,没有战争,没有压抑的"人本主义社会"。

该学派基于马克思主义的批判精神创立了颇有影响力的"社会批判理论",主要代表人物有霍克海姆(Horkheimer 1895—1973)、马尔库塞(Marcuse 1898—1979)、弗洛姆(Fromm 1900—1980)、阿多诺(Adorno 1903—1969)等第一代学者。

哈贝马斯(Habermas 1929—)为法兰克福第二代马克思主义者,传承和发展了法兰克福第一代学者的主要立场,创立了"普遍语用学(Universal Pragmatics)",打破科学主义在人文科学中的统治地位,倡导建立一种适合人文社科研究的方法,这便是"普遍语用学"提出以"社会实践(即交往行为理论)"为趋向的反思性批判方法论,主张以"语言"和"互动"这对范畴来代替马克思的"生产力"和"生产关系",修正了马克思的"剩余价值学说"和"阶级斗争"理论。哈氏认为,形成人类社会的基础是:人们通过言语行为达成理解、获得共识、统一行动。据此,他否定了传统哲学的主客二分原则,发展了胡塞尔的“主体间性”，即通过人与人之间的言语行为来建立有效沟通，以此为出发点来论述现实的“生活世界”，从而超越了“主体中心论”的传统，转向探讨交往行为的理论范式，并以其来重塑理性形象，重构形而上学理论，这就是他(1988)在《后形而上学思想》中所提出的主要观点。

哈氏是当代语言哲学中一位十分重要的学者，被誉为将英美分析哲学和欧陆人本哲学相结合且取得成功的唯一哲学家(Lecercle 2006:47)。普遍语用学中的两个关键词“主体间性”和“生活世界”就是这一结合的成果。

(1) 主体间性(Intersubjectivity)，即主体之间的理解，它源自如下事实：人类生存于社会中各种合作性交往活动之中。这是德国著名哲学家胡塞尔首先提出的术语，哈氏在此基础上，结合格莱斯的“合作原则(Co-operative Principle)”做了进一步阐发。

(2) 生活世界(Lifeworld)，这也是胡塞尔首倡的术语，语言哲学家维特根斯坦后期也以此为主要思想提出了“游戏论”和“用法论”(参见下文)。

从图4—1可见，哈氏处于“英美分析哲学和欧洲大陆哲学家胡塞尔”与“后现代第二、三期”之间，一方面他从前者接受了很多有益的观点，另一方面也开启了很多后来者的研究。现以图小结如下：

马克思	胡塞尔	维特根斯坦	奥斯汀和塞尔	格莱斯
社会实践	主体间性		言语行为	CP
	生活世界	生活形式		

哈氏换“斗争”为“合作”和“对话”	换“意识研究”为“语言哲学”	弃“纯语言分析”(1953)	弃“个体的语言活动”	换“发话者能力”为“交际能力”
哈氏换“劳动”为“语言”和“交往”				语言结构使人合作，将CP扩展到语言结构和社会结构
哈氏弃历史唯物主义，倡“重构论”				

图4—1　交往行为理论所受到的影响

本图列出了哈氏所受到的主要影响，它由两个部分组成，上部分列述了哈氏所接受的相关观点，下部分列述了哈氏的批判与发展，现分述如下：

(1) 哈氏接受了马克思的"社会实践"，反对那种纯思辨性的、仅在语言内部(如索绪尔等)考察意义的主张。但他也提出了与马克思主义不同的主张，如将马克思的"斗争"代之以"合作"和"对话"；将"劳动"代之以"语言"和"交往"。他还扬弃了马克思的历史唯物主义，倡导重构论。

(2) 哈氏吸收了胡塞尔的"主体间性、生活世界"，以及维特根斯坦的"生活形式"等观点，主张从人类生活中的交际行为角度来考察社会。但他也抛弃了胡氏的"意识研究"，将语言哲学视为第一哲学(Lecercle 2006：45)，且也否定了维氏纯语言分析的思路，认为必须考察人们在社会实践中如何通过语言进行交往的行为。

(3) 哈氏从英美分析哲学中日常语言学家，如奥斯汀和塞尔的"言语行为理论"，格莱斯的"发话者意图、会话合作原则"等中吸取营养，但也不赞成将语哲研究局限于个体的语言活动，且将格莱斯的"发话者能力"更换为"交际能力"，且认为语言结构具有使人们合作的性质，从而将 CP 扩展到语言结构和社会结构，提出了"共识协商真理观(Consensual Negotiation of Truth)"，又叫"共识真理观(Consensus Theory of Truth)"。

(4) 哈氏还深入批判了乔姆斯基的"天赋观、个体心智观"，反对乔姆斯基将语言视为自然主义的产物和语言是个体心智能力的语哲观，认为语言是一种"交往行为"，这种交往行为不是基于"斗争(包括阶级斗争、语言斗争)"，而是基于"对话(Dialogue，Interlocution)"之上的。

三、破坏性和解构性

后现代哲学思潮真正发祥地当算 20 世纪 50 年代至 60 年代的法国，有十几位哲学家发起并推动了这一潮流，如：拉康(Lacan 1902—1982)、萨特(Satre 1905—1980)、梅洛庞蒂(Maurice Merleau-Ponty 1908—1961)、列维·施特劳斯(Lévi-Strauss 1908—2009)、利科(Ricoeur 1913—2005)、巴尔特(Barthes 1915—1980)、利奥塔(Lyotard 1924—1998)、福柯(Foucault 1926—1984)、波德利亚(Baudrillard 1929—2007)、德里达(Derrida 1930—2004)、克里斯蒂瓦(Kristeva 1941—)等。他们坚守"颠覆、解构、破坏"的原则，高举"反传统、非理性、去中心、超基础、后人道、多元化"大旗，开启了人们认识世界的另一扇窗口。

本节主要介绍德里达的解构主义，其主旨为：反对逻各斯中心主义和语音中心主义(参见第三节第三条)，否定终极意义，消解二元对立，清除概念淤积，拒斥形而上学，为新的写作和阅读方式开辟了广泛的可能性。他还巧妙地利用索绪尔理论中自相矛盾之处来批判索氏，这就是德里达所说的"自毁原则(Principle of Self-immolation)”(参见第三章第五节第六条)。

索氏依据二元论原则,采取“择一弃一,扬一抑一”(参见图8—1)的研究进路,德氏通过一系列解构活动一步一步地摧毁了这种形而上学的二元论和压制性等级结构观,在化解二元观时也就消除了索氏以一个为中心(占主导的、支配性的一方)另一为非中心(被排斥的、受支配的另一方)的等级观念,彻底颠覆了结构主义承袭形而上学的终极关怀、二值逻辑、等级制度等基础观。

德里达还用“无底的棋盘”隐喻来瓦解形而上学,说明不存在“唯一正确的绝对真理”,也没有传统解释学所说的作品终极的、唯一的、决定的、统一的意义,解释仅是一种游戏而已,而且还是一种在无底的棋盘上进行的游戏,没有实在的着落。这样,他就将维特根斯坦的游戏概念扩展到了解释学,且强调游戏的无目的性,此外还将无限性和开放性赋予他的解释游戏。

德里达及其追随者与西哲形而上学的核心“逻各斯中心论(Logocentralism)”进行了一番殊死的拼杀,以图彻底解构这一统治西哲上千年的“在场形而上学”,即任何围绕绝对牢靠的中心原则,基于二值逻辑的等级结构,以“在场为中心”建构的思想体系。德里达认为不存在什么绝对真理、普遍规律、超验意义和绝对理念,并首创“延异”这一新概念用来指“空间上的不同”和“时间上的差异”,以期说明同一事物或符号出场于不同空间就会有不同的含义,显现于不同的时间就会有不同的解释;而且“延异”是一个不确定性的概念,不具有中心地位,也不支配什么,以此来消解形而上学和二元论(参见第八章第十九节)。

四、建设性和体验性

我们不仅要摧毁一个旧世界,还要建设一个新时代。维特根斯坦也可视为第三期的后现代哲学家,他不仅批判了传统哲学中的谬误,而且还提出了一系列新观点,如:家族相似性、游戏论、生活形式、用法论等(详见第四章第二节第三条中第〈四〉点),笔者在图 4—1 的后现代第三期开始便列出了他。

这一时期的后现代哲学家还深刻反思了法国学者的“破坏哲学”,倡导“建设哲学”,如美国的科布(Cobb 1925—)、格里芬(Griffin 1939—)、罗蒂(Rorty 1931—2007)、霍伊(Hoy 1940s—)等。

格里芬(Griffin 1988,1993)主编出版了建设性后现代哲学研究的两本代表作 *Spirituality and Society: Postmodern Visions*(王成兵译 2011)以及 *Founders of Constructive Postmodern Philosophy: Peirce, James, Bergson, Whitehead, Hartshorne*(鲍世斌译 2002)。他在副标题中列述了五位建设性

后现代哲学家：皮尔斯(Peirce 1839—1914)、詹姆斯(James 1841—1910)、柏格森(Bergson 1859—1941)、怀特海(Whitehead 1861—1947)、哈茨霍恩(Hartshorne 1897—2000)，我们在图4—1建设性后现代第二行以字母"G(指Griffin)"开头列出了这五位学者。但是，格里芬未列出诸如杜威(J. Dewey)、米德(G. Mead)、韦斯(P. Weiss)等哲学家，其中自有道理，这在他(鲍世斌译2002：45)的导论中做出了交代。全书在导论后分别详述了这五位哲学家的建设性后现代思想(详见第三节第七条)。

讲到美国的建设性后现代哲学，不可不提罗蒂(亦有学者称之为后分析哲学家)。他将欧陆后现代精神与美国的实用主义相结合，严厉批判了西方传统哲学(镜式本质使我们能准确再现对象)，质疑分析哲学(通过分析语言解决哲学老题)的研究进路，在此基础上发动了一场"哲学革命"，建立了以"新解释学、协同论、对话理论"为主要内容的建设性后现代哲学理论，意在摧毁对哲学的神化和迷信，否定哲学具有独立于历史、提供永恒真理的学科地位，也不能仅用语言分析的新方法去解决哲学老题，而要不断提出新问题。

正是在这样一个哲学思潮的影响下，很多学者跳出了基于逻实论的分析哲学框架，抛弃了远离人文性的形式主义，消解索绪尔划分语言和言语且只锁定研究排除人因素和脱离生活世界的语言系统，力主从"生活世界"和"人本性"角度来研究哲学、认识语言。社会语言学和功能语言学也以"回归生活世界"为出发点，更强调从社会、交际、情景等生活世界角度论述语言，聚焦于研究语言在实际情景中的功能。

本书坚持认为，雷柯夫和约翰逊所倡导的"体验哲学"①，以及钱冠连所倡导的"中国后语言哲学(Post-philosophy of Language in China，简称PLC)"当属建设性后现代，这样便能更清楚地理解这两个新理论的来龙去脉，批判与继承的关系。

另外，按照塞尔(Searle 1998：1)的观点：

> 心智哲学现在是第一哲学。

他(1999：2075)又说：

---

① 笔者为将体验哲学视为建设性后现代哲学，因此在此列出"体验性"这一特征。近来笔者十分高兴地看到在格里芬(1988)主编的 *Spirituality and Society*：*Postmodern Visions* 一书中收录了霍兰德的一篇论文。他(王成兵译 2011：84)在文中说到，后现代精神是一种体验性(Embodied)精神，大力倡导应重新扎根于我们的躯体、社会环境、自然环境。这一论述正好支撑了我们的观点。

> 50年前,语言哲学被认为是第一哲学,而现在这一位置已为心智哲学所替代。

他(2004:10)后来再次指出:

> 心智哲学亦已成为当代哲学的中心内容,20世纪主流是:语言哲学为第一哲学,其他哲学分支是从语言哲学派生而来,依赖语言哲学的成果来解决问题。注意焦点现已从语言转向心智。

我们认为,心智哲学是语言哲学的延续,也是建设性后现代哲学思潮中的主要内容之一(图4-1最后一行列上了"Philosophy of Mind")。语言哲学后期的日常语言学派从分析日常语言用法开始,以能切入其实际言语含意背后的认知机制(如合作原则、会话含意、言语行为等),这就将语言哲学从早期的逻实论(理想语言学派)导向了"心智方向"。心智哲学在批判和继承前人研究的基础上提出了很多建设性方案,尝试对"认知(包括人的心智、意识、身心关系)"进行更为抽象的哲学概括,探索其本源、本质、共性。他们在"意义研究(属于语言哲学)"中深刻反思了合作原则、行为主义等的缺陷,重新关注"意向性(心智指向或关涉某一实存或虚存的客体)",再次审视笛卡尔的身心二元论(Dualism)问题。塞尔(Searle 2004:17-32)指出,笛氏二元论留下了若干难以解决的难题,可归结为12点:是否二元、唯我论(Solipsism)、怀疑主义(Skepticism)、知觉分析、自由意志(Free Will)、自我和同一论、动物是否有心智、心智与睡梦、意向性、心智因果论(Mental Causation)和副现象论(Epiphenomenalism)、无意识性论(Unconsciousness)、心理学与社会学问题等,这些自然也是当今心智哲学研究的主要内容。

我们还据此提出了"体认一元观",以此批判笛卡尔等的身心二元论,认为"体"与"认"紧密相连,且前者决定后者,后者也不完全依赖于前者。笔者经过多年思考,拟将"体验哲学(EP)"、"认知语言学(CL)"、"心智哲学(P of Mind)"、"中国后语哲(Post-Philosophy of Language in China, 简称PLC)"、"SOS理解模型"、"体验一元观"等列为后现代哲学第三期,即"建设性后现代哲学",以能进一步理顺我国认知语言学者当前研究的历史意义和发展前景,澄清我们在学术研究中所处的位置(详见图4-1)。

可见,我国从事语言哲学、心智哲学、中国后语哲、认知语言学等方向的学者,并非闲云野鹤,也非单打独斗,而是在沿着世界人文大潮前进,这样就可将我们所取得的成果纳入到全世界整个人本研究大潮之中,真正与世界学术接上了轨。换句话说,我国学者在这些领域也为世界非物质文化做出了贡献,不容忽视!

第三节　后现代哲学的特征

霍伊(Hoy 1988)、劳伦斯(Lawrence 1998)、格里芬(Griffin 1988;1993)、斯布雷特奈克(Spretnak 1988)、王治河(2002;2005;2006)、赵一凡(2007)、高宣扬(2010)等都论述了后现代的特征,本节拟提出以下七个主要特征,供读者参考。

一、哲学王与非哲学

正统哲学视自己为一切科学的科学,号称"哲学王(King Philosophy)"。一部哲学的历史就是一部形而上学的历史,一部形而上学的历史就是一部"追逐真理、寻找本质、建构基础、确立中心"的哲学王历史,难怪康德(1781,邓晓芒译 2004:第一版序 1)要将形而上学称为"一切科学的女王"。

现代和后现代哲学家都非难传统哲学,认为我们根本不可能知道世界的本质,它不仅无法企及,且也无法言说,这一传统哲学观当予取消和颠覆。维特根斯坦著名的"游戏说"就是针对"绝对本质论"提出的,他认为游戏没有统一根据,也缺乏一致性规则,无所谓理性或非理性,它就像我们的生活一样丰富多彩且变化无常。哲学家们所谓的"求真",寻找世界背后具有普遍性的绝对本质,就如同人们硬要寻找游戏的绝对本质一样,是不会有结果的,错把愿望当实际,定要误入歧途。

在康德(Kant 1724—1804)的年代,形而上学就遭人唾弃。他(1781,邓晓芒译 2004 第一版序:2)说,时代的时髦风气导致形而上学明显地遭到完全的鄙视,这位受到驱赶的老妇像赫卡柏(Hecuba),曾为特洛伊王后,但当特洛伊被攻陷后成了俘虏,孤苦伶仃地被流放他乡,下场悲惨。存在主义的先驱雅斯贝尔斯(Jaspers 1883—1969)曾说过,世界是一部从未被完全读懂的手稿,因为原稿(文本)已经丢失了。而德里达(Derrida 1930—2004)走得更远,他直接宣称这部由上帝书写的书从未存在过,有的只是痕迹。

利奥塔也质疑哲学本身存在的合法性,它作为一门学科有何存在的依据?德勒兹(Deleuze 1925—1995)认为根本没有永恒的真理,也没有永恒的哲学。罗蒂(Rorty 1931—2007)更直截了当地宣布要"终结哲学",因为只要靠生物学、社会学和人类学就可给人类定性,无需"哲学",更不用说哲学为王了。他认为,所谓的终极关怀就是将“对话”和“解释”进行下去,真理就是对前人解释的再解释的再解释,因此哲学研究就是做解释游戏。福柯(Foucault 1926—1984)认为不存在永恒的(timeless)或一般的哲学观点,事物没有本质,作为寻求终极知识的、拥有最高权力的、独立自主的哲学已经寿终正寝,根本就不存在什么哲学王。列维那(Levinas 1906—1995)甚至提出了“毁灭超验观”,声言要与哲学之父巴门尼德决裂。拉康(Lacan 1901—1981)也公开宣誓要与一切被称为哲学的东西断绝关系。

他们齐声高唱哲学的送终曲,形成了一个气势磅礴的交响乐,在全球回荡!掀起一股势把“哲学王”拉下马的风潮。“哲学的死亡”不仅意味着废弃哲学的王位和特权,也为各种后现代哲学登场做好了准备。这是从后现代角度对哲学这门学科本身的论述,这一立场可冠之以“非哲学(Non-Philosophy)”。

二、基础论与超基础

基础论(Foundationalism)与“本质论”大致同义,坚信存在某种永恒不变的绝对本质或普适性理论,这就是我们常说的阿基米德支点。哲学家的任务就是要为知识大厦寻找和建立一个绝对不可动摇的基础,并以其为基点来建构人类的知识大厦,为人生指示出一个可靠的行为准则,就能据此“翘起”地球和整个宇宙。

形而上学中的基础或本质,在两千多年的历史中有不同的表现形式,从柏拉图(理念)、亚里士多德(形式+质料)、笛卡尔(“我思”为绝对牢靠和确实的第一原理)、斯宾诺莎(得到充分证明并给定的“实体”)、莱布尼茨(单子)、康德(批判)、黑格尔(绝对精神)、胡塞尔(先验自我、纯粹意识)、语言哲学家(语言分析)、索绪尔和列维·施特劳斯(结构系统)等,都意在苦苦追寻和建立这一“放之四海皆准”的逻各斯基础。

笛卡尔(Descartes 1596—1650)曾把形而上哲学比做一棵大树的树根,把物理学(自然科学)比做树干,把各门具体科学比做树枝,以此来强调哲学的重要性。他通过方法论的“怀疑”所找到的“我思故我在”,则是他全部哲学的第一原理,也就是基础的基础(参见第二章第五节第二条)。

尼采(Nietzsche 1844—1900)喊出了“上帝死了”的口号,大力提倡“虚无主义(Nihilism)”,明确宣告了西方形而上学的终结,亮出了“反本质论、反基础论”的观点,强调世界有无数的意义,认为没有事实,只有解释,一个事物的本质不过是关于“此物”的见解而已。

海森堡(Heisenburg 1901—1976)于 1927 年提出了著名的“测不准原理

(Uncertainty Principle)”，也为这一观点提供了理论支撑，精确的测量是不可能的，因此我们的认识只能是一个无限期的观察过程。

梅洛庞蒂(Merleau-Ponty 1908—1961)大力倡导视角主义(参见下文)，否定绝对真理，因为一个感知总归要涉及被进一步感知，真理也要被不断重新认识，今天的真有朝一日可能被证明为未来的误。

福柯(Foucault 1926—1984)和罗蒂(Rorty 1931—2007)等后现代哲学家明确持“反基础观(Anti-foundationalism)”，认为不存在什么绝对可靠的基础，要摧毁“基础的基础”、颠覆“秩序的秩序”、消解“根据的根据”、摧毁“给定的观念”、根除“第一原则”、歼灭“先在性”等。基础主义作为一种形而上学，犯了视有限为无限的错误，且其最大的缺陷在于它的“先验性”，过分强调普适性。因此，反基础主义者是继马克思主义之后给予形而上学“思维方式”和“绝对真理幻想”又一沉重打击。

罗素(Russell 1872—1970)早期持新实在论立场(参见第三章第一节)，后来有所改变，否定由传统哲学所规定的那种本质，且接受了詹姆斯(James 1842—1910)和马赫(Mach 1838—1916)的“中立一元论(Neutral Monism)”。心的东西和物的东西都是由同样的基本材料构成的，这种材料既非心的又非物的，而是在两者之间的中立之物，心和物都是同一种材料的逻辑函项，两者之间并无真正的区别(Russell 1984:15)。格里芬等(Griffin etc. 1993，鲍世斌译 2002:139)依据詹姆斯的观点对其做出了更为清晰的注解：

> 一切现实的东西都潜在地是“物理的”或“精神的”，但实际上既不是物理的，也不是精神的，而是在特殊情况下，它只能依据它所发挥的作用成为物理的或精神的。

可见，中立一元论既反对唯物主义一元论，也批判唯心主义一元论，也对本质论做出了反思。正如罗素(转引自胡军 2001:363)所说：

> 所谓本质，不过是暂时的种种现象放在一起，照了论理的法则，来组织成一种东西。

维氏后期显然也受到罗素的影响，他(1953)在其代表作《哲学研究》中所提出的一系列观点，诸如“否定本质”、“多元化”、“不确定性”、“生活形式”等就深刻批判了西方流行了两千多年的形而上学传统。特别是他的“家族相似论”被学界公认为“把经典范畴这一理论权威拉下了马”；他所倡导的“关注生活形式”和“日常语言用法”更是有力地批评了“世界存在逻辑本质”这一形而上学老调;而且,“意义不确定性”亦已成为当今若干学科(如模糊语义学、模糊语用学、翻译不确定性、认知语言学、后现代哲学、文学、认知科学等)研究的基本立场。还有他反对宏大叙事,否定建立统一的理论体系,也常为后现代学者所津津乐道。他自己的前期与后期理论极为不同,乃至 1922 年和 1953 年两部作品的写作方式也与众不同,以小节号的方式来陈述,好像一本日记册,似乎缺乏完整理论体系,便是对维氏后现代立场的一个极好佐证,难怪罗蒂要将维氏视为后现代哲学的代表之一(参见第四章第二节第二条)。

奎因(Quine 1908—2000)坚定地用否定的口吻回答了“有无凌驾于一切学科之上、放之四海而皆准的形而上学本体?”这一问题。他指出,这只能是哲学家异想天开的一厢情愿,简直就是“胡言乱语”,争吵数千年,肯定是无结果的,即使再争吵下去,也注定是没有结论的。奎因在批判分析命题和综合命题之分时,通过质疑逻实论者用同义性解释分析性的方法(参见第五章第五节第一条),认识到“意义”根本就不是心理实体或精神实体,从而在拒斥“意义、概念、命题”这类内涵的基础上,提出了“逃离内涵”和“翻译不确定论”的论题。他认为,人们可以用不同的解释方式把一种语言译为另一种语言,编成多部翻译手册,但所有这些手册都与此种语言的总体相容,但它们彼此之间却是不相容的。据此,我们的理解也就具有不确定性。

否定“意义、概念、命题”就使得很多同仁感到惊讶不已;提出翻译和理解的不确定性再让众多学者感到耳目一新。他还主张用“自然主义行为观、整体论、新实用主义”取而代之,更为建设性后现代哲学又注入了新鲜血液。这也是我们在图 4－1 最后一行中将奎因列入建设性后现代学者行列的原因。我们同意陈波(2001:519)将奎因和罗蒂的“新实用主义”称为“后分析哲学”,这相当于本书所论述的“后语言哲学”。

后现代学者们正是沿着上述这些观点行进的,反对形而上,否定本质,拒斥统一,取消基础,解构确定性。正如罗蒂(Rorty 1979)所指出的:我们应当摈弃西方特有的那种将万事万物归结为第一原理和在人类活动中寻求一种自然等级秩序的诱惑。但仔细观察,他们在无形中又建立了新的基础,患上了“笛卡尔忧愁(Cartesian Anxiety)”:错误地认为若不能站在绝对基础上,那么唯一可能就是抽象的、无休无止的怀疑,人类总得有几根坚固的支柱支撑住人类的道德体系。

陈嘉映(2007:247)从哲学自身所具有的性质这一角度批判了普适性,认为哲学的自然理解本性不允许哲学成为普适理论。他(2011:10)还从普遍论具有相对性这一角度论述了它与相对论基本同义:

普遍主义要为它的普遍真理的适用性设定一定的边界或范围。然而,设置了这个范围,我们就看到这个普遍主义和相对主义并没有太大的差别,相对主义本来也是在说真理只在适用范围内有效。差别也许不过是,普遍主义把这个范围设得比较大,相对主义把这个范围设得比较小,但是这么一来,普遍主义和相对主义之间就没有什么太了不起的争论了,无非是适用范围大一点,或小一点。

三、中心论与去中心

正统哲学把本质性、基础性、决定性以及人主体视为“中心”,非中心论(Decentrism)则认为没有这样的中心,很多学者从以下三个方面作出了论述:“逻各斯中心论”、“语音中心论”、“人类中心论”。

(1) 逻各斯中心论(Logoscentrism 或 Logoscenterism)。“逻各斯(Logos)”有很多同义语,如:

> 本质、本体、本原、理性、思考、第一因、道、绝对精神、绝对真理、终极真理、论证、尺度、原则、终极意义、终极关怀、言说、言谈、说话、言语等。

古希腊哲学家以“爱智求真”为本,相信一切知识和事物中都有个逻各斯式的“真”。哲学家的任务就是要找到这个真理,使其成为哲学的终极关怀,这就是形而上学的终极目标,苦苦寻求的命根子。由于逻各斯还可指“言语”,因此它还可指“言语中心主义(或语音中心论)”。

(2) 语音中心论(Phonocentrism)。德里达指出,西方许多哲学家自柏拉图以来就一直强调“语音和言说”高于“文字和书写”。前者占据首位,是最自然和最直接的交流方式,具有本源性;而后者则居次位,具有派生性,属间接交流。由于发话者可不在场,用文字和书写再现语音和言说时常会出现扭曲现象。现列表对比如下:

言语:第一位、本源的、在场的、直接的、自然的、透明的、确定的

书写:第二位、派生的、离场的、间接的、人造的、不透明、不确定

图 14—2

索绪尔(Saussure 1857—1913)也未能脱其窠臼,坚持语音中心主义,假设语音优于书写。德里达利用索氏理论中漏洞和矛盾,颠覆和解构了他的“语音优于文字”的观点。

这里还涉及另一个哲学问题，语音中心主义不仅认为语音和书写可以是二分的、对立的，且还强调了前者对后者的压迫，德里达对其痛恨入骨，主张推翻和解构这种压迫。他巧妙地运用"自毁原则"对作品进行解构性阅读，化解了语音中心主义，颠倒了言语高于书写的等级结构关系，强调了书写的重要性，提出"书写规定语音，书写可为语音的样板"的崭新观点，以图结束语音中心主义所赋予言说的特权地位，这就是后现代哲学思潮所指责的传统和现代哲学中"极权性"和"压迫性"。

(3) 人类中心论(Anthropocentralism)。是否将"人"置于哲学理论的中心位置，这也是西方哲学争论的焦点之一。毕因论为追求绝对真理排除人的因素；认识论似乎要将人置于主体地位，但最终还是将真正的人本精神剔除在外；语言论早期的逻实论也不考虑人的因素。日常语言学派、欧陆人本哲学、后现代哲学第一期主张回归人本精神，但亦有学者走过了头，陷入"激进人本观"漩涡之中。福柯基于此喊出的"人已死亡"口号，意在否定"人类中心论"。王治河(2006:76)指出：将人从中心宝座上拉下来，对于人未尝不是一件好事，积极地说，是对人的一种解放(详见第五点)。

四、理性论与非理性

正统哲学认为，如果说哲学当为一切学科之王，那么理性就当是哲学之王，因为人是理性的动物，理性是人之本质，具有至高无上的权威，正如洛克所说：

> 理性应是我们最大的法官。

长期以来，哲学家们过分夸大理性，且将其视为唯一的、无限的认识方式，以能求得统一性、同质性、整体性、永恒性、完满性，具有理性的人有无限能力，不仅能认识自己，而且还能认识和支配世界，对世界和人生持"肯定的、确定的、乐观的"态度。

后现代哲学家针对近代认识论(包括经验论和理性论)和现代语言论，从不同角度批判了理性论者"夜郎自大、人定胜天"的过分乐观态度，对后工业化后的社会和人生持否定的、不确定的、悲观的态度，提出了"非理性主义(Irrationalism，又叫反理性主义Anti-rationalism)"。

尼采在《偶像的黄昏》(周国平译，1987：22)一书中曾讥讽了理性僵化者的行径：

> 几千年来凡经哲学家处理的一切都变成了概念木乃伊,没有一件真实的东西逃脱了他们的手掌。哲学概念偶像的侍从先生,当他们崇拜之时,他们是在宰杀,是在剥制——当他们崇拜之时,他们使一切事物有了生命危险。

这段话犀利地戏谑了哲学家的理性分析,经过他们此番分析之后很多概念成为僵死的木乃伊,失去了生命,并声称"根本没有什么真理",可见其悲观主义立场。克尔凯郭尔(Kierkegaard 1813—1855)认为不存在什么先天给定的逻辑和理性,他曾讽刺说:

> 如果黑格尔在写完他的《逻辑学》之后,在前言中附上一笔,说它仅是一个思想试验,那他将是最伟大的思想家。

然而,黑格尔(Hegel 1770—1831)却把它视为绝对真理,他要"表征上帝",真是疯了。

后现代非理性主义者还认为,人有时能理性地控制自己,但也时常不能理性地控制自己。人和人的理性具有"多样性、异质性、零碎性、无序性、变化性",在其统摄下出现了很多非理性观,诸如:尼采的"权力意志"、海德格尔的"身心"和"思①"、拉康的"欲望"、德里达的"文本"、列维那的"异"、福柯的"历史"、德勒兹的"机器"、巴塔耶和克里斯蒂娃的"异质性"、克尔凯郭尔的"情感"、柏格森的"直觉"和"体悟"等,它们都是对理性的有力批判。

柏格森(Bergson 1859—1941)认为给定的、有限的理性方法不能把握事物的全貌,而直觉是一种比抽象理性更基本、更可靠的认识世界的方式。法兰克福学派的霍克海默(Horkheimer 1895—1973)、阿尔多诺(Adorno 1903—1969)也批判理性的极权性和压迫性,谴责"视其为统治性工具理性"的行径。著名社会学家韦伯(Weber 1864—1920)一语中的:"启蒙运动的玫瑰红正不可挽回地消退。"

从近代认识论哲学的实证主义到现代语言哲学的理想语言学派,以现代形式逻辑、工具理性(即科技理性)为阿基米德支点,开创了人类高度发达的科技文明,大大改善了人们的生活。但另一方面,工具理性也逐步演变成控制人类的枷锁,人被自己亲手所创造的工具理性系统所支配(如人类社会创

① 海氏认为:人是用整个身心和整个存在,而不是理性,来理解他自己和世界的。人对世界的直觉,首先是由情绪和感情揭开的,而不是概念。

造了市场系统,但其演变到今天似乎已专横到人类难以控制的地步)。诸如"直觉、情绪、感情、禅悟"等非理性因素受到排斥和压抑,就连人,似乎也已沦陷为理性机器上一颗无足轻重的小小螺丝钉。为此,后现代哲学家接过了"上帝死了"和"作者死了"的口号,继而喊出了"人死了"、"理性死了"的口号。祁雅理(Chiari 1975,吴永泉等译 1987:47)在《20 世纪法国思潮——从伯格森到莱维·施特劳斯》中一针见血地指出:

> 人类不是用理性来提高自己的形象,而是用它来编造似是而非、自我中心的解释,并将其强行灌输给他们的受害者——这是一种塞进受难的基督口中的蘸满酸醋的海绵。

五、人本观与后人道

近代哲学家笛卡尔提出"我思"、康德主张"人为自然立法",好像是在沿着"人类中心论"确立了"人本观(Humanism)"的哲学体系①,企图以人取代神,似乎要证明人定胜天,赋予人以"先在性、中心性、绝对性、创造性、自主性"等特权。

部分现代和后现代哲学家沿其道路进一步运思,胡塞尔倡导从"人的先验性纯粹意识"来对外部世界做现象学还原,开启了哲学研究中关注人的新时代。海德格尔在批判形而上学时将他的老师胡塞尔的先验性纯粹意识修补为"人的存在",确立了以人为主体的"此在(Dasein)"来论述人类生存这一根本原则。存在主义的后继者萨特也高喊"人是自我设计的存在物",进一步丰富了存在主义人本哲学。哈贝马斯在反思"自我中心"的基础上提出要摆脱传统意识形态,合理性不能基于个人主体,而应依附于"交互主体性(主体间性)"。在他的"交往行动论"和"共识真值论"中也将人置于中心位置,围绕"主体间性"来论述自己的理论体系,建立了以"交往行动"替代传统理性的新时期形而上学,遭到后现代学者利奥塔的猛烈批判。

第二期后现代学者从不同角度对上述观点进行否定和解构,大力推崇"后人道主义(Posthumanism,又叫:反人道主义 Anti-humanism,超人道主义 Transhumanism)",打响了一场围剿"人主体"的战争,唱响了后现代的新旋律。

(1) 达尔文(C. Darwin 1809—1882)于 1859 年出版《物种起源》,从生物

---

① 我们认为,近代哲学家并没有真正重视人主体(如笛卡尔范式),而是部分后现代哲学家将其尊为"人类中心论"的。

进化论角度对人(住在宇宙的中心伊甸园、最高统治点)进行非中心化，说明人不是系统的最高点，是对“上帝造人”的一次反动。

(2) 弗洛伊德(Freud 1856—1939)发动了一场意识研究上的哥白尼革命，认为我们的意识不是世界的中心，中心外面还有中心，并以此为出发点批判“自我主体”，消解人的意识中心论，推翻自我意识基础观，大力推崇“无意识和潜意识”，认为自我是围绕着另外一个隐藏的无意识(或潜意识)旋转的。

(3) 索绪尔的结构主义语言学无视人主体的存在，将语言视为至高无上的独立系统，行消解人之实。索氏与传统的“语言工具论(人为语言的中心，所以我们才能掌握语言这一工具)”大唱反调。索氏认为，语言是一个自成一体的世界，是一个独立的系统，“我”只是语言系统的一部分，是语言说我，而不是我在说语言，这便是语言学上的哥白尼革命意义之所在。据此，发话者主体并非控制着语言，人不是语言的中心，自我主体被无情地逊位了。

(4) 拉康认为“人对哲学来说已经死亡”，其精神分析学将“我”消解为“原我、自我、超我”，以否定“自我”和“心”为中心的人本观心理学，颠覆“人类中心主义”。

(5) 列维·施特劳斯(Lévi-Strauss 1908—2009)认为人文科学不是建构人，而是分解人，声称“必须抛弃人主体这个令人讨厌的宠儿”。

(6) 利奥塔认为语言具有多样性，它导致了主体的消解。

(7) 福柯认为，必须取消主体的创造作用，把它作为一个复杂多变的话语来分析。他指出不存在一个完整的人类，没有超越历史、恒常不变的人类主体或本质。现今的人已经分化为：语言的存在、经济的存在、生物的存在、社会的存在、自我的存在等。他多少接受了索绪尔的观点，认为确定语句意义的不是人这个主体，而是语言系统本身。也就是说，主体是由语言确立的，人就像社会一样，只是语言的产物，而不是其发明者。另外，在中世纪时人们只在乎故事、诗歌、戏剧本身，而不在意作者是谁，但到了近代人们开始注重作者，分析他名下诸作品的统一文体。福柯大力消解这一传统作者观，指出这种中心化的作者是人为制造出来的。他还打了一个生动的比方，人如同画在沙滩上的肖像，海浪一来就要被冲刷和抹煞掉，甚至还大胆断言“人已死亡”。

(8) 波德里亚(Baudrillard 1929—2007)的“超现实”也是非中心化思潮的产物；德里达既倡导人本性，也是消解人类中心论的急先锋(参见上文)。

很多学者还论述了人性和人之本质，传统观认为它是“感性”或“理性”、“肉体”或“灵魂”、弗洛伊德认为是“性(libido，又译‘力比多’)”、萨特认为是“自由的存在”。后现代学者多认为不存在什么亘古不变的人本质，对“人靠理性可认识真理"、"人定胜天"的高调持怀疑态度。

另外,如何界定"人本主义",它属于现代还是后现代,还是在这两者有不同含义?有学者主张将"人本观"视为现代哲学产物,将"后人道主义"冠以后现代特征之一,这可能会产生某些错位误解(参见王治河 2006)。我们曾将哲学的语言论转向大致分为三大派:理想语言学派(排斥人因素)、日常语言学派(开始考虑人)、欧陆人本哲学(张扬人本精神),这三大学派在对待"人本"问题上呈逐步增大的趋势。

但是,部分欧陆学者又走向另一极端,过分张扬人本因素,继而又有学者提出了"后人道主义"。这或许是对过分张扬人本性的一种反叛,也可能是反思近代以降的人类中心论的结果,这本身就呈现出"观点各异、不相统一"的情形,也符合后现代的精神,世界本来就是多元的。

根据多位学者(张汝伦、曾志、王治河等),以及《现代汉语词典(5)》对"现代"的解释(五四运动之后),我们拟将 19 世纪末到 20 世纪五、六十年代称为"现代哲学",其主要内容为客观主义、逻实论、科学主义;将此后称为"后现代哲学"。但由于该思潮跨度较大,且缺乏时代性,本书暂且将后现代分出三个时期,且用"人本性和批判性"来指第一期的特征,以区别于传统人文主义(指文艺复兴时期)和后人道主义(部分后现代第二期哲学家,如拉康、列维·施特劳斯、福柯等的观点)。

我们基于体验哲学提出的"SOS 理解模型"和"体验人本观"是对现代哲学(特别是分析哲学)"忽视人因素"的反拨,同时也是对部分欧陆学者"过分张扬人因素"的批判,也对部分后现代学者的"后人道主义"做出纠正。我们认为,忽视人因素不可取,那是客观主义哲学在作祟;过分张扬人因素又将视角导向了另一个极端,那是极端主观主义的产物,使得论述失去了经验基础,断然也不可取。福柯提出的"人已死亡"口号又将问题导向了另一个极端,也过于刺激,可能会引起误解。经仔细考察发现,福柯的口号不是指全人类都死光了,所要死的其实是那些"商品狂、利润狂、房奴、车奴、钱奴"一类的人,这些人都是后工业社会生产力高度发展的受害者,是人之本性被扭曲了的群体,旨在控诉资本主义的奴役和不自由。倘若这类人死去了,对于人类来说,未免不是好事。这类人死去了,活下来的是谁,答案自明,这与我们所说的"体验人本观(Embodied Humenism)"相一致。若从这个角度来说,该观点更接近于王治河所说的"后后现代(After Postmodernism)",这仅是术语上的差异,并不影响我们的论述。

六、二元论与多元论

西方整个形而上学主要是建立在"二元论(Dualism)"之上的,古希腊哲学家就二分了"现象"与"本质",哲学界素有"现而不实、实而不现"和"非此即彼"之说。亚里士多德为能保障这一思想有效运行还提出了形式逻辑的三大定律:同一律、排中律、矛盾律。笛卡尔更是将二元论(身心二分、主客二分)作为核心原理,这都是为保证形而上学能获得绝对真理而人为设置的。

还有学者认为西方哲学的根基为理性,理性一元论(Monism)方法甚至被捧到了至高无上的地步(参见上文第四点)。

其实,恩格斯(1925,汉译本 1971:190)早在 19 世纪 70 年代写就的 *Dialetik der Natur*(《自然辩证法》)一书中就认识到了二元论的缺陷,他指出:

> "非此即彼!"是愈来愈不够了。…… 一切差异都在中间阶段融合,一切对立都经过中间环节而互相过渡,对自然观的这种发展阶段来说,旧的形而上学的思维方法就不再够了。辩证法不知道什么绝对分明的和固定不变的界限,不知道什么无条件的普遍有效的"非此即彼"!

后现代哲学更是严厉批判了传统哲学的二元论,同时也反对一元论,大力倡导多样性(Multiplicity)和多元化(Pluralism)。尼采(其哲学的本质就是否定绝对真理,提倡多元论,参见第 2 点)曾打比方说,人有各色各样的眼睛,因而就有各色各样的真理,就必然要导致多元化解释。梅洛庞蒂(1945,姜志辉译 2001)曾以"人不能同时见到立方体的六个面"作比方,并写出如下等式:

> 存在=为我存在=视角

强调了世界的"多元性",这便是"视角主义(Perspectivism)"的核心观点,强调人们从不同角度看事物会有不同感受,每个人都可以从自己独特的位置得出自己独特的见解。人们对世界的知识就是建立在这种基于视角的解释之上的。

英国语言哲学家艾耶尔(Ayer 1940:3)对此也有较为详细的论述(摘自陈嘉映译奥斯汀《感觉与可感物》,2010:21):

> 物质事物对不同的观察者,或在不同境况中对同一观察者,可能呈现不同的外观,这些外观的性质在某种程度上是由诸种条件和观察者的状态因果地决定的。

他接着列述了这一现象的具体示例:(1)视角;(2)折射;(3)药物所致;(4)镜像;(5)幻觉;(6)感觉等,它们都可能导致同一物呈现出不同状况。

伽达默尔(Gadamer 1900—2002)指出,不存在什么"纯之又纯的客观立场",著名的"视界融合(Fusion of Horizons)"应运而生,各人"先有、先见、先设"的视界与文本所包含的视界相融合才能实现理解,视界具有开放性,理解就具有不确定性。

被誉为科学哲学的奇才奥裔美籍的费耶阿本德(Feyeraband 1924—1994)提出了理论的"增生原则(Principle of Proliferation)",即可从一个理论中繁衍出一些与其逻辑上不一致的,甚至是对立的理论。他还喊出了"Anything goes(什么都行)""只要能解决问题的方法都是好方法"的著名口号,震撼了人们久已麻木的神经,再次唤醒了对绝对真理的反思。视角主义者德勒兹(Deleuze 1925—1995)认为尼采哲学的本质就是否定绝对真理,极力提倡多样性,他的名言:

> 思维就是掷骰子。

意在强调多样性和偶然性。美国的实用主义和逻辑实用主义哲学家所奉行的"只要有用就是真理"的立场也与其相似乃尔!这正应了我国北宋苏轼的名诗《题西林壁》的寓意(参见第十八章第四节)。

总而言之,多元论和多视角论与上述诸观点相一致,认定事物不存在确凿的、同一的、永恒的本质,它取决于人们的不同视角,受制于个人的主观因素,从而打破了关于唯一正确的"方法论"神话,否定认识事物的"单一视角"。德里达的名言"书写就是书写"就是对"文本无绝对意义或真理"和"多元论"的最好注解。这种多元论和不确定论,使得很多人在信息和数码时代面前感到无所适从,"信息大爆炸"这把双刃剑一方面让人们获得了很多新知识,另一方面也使得被确认的知识变得不确定。昔日的感觉是"知识处于社会中",而今天我们已经进入了"社会处于知识中"的时代了。

这里还涉及"传统解释学"和"后现代解释学"问题。德国哲学家施莱尔马赫(Schleiermacher 1768—1834)第一个将解释学(发端于古希腊,解释古代典籍与作品,疏通语法和意义,常作为一种技术性的方法,处理文学、法学、神学,类似于我国传统的训诂学)引入哲学,提出"普遍解释学",强调主体对理解和对话活动过程的介入。解释学与人的艺术表现相结合,从而消除审美的主客二元对立。狄尔泰(Dilthey 1833—1911)在生命哲学和解释学中将这一观点变成一般理论,以"经历——表达式——理解"的三角关系建构理论框架。“经历”是直接的、非反思性的经验,当把它付诸文字写成文本通过语言表达出来时,就成为普遍的“生命经验”,它具有反思性。狄尔泰过分强调了心理学的重要性,主张通过它来论述“意识形态”(Voloshinov 原作 1929,英语译本 1973:28),且将心理和意识归结为“意义”。据此,心理学只要研究“理解”即可,只有这种描述性和解释性心理学才能够服务于人文科学。

他还认为,在此过程中要对具有反思性的体验进行“去主体性”的改写,才能成为大家所接受的“理解”。可见,他还陷在“客观主义、绝对主义”泥潭之中,但也为后现代的解释学奠定了基础。

伽达默尔、利科、德里达、福柯、埃佩尔(Apel 1922—)、哈贝马斯等继承并发展了施、狄的传统解释学,认为哲学的首要任务不在于提供确定可靠的基础或知识,也不必经历“去主体性”洗礼,当为“成见”洗刷罪名,主张用爱因斯坦的相对论取代牛顿的科学客观,用罗蒂的协同性(Solidarity)取代客观主义的真理符合论,“自然之大镜(Great Mirror of Nature)”已破碎,存在的只是哈哈镜,语言与世界同构的图像论也已被毁,存在的只是漫画、动漫图片。

人类要能到达协同性的彼岸,无他路可选,只有诉诸“开放式对话”,其中包含:现在与过去的对话、解释者与文本的对话、解释者与解释者的对话,这就相当于笔者(2009)提出的“SOS 理解模型”中的多元互动。据此,对话就不可能是封闭式的,而只能是开放式的;不可能是家长式的,而只能是平等式的。随之而来的就是宽容对话中的差异,严防独断的心态。

七、破坏性和建设性

后现代主义的关键词为:

> 决裂、拼杀、破坏、毁灭、摧毁、颠覆、围剿、
> 叛逆、抗拒、解构、否定、虚无、怀疑、悲观

等,毋庸置疑,其所针对的对象就是以往的哲学观,特别是形而上学理论,以“否定性”、“批判性”、“反叛性”为武器。但经深思,其中也含“先破后立、破中有立”之义,如他们所用术语“Unmaking”就很能说明问题。该词与“Making”相对,自然就有了“恢复事物原样”的含义,若顺此思路就有了“建构事物本来面貌”的意思了。

王治河(2006:298)认为,解构性后现代强调“否定一切、摧毁一切”的同时也暗含着“保留”和“建设”的意图。建设性后现代思潮在批判的基础上积极寻求解决方法,重新规划和建设世界的蓝图,建构人与世界、人与人之间的

关系。他们在超越被现代哲学强调过头的“二元论、物理主义、归结论[①]”、“人类中心论和个人主义”、“科学主义和机械主义”、“经济主义和消费主义”、“民族主义和军国主义”基础上注重填补后现代第二期专事破坏和摧毁所留下的空白。与二期的“否定主义、虚无主义、怀疑主义、悲观主义”相比,后现代第三期更强调“肯定性、建设性、积极性、乐观性”。本书主要简介国内外学者认可的如下九位西方哲学家。

(一) 奎因

奎因(Quine 1908—2000)属于理想语言学派的美国代表,将欧洲的逻实论与美国的实用论相结合产生了“逻辑实用主义”,其中的很多观点对于后现代论具有建设性作用。陈波(1998:211)认为奎因也进行了建设性研究,例如他在批判了亚里士多德的哲学至上论(敢将哲学之王拉下马)、逻实论两个教条、意义确定论等的基础上提出的“自然主义行为论(Natural Behaviorism,简称 NB)”、“整体论(Holism)”、“新实用主义(Neo-pragmatism)”等观点具有建设性。因此,我们在图 1—1 左下方将奎因置于方括号之中,以表明他不在客观主义哲学范畴之内,同时也在图 4—1 中将其列入建设性后现代哲学家名单之中。

(二) 罗蒂

罗蒂(Rorty 1931—2007)为美国建设性后现代哲学的主要代表。他(Rorty 1979,李幼蒸 2003:4)在 *Philosophy and the Mirror of Nature*(《哲学与自然之镜》)开门见山地指出,他研究的目的在于“三个摧毁”:心智(镜式本质)、知识(绝对真理)、哲学(学科之王)。他坚决否定哲学作为一门独立自主、客观永恒、准确再现的学科,不能居于王位(使其成为一门独立的学科主要归功于笛卡尔、康德、黑格尔)。所以,他以摧毁传统形而上学大厦为己任,宣称“作为绝对真理化身的哲学”已经死亡,哲学王所宣称的那种“纯粹白色的神话”早已化为泡影,“哲学优于文学的中心论”也已不见踪影,消失殆尽。整个世界或哲学“无本质、无中心、无目的”可言,有的只是一场具有家族相似性的“语言游戏”。据此,哲学研究其实就是一种对“游戏的解释”,如语言和哲学文本中充满隐喻、转喻等一类的“假话”便是极好的例证。如此说来,哲学家其实就是“解释学的实践家”。

他在此基础上营建起自己的“新解释学、协同论、对话理论”等“后哲学理论”。他认为,世界上没有形而上学所断言的那种“绝对真理”,也不在于发现

① 指“主客二分”,企图将复杂的世界归结(Reduce)为简单和绝对的真理,持机械论立场。

真理,对"真理"的认识无非就是"新解释学"所倡导的"对话"——对前人解释的再解释的再解释,且可无限循环。据此,未来的生活的意义和哲学研究就在于"将对话链一直链接下去"。人类未来可通过加强对话、相互沟通,便可提高"协同性(Solidarity)",调停各学说之间的纷争,共建人们在兴趣、目标、准则等方面的一致性。

罗蒂详细论述了"对话"这一术语在哲学上的含意,指出它不同于日常生活中的对话或内心的独白,而是指"现在 vs 过去、解释者 vs 文本、解释者 vs 解释者"等之间的对话。这种对话不是"封闭的"和"专制的",而具有"开放性"和"平等性"。要进行"平等对话",就意味着要倾听每一人的声音,关注弱小群体,纠正"人微言轻"之过失,这样就能建构一个和谐的社会。

罗蒂还大力倡导用分析哲学的方法(分析"身心"区分的混乱;谈论事物的方法比掌握真理更重要)来消解传统哲学中永恒的"身心问题",坚决反对本质主义和基础主义,认为我们用以描述对象的语言符号(或叫真理)不是与实在或本质相符,而是符合于此时带给我们"幸福的快乐",可行之道为:采取历史主义整体论,兼顾真理与隐喻,哲学与文学,自然与精神的新人本观,将上述的对话进行到底!这就是他(李幼蒸译 2003: 352)所倡导的"陶冶哲学(Edifying Philosophy,又译:教化哲学)",认为哲学的目的不在于发现客观真理,而在于能使得"对话"持续下去,因此必须陶冶人的对话,这比教育更好。

(三)格里芬

格里芬(Griffen 1926—)提出建设性后现代的"整体有机论",认为整体包含于部分之中,部分可展开为整体。在这个世界整体中一切生物都是主体,都有内部联系,都有目的因,且都具有平等价值。我们与自然融为一个整体,现代性过分强调"人定胜天"是不可取的,当与自然和谐相处,保护环境,倡导生态哲学。

格里芬的"整体有机论"与钱冠连(2002)的"全息论"十分相似,我们与世界是一个整体,我们不仅包含在他人中,而且还包含在自然中,这才是一个完整的世界,且其间的关系全息同构。

(四)斯布雷特奈克

斯布雷特奈克(Spretnak 1946—)是一位"生态女权主义者(Ecofeminist,又叫:生态后现代主义者 Ecological Postmodernist)",她列述了后现代性与现代性的 11 点差异(王治河 2006: 303),强调"开放性、创造性、抓教育",且认为解构性的后现代主义否定绝对真理是对的,但将真理本身也加以否定是不对的,如同倒洗澡水连同婴儿一起倒掉,实在滑稽可笑、蠢不可耐。她还指出:自然是自我扩展的边界,它不仅是个资源,还要保护和建设。

(五) 皮尔斯

皮尔斯(Peirce 1839—1914)在批判笛卡尔所建立的近现代理论(天赋、二元、理性演绎、以"怀疑"为真知的起点)的基础上运用了"自我批判兼自我肯定"和"考察过去兼关注未来"的方法,提出了后现代的实用主义[又叫:实效主义(Pragmaticism),不同于早期(1878)使用的Pragmatism(因已被人误解),意在批判绝对真理,倡导有用就是真理],大力倡导整体性、改造性,且提出了"宇宙进化哲学"。它包括三种方式:偶然的变易(偶然进化)、机械的必然(连续进化)、创造性的爱(情爱进化),这也是他建设性后现代思想的三条基本原则或三个基本范畴(Griffin etc. 1993,鲍世斌译 2002:104)。

(六) 詹姆斯

美国哲学家詹姆斯(James 1842—1910)既是美国最伟大的心理学家之一,也是早期建设性后现代哲学家之一,他严厉批判了现代主义的"身心二元论"和"物理主义(仅承认身心二元论中之前者)",倡导用"过程哲学"和"泛经验论"取代这两种观点,用"彻底经验论"来代替休谟等的"感觉论"。据此,我们也可超越感觉经验而获得知识。他还论述了"后现代上帝观和伦理观",指出上帝(为善而劳作的神圣代表)也可存在。他还提出"泛心论"和"人有自知之明"的观点。

"泛经验论"有三个关键词"事件、经验、创造性",认为世界是由富于经验和有一定创造力的事件组成,每一实体都是由一系列瞬时性事件组成的暂时社会,每一事件都有经验,既受到过往事件的影响,也包含"自我决定"和"自我创造"的能力。泛经验论还提出如下三个观点:(1)集体与个体不同,只有后者有经验;(2)经验存在不同等级,且其间有巨大差异;(3)感觉器官只为感觉增加准确性和可信性,但它不是感知的最原始依据。

所谓"泛心论(Panpsychism 又译:物活论、活力论)",认为宇宙中一切事物(包括我们所认为的那些没有生命的事物)都具有心智或意识(尽管与人的不同)。叔本华、谢林、怀特海等都述及过不同形式的泛心论。

(七) 柏格森

法国哲学家柏格森(Bergson 1859—1941)批判了经验论、逻实论和唯理论,认为不能用逻辑和理性的框架来理解生命,针锋相对地提出了"生命哲学"。他还批判了"机械进化论"和"目的进化论",进一步论证了"创造进化论(Creative Evolution)",认为进化来自于原初的创造性冲动,促使宇宙万物沿不同路径进化。整个进化过程就是一个"意识流绵延"的过程,不可用理性方法来把握,它只能靠"直觉",即不可言传的内心体会,来理解。生命的进化过程就是意志的创造过程,生命是一个不断实现着“生命冲动”的洪流,“自我(Ego)”会切断“绵延”,产生非真实性。他还指出,宇宙万物是一个有机的生命洪流,并以此反对现代社会中科学技术对自然资源的无情掠夺,倡导“泛心论”。他还批判了男女不平等现象,提倡生态伦理学、女权主义。

(八) 怀特海

英国哲学家怀特海(Whitehead 1861—1947)创建了“过程哲学(Process Philosophy)”,其本质为“关系哲学”或“有机哲学”(王治河 2006:321－322),认为所有事物都相互联系、相互影响、相互依赖、彼此作用,强调事物具有多样性、复杂性。他还倡导对他者的开放、鼓励创造性,企图恢复被后现代否定的理性论中的部分内容。怀特海基于后现代的基调反思了现代性,建立了“思辨的后现代主义(Speculative Postmodernism)”,主要包括:(1)从实体到事件;(2)从主客二元到主客一元;(3)从知觉的第一性到物理感觉;(4)从概念相对性到概念的相应性(即符合论);(5)从宗教的隔离到宗教的蔓延。

(九) 哈茨霍恩

美国哲学家哈茨霍恩(Hartshorne 1897—2000)继承和发展了怀特海的“过程哲学”,建立了“过程神学(Process Theology)”,以期能解决现代和后现代中的混乱与矛盾。传统神学认为,上帝是纯粹的、不变的、僵死的,高居于变化多端的世界之上,而过程神学则依据“变化”来解释上帝及其与世界的关系。怀特海认为,上帝的存在有两个方面:(1)原初的本性,即自身就有的本性,是形式的、概念的、无意识的;(2)后继的本性,由上帝对变动世界的反应构成,具有过程变化的特征,是物质的、确定的、有意识的。哈茨霍恩也在上帝的必然存在性和偶然现实性之间做出了类似的区分。他断言,上帝是经验事件的世俗社会。

他主张:“泛经验主义”、“非感知论”和“有神论”。

作为社会、历史、文化、哲学等范畴的“后现代”,都是对传统思维模式的颠覆、否定和重构,是对现代性的批判和超越(高宣扬 2010: 6)。解构和重构已成为当代西方的一种新思维模式、叙事策略和表达方式。后现代主义对传统哲学思维方式和“宏大叙事”,以及知识的“权利化”进行“大胆解构”。在解构的同时,学者们也考虑到了“重构”和“建设”的问题,正如辛波斯卡的诗句所言(摘自王治河 2006:增补本序言 3):

总得有人拖动柱子

去撑住围墙
总得有人将窗户装上玻璃
将大门嵌入门框内。

格里芬(1993)强调了建设性后现代主义的三个特征,现以图表对照如下:

	现代主义	建设性后现代主义
1	外在关系:视个人与他人/他物的关系为外在、偶然和派生的	内在关系:个人与他人/他物的关系为内在、本质、构成性的
2	二元论:现代人与自然处于一种敌对的、漠不关心的异化关系;统治、占有、人定胜天	有机论:在世界中像在家一样;倡导家园感、亲缘感、联合的快乐、顺其自然的愿望;推崇"生态主义"和"绿色运动"
3	关注过去,高举批判和颠覆过往理论的大旗;恨(cf. 后现代二期)	关注过去和将来,让生活更有意义;既恨又爱,有破有立

图 14—3

王治河(2002,2005)强调了建设性后现代主义的如下三个重要特征:(1)创造性;(2)多元化;(3)关爱世界。前两点亦已蕴含在上文解释中了,第三点则强调了图 14—3 中的"有机论"。

我们还认为,雷柯夫与约翰逊(Lakoff & Johnson 1980, 1999;王寅 2007b)提出的"体验哲学"和钱冠连(2008)所倡导的"中国后语言哲学",也可视为一种建设性的后现代主义。因为后现代不是要否定一定,根除现代性的存在,而在于纠正其不足之处,消解其局限性,否定其霸权主义倾向,面向未来提出新理论。而雷柯夫和约翰逊、钱冠连等的思想与这一宗旨完全吻合。体验哲学从人类过往研究中吸取了很多有益的养分,同时也批判了过往研究中的局限性。他们既接受了西方哲学和语言学中很多观点,也批判了若干他们认为不妥的见解,还提出了自己的新主张,且将"心智的体验性、思维的无意识性、概念的隐喻性"这些曾被单独论述过的观点有机整合为一套较为完全的理论体系,为未来的语言学、语言哲学指引了方向。钱冠连提出的中国后语言哲学正是在中西方语言哲学研究的土壤中成长起来的,既吸取了土壤中的若干养分,也为土壤提供了许多新营养(详见第十六章)。

我们基于后现代哲学和中国后语哲理论提出了"SOS 理解模型"、"体验人本观"、"意义体认观"等也能体现这一立场,不仅要批判传统客观主义哲学立场,也要谴责后现代思潮中的激进人本观、意义不确定性、后人道主义等过激论点;既要考虑到人的主体性,也要兼顾现实客体,多元视角;既要有破,也要有立,所当遵循的原则应为“破中有立,立中有破,两者兼顾,相得益彰”。只有这样,才能于事有补。

第十五章　哲学的第四转向：后现代主义(下)

第四节　认知语言学：哲学第四转向的产物

后现代哲学潮流不仅体现在文学艺术、社会文化和哲学上，它对语言学理论也产生了重大影响。

哲学第四转向反思了科学理性之弊端，主张回归人们的生活世界，真正彰显人本精神，注重社会实践，以能真正理解古希腊阿波罗神庙上那句谕示性妙言：

ΓΝΩθΙ ΣΕΑΥΤΟΝ.（Know Thyself. 认知人自己。）

“要能真正回归到以人为本”的研究之中，需要人们鼓起勇气，更新观念，彻底认识其重大意义，而不能再像近代“人主体”论者那样，貌似要从人主体角度来研究“认识”，理解世界时却又要遵循“笛卡尔范式”，排除人的价值污染，消解人之偏见，最终又跌进古希腊形而上学的窠臼之中。

20 世纪前 80 年代至 90 年代的两大主流语言学派为“结构主义”和“TG 学派”，它们都坚守了客观主义形而上学的理性观，极力排除人本因素，实施“关门打语言①”策略。正是由于哲学家(包括语言哲学家)和语言学家的共同努力，认知语言学登上了当代舞台，挑战了基于客观主义和形而上哲学理论的索绪尔和乔姆斯基的语言理论，大力倡导语言的体验观、人本观、社会观、象似观，传承并发展了一系列与后现代哲学观相吻合的语言分析方法，如“体验人本观、原型范畴理论、互动建构论、识解多元化、语义模糊性、语言差异性、隐喻认知观、新创性结构”等。我们认为，这些观点也只有在后现代哲学思潮中才能被认识，同时也终使语言学进入了后现代大潮。

---

① 根据钱冠连的建议，此处可加一脚注。中国有句俗话“关门打狗”，好像这条狗就可十拿九稳地被擒住了。其实，这其中也包含着危险，狗定会拼命反抗，反咬人一口以求脱逃。这一俗话也蕴含着“关门打狗”具有一定的危险性。

一、体验人本观

后现代哲学否定绝对本质，反对中心主义，倡导多元化；“体验哲学和认知语言学”与“索绪尔的语言先验论和乔姆斯基的语言天赋说”针锋相对，提出了“现实——认知——语言”这一核心原则，即语言是在对现实进行“互动体验”和“认知加工”的基础上形成的，对语言持“体验人本观(Embodied Humenism View)”。

语言中既有客观因素，因为普天下众生面对相同(或基本相同)的客观世界，所有人又都具有相同的器官，其功能也相同，因此基于其上所形成的概念和思维必有很多相同之处，这也是操不同语言的人能相互理解的基础。

语言中又有主观因素，因为人具有主观能动性，在“认知加工”阶段更多地体现出人本精神，各民族在认识世界的过程中必定要打上各自的主观烙印，因此，基于认知加工之上所形成的概念和思想必然要带上各民族的思维定势。

这就是说，语言中既有客观性，又有主观性；既有相同部分，也有差异成分；既有互动体验的基础，也有认知加工的超越。语言中不存在恒久不变、普遍绝对的本质，这就是辩证法所说的，普遍性是相对的，发展性是绝对的，因此语言中普遍性是相对的，而差异性确是普遍存在的，当从“以人为本”的立场研究语言，这就是我们所说的“体验人本观”。若要说语言有什么本质的话，只能是“语言具有多元本质”，认知语言学更强调语言的体认性、人本性、用法性、象似性、差异性、构式性、整合性等。

二、原型范畴论

亚里士多德基于二值逻辑建立了经典范畴理论，认为：特征具有客观性、分析性、二分性、普遍性、抽象性；范畴可根据充分必要条件作出“是”或“不是”的明确判断；范畴边界明确；范畴内部成员地位相等(Taylor 1989)。亚氏这一理论在学术界流行了两千多年，一直占据统治地位，终被维特根斯坦(1953)的原型范畴理论所颠覆。

维氏用“游戏(Game)”和“家族(Family)”作比来否定亚氏的形而上学本质论，例如我们所做的若干游戏(从各种运动会、球赛，到下棋、打扑克、跳绳、丢手绢、捉迷藏等等)，难道你能找到一个统一而又绝对的规则或本质吗？它们只能像家庭成员一样，在兄弟姐妹之间存在“既像又不像”的关系，这就是他著名的“家族相似性(Family Resemblance)”理论，罗希(Rosch 1973；1975)将其称为“原型范畴论(Prototype Category Theory)”。

据此，在同一个范畴内部也不存在什么统一的本质，其内部若干成员只能是“既像又不像”。范畴各成员的地位不相等，处于范畴中心部位的成员具有最多或较多的共同属性，处于范畴边缘部位的成员仅具有少量共同属性，如燕子、麻雀被确认为典型的鸟，而企鹅、鸵鸟则为非典型的鸟。范畴的边界不确定，有些事物既属于这个范畴，也可属于那个范畴，如西红柿，既可是蔬菜，也可是水果；鲸鱼在生物学上属于哺乳类动物，但在常识中又常将其划归为鱼类(汉语的名称就取此义)。语言交际中的误解常因范畴不清(或故意误用范畴而曲解语义)而引起误会，如：

[1] 今日我做饭。

结果没做菜。又如：

[2] 今日我洗碗。

留下锅和筷子未洗。再例：

[3] A：你有朋友吗？
B：我们的朋友遍天下。

两人显然对“朋友”的范畴发生了误会，A 原意想了解 B 是否有做男女对象的朋友，而 B 的回答显然没有把握好对方所说“朋友”的范畴意义。

同一词语可包括很多既相关但又有差异的多种义项，即同一词语可表示多种范畴的意义，也很能说明这一问题。如澳大利亚一土著民族语言 Dyirbal 用 *balan* 来表示 women，fire 和 dangerous things 这三个不同范畴的意义，而英民族和汉民族却用三个不同的词语分别表示这三个不同的范畴，这充分说明不同民族有不同的划分范畴的能力。语言不是给客观外界亦已划分好界限的事物贴上标签，不同语言有不同划分范畴的方法就是很好的例证。可见，范畴不具有绝对普遍性，而具有民族性，这就是 Lakoff(1987)一书副标题“What categories reveal about the mind”的确切含意。

三、互动建构论

哲学的第二转向“认识论”重在解释“我们如何认识存在”、“我们有何认识能力”，且将知识来源大致归为两大类：来自经验(即经验论 Empiricism)，或来自理性(即理性论 Rationalism)。两大学派各执一词,争论不下,持续了约三百年,以无统一结论而告终。

皮亚杰(Piaget 1970)在吸取前人观点的基础上提出了著名的主客互动论,反思和否定了近代认知论,认为人类的知识既不是纯粹来自于感觉经验,也不是纯粹来自于理性推导,而是来自于主体与客体之间的互动,既要考虑客体的客观因素,也要兼顾主体的主观因素,两者不断顺应、协同、调整,逐步建立了人们的知识框架,认识了世界和人自身。因此,知识和真理不是先天就存在的,而是人后天在生活环境中通过这种互动过程不断建构而形成的。人们可不断对以往知识做出调整和修补,乃至推翻并重建。"意义"也是这样,不是像索绪尔所说的那样,由语言体系中的横组合关系和纵聚合关系所确定的,而是在阅读中不断被建构而成的。意义就像痕迹一样,可被不断地抹去和改写(此为德里达的观点),更多的场合是由人的"先有、先见、先设"(此为海德格尔的观点)所赋予的。认知语言学接收了后现代哲学家德里达、海德格尔等的观点以及皮亚杰的互动建构论,持意义的"互动建构论(Interactive Constructivism)"。

四、识解多元化

后现代哲学否定传统的一元论和二元论,大力倡导"去中心、多元论、多视角"的观点,视角主义者便是这一理论的急先锋。

被誉为科学哲学奇才的费耶阿本德(Feyeraband 1924—1994)提出了理论的"增生原则(Principle of Proliferation)",即可从一个理论中繁衍出一些与其逻辑上不一致的,甚至是对立的理论。他还喊出了"Anything goes(什么都行)","只要能解决问题的方法都是好方法"的著名口号,震撼了人们久已麻木的神经,再次唤醒了对绝对真理的反思。美国的实用主义和逻辑实用主义哲学家所奉行的"只要有用就是真理"的立场也与其相似乃尔! 这正应了我国苏轼的名句"横看成岭侧成峰,远近高低各不同"之寓意。

认知语言学将其进一步落到实处,并针对语义理解提出了"识解观(Construal View)",即不同人面对一个同样场景会有不同的认识方式和途径,对同样一个语句也会有不同的解释。值得庆贺的是蓝纳格(Langacker 1987,1991;王寅 2007b)还进一步详细解释了"识解观"的五项内容:详略度(Specificity)、辖域(Scope)、背景(Background)、视角(Perspective)、突显(Salience),用此五项内容可大致描写出人们为何会对同一事件有不同解读,为何对同一语句有不同理解。

因此,"识解多元化(Construal Pluralism)"对于我们研究理解的多样性、翻译的主体性、意义的不确定性提供了一把钥匙,这是对后现代"多元化"的一个发展。笔者(2008)还运用识解这五个要素分析了同一首唐诗《枫桥夜泊》的40篇英语译文为何会产生差异的认知原因,为翻译界研究译者主体性提供了一个全新的理论框架(详见第十八章第四节)。

五、语义模糊性

传统的客观主义哲学(包括毕因论、认识论、语言论)认为真理是永恒的,本质是固定的,基于其上所形成的语义理论则持"语义确定观"。索绪尔和乔姆斯基都持此观点,且将其用于语言理论建构之中。

自从维特根斯坦(1953)提出"家族相似性"、"语言游戏论"之后,"意义不确定性"、"语义模糊性(Semantic Fuzziness)"就被正式提了出来。奎因(1960)基于自己的后现代哲学理论对其进一步加以论证和发展,提出了"翻译的不确定性",充分论证了语义的不确定性。自此之后,本质固定论、意义确定论成为后现代哲学所批判的靶子。20世纪60年代美国加州大学伯克莱分校控制论专家扎德(Zadeh 1965)运用数学的方法研究了模糊现象,且提出了"模糊集理论",使得多值逻辑、模糊逻辑成为继二值逻辑、三值逻辑之后的又一门新逻辑学内容,受到众多学界的广泛关注。美国加州大学伯克莱分校的语言学家雷柯夫(Lakoff 1972)近水楼台,首先将模糊逻辑运用于语言分析,深入研究了英语中60个至70个模糊词语(Hedge Words),从而开启了模糊语义学、模糊语言学的新方向。中国学者伍铁平(1999),张乔(1990)也于20世纪90年代分别论述了"模糊语言学"和"模糊语义学"。

六、语言差异性

乔姆斯基(Chomsky 1957,1965)基于传统的客观主义形而上学,认为语言具有"天赋性",因而人人生来有之,它自然就具有了"普遍性(Universalism)",且尝试用形式主义的方法来揭示句法的普遍性。

随着后现代哲学的兴起和认知语言学的登场,普遍观遭到了严厉的批判和无情的摒弃。人们在多元化视角下,更多关注语言的差异性。根据上文提出的语言体认观,各语言既有相同之处,也有不同之处;处于同一语系中的各语言相似度要高一点,隶属于不同语系的语言差异性则要大一点。例如英语属于印欧语系,汉语属于汉藏语系,这两种语言之间所存在的差异就要大得多。掌握英汉两语言之间的差异,对于我国的英语学习者来说十分重要,甚至是至关紧要的,相同之处学起来较为容易,而差异部分才是我们学习的重点(参见王寅、李弘 1996)。

认知语言学(包括构式语法)更为关注语言的差异之处，特别是克劳夫特(Croft 2001)提出的“激进构式语法(Radical Construction Grammar)”，认为“构式”具有多样性和独特性，它会因语言不同而异，即不同的语言会有不同的构式系统。他甚至还认为，在跨语言中不大可能找到完全相同的对应构式。因此，全世界的语言中不存在什么普遍语法范畴，只能相对于具体的语言系统来做具体的分析，这就是他为何要取消“句法范畴”的缘故，且主张用“构式关系”和“部整关系”取代“句法关系”，故而称为“激进”(参见王寅2011)。

我们知道，乔氏为追求普遍性，将不符合普遍规律的东西要么归入“词库(Lexicon)”，要么将其一脚踢给“语用学”这个“废纸篓”。将那些用普遍语法解释不了的特殊现象排除在他的“核心语法(Core Grammar)”之外，这一理论取向和研究方法明显带有“片面性”，难免会有“削足适履”之嫌。认知语言学认为，为能达到理论的三个充分性(观察充分性、描写充分性、解释充分性)，必须采用“full coverage”的立场，语言理论当要兼顾较为全面的语言现象，这才算得上是一个完善的理论。特别是构式语法主张从语言的特殊表达入手(王寅 2011:325)，对其做出详细分析，以能做出合理解释。构式语法还认为，一个理论若能将奇怪的、边缘的用法解释好了，常规用法自然就不在话下了。这种从边缘现象入手来通达核心语法的研究进路，与乔姆斯基的“只顾核心语法，弃边缘成分于不顾”的思路形成了鲜明的对比，读者不难看出，认知语言学(包括构式语法)更具解释力。

七、隐喻认知论

何为“隐喻”，皆为违反事实的“假话”，人就是人，猪就是猪，人永远不可能成为猪，这才是“绝对真理”，但是，实际上几乎全世界的人偏偏都会说“He is a pig.”之类的话，且还不觉得其为假，句义也很清楚。我们知道，客观主义哲学以追求绝对真理为己任，只以客观外界事实为依据来确定真值和句义，势必要排除人的主观干扰和价值污染，无视人的主观因素。隐喻自然就成为形而上哲学的敌人，是妨碍通达真理的拦路虎，必然要被传统形而上哲学排除在视野之外。

随着后现代哲学的兴起，又因隐喻表达所占比例之高(至少达三分之二或更多)，人们不得不正视这类“假话”，开始研究隐喻何以“成真”，它的意义从何而来！人们又是如何理解它的？学者们提出了隐喻理解的若干理论，如“转移说、变异说、分类说、互动说、语义说、语用说、认知说”等(王寅 2001:303—309)。我们认为，只有人类进入后现代哲学时代，抛弃了形而上学的桎梏，坚持“以人为本”的原则,才开始关注语言中的主观因素,为隐喻出场铺平了理论道路,上演了一出“隐喻灰姑娘”的喜剧,隐喻认知论(Cognitive Theory of Metaphor)也就顺理成章地成为认知语言学的核心内容之一。

正如上文所说,语言中充满人本因素,隐喻正是这一现象的反映,矛盾性隐喻表达之所以能成为可能,皆因“人的识解”所为。也只有在后现代哲学思潮的统摄下,充分理解语言中的人本精神且有效运用识解机制,才能更好地运用和理解隐喻,且将隐喻研究推向深入(详见第二十章第五节)。

八、新创性结构

这是对客观主义“组合原则(Principle of Compositionality)”的反叛。根据客观主义哲学理论和语义确定论,句义取决于客观事实,取决于其组成要素意义的总和,即奉行着“1+1=2”的原则。体验哲学和人主体体系根据认知心理学的完形理论(整体大于部分之和)和费耶阿本德的“增生原则”,奉行了“1+1≠2”的原则,进一步论证了语言中的“整合原则(Principle of Integration)”。当两个要素相结合时,总要“冒出”一些新信息,如当“有”和“才”结合为“有才”时,就带出了“多”义,如

[4] 你真有才啊!

其中的“多”义既不在原来的“有”中,也不在原来的“才”中,它是两者相结合后新冒出来的(详见王寅 2011:321—330)。

福柯尼艾尔(Fauconnier 1997; 2002)进一步用“概念整合理论(Conceptual Blending Theory)”来解释这一现象。当“输入空间 I”和“输入空间 II”进入“整合空间(Blending Space)”后,因其中内嵌了一个“新创性结构(Emergent Structure)”,因此它在整合空间中总要生出一些新信息来,这是对后现代“增生原则”的一个具体补充和重要发展。

“后现代”这个幽灵从欧洲游荡到全球,褒者有之,贬者也不少,毁誉皆存。有人反对,说这是人类的自戕行为,宣泄后的匮乏,耗尽后的迷茫;有人赞同,说多元有益,拓宽了视野,有利于换位思考;也有折衷者,说后现代思潮以全新姿态冲击西方资本主义秩序,暴露了西方社会文化内部的矛盾,给人以反省,但不可走向另一极端,危言耸听令人生厌,这于事无补。

静而思之,后现代哲学提出的这些观点不是全无道理,它确实开启了我们观察世界、理解人类的另一扇窗口。哲学家们善于换位思考,常反其道而

行之，每过一个时期就会出现“转向”，喊出标新立异、令人心跳的口号，如后现代学者的“作者死了”、“人已死亡”、“解构理性”、“舍得一身剐，誓将哲学王拉下马”等言论，扣人心弦，发人深省，给学术界确实注入了一股清新的空气。他们意在摧毁形而上学的基础论或中心论，消解本质，断言理性不再是判断一切是非的唯一标准，确实有利于我们认识形而上学之痼疾，打破传统的条条框框，扭转了固守的定势，拓展了思维的空间，激活了创新的激情。当今我们所提倡的“创新思维、与时俱进、持续发展”也体现了这一后现代论的含义。

学术探索不是“自古华山一条道”，而是“条条大道通罗马”；

哲学研究不能“会当凌绝顶、一览众山小”，只有“山外青山楼外楼”；

理论发展无所谓“风景这边独好”，而应“风物长宜放眼量”。

第五节　对语言的新认识

随着 19 世纪末 20 世纪初哲学界出现的语言论转向，哲学家们将兴趣从“存在的实在性(毕因论)”和“存在的认识性(认识论)”转向到“存在的表达性(语言论)”，以图通过分析语言解决哲学的千年老题——存在(客体、世界)与思维(人主体、语言)的关系，也大大促动了语言学的发展。哲学家在语义学和语用学领域的成果被引入到语言学界，形成了语言学中的语义学和语用学，大大丰富了语言学的研究内容。

哲学的第四转向则是围绕“存在的人本性和多元性”展开的，大力倡导从人本角度密切关注语言现象，提出了语言的体认性、象似性、多本质论，又一次为语言研究带来了新动力，再次升华了语言理论，使得语言学带上了时代的特征。

正是由于哲学家和语言学家的共同努力，人们对于语言有了更高层次的理解。我们拟将语言的重要性和研究意义概括为以下四句话：语言是社会生产力、语言是民族凝聚剂、语言是知识储备库、语言是人类的家园。

一、语言是社会生产力

从《圣经》中的“巴比塔(Babel Tower)故事”可知，上帝为了阻碍人们建造通天塔，以搅乱人类语言的方法来达到了此目的。该著名故事的真正寓意是：语言就是行为，具有人本性；语言也是生产力。

我国古代的谋士们无不竭尽其能事，以“三寸不烂之舌”游说当权者。他们借用精巧的语言，将隐转喻发挥到淋漓尽致的地步，不仅使自己保住了脑袋，而且还使当权者接受了他们的建议，书写或改写了历史。第二次世界大战期间,美国的一位原子弹专家为了说服罗斯福总统制造原子弹,绞尽脑汁,在规定的5分钟时间内一语中的,使得总统接受了他的观点。这样的故事列述不完,主人公们上演了一出又一出有关"语言游戏"的好戏。这也足以可见,通过有力的语言和有效的劝说,可使当局者接受建议,改变历史进程,发展生产力。

试想,人们一旦丧失了语言交际的手段,便不能互相沟通,一切集体劳动将失去效果。倘若人们不能通过语言交际来沟通思想,又何以能建构"人类和谐社会"呢?当今,各国政府都在用语言来"号召、组织、动员、发动、鼓励、宣传"人民去接受某种理念,去实施某行动;我们平常所使用的"说服、启发、开导、讲解、统一思想(口径)、打招呼、叮嘱、请求、命令、要求"等等,有哪一项工作不是靠语言来完成的?又例如我们在生活中常听到这样的话:

[5] 要的就是这句话。
[6] 讨个说法。
[7] 这话是怎么说的。
[8] 这说的是人话吗?
[9] 一句话的事。
[10] 你们这里谁说了算。
[11] 要是你说了不算,你在家里还有什么地位?
[12] 不听老人言,吃亏在眼前。
[13] 饭可以乱吃,话不能乱说。
[14] 站住,我话还没有说完呢!
[15] 今天我要好好说说你。
[16] 我怎么说你是好呢?
[17] 这是什么话。
[18] 你也说句话啊!
[19] 一人一句话就淹死你。

这足以可见,语言就是思想,代表着人的立场、态度、观点;语言就是行为,代表着发话者在做某事;"动嘴皮子"和"动手"具有相同的作用,这正是"言语行为"之要旨。似乎我们可以说:语言就是人本身?

过去,人们常以为语言就是一种表达思想的载体或外壳,真正重要的是语言表达中的思想。但是,这些思想内容必须依靠语言表达才能登场,才能将思想转化为行动。若没有言语表达,观念又何以能存在?信息何以交流?

社会实践是生产力,科学技术是生产力,想一想,语言又何尝不是?

亦有学者主张将语言视为间接生产力,这也很有道理,因为语言不能直接生产出物资消费品,空谈不能致富,但它却可制造精神产品,对于组织生产、宣传厂家、流通商品也是不可或缺的。近年来我国逐步流行的"心理治疗",也主要是通过语言来疏导的。

二、语言是民族凝聚剂

古罗马皇帝狄奥多西(Theodosius 346—395)于公元 395 年将帝国江山留给两个儿子时,就是以语言为准来划分国界的,讲拉丁语的区域成为西罗马帝国(很快就灭亡了),讲希腊语的成为东罗马帝国(公元后 15 世纪灭亡)。

很多欧洲著名历史人物都想统一欧洲,占领他国领土,如凯撒、拿破仑、俾斯麦、希特勒等,但他们的梦想最终走向了破灭,这其中固然有很多历史的、社会的、政治的、文化的原因,但还有一个不可忽视的重要原因,语言也在其中起到了不小的作用。如法国在 1870 年至 1871 年期间的普法战争中战败,普鲁士强令与德国接壤的 Alsace(阿尔萨斯)和 Lorraine(洛林)二省的小学生一律改习德语,法国民众对此从心底上就有抵触情绪,这就是我们大家所熟知的许国璋英语教材(第二册)中"The Last Lesson"所述故事的背景。试想,强迫一个民族去讲另一国家的语言,他们从心底就深恶痛绝,又何以能使该民族自觉自愿地服从另一民族的统治呢?我国民众在抗日战争期间都在抵制"日货"时也在抵制"日语"的入侵,这也是一个事实。

当前欧洲有大大小小四十多个国家,运用四十多种语言文字,正是由于他们的语言都用拼音文字,用二十到三十几个字母拼写出了自己所说的言语。由于语音在语言诸要素中变化最快,随着历史的发展和变迁,语音差异越来越大,所拼写出的文字差异也就越来越大,最终使得欧洲出现了四十多种语言文字。从某种意义上来说,拼音文字在使得欧洲分裂为四十多个国家的进程中产生了不可小视的作用,或许这就注定了欧洲不可能合并成一个统一的国家。

我国的历史朝代不断更替,江山反复易手,还出现了北方鲜卑人、蒙古人、满州人入主中原的时期。但是有一点却是不变的,他们为能有效地驾驭中原大地,统治汉民族,不得不学习汉字,使用汉语,接受汉文化。汉语由于采用了与西欧拼音文字不同的进路,虽发音有所不同,但写出来的文字确是相同的,秦始皇所倡导的"书同文"政策,在形成国家统一方面起着举足轻重的作用,有效地促进了民族交流和团结。

可以设想,倘若汉语也是用拼音方案,广东人说的汉语和北方人说的汉语在语音上有天壤之别,差异很大,拼写出来的文字肯定会有很多差异,人们说话时也就说不到一起,这种差异就会加速地域和民族的分裂。因此,汉字在促进民族团结方面起到了十分重要的作用,这也是八集电视连续剧《汉字五千年》的主题之一。统一的汉字使得古代四大文明古国中的中国文明得以一贯传承至今,而其他三大文明(古埃及、古巴比伦、古印度)皆因文字衰亡而过早终结。

我们认为,具有人本性的语言,在促进民族凝聚的过程中做出了不可小视的历史功绩。

三、语言是知识储备库

知识主要是靠语言来储存的,凡是能用语言表达的信息,就能成为人类的知识;凡语言说不到的地方,它就不能为别人所知晓,也就不能成为我们的知识。这就是维特根斯坦在 1922 年《逻辑哲学论》5. 6 节中的一句名言:

> The limits of my language mean the limits of my world. (我的语言的界限意味着我的世界的界限。)

我们还可沿着这句话再抒发两句:

> 人类的知识在语言的边界处封闭而封闭;
> 人类的知识在语言的边界处开放而开放。

显而易见,不能为语言所述及的东西就不可能成为人类的知识,这似乎是不言而喻的。因此,现当代语言哲学有一条基本原理:人和思想凭语言出场;人、思想、语言和行动交织为一个整体性活动。有了这一基本原理,才使得通过分析语言解决哲学问题成为可能。

四、语言是存在的家园

语言是人类须臾不可或缺的宝贝,没有语言,我们就不能生存,就不能成其为"人",也就没有人类。这就是海德格尔的一句名言:

> 语言是存在的家园。

这说的是语言对于存在的重要性。钱冠连(2005)将其进一步修补为:

语言是人类最后的家园。

则突出了语言对于整个人类的重要性。"最后"二字含义深远，很值回味。他以其为书名于2005年在商务印书馆出版了他的语言哲学专著，在国内学术界产生了重大影响。

是啊！倘若没有语言这个家园，人类就是一群无家可归的流浪汉；失去语言这个无价之宝，我们这个物种就不能成其为人类。这足以可见，语言学家是站在时代的最前沿，肩负着时代的最重任。正如伽达默尔(Gadamer 1900—2002)所说：

语言中蕴藏着人类无穷的奥妙。

我们可通过解读语言和分析话语来窥见人类心智中的若干奥妙，乔姆斯基所说的

语言为心智之窗。

与其一脉相承。

哲学与语言学几乎亦步亦趋、携手并进，相互促发。我们用语言所表达的成果，将为人类进一步了解自己(我们是谁？我们是什么？)，解决哲学问题提供最直接手段和资料。我们为能从事语言学研究工作感到无上荣光。

语言学是一个灿烂辉煌的事业，是一门极为重要的人文学科，值得我们将自己的终身托付予她！西方学者早就喊出了"语言学是一门领先的科学"的口号(伍铁平 1994)，周流溪教授(2010)指出"认知语言学再次使得语言学成为一门领先的学科。"我们应当认真学习后现代哲学(含体验哲学)，掌握基于其上建立起来的认知语言学，以能使我们尽快进入理论前沿。

语言研究前景辉煌，每每想到这里，我们不禁会感到兴奋和自豪，感到任重而道远。要能撩开其透明度不高的面纱，尽早走出语言迷宫，学者尚须努力。"路漫漫其修远兮，吾将上下而求索。"我们当以此共勉。

第十六章　中国后语言哲学：出场与成长

第一节　概　述

一、什么是哲学？

在我们的教科书上将哲学定义为：研究存在与思维的关系。这里的“存在”是指客观外界，即自然界①；思维是人（主要用语言）的意识性活动，因此这一关系也包括“自然与人”、“物质与精神”、“客观与主观”、“世界与语言”的关系。若认为前者决定后者可划归唯物论，若认为后者决定前者可划归唯心论②。

我们知道，“划一思维”和“二元对立”一直就是西哲中的一个基本出发点（王治河 2006：2）。从古希腊起，哲学家就为“追求统一真理”开创了形而上哲学观。运作该观点的方法就是著名的二元论（二值逻辑），如“形而上学”哲学体系中严格区分了“现象”与“本质”，柏拉图曾明确指出：“可感世界”可感不可知，“理念世界”可知不可感。亚里士多德为保证二元论正常运行还提出了逻辑学三大定律：同一律（Law of Identity）、排中律（Law of Excluded Middle）、矛盾律（Law of Contradiction）。正是西方学者这种对形而上学的执着追求，才使得西方的思想和文明走上了“求真爱智”、“学以致知”的形而上学之路，并建立起“非此即彼”的经典范畴论，这与中国哲学和思想重在“学以致用”、“经世致用”形成较为鲜明的差异。

二、什么是语言哲学？

本书曾在第三章第一节引用赖特（Wright 1993：44－45）的一句名言，分

---

① “存在”还可用以指“抽象的存在”，即 Being（毕因），相当于本质、本体、本原、真理、理性、逻各斯等。因此，在阅读哲学著作时要弄清楚“存在”是指具体的客观外界还是抽象本质，还是两者兼而有之。

② 此处的“唯心论”当取中性理解，不带贬义。包括“Metaphysicis（形而上学）”在西方哲学中，特别是古希腊哲学中，也不是贬义概念。

析哲学以"通过对语言的逻辑分析来摧毁形而上学"为己任。从这个角度我们不难理解巴赫兰密尔(Baghramian 1998: xxx)沿着哲学的定义将语言哲学界定为:

> ... the recasting of age-old philosophical questions in linguistic terms.(从语言学角度重铸哲学千年老问题。)

这里的"重铸",包含"破"和"立"双重意义:"破"在于消解(而不是"解决")传统哲学中的形而上学老问题,主要指那些没有意义的伪命题;"立"在于建立如何消解的方法(如摹状论等)。根据第五章第五节中对"分析"的解读,语言哲学中的分析主要是指运用逻辑演算的方法分解概念,且揭示概念之间的永真性必然关系,努力将该说的问题说清楚。因此,笔者拟将巴赫兰密尔的定义改写为:

> 通过现代逻辑分析语言以消解哲学问题,重新解释存在与思维的关系。

这里增加了"现代逻辑",且删去"老"一个字,增补了后半句,意在强调以下几点关键信息:

(1) 形式化逻辑演算;
(2) 揭示必然性永真;
(3) 用定义确定其真;
(4) 语言分析识世界;
(5) 发现解决新问题。

据此,语言哲学可描述为:通过现代形式逻辑(又叫:数理逻辑、数理语言、逻辑语言、形式语言、人工语言、形式语义学等)来揭示自然语言所蕴含的概念结构和逻辑形式,定义思想内容和语言形式以反映世界结构的同构规律,拒斥形而上学,从而踏上了通过语言分析认识世界的征途。我们不仅要澄清哲学老问题,还要善于在研究中发现和解决新问题,推动哲学研究不断向前发展。从这一描述中我们不难发现语言哲学的三条原则或三项主要内容:以现代逻辑为工具、以语言为对象、以分析为方法(详见第二章第六节)。

为能保证获得永真性绝对真理,分析哲学必须遵循形式主义基本原理

(整体等于部分之和),自然就提出了"语言反映思想,并与世界同构"的核心观点,"真值对应论(Truth Correspondence Theory)"和"真值条件论(Truth Conditional Theory)"也就顺理成章地成为逻实论者的意义观。基于此,人们就可通过语言了解世界;再进一步说,存在都是语言中的存在,这就演绎出西语哲中一句名言"语言是存在的家园"。

逻实论者这种"追求永真"的研究进路显然也是一种形而上学,或者说,是以一种新面貌来重新演绎古老的形而上学,正如有些哲学家以嘲笑的口吻说"分析哲学从前门赶走了形而上学,又从后门将其引了进来"。

第二节　中国后语言哲学

一、出　场

我国著名语言哲学家钱冠连(2007)在《西语哲在中国:一种可能的发展之路》中分析了西语哲在西方和中国的近况,认为西方分析哲学的大潮已经过去了,只有星星点点的遗迹。在此情形下,即西方语哲这盏灯不亮之时,何不抓住机遇点亮东方语哲这盏明灯!据此,我们可着力将其本土化,真正做到洋为中用,有所创新,以展现中国学者之风采。

据此,钱冠连设想出了一条在中国的可能发展之路,即"中国后语言哲学(简称后语哲)",将其基本思路设想为:充分挖掘与利用西语哲资源中的营养和智慧,从它的老题目中挖掘出新方向,不必回到堆积如山的哲学老题中去纠缠,而要关注如何将语言问题和现实外部世界、人的行为、社会交际与日常生活息息相关起来。他还在结束语中将其概括为三个涵义:一是吸取西语哲的营养;二是不炒作它的老问题,而当节外生新枝;三是产生以新"问题"为中心的新理论。他还认为,新枝当落实在与现代语言研究相关的所有领域内。我们认为当前的"体验哲学(Embodied Philosophy,简称为EP)"和"认知语言学(Cognitive Linguistics,简称为CL)"所提出的一系列新理论、新观点、新方法当可视为西语哲的新枝。

在学术界将"后"加在传统学科前,大多带上了"批判"的含义,如结构主义 vs 后结构主义,现代主义 vs 后现代主义等。同样,"后语言哲学"中的"后"也有批判之义,正是在这个意义上,EP和CL就具有了"后语言哲学"性质,可视为后现代第三期建设性哲学。

二、四项原则

现笔者根据自己的理解将钱冠连的"中国后语言哲学(简称:中国后语哲

PLC)”的主要观点归纳为四项原则：

（一）创新性

吸取西方语言哲学，主要指20世纪的英美分析哲学和欧陆人本哲学中的丰富营养，学会其分析问题和解决问题的方法，但切不可炒作它的老问题，也不能仅囿于对有关话题做重复阐释，而要专注于“节外生新枝”。这一原则可概括为“创新性”。

（二）分析性

如何才能节外生新枝？生出什么新枝呢？钱冠连的回答是：从日常社会生活中寻找具体的语言问题，从词语分析找入口，从“世界与人”的哲学大道理上找出口，在理论上做升华处理，要管好入口与出口，这与上文所述的语言哲学定义（通过分析语言解决哲学问题）完全吻合，可将其称为“分析性”原则。

（三）多样性

选题与风格要多样化，大力倡导多路学者（哲学界、语言学界、逻辑学界、心理学界、人工智能学界等）联手协作，各自发挥自己的学术特长，为营造一个“百花齐放，百家争鸣”的新局面而奋斗。这就是“多样性”的含义。

（四）合璧性

中国后语哲研究当走“洋为中用，中西合璧”之路，既要阅读西方学者的学术论著，也要重视我国先哲的有关文献，大力开发汉语语境下的语哲研究新方向，努力实现西语哲的本土化，笔者将其概括为“合璧性”。

三、四原则呈递进关系

（一）创新为基础

第（一）原则是基础，必须先静下心来好好念书，且从中找到空白，确立创新的出发点。要能做到这一点，就先要选择一定数量的经典原著逐句精读，还要很好地熟悉西方哲学史。很多学者认为哲学就是哲学史，哲学史就是哲学（参见第一章第一节）。哲学史可帮助我们了解哲学的发展进路，掌握基本研究方法，据此有助于选好适合自己的切入点做主攻方向。万万不可书还没念（包括没念完、没念懂）就急于上阵，信口发言常不得要领，漏洞过多，不免给人留下“半瓶晃荡”的感觉。只有下得“坐冷板凳”的功夫，吸得“经典文献”的营养，获得“语言哲学”的真谛，才有该领域的发言权。

有所阅读，深入思考，才能有所思想，言他人之未言，纠他人所误言，此时说的话才能入行入理、入木三分；此时写的文章才会下笔有神，把好尺寸。一旦进入此境界,就会有说不完的话,也能说出很多漂亮话,说出很多充满鲜活思想的新话,你的思想才可能被人引用和传世。这就是钱冠连所说"节外生新枝"的含义。

我国学界有不少人擅长于反复解释外国名人的有关语句和观点,说话行文总有"似曾相识"之嫌疑,常满足于"能理解就不错了"的现状,缠绵于"有感而发"的老路,习惯于"读后感式脚注"的方法,封闭于"常规枷锁"之中,而疏忽于"进军前沿,开发新观"的理念。

我们还常听到有人将"学术太难"、"创新不易"挂在嘴边,认真对待难题是对的,但以此为借口而裹足不前,乃至作为"沿袭老路、束缚手脚"的借口那就更错了。

还有人惯于固守昔日的理论框架,陷入了培根所说的四类阻碍科学知识发展的偏见中的第二类"洞穴偏见"(参见第二章第五节第一条)。更有甚者,有人不仅自己不更新前沿信息,还固守老思路不假思索地指责别人的新观点,足不可取,误己也误人!

国内外出版和发表了很多语言哲学方面的论著,为方便读者,我们在附录1中列举了这方面的主要著作和文献供读者参考。另外还可关注国内外语类期刊,如《外语学刊》和《外国语文》等近年来发表的论文。

(二)分析为方法

第(二)条原则是以第(一)条为基础提出的,讲研究进路和方法,即如何做西语哲研究。可行之道为:先选好具体的语言现象,然后引出哲学大道理,强调研究的理论性和分析性。言语行为论的创始人奥斯汀曾说过:日常语言是哲学思考的起点,但不是终点(参见陈嘉映 2005:64),陈嘉映(2005:192)也指出:

> 在提倡有活力的哲学思考的时候,不少人又过于强调哲学的通俗化而不是强调使通俗的关系在一个更高的层面上成形,然而,群众喜闻乐见并不足以造就一种强有力的文化形态。

当今认知语言学中的前卫理论"构式语法"就是循此道而行的,先确定语言中某些特殊或怪异的表达现象,然后应当上升到形而上层面分析其后的认知机制。此处钱冠连还给我们一个重要启示,应当将语言现象进一步上升到哲学理论层面上做解释。据此我们认为,构式语法正处于认知语言学与中国后语哲的接合部,这一方面可为中国后语哲生出一个新枝,另一方面也为构式语法的发展提供了重要的理论基础。

很多人常满足于做经验式总结,将读书和教学中的体会整理出来,这固然可取,但若不将其做理论升华,充其量也只能是一种经验性说教。这样的文章在二三十年前还有市场,若将其再带入到21世纪,不免会有点老套和落伍。

还有人总沉湎于总结语言现象,大谈要专注语料收集,总结了一大堆用法规律,这本身似乎无可非议,但仅满足于此而不上升到理论层面论述,不从"形而下"的现象入手走向"形而上"思索,这样的文章能有多长的生命力?能有多高的引用率?又能产生多大的指导意义呢?我们应当密切关注21世纪的语言学和语言哲学前沿理论和最新趋势,并据此来解释语言现象,进行语言对比,透析其后的认知方式,从理论上做出合理解释(这就是当今认知语言学的研究进路),这才能算得上有所开拓!

(三)多样为进路

为防止科研单调化,必须提倡"选题与风格的多样化"和"多界联手",这就是中国后语哲的第(三)条原则。

我们知道,跨学科研究已成为时代潮流,要能做到多样化,就必须眼观六路耳听八方,多读几本书,多通几门课,坚定不移地走"跨科协作"之路。外语界同行当坚持与汉语、哲学、逻辑学、心理学、认知科学等界学者合作交流,取长补短,共同进步。这些年来我们在这一方面做了一点努力,初见成效,如:

(1)外语界一直坚持邀请哲学界名家参加中西语言哲学研究会举办的各类讲习班和研讨会。

(2)钱冠连的语言哲学方向博士生毕业答辩坚持邀请哲学界名家做答辩委员会主席或委员,如陈嘉映、江怡、张志林、徐开来等都曾应邀到场。

(3)钱冠连与李洪儒2009年4月应邀参加了分析哲学界在浙江大学举办的年会,且作大会发言。钱冠连、林允清、刘利民与笔者于2011年8月应邀参加了由北京师范大学哲学与社会学院主办的"语言与价值国际哲学研讨会",且做大会主题发言。参加这次会议的外语界同行还有:黄会健、王爱华、杜世洪、袁友芹、王栋、姚振军、熊学军、孙秀丽、李娟、张晓梅等共十四人。这也表明外语界与哲学界的跨学科交流已进入一个新时期。

(4)"外语学刊"的语言哲学栏目坚持向外语界、哲学界、逻辑学界、社会学界、认知科学界多路名家学者约稿。

(5)2009年12月在四川外语学院举办的第三届中西语言哲学国际研讨会就是由外语界与哲学界(中国现代外国哲学学会分析哲学专业委员会)联合举办的,来自九十多所院校和科研机构共194名代表[其中5名国外学者(2人因故未到),还有旁听代表70多名]。大会主题经双方多次商量讨论定为“加强跨学科合作,开辟我国语言哲学研究新局面”。在5位主旨发言中有3位来自哲学界。两界学者共聚一堂,尽情沟通,充分体现了“跨学科交流”和“相互尊重、平等对话、百家争鸣、共同发展”的原则,取得了十分完满的效果。

(四) 古今打通

不仅要在“空间上”跨界合作,而且还要在“时间上”进行跨代沟通,解决“古今分离”的尴尬局面,这就是中国后语哲第(四)条原则的精要。

“中西合璧”和“通古知今”已经提出许多年头了,但收效甚微。我们一直认为,外语界既要阅读西方学者的学术论著(包括语言学和语言哲学),也要重视我国先哲的有关观点(特别是语言学和语言哲学方面),努力开创西方语言哲学“本土化”和“合璧式”研究新局面。

四、小　结

这四条原则之间严密的逻辑关系,本身就体现了一条循序渐进的合理发展之路。先要静下心来看书,读懂理论,找到创新的出发点,然后才能达到“节外生新枝”的目的;选好语言问题作为入口,再上升到理论层面,且兼顾他界和古代研究成果。

我们知道,所谓研究生就是要做“研究”的学生,就是要走“节外生新枝”的道路。仅仅综述国外学者的研究成果(尽管这一步已不容易)还称不上是“真正的研究”,只有在消化和吸收国内外前沿成果的基础上再结出自己的“新果”,即奉行“老树开新花”的策略,才可配此称号,也才能算得上“研究生论文”。

我们常将这一观点戏说为“吃饱了撑的”,先吃透人家的观点,然后再“撑出”已见,而不能仅满足于写些应用性文章,仅以国外学者的观点为理论框架来解释汉语现象,或搜寻外语习得数据。说到底,这不是在帮助外国人论证他们的观点吗?若无建我理论之远大抱负,何以能使我国语言研究立于世界民族之林!在这一点上我想国人不会有何异议,特别是在当前大力倡导“改革开放、自主创新”的年代,这一科研导向更不容忽视。

谈到“创新”,其实大家不必畏难,也无须担心,更不必随意指责他人的创新思路。我们担心的倒是不能静下心来读书,不关心前沿动态和信息,常做些浮于表面的夸夸其谈。说其不知他却也懂点,说其知他又讲不到点子上。动辄就误解他人,歪曲原意,然后再说些不痛不痒的评论语,这种做派足不可取!

解决上述现象的关键就是:坐得板凳冷,耐得寂寞苦。静而啃书,坐而论道,学其要领,得其精髓,坚持数年,必见成效,方可在知识殿堂里享得读书之乐趣,赢得同行之尊重。

第三节　中国后语哲的方法论思考

一、引　言

方法对于科研的重要性不言而喻。

进入新世纪的语言研究能否在方法上有所进步和创新,这将直接决定我们能否产出高水平的科研成果,培养出高质量的新生代。很多学者一直大力倡导"理论走上前沿,方法拓宽思路"的战略,很多机构也围绕这一主题举办了一系列活动,致力于该方向的探索和普及,这对提高我国外语界广大教师的科研水平做出了重要贡献,充分体现出学术界进一步落实"与时俱进、持续发展"方针的崭新风貌。子曰:

> 授人以鱼,不如授人以渔。

教师不仅要传递信息,授业解惑,更重要的是"传道"!

何为"道"? 此处我们不妨暂且将其理解为"目标、原则和方法",即努力使年轻教师和学生认清当前本学科之前沿和目标,且还要花大力气使大劲来提高和更新学习和科研的方法,拓宽方法论新视野,从根本上提高分析问题和解决问题的能力,实现"身体与心智并行,共同进入新世纪"的目标。我们的身体已经进入 21 世纪达 10 个年头之久了,我们的心智也应当与时俱进,一起迈入光辉的新纪元,千万不能出现"身体已经进入新纪元,心智却还流连于上世纪"的现象。身心不可分离,在语言理论上和研究方法上都应进入新时代,这就是"进入学术前沿"的含义。

本节主要从以下五个方面来论述科研方法论,且重点指出,中国后语哲的提出和兴起,正得益于对这些方法论的新思考。

二、引进西方理论可取,尤以进路和方法为先

如何对待西方理论体系和研究方法,自上世纪的五四运动以来,已有很多学者对其进行过深入思考和详细阐发,从政治家到科学家,从人文领域到自然科学,从理论思辨到实践方向,各有一方己见。这一重大问题虽然已经过近一个世纪的讨论,但似乎尚未结束,其中仍有很多问题值得深入挖掘和

探讨。

这些年来,通过中西哲学、中西逻辑、中西文化、中西语言、中西语义等方面的对比,我们已大致了解到西方学术与我国文明各自的优势和缺陷所在。有鉴于此,“引进介绍、取长补短、洋为中用、中西合璧”的战略方针不会过时。西方学者孜孜不倦地行进在“爱智求真、追问本质、建构理论、形上思考”的大道上,给我们留下了十分深刻的印象,并产生诸多的启迪,也使得我国学者在这方面显得有点相形见绌。

古希腊学者从文明之始就在追问世界本质,与此同时也在追问语言之本质。那个时期,哲学与语言学本为一家,他们在论著中对这两个问题都有所思考:世界的本质在于世界由以构成的最小元素(水、火、气、种子等),或在于Being(毕因、存在、本体、是)之中;语言的本质在于语法之中,且出现了自然派与约定派之争(详见第二章第二节)。因此,西方哲学早就建立了较为系统的毕因论(Ontology,又译:存在论、本体论、是论、有论),同时也建立了较为完备的语法学(Grammar,又译:葛郎玛)体系。

在这种形而上的治学精神统摄下,西方学者从近代就开始逐步建立科学系统,通过设定几条公理,推演出若干定理,就可解决大量形而下的实际问题。回顾一下我们所学过的几何、数学、物理等学科,这些舶来品都是建立在这一方法之上的成果。

我国学者一直倡导“重实用、善思辨、讲人文”的原则,几乎贯穿于我国哲学发展的各个时代,不太注重在“形上”层面建构理论模型,且各路学者的论述也看不出明显的学科分类,大多是“兼而论、总而括”。被尊为国学首篇的《周易》内容丰富,方法奇特,充满人本主义精神,其中既有“道”也有“器”。其后的诸子百家一路走来,大致也是沿此思路发展出了道家、儒家、墨家、名家、法家、兵家、纵横家、农家等。

在对待语言时,我国学者总觉得它仅是个“工具”而已,是为谋取功名的根本之道“经学”服务的,这与西方传统观点相仿。而且语言文字具有小孩上学之初的识字功能,故而将其称为“小学”。大多有关语言方面的书籍是以通经为目标,围绕“文字、音韵、训诂”等方面做注释性解读。直到1898年马建忠借鉴西方“葛郎玛”方法,才写出了中国有史以来第一本语法书《马氏文通》,这充分说明汉语语法比起“文字学、音韵学、训诂学”来说地位十分次要。若非如此,我国前贤也不可能等到19世纪末才写出第一本语法书来。另一方面也说明我们老祖宗缺乏西方学者特有的“形上”思考进路,未能认真对待语言的本质性形式规则这类的课题,虽有述及者,但很不系统。

马建忠借用西方语法理论,尝试以“词法”和“句法”这两大板块来建构汉语语法体系,毫无疑问,当称新举,功不可没。但在搬用时难免会出现诸多不适之处,国内外已有不少学者看出其中的症结所在:中西语言体系明显不同,建构思路迥异甚多,从谱系学和类型学角度来说,汉语(汉藏语系、孤立语)与西方语言(印欧语系等、屈折语)也是两条道上跑的车,何以能用西方语言理论框架来硬套中国语言之实,不少人常给马氏卡上一个"削足适履"的帽子。

"是功是过"不能脱离时代背景。若从时代性角度来审视这位清末学者,马建忠能在那个时代大胆引进西方学者的语言分析方法,实践了西学东渐的进路,本身就是一种创新,做了先前国人未作之事,讲了古代圣贤未述之言,开了"借鉴"西方语言理论之新风,"尝梨"务实之举可贺可喜,历史贡献不可抹杀,使得国人加深了解西方学者研究语言的进路和方法。

有利就有弊,不可抛弃时间概念,不能戴着当今高科技含量的眼镜去审视一百年前古人之缺点,这是不公道的,有失公允。这些年来汉语界不少学者对此发表了很多看法,此处不再赘言。我们此处所要说明的是:开创新风之举精神佳,引进嫁接之功不可抹,借用西学之时尤以新理念和新方法为重。有了这两点,新的成果(但不一定是唯一正确的)自不待言,正是在这一点上,马建忠功不可没,至今仍有借鉴之处。

当今我们所奉行的中国后语哲正是"以学习方法"为要旨的,在阅读西方语言哲学家论著时,既要弄懂内容,学得理论,更要学到"智慧"和"方法"。

三、不必仅盯住西方,当兼顾国人遗产

我国外语界学者,也包括那些以西方人文学科为已任的学者,大多将目光盯在西方论著上。曾几何时,"饱读西洋书,镀得门面新,喝过洋墨水,感觉总不错"成为一种时尚,而不太注意我国老祖宗留给我们的丰富文化遗产,此乃一大弊端,甚为遗憾。陈嘉映(2005:191)就曾对国人如何要为世界哲学研究做出自己应有贡献总结出了三条原因,参见前言第(一)部分。

很多有识之士早已指出若干解决方案。我们在近 20—30 年中也在这方面做过一些尝试。笔者曾于 20 世纪 80 年代在外语教学中开始思考英汉语言对比问题,后分别于 1990 年和 1992 年在《外国语》上以《英汉语言宏观结构区别特征(上/下)》为题发表了这一思考的阶段性成果。笔者于 1996 年出版《英汉语言区别特征研究》,于 2001 年在《语义理论与语言教学》中辟专章论述"中西语义研究对比略述",于 2007 年出版了《中西语义理论对比研究初探——基于体验哲学和认知语言学的思考》,于 2008 年在《中国外语》以《语言学新增长点思考之五:本土化的合璧式创新——以语言体验性和隐喻认知观为例》为题再次阐明这一观点:外语界同行应当注意古今汉语语言学家或

语言哲学家的研究成果。崇洋不必媚外,扬己不避他嫌。

语言学家虽都在研究语言,但因我国与西方在教育体系、学术积累、社会背景、考试制度等方面存在较大差异,在研究方法上出现了若干差异。天各一方,人尽已宜,著书立说的角度不可能千篇一律,中西学术的走向必各有侧重。但他们所取得的成就都是人类知识宝库中的一部分,同样闪烁着智慧的光芒。当我们站在21世纪的地球村来纵览历史、回顾学界时,完全可以将全人类的相关研究进行综合性思考,不必厚彼薄此、重西轻中,当忌一心只读西方书,两耳不闻本土人。

近年来很多学者通过对比发现,我国老祖宗在诸多领域的论述并不落后于西方学者,且还不乏精彩之处。一旦找到理论源头,从时间角度来说,他们的观点一"早",就比西方学者早出几百年,甚至上千年,情不自禁油然而生"三生有幸念华章,几回掩卷思前辈"之自豪感。例如,当前体验哲学和认知语言学所述及的语言体验性和隐喻认知观,也不是西方学者的独特专利,我们的祖先早有述及。笔者在此并不是要刻意抬高中国古代学者的贡献,无端抒发民族自豪感,而重在以史料为依据得出结论。这就提醒我们,外语界同行不能仅将自己的眼光聚焦于西方而忘却宝贵的本土文化,研读和挖掘我国古人的语言学成就应成为本世纪外语界方法革新的一场重头戏。

要能改变这种"西不通中,中西分离"的局面,我们应以身作则,带头下工夫多读一点汉语语言学、音韵学、文字学、训诂学等方面的专著,以提高我们的理论修养。中国后语哲也在这方面做出了很好的尝试,我们不仅要将眼睛盯住西方学者的论著和新观点,而且也要关注我国学者(包括古代学者)在语言哲学方面的思考,如刘利民(2007)将先秦名学视为中国式的语言哲学就很有创意,他们所提出的命题(如白马非马、山出口、飞矢不动等)被传统正统哲学家痛斥为"诡辩",其实正是一种语言中的哲学盘旋。

同时,我们也呼吁各高校外语学院在课程设置上,特别是外国语言文学方向的研究生,将汉语界有关专著列为必读书目。我们也建议教育管理部门尽快深入调研,迅速医治当前语言学界"近视眼"病,从政策导向上解决中西学科割裂的尴尬局面。

四、不必终老一派之说,必要时当另起炉灶

外语界在学习和引进西方理论时的另一弊端,就是不太注意"自我创新",总觉得底气不足,常抱"外来和尚会念经,所念之经必定新"的信念,怀着"远处开的花总比身边的香"的心态,沉湎于"引进介绍",热衷于"炒作老外",不敢陈述越雷池半步的观点,常将自己封闭在某一老外理论的小圈圈之中,

习惯于抱着一棵树而终老余生。这样，写文章的基本思路难免落入俗套：先将自己喜欢的外国名人的语录引他一通，然后再说上几句评论之类的语句，让人读来不知新意何在。特别是有些国外理论亦已过时或式微，不少人常抱“耐心”等待的姿态，翘首以待老外新作问世，好行跟风老把戏，多持不思进取之念头，不愿考虑学术创新，鲜有另起炉灶之雄心。更有甚者，见到别人有新创观点时常不愿思索其缘由与进步，摆出一副“冷眼向洋看世界”的样子评头论足。这种心态不可取，害人也害己。如外语界在讨论要不要读点哲学，学不学点汉语语言学，如何看待当前西语哲（是否已式微）等问题时，有些学者常患近视眼，不思进取，以个人喜好度新世纪学术之进展，自己不愿下工夫研读，还要信口乱说些不负责、不着边际的言词，这当引以为戒，此类话语足不可信。

我们知道，哲学主要研究“存在”与“思维”之间的关系，这也包括“自然与人”、“现实与语言”等问题。很多哲学家对语言问题做出了精辟论述，这都会有利于我们更深刻地认识它。特别是当前亦已成为主流的认知语言学，其哲学基础就是建立在体现后现代哲学精神的“体验哲学”之上的。雷柯夫和约翰逊（Lakoff & Johnson 1980，1999）在反思西方“客观主义（Objectivism）”哲学之弊端的基础上，从人本主义角度提出了这一全新的哲学观，对后现代哲学（包括后现代语言哲学）做出了不可抹杀的贡献。他们（1999）合作出版的 *Philosophy in the Flesh: The Embodied Mind and its Challenge to Western Thought*（《体验哲学——体验性心智及其对西方思想的挑战》）一书，被西方学者称为“彻底改变西方传统哲学信条的开天辟地创新之作”（参见该书封面右上角和封底的评语）。我们应当站在时代责任感的高度来认真研读他们的新观点和新方法，不断更新观念，这样才能更好地理解认知语言学理论，这也正好印证了罗宾斯（Robins 1967：103）的一句名言“哲学，从其宽广意义上来说，是语言学的摇篮”。哲学家一直在为语言学输送营养，我们不可不知，不可不领情，更不可拒收！换句话说，若不从西方哲学的高度和体验哲学的前沿来学习认知语言学这门新兴学科，就不可能深刻领悟该学科的前沿性，也难以获得深刻感受！

语言哲学，则是通过语言分析（包括建立严谨的数理逻辑、形式化语言）来求解上述的哲学老问题，从而形成了 19 世纪至 20 世纪之交的语言论转向。但任何一种思想潮流或理论模型，就像生命体一样，总有其自身“诞生—成长—兴旺—衰退”的周期，语言哲学也经历了这个过程。肇始于百余年前的西方语言哲学，近年来在国外或许已走下坡。中国学者怎么办？是静观其变，消极等待，等他们提出新理论我们再跟，还是自我创新，主动出击？显而易见,我们当取后者！这本身既涉及理论修养,也涉及方法论问题。

我们十分高兴地看到,在这理论研究节点上出现了不甘寂寞者,乘西方之灯不亮之际点亮了东方这盏灯。钱冠连(2007)就在西语哲日趋衰退之时抓住这一机遇,经过深入思考后大胆提出“中国后语哲”的理念,论述了它在中国发展的可行之路,为外语界学者送来了一阵暖洋洋的春风。

他的观点一经问世就得到了国人的广泛响应,为语言学界和哲学界提供了一条全新的思路,可贺可喜,值得称道！我们还认为,当前的体验哲学和认知语言学反思和批判了过往若干理论之不足,包括哲学(含语言哲学)、语言学、认知科学等领域,特别是尖锐而又全面地批判了西方语言哲学中的客观主义理论(包括逻实论),且基于此提出了一系列新理论、新观点、新方法。正是在这个意义上,体验哲学和认知语言学就具有了“后语言哲学”的性质,当可视为中国后语哲的一个新枝。

常言道“不必吊死在一棵树上”,意在奉劝人们心胸要开阔,思路要宽广。西语哲虽已过了全盛期,但它的分析方法依旧能给我们以诸多启迪,我们何不广开思路,运用其合理营养来解决我国语言学中的老问题,为21世纪的语言研究和教学带来一条新思路。

五、反思激进人本观,倡导体验人本观

西方哲学经过毕因论(即本体论)和认识论转向之后,又于19世纪至20世纪之交进入到语言论阶段,认为自然语言具有模糊性,必须建立科学的、严谨的人工语言(现代形式逻辑、数理逻辑、形式语义学)才能通达真理。他们的思路很清楚,用不合格的工具如何能够求得科学真命题呢？弗雷格所建立的现代形式逻辑问世让那些处于迷茫之中的哲学家信心倍增,找到了理论研究的新方法,从而开辟出一条“语言哲学”新进路,为危机的哲学找到了新出路。

分析哲学前期所强调的逻实论过分强调“真值对应论”和“真值条件论”,语言与世界同构,概念必须客观地反映外部世界(这就是弗雷格所强调的Sense),极力排除人的主观能动性,消解“价值污染”和“个人偏好”。分析哲学倡导用逻辑语言来解决哲学问题,不仅为哲学研究开创了一个新方向,也为语言学注入了一种新理念,其历史意义必须得到充分肯定。

但是,这一理论的局限性也十分突出:基于客观主义哲学、经典范畴理论、二元对立观、形式化人工语言等建立起来的分析方法,必然也会面临一大堆难题。这就是学者们所评论的“他们从前门踢出了形而上学,又从后门将其引进来”。而且语言表达的细微差异、感情色彩、故意双关、模糊辞令、丰富

含意、隐喻转喻、表达多样性等，都可能被形式主义理论视为大敌而当以排除在外。正如陈嘉映(2003：179)所指出的：

> 逻辑语言主义没有认清逻辑语言的实质，大大高估了逻辑的功能。

到20世纪40—50年代，逻实论受到日常语言学派的批评和纠正，人们开始关注“生活世界”和“人的作用”，从而开启了语用学转向。欧陆人本哲学更是沿此路径向前迈出了一大步，他们觉得在皮亚杰的“主客互动”中，人的主观性还没有得到足够的彰显，主张将“真值对应论”和“真值条件论”修补为“真值共识论(Concensus Theory of Truth)”和“主体间性(Intersubjectivity)”，认为真理不存在于客观世界，而存在于“人们的共识”之中。因此，在人们的认识和语言中不可避免地要带上人的主观因素，客观外界并不像传统哲学家所想象的那样存在一个统一的、客观的、绝对的真理。语言中既有客观事实，但也离不开人的主观因素(李洪儒：2001)，语言表达中必定要打上人的烙印，例如：

[1] A week consists of seven days.
[2] The sun rises in the east.
[3] wild flower

我们知道，客观外界不存在由7天组成的一个时间长度单位“星期(或‘周’)”，它完全是人为规定的。在例[2]中提到的“东、南、西、北”也是人为划定的，并不存在于客观世界之中；且每天早晨所见到“太阳升起”也仅是一个假象，究其科学道理而言，是因为地球自转而引出的自然现象。这是一句多少年来一直被认定的“真话”，在我们的语法课上常以此例来说明一般现在时可表示客观真理。猛然回首，它竟然是一句“大假话”！这岂不是在向人们暗示“假话说多了就成了真话”的道理。《红楼梦》中“假作真时真亦假”正可视为西方后现代哲学观的中国版本。顺其思路我们倘若深思一下，马上就会发现如下所列皆是人之所为，而绝不是纯粹客观的现象：

(1) 地球的赤道、经纬度、南北极、国际日期变更线。

(2) 宇宙间若干没有生命的星球在外层空间旋转，我们却常做拟人化处理，将它们用线连接成一定的形状，且据此起了富有神话色彩的名字，诸如：大熊星座、小熊星座、仙女星座、天蝎星座、狮子星座，等等，原皆是“惟人参之”的“捏造”结果。

(3) 十几年前我国古代历史只能追溯到公元前841(周厉王时期),后来国家集中了几百位著名学者(历史学家、考古学家、语言学家、气象学家等)进行了断代史研究,以图能像西方人那样将远古历史时间表确定下来。如要做到这一点,就必须先确定"武王伐纣"的时间。最后大家通过考古、天象、文字、地理、民间传说、史书等方面的综合研究,协商决定将这一时间定为公元前1046年。但凭心细想,究竟是不是这个时间,无从知晓,这也是众人举手确定下来的。

例[3] 中的"花",不管是放在家里还是家外,花还是花,对于它自身来说无所谓"家花"与"野花"之别,不管置于何处它还是一样的香,做此区分完全是人之所为,是"人类中心论(Anthropocentrism)"之产物。

再说了,客观外界存在的永远是事实,如"这是桌子",它自身不可能有"我不是椅子"一说,"否定"纯粹是人之所言。语言中大量的否定句、疑问句、祈使句、感叹句等,它们相对于肯定陈述句来说,类型多、用法广、分布宽,这也从另一方面说明语言表达中不可避免地要反映出人本因素。至于"情态动词"、"信念句"等就是专门用来表达人们所言的态度和观点的,绝非是什么"客观反映",更无"真值"可言。

另外,我国各地的名山大川和旅游胜地的名称,处处充满着人本精神。"山还是那座山",充其量就是荒郊野外的一堆大石头,为什么它在人的眼里就"活了",具有了"灵性",充满了神话色彩,有时还成为美丽的象征?诸如桂林的"伏波山、叠彩岩、象鼻山、斗鸡山、铜鼓山、龙头山、骆驼山、七星岩、屏风山、猫儿山、凤凰山、老人山、羊角山、独秀峰……";哈尔滨的"石嘴山、威虎山、帽儿山、大青山、石城山、关门山、鸡冠山、骆驼峰、大顶山、二龙山、万佛山……";大连的"恐龙探海、贝多芬头像、大鹏展翅、秀月峰、燕窝岭、金宝山、白玉山、牛角山、五女山、鸡冠山、盘龙山、椅子山、黄金山、凤凰山……"。这些描述都是"人之所思、言之所为",人把美好的思想,良好的祝愿强加在了自然界上。导游挂在嘴边上的一句话,却在不经意间道出了后现代人本观之真谛:

> 祖国山河美不美,全靠导游一张嘴。

正如康德所言:

> We see things not as they are, but as we are.

确实很是耐人寻味。

其实，马克思(1844)早在《经济哲学手稿》中也提出了类似的思想，他将自然界描写为：

humanized nature

我们顺着这一思路完全可以说：语言也是

humanized language

我国古代学者刘勰早在公元 5 世纪《文心雕龙》中也提出了这种人本观：

惟人参之，性灵所钟，是谓三才，为五行之秀，实天地之心。

欧陆人本哲学开启了我们从另外一个全新角度来谈论"理解"和"解释"，但随后提出的"激进人本观(Radical Humanism)"又将问题导向了另一极端。几千观众对同一场足球赛会产生几千种不同的感受，不同人读同一本书会有不同理解。他们为解释这一现象进行了如下推理：书还是那本书，印刷着同样的符号，但为何会产生不同的理解，结论是"因人所致"。据此应当将哲学重心转移到"读者"上，且进而推导出如下惊人之语：语言符号本身无甚意义可言，当一本书被置于图书馆时，印刷在上面的符号无甚意义可言，只有人拿来读时，人才赋予符号以意义，自然就出现了

One hundred readers will produce one hundred Hamlets.

的现象。若细致回味这句话，我们觉得其中自有道理所在，但也过分强调了个人所赋予文字符号以意义之间的差异，忽视了人们得以相互理解的基础，难怪有学者会担心后现代哲学可能会使人类重蹈巴比塔覆辙。所以德里达生前褒贬兼有，其观点和论著也是有人接受有人反对。

我们基于雷柯夫和约翰逊所建立的体验哲学，一方面重新审视了西方语言哲学的功和过，指出其客观主义倾向在语言分析中的局限性，运用体验哲学中的"人本观"对其做出了有效修补；另一方面也批判了后现代哲学的激进人本观之缺陷，主张运用体验哲学中的"体验观"对其做出有效修补。

回顾西方哲学发展史，各路哲学家研究"感性"、"理性"、"主客互动"、"主

体间性”时,基于“主与客”的方向性提出了不同的理解模式。从古希腊起的西方哲学在两千多年的长河中一直采取了单向性理解模式,要么坚守从感性到理性的感性论(包括经验论),要么坚守从理性到感性的理性论。

直到20世纪60—70年代,皮亚杰提出了主客互动的双向模式,欧陆人本哲学又将其发展为主主双向互动,忽视了客观对于理解的基础性作用。笔者(2009)反思了这些理解模式之弊端,尝试建立了“SOS(Subject—Object—Subject)”理解模式,强调“多重互动(主客、主主、客主、语言与客体、语言与主体、语言与语言等)”,可望纠正先前哲学中单向和双向理解中的弊端,也可弥补后现代哲学中“读者反应论”、“意义不确定论”、“译者自由论”等偏激倾向(详见第十八章)。

这是笔者(2008)在论述“翻译认知观”时进行哲学思考过程中建立起的一种新的理解模式,且还进行了语料论证。同样一首唐诗《枫桥夜泊》有40篇英语译文,它们反映了40个人的理解。透过这些译文可发现,同一文本的这些不同表述并不像持后现代激进观的翻译理论家所认为的那样,可漫无边际地做任意解释、随便翻译、放纵发挥,其实翻译主体都是在一定的内容辖域内进行着有限的揣测和解读,充分体现出“受制于体验性”的约束。

例如,这40位译者都将标题译为“枫桥”和“夜泊”,谁也没有任意发挥,将其随意译为:“廊桥遗梦、康桥别了、蓝桥魂断、伦敦桥垮塌”、“杨公桥堵了”,这说明译者只能在原作者所划定的范围内做有限的调整和解读。因此,翻译可喻比成“不出舞池的跳舞”,允许各人发挥,做些“花样跳舞”的动作,但不可跳出“舞池”这一原作所设定的范围。据此,我们在反思后现代哲学“激进人本观”的基础上提出了“体验人本观”,将“One hundred readers will produce one hundred Hamlets”后面又接了半句:

> ... but they are still Hamlets!

就可更完整地、更真实地反映人们的理解。

哲学和语言学研究中既有批判,也有继承,更有发展,这充分体现了人类对过往知识的反思和推进。钱冠连提出的中国后语哲是对西方语言哲学的一种继承和发展,体验哲学是对传统客观主义哲学的反思,SOS理解模型和体验人本观也是对中国后语哲的一种补充。据此,语言不仅仅是个工具而已,这也太低估了语言的作用;语义也不是客观世界的镜像反映,这也太小瞧了人的力量。一方面语言当为“惟人参之”的产物,是“人化的语言”,但也不是主观无边,唯物论的解释力正在于此,认知离不开人的实践,“体验 + 认知"(可简称为"体与认",也可直接借用汉语中"体认"这一词语来概括)正可对其做出合理解释。

六、理论结合实践,体认象似性直接指导教学

我们基于"SOS 理解模型"和"体验人本观"将认知语言学的核心原则归结为"现实—认知—语言",基于此自然就能获得"体与认的象似性"(或简称为"体认象似性")这一全新的语言哲学观。

认知语言学认为,语言是人们基于对现实进行"互动体验"和"认知加工"之上形成的,语言表达是在人的"体认"作用下形成的。认知语言学旨在挖掘语言表达背后人的认知机制,语言为什么非如此表达而不那样述说,背后总归得有点道理,这是难以用"任意性"来打发的! 正如许国璋先生(1988)所指出的:

> 语言是人的理性行为之结果,何来的任意性?

体验人本观强调了人的实践性和人本性,"SOS"强调了多重互动,包括 SO、OS、SS 的互动,若涉及语言 L,还涉及 L 与 S 的互动,以及 L 与 O 之间在 S 作用下的互动,这就是"体认象似性"的基本观点。因此我们认为,在人类的认知系统和语言表达中,既有客观因素,也有主观因素,逻实论过分强调了前者,欧陆人本哲学过分强调了后者,都有不足之处,SOS 理解模型和体认象似性正可对这两者作出有效修正,这可视为中国后语哲的一种新枝。

我们在第十九章第五节还引用了一些认知语言学家对象似性的论述,这都有助于我们深刻认识象似性问题。有了这一共识,我们自然就能理解为什么认知语言学要大力倡导象似性,若仔细研读认知语言学论著,就会发现几乎每一本认知语言学专著都要论及这一课题。

切切记住,我们不能再完全沿用过去的老一套方法来进行英语教学,这说明没有尽到我们这一代人该尽的义务。解决方法就是:尽快进入当前中国后语哲和语言学前沿阵地,拓宽方法论新视野,并用其来武装自己,不辱使命,为推动我国的语言理论研究和教学实践作出应尽的贡献。

第四节　结　语

"中国后语哲"是钱冠连消化、吸收并发展了西方语哲之后提出的一种中国式的理论模型,所涉及的四项原则对于理论探索具有很好的指导意义。同

时,中国后语哲也对科研方法论做出了深刻思考,其出场和兴起正源自如下方法和进路:

(1) 学习和引进西语哲不是根本或唯一的目的,而应当注意学其思路,掌握方法,提高分析问题和解决问题的能力。

(2) 学习西语哲的同时也应当兼顾中国学者的成就,钱冠连和刘利民从语言哲学角度提出的有关中国先秦名学的新观点,正具有这一方向的意义,笔者在这方面所做的中西语义理论(包括语哲)对比也意在于此。

(3) 西语哲中的各种观点自有利弊,在克服弊端的基础上另起炉灶来建立自己的理论体系并不是遥不可及之事,中国后语哲正是在西方之灯不亮之时点亮了东方这盏灯,意义深远。

(4) 后现代哲学虽为我们打开了一扇看世界的新窗口,但其若干激进观又将问题带入到另一极端,正可借助体验哲学建立体验人本观和体认象似性,并以其为基础做必要修补和发展。

(5) 理论研究当与教学实践相结合,体认象似性可为外语教学带来直接指导意义。而索绪尔的任意观对外语教学无利可言,只能为教师留下不假思索、不究其因的借口,解释不了推给"惯用法",说不清楚归结于"任意性",倒也落得个轻松了事。难怪李葆嘉(2001)要将语言任意性冠之为"懒汉观"。乔姆斯基的 TG 理论也仅局限于理论思辨,并不考虑外语教学。

当前全国人民都在高谈"与时俱进",阔论"改革创新",其宗旨就是要求我们的思想应当跟上时代的步伐,大胆尝试,勇敢进取,这也同样适用于学术研究。人类已步入 2010 年,每个人的身体已经进入 21 世纪达 10 个年头之久了,但是否每个人的心智都进入 21 世纪了呢?我们是否都已进入到学术前沿了呢?

在这新世纪的头 10 年里,各门学科发展势头迅猛,自然科学成就辉煌,人文科学更上一层楼,语言学理论也取得了令人欣喜的新成就。虽令人大有目不暇接的感觉,但不可有庄子那种"以有涯随无涯,殆已(用有限的人生追求无限的知识,必然会使人感到徒劳倦怠的感觉)",这显然有点悲观,而当将其改为"以有涯追寻无涯新知和新创"(参见前言)。

从语言学发展简史来看,认知语言学是继结构主义、功能主义、TG 学派之后的一种全新语言学理论;从哲学发展简史来看,体验哲学明显具有当今建设性后现代主义哲学观。若从这两个角度可见,认知语言学确实代表着 21 世纪语言理论的前沿阵地!据此我们就不难发现索绪尔和乔姆斯基基于客观主义哲学立场所建立的语言理论,虽曾一时代表着那个时代的前沿,但确实已时过境迁、夕阳西下。难怪他们的理论受到中西方众多学者的质疑,单就索绪尔的理论体系而言，已被西方学者批判了三次：德里达的解构主义、乔姆斯基的TG理论、认知语言学。

吉林大学著名哲学家孙利天教授在2011年暑期语言哲学夏日读书院上喊出了一句响亮的口号：

> 中国真的需要一场分析哲学运动。

我们衷心期盼中国各位学者能继续努力，奋发图强，为这场分析哲学运动到来使劲出力擂鼓助威！

体验哲学为我们提供了新视野，中国后语哲也在召唤我们向前迈步，认知语言学更为我们提供了新理论。时不待我，只争朝夕，必须尽快让自己的心智也进入21世纪，进入中国后语哲阵地，掌握“分析”的方法，不断拓展和更新自己的研究领域，实现与时俱进、持续发展之大略，完成我们这一代人应尽的使命。

第十七章　超越与回归：体验哲学和认知语言学新增长点

第一节　从哲学的超越和回归说起

语言问题在哲学诞生之初就蕴涵在哲学研究之中，或者说语言问题自古以来就是哲学视野中的重要话题，每一语言理论总以某一哲学观为基础（详见第二章）。因此，哲学界时常论述的“既超越又不超越的回归”进路也同样可反映出语言理论的发展历程。

一、超　越

这是哲学话语中的一个常用词，它主要有以下两种用法：

（一）超越现象

哲学的最高目标被定位于追寻“绝对真理”，获得“本质”，超越殊相掌握其背后的共相（本体或本原），实现“透过现象看本质”、“从变化中发现恒常”的理想，这就是“形而上学”的原初含义（参见第一章第二节）。本书暂且将其描述为：

> 形而上学以图建构人类知识大厦的基础，探究宇宙万物大系统背后的超感觉的、经验之外的根本原理，即超验理由或终极价值（具有普遍性、必然性、超验性），以能形成一个统一的科学体系。

为此，形而上学就要解释人类知识必然普遍性之根源（如要解释欧几米德几何学和牛顿力学等科学知识为什么可能，如何获得普遍必然性），努力使其成为一门科学，甚至是一切科学的科学，即亚里士多德所说的“第一哲学”。

达到这一目标的方法主要是二分，奉行“现而不实，实而不现”的原则，认为“现实世界可感不可知，理念世界可知不可感”，追问存在的真谛，建立抽象的“纯概念”，这标志着哲学的第一次超越，真正诞生了毕因论（Ontology）。曾有很多古希腊哲学家尝试从不同角度追问终极本体（如水论、火论、气论、四根说等，苏格拉底通过两人对话追问事物的本质），以能获得恒常的、绝对的真理。这种“超越性”成为西方哲学的一个奋斗目标(季国清 1998)。自此,毕因论、形而上学、逻各斯中心主义演变为哲学的终极任务,并流行了上千年。正如张志伟(2004:97)所说:

> 从亚里士多德逻辑学到欧几里得的几何学,实际上表现为一种抽象的符号推理能力的提高和完善,它标志着人类思维逐步摆脱了直接的感觉经验,可以从事纯粹的思维操作。在某种意义上说,这也可以看做是西方哲学与中国哲学“分道扬镳”的真正开端。

(二) 超越前人

哲学家每当获得一个新观念,建立一个新理论,都是建立在“反思”和“批判”以往传统理论基础之上的,这也是一种超越。正是昔日众多哲学家做出的一次次超越,出现了一次次哲学转向,才有了今天这样一个庞杂的哲学理论体系(参见第五章第八节)。

二、回　归

“回归”,常指对传统理论的再理解,并从传统理论中获得新的启示。很多学者在对新理论反思之后发现,为能有效解决某些问题仍需从以往理论中吸取营养,才能获得更透彻的解释。

海德格尔曾沿着亚里士多德“人在本质上是一个语言存在物”的思路得出了“语言是存在之家”的结论;伽达默尔喊出了“所有理解都具有语言性”的口号;哈贝马斯从语言交往行为入手来解决社会问题。他们大多主张将语言置于首要或重要位置来加以认识和研究,这实际上也是对亚氏传统思想的回归。

乔姆斯基接受了索绪尔的语言内指论,提出了语言自治论和句法自治论,但又否定了他的形义一体论的观点,择其形式而抛其意义,这其中既有超越,也有回归。认知语言学基于索氏形义一体观提出了“象征单位(形义配对体)”,但又抛弃了索氏和乔氏的自治观,这其间同样也闪烁着超越和回归的原则。

三、超越与回归互含

其实,“回归”实际上也是一种“超越”,但不是背离传统方向,而是沿其方向或向其靠拢的一种“返祖式超越”。这一“不超越的回归”告诉我们:新理论不是凭空而生,虚起之作,而是建立在吸收和批判传统观点之上的产物;是新的,不一定总是最好的;是最好的,也不一定总是背离传统的,这在人类思想发展史上不乏其例。

却原来,“超越”也是一种“回归”,在基于前人理论的基础上既有继承也有发展;既有赞成,也有反对。任何新观点、新理论都蕴涵着其他学者的言论和成果,这就是学界所谈论的“互文性(Intertextuality)”。

我们提倡“既超越又不超越的回归”,其实质就是:思想要不断发展和创新,既要读书,也要思考;既要传承,也要批判,更要创新。或许,整个西方哲学史就是一部既超越又不超越的发展史,语言学也经历了同样的历程。即便是语言哲学内部的各种思潮,也都沿袭了这一研究进路。这就是我们在第五章第八节将“传承与超越”视为学习语言哲学之一条途径的初衷。

属于后现代哲学第三期“建设性”的体验哲学,以及基于其上建立起来的认知语言学,也是循此进路发展至今的。笔者将在下一节对体验哲学做一溯源论述,以能见其如何行走在“既超越又不超越的回归”路途之上的。

第二节 体验哲学溯源

一、体验哲学概述

我们十分高兴在陈嘉映(2003:28)《语言哲学》一书中见到“雷柯夫”的名字,这说明中国哲学家已经注意到了雷柯夫和约翰逊的“体验哲学(哲学界常译为:涉身哲学)”。我们拟将他们的理论划归为后现代哲学第三期“建设性”(参见第四章图 4—1),且为中国后语哲的基础理论之一。

雷柯夫是美国加州伯克莱大学的语言学教授,约翰逊是美国加州 Oregon 大学哲学系主任,他们于 1980 年合作出版了 *Metaphors We Live By*(《我们赖以生存的隐喻》)一书,在批驳西方客观主义哲学传统和乔姆斯基 TG 语言理论的基础上提出了一种全新的哲学理论“Experientialism”[可译做“现代经验主义”或“新经验主义”,但不可译做“经验主义”(参见王寅 2002)],引起学界的轰动(特别是哲学界和语言学界),现已成为认知语言学的经典著作,该书反复再版。雷柯夫于 1987 年在 *Women, Fire and Dangerous Things: What Categories Reveal about the Mind*(《火、女人和危险事物——范畴揭示了心智中什么奥秘》)一书中继续对其做出了较为详细的论述,列述了西方客观主义传统哲学的若干问题,提出了非客观主义哲学理论。这两位著名学者于 1999 年再次合作又出版了一本学界力作 *Philosophy in the Flesh: The Embodied Mind and Its Challenge to Western Thought*(《体验哲学——体验性心智及其对西方思想的挑战》),集几十年研究之大成,全面阐述了体验哲学的基本原则和重要观点,并在书中正式启用 Embodied Philosophy(简称 EP)这一术语代替 Experientialism,我们将其译做"体验哲学",并率先介绍给国内语言学界和哲学界同行(王寅 2001,2002,2003)。

雷柯夫和约翰逊(Lakoff & Johnson 1999:94)把古希腊的毕因论(本体论)称为毕因实在论(Ontological Realism),主要关心世界上存在什么(What is there)和这是什么(What is this)。由于我们的心智可以与世界直接接触,我们就能直接了解事物,掌握事物的本质,这样,心智中的思想和世界客观事物的本质具有同一性。语言描述就是关于世界的描述,两者之间存在因果关系和语义关系:即世界中的事物解释了词语的意义,对事物本质的探索决定了语言的意义,因此,知识就是关于"毕因(存在)的知识(Knowledge of Being)",客观真理只是对事实的断言,科学是追求真理的学问,应当独立于人的主观性,与价值无关。这种观点又叫"科学实在论(Scientific Realism[①]或形而上学实在论(Metaphysical Realism)"。

"对应实在论"起始于笛卡尔的认识论,核心思想之一就是二元论[②],认为心智与身体是分离的,人们的思想只能是外部现实的内在心智表征,雷柯夫和约翰逊有时将这种观点称为"表征-现实对应论"。随着近代认知心理学提出"心智的信息加工和符号运算"的观点,笛卡尔的心智表征观被演绎为符号表征观,这成为近代英美分析哲学家的核心观点"符号系统实在论(Symbol-System Realism)",使得笛卡尔二元论在心智和世界之间留下的鸿沟更加宽深,更难以填补。

毕因论和认识论都认为客观外界独立于人而存在,其后隐藏着本质和绝对真理,人们应着力将其寻找出来。雷柯夫和约翰逊将这两种理论都归结为客观主义哲学理论,都是错误的,在对其进行严厉批判的基础上提出了"体验实在论(Embodied Realism,即体验哲学)",这是一种基于我们能够在现实环境中成功地行使身体功能的实在论,也是一种认为进化使得身体和大脑不断

---

① 雷柯夫(Lakoff 1987:176)所论述的科学实在论似与普特南所说的科学实在论不完全相同(黄颂杰 2002: 858),他自己与雷柯夫和约翰逊(Lakoff & Johnson 1999: 90)1999 合著中的说法似乎也不完全相同。雷柯夫指出:科学实在论认为存在一个真实的物质性世界,关于它的科学知识在由科学家所建立的合理标准中是可能的,它既与科学客观主义(即本体实在论)相兼容,又与体验哲学兼容。而在雷柯夫和约翰逊(Lakoff & Johnson 1999: 90)的合著中指出:科学实在论是一种非体验性的、客观主义的科学实在论。我们拟取雷柯夫和约翰逊(1999)的观点和普特南的说法。

② 这一观点与毕因实在论有相同之处,也片面强调了主观与客观的二分,事实与价值的二分。

相适应的进化实在论。体验哲学在"否定心智与身体存在间隔"这一点上与古希腊毕因实在论观点较为接近，坚决反对认识论中的二元论。

乔氏 TG 理论是建构在笛卡尔认识论和形式主义理论之上的，认为语言具有天赋性、普遍性、自治性、模块性、生成性，可用形式主义的方法来描写。基于体验哲学的认知语言学指出，这些观点都是站不住脚的，将语言研究导向了歧途。为此，体验哲学(Lakoff & Johnson 1999:3)针锋相对地提出了三项基本原则：

> The mind is inherently embodied.
> Thought is mostly unconscious.
> Abstract concepts are largely metaphorical.

他们(1999:90)后来将其概括为：

> 心智的体验性；
> 认知的无意识性；
> 思维的隐喻性。

其核心思想为：人类的范畴、概念、推理和语言都是来自人们与客观外界的互动体验和认知加工，它们具有体验性、认知性、想象性，语言是对现实进行概念化后的符号系统，可通过人类认识世界的几种有限的基本方法来分析语言各个层面。本章拟对这三项基本原则做一哲学上的溯源性梳理。

二、心智的体验性

雷柯夫和约翰逊于 1980 年首先通过隐喻研究发现，体验在建构人类概念、思维、推理和语言中起着首要的基础性作用，逐步形成了"Experientialism(新经验论)"，明确提出了心智具有体验性的观点。他们后来又强调这一原则，并在 1999 年出版的《体验哲学》一书中将其视为三条基本原则中的第一条"心智的体验性"。他们(2002:245,249)后来又反复强调了这一原则：

> 从最根本意义上说，心智是基于身体经验的，意义是基于身体经验的，思维也是基于身体经验的。这是体验实在论的实质。

我们可将"心智、意义、思维"统称为"认知"，便可得出"认知来自身体经验”的结论，即“认知具有体验性”。同时，他们还认为语言是认知的产物和结果，因此体验哲学及其语言观就可总结为“现实—认知—语言”。这也是我们近年来所一直坚持的语言体认观，并基于其上进行了较为深入的研究。

雷柯夫曾询问过约翰逊有关哲学理论中先前有无类似的观点，既强调身体经验，又强调隐喻的重要性。约翰逊是研究哲学史的，对这方面的理论十分熟悉，他说除杜威和梅洛庞蒂等论述过身体经验的作用外，尚无系统的类似理论。然后他们合作于 1980 和 1999 年出版专著，创建出一个全新的哲学理论：体验哲学。

雷柯夫和约翰逊(Lakoff & Johnson 1999：599－600)在《体验哲学》一书的索引书目中提到了 John Dewey(约翰 · 杜威)、Maurice Merleau-Ponty(毛里斯 · 梅洛庞蒂)和 Hilary Putnam(赫拉里 · 普特南)，但正文中似乎并没有细述他们的理论。雷柯夫于 2004 年 4 月在北京和苏州的讲学中介绍他们理论发展简史时提到了这两位哲学家，但也是语焉不详。另外，我们还注意到德国哲学家施密茨(Schmitz 1980)也有过类似的论述。我们认为，体验哲学所论述的心智体验性还与马列主义者所倡导的唯物辩证法有关联，因此讨论体验哲学的发展史还应当考察马列理论中的有关论述。本节就心智的体验性研究史做一简单梳理，以理清其来龙去脉。

(一) 洛克

英国经验论哲学家洛克(Locke 1632—1704)与法国理性论哲学家笛卡尔(Descartes 1596—1650)共同开启了哲学的认识论转向。他们都认识到过往哲学研究无法找到世界之本源，追问“being as being(是之为是)”超出了人的认识能力，应当关注人类何以获得真知的，以什么方法来认识世界，从而将哲学研究导向了人对世界的认识，反思人的认识能力，研究认识的本质和结构，真知的来源(经验论和理性论)，人是如何认识到存在的，人有哪些认识能力，认识的前提和基础，认识的发展、过程和规律，认识的真理性标准等。

洛克于 1690 年出版了四卷本的《人类理智论》，倡导白板说，反对天赋说；系统阐述经验主义观念论；人们用词语来表达观念，且词语来源于感知；人们凭借这些观念来理解我们的知识。他指出：

> 人的一切观念来自感觉和反省。

仔细品味此话不难理解其中所包含的两层深刻含义：

(1) 感觉，主要指人的感官对客观对象的感受和体验；

(2) 反省,返回对主体的思考,主要指对通过感性获得的经验进行内在认识加工。

他能在三百多年前从外部和内部这两个方面来论述人类心智和知识起源,这当可视为我们今天所提倡的"体认观"之先声。

（二）杜威

杜威(Dewey 1859—1952)与皮尔斯(Peirce 1839—1914)和詹姆斯(James 1842—1910)为美国实用主义理论的主要代表人物,其代表作是1922年的《人类本性及行为:心智社会学入门》和1925年的《经验与自然》。他重点研究了构成人类经验的机体与客观环境互动的整个复杂回路,证明了人类的经验与身体、社会、智力、认知、情感等密切相关,并创建了经验自然主义理论,以图全面系统地对传统哲学(包括经验论和理性论)进行改造和重建。

从1925年一书的标题就可看出,杜威重点论述了"经验"与"自然"之间的关系。他认为,传统哲学中"人 vs 自然"的对立是通过"经验 vs 自然"之间的对立呈现出来的,即人作为主体与自然作为客体之间的对立。由于传统哲学奉行二元论原则,将主体(人)和客体(自然)常处理为两个对立的概念。杜威认为这两者之间的对立完全是理性活动的结果,它们相互作用、彼此维系,并不是相互外在的关系。他从消解这两个概念之间的对立入手,对"经验"进行了重新阐释,将"经验"、"自然"和"生活"视为同义词,努力使哲学重新回到研究人类的生活经验中来。他认为经验就是生活、行动、实践,具有双重性(Double-barreled),包括事物、事件及其特性等客观的东西(形成源初经验),也包括情感、意志、思想和理性分析等一切心理意识的、主观的东西(形成反思经验)。这样,就可将主客二体有机地结合起来,并以此为出发点批判身心二元论。他的理论突出了"人与环境"或"经验与自然"之间的互动关系和经验的整体性,确立主体与客体、精神与物质、经验与自然之间的连续性,着重从机能效用的角度看待人类的实践。

杜威还认为,人们之所以能通过语言交流得以相互理解,是因为交际双方是以"相同经验"为依据的,因为语言的词汇和基本模式都是在日常生活的经验中形成的。语言与环境也具有相互作用的关系。据此,语言不是"超自然"的东西,也不是纯粹"心理性"的事件,而是出于自然,来自经验的事件。

杜威的经验自然主义理论以图将传统哲学从超越日常生活的纯粹思辨性活动转向研究人们的生活经验,这一基本立场显然对雷柯夫和约翰逊的体验哲学和认知语言学产生了重大影响。

（三）梅洛庞蒂

梅洛庞蒂（Maurice Merleau-Ponty，1908—1961）于 1945 年发表了他的博士论文 *Phenomenology of Perception*（《知觉现象学》），从近代两种对立的哲学研究方法谈起，并提出将两者综合起来研究的取向。

(1) 客观主义和自然主义：从外在事物的角度看待一切人类现象，认为哲学概念就像自然一样具有客观存在性。

(2) 主观主义和批判主义：从心智内的角度来阐明一切现象，如胡塞尔将一切都归结为纯粹意识，统一于主体性之中。这是一种先验现象学，偏向意识和主体，将一切都还原到先验意识上。

梅氏尝试将上两种极端的方法结合起来，构建一个中间领域，否定胡氏提出“通过本质还原把握本质”的观点，认为这仅是诸多方法之一。探索本质还当捕捉我们所经历的生动而又原始的经验，显示反思前所显示的世界，从而开启了从“知觉（Perception）”维度研究现象学的先河。

因此，梅氏既反对过于强调知觉对象的“纯粹外在性”的经验主义（忽视了知觉主体是一个有意向的身体），又反对过分强调知觉主体的“纯粹内在性”的理性主义（过于无视概念和判断的存在论基础），认为主体和客体不是两个独立的实体，而是来自不固定的、整合而成的经验。他基于此创立了“己身”（又译“身体—主体”）这一概念（后来叫“肉体”），知觉便处于己身与世界之间，倡导心智的根源在于身体的唯物论思想，并鲜明地提出了身体知觉对于概念和命题形成的存在论观点，并以此来批判笛卡尔的二元论。他指出，人自己的身体是知觉主体，既能主动感知外界，又能被自己所感知，这一“己身”是人类在此世界中的一种生存方式，用他的原话来说：

> 概念和判断是知觉主体通过己身进行概念化和图式化的结果，人是通过身体的图式向物体、他人、世界开放并占有和分享世界的一种生存方式。

所以，被感知的世界绝不是知觉对象的总和，其间必有人己身的介入，必受身体图式投射的影响。

（四）施密茨

施密茨（1928—）于 1980 年创建了“新现象学（又叫：身体现象学）”，几乎同时提出了与雷柯夫和约翰逊相同的观点，强调人在日常生活中的身体经验,从身体知觉(情绪震颤)和情感角度(情感空间理论)来研究人,以图搞清楚什么是真正的人(即什么是人的主体性问题),这在西方哲学中尚算一种开拓性理论。

施密茨区分了"肉体"和"身体",前者指借助于眼、手等能通过感官知觉到的自身肉体,通过它获得的感觉叫"肉体的知觉";后者指不需要借助于感官就能感知到的肉体上发生的感觉和情绪震颤状态,这种可直接获得的知觉叫"身体的知觉",没有特定的位置和方向。他所认为的主体,首先就是身体的情绪震颤的事态,无需借助视觉、听觉和触觉就能亲身感受到,如畏惧、疼痛、饥饿、干渴、压抑、惊吓、疲倦、快感、清醒、身体的舒适、深呼吸时的伸展感、早晨醒来后头脑昏昏沉沉或空无缥缈的感觉等;同时也是许多别的东西,如他人、家庭、民族、科学和技术的事态。……除了上述两种事态外,主体还是程序(如目的、愿望等)和问题(希望、焦虑等)。主体凭着这些事态、程序和问题造成自身的变化和差异,这就是主体性。同时,主体性对于"文本理解"也有重要影响,其过程必定要渗透理解者的倾向、情感、概念和禀赋等因素。可见施密茨不是如同传统哲学那样,仅从理性、精神或意识中确定主体,而把主体规定为:与作为主体的人的身体相掺和而非相分离的具有事实状态的性质(庞学铨、李张林译本 1997:X)。

施密茨提出"新现象学",扩大了经验概念,反对把心智视为纯思辨的产物,倡导从人的体验出发,把情感视为可从身体上直接感知到的客观性东西,以此批驳身心分离的二元论。例如语言中表达情感的词语大多与身体感知有关,这一情况见于英语和汉语中表示愤怒的一系列词语之中(参见王寅 2001:375－376)。同时他还认为"理解"也受到主体因素的影响(将文本客体与读者主体结合起来)也是对二元论的一个反叛。这就将哲学研究转向认清生活体验、拓展人类自身生存的状态和环境,并使其成为当代哲学思考的迫切任务,这相对于欧洲的古典经验主义(只局限于外部感觉经验)而言,施密茨与雷柯夫和约翰逊携手创立了新经验主义,形成了一个新的哲学转向,发展出未来哲学考察方式的新趋向。

(五) 普特南

他(1926—)是美国当代著名的哲学家,雷柯夫于 1987 年、雷柯夫和约翰逊于 1999 年合著中曾多次提及并引用了他的有关哲学理论。一般说来,普特南的哲学思想主要经历了以下三个阶段:

(1) 1950—1975 的科学实在论;

(2) 1975—1994 的内部实在论;

(3) 1994—现在 的自然实在论。

雷柯夫和约翰逊反复声明他们的体验哲学受到了普特南第二阶段的“内部实在论(Internal Realism)”的影响。内部实在论是普特南最著名的哲学主张,其基本观点主要反映在1981年出版的《理性、真理和历史》一书中。内部实在论是在改造和批判西方传统的主观-客观二元对立论、客观主义理论的基础上提出来的,主要观点有三(黄颂杰 2002:860):

(1) 世界是由什么对象所构成的问题,只是在一种理论和描述之内问起才是有意义的。

(2) 关于世界,存在着不止一种真实的理论和描述。

(3) 真理与“合理性”密不可分。说一个判断是真的,无非是说做出这一判断是“合理的”,这其中必然会渗透着人自身的利益和目的,涉及人本和文化的合理性标准。

据此,普特南认为我们的语言文化共同体的概念框架一方面为我们整理出世界,另一方面规定了语言记号的使用。语言对于我们认识和掌握世界具有十分重要的作用,而语言又是理性加工的结果,这样,世界外物就不是独立于概念框架和语言而存在的,事实常与价值相互渗透,我们所说的客观性只能是我们概念框架中的“客观性”、“合理性”。只要是合理的、可接受的,就是科学的,就是真理。因此世界外物和语言符号都同样存在于人大脑中特定的概念框架之中,它们只是在这个框架内部具有对应性,这就是他将这一理论冠之以“内部实在论”的原因①。

雷柯夫和约翰逊吸收了普特南(包含了Sapir-Whorf假设)的这一观点,建立了体验哲学和范畴化理论,认为世界的范畴不是完全独立于人而客观存在的。世界只能是我们认识中的世界,渗透着人的主观性,体现出人们的价值观,基于其上形成的概念结构和语言符号对于范畴的划分具有十分重要的作用。他们明确提出了主客互动的体验观,认为我们对世界的范畴化以及论断的评判常以语言文化共同体的合理性作为准绳。

雷柯夫反复强调认知语言学的核心观点“现实—认知—语言”,认为语言符号是互动体验和认知加工的结果,是由概念框架所规定的,这其中显然有普特南思想的痕迹。

特别值得一提的是普特南将真理等同于“理想的合理的可接受性”,也就是说,如果一个理论对于世界来说是“真”时,它将与理想化的、被概念化的世

① 但是普特南在倡导内部实在论,概念框架具有相对性时,又坚持与相对主义划清界限。

界进行比较，此时该理论就具有理想化、完整性和融贯性，可以正确预见所有操作条件。这一观点显然对雷柯夫提出的 Idealized Cognitive Model（理想化认知模型，简称 ICM）产生了影响。ICM 是指在特定的文化背景中发话者对某领域中的经验和知识所做出的抽象的、较为完整的、理想化的理解，是建立在许多认知模型之上的一种复杂的、整合的完形结构，它可与真实世界之间存在种种等级关系，如精确、很好、较好、勉强、不好、很不好、完全不好（王寅 2007b：220）。ICM 充分考虑到人在认识客观世界中的主观能动性，可以体现人们的价值观，具有较高的灵活性、较大的适应性、较全的解释性，可广泛用来解释词语的意义、句法和语篇等，比起客观主义语义理论更有解释力。

（六）马列主义者

我们发现，EP 中的“心智的体验性”原则与马列主义的唯物辩证法思想多有吻合之处，但在他们的论述中始终没有提到过马列有关论述。当然，我们不能期望他们像中国学者一样，都受过马列理论的训练。笔者也曾与雷柯夫探讨过这一问题，他明确表示没有读过马列述著。但我们可以预言，正是由于我国有这样一个唯物辩证法的理论背景，西方的 EP 及基于其上的认知语言学，一定能较快地被中国学者所理解和接受。

近代西方哲学（17 世纪－19 世纪），特别是德国古典哲学（包括康德、费希特、谢林、黑格尔、费尔巴哈等），重点论述关于“思维”和“存在”这对哲学基本概念，但没能找到联结这两者之间关系的纽带。马克思正是在这一点上实现其变革性发展，引入了“实践”概念，研究建立在实践基础上的思维与存在的关系，并以其为出发点反思西方哲学“思维和存在相分离，片面强调理性”的特征，超越将人和理性脱离现实生活和实践的思维方式，深入批判西哲在此基础上建构起来的封闭僵化的体系哲学，建立了思维和存在两者之间的辩证关系。他认为，“思维”既不是纯粹主观意义上的理性，也不是纯粹生物学意义的个人经验，而是实践感性活动的、具有主观能动性的“现实的人”。“存在”既不是思维自身的产物和规定，也不是外界在心智中的镜像反映，而是与人发生关联的那部分事物，是人类实践活动的对象。

马克思（Marx 1818—1883）进而指出，社会实践是人的一种存在方式，是人的本质特征，并以此为出发点实现了对西方形而上学的颠覆，将哲学确定为研究人的现实存在及其客观基础，研究以社会实践为基点和中介的人和自然、人和人之间的交互关系。他同时强调了人的现实性，使得哲学理论不再是抽象的教条，将其改造成指导人们行动的指南。这样，就在实践的基础上确立了主体与客体之间的辩证关系，也改变了主体自身的意义。

哲学家们认为，批判和超越近代西方哲学中思维与存在二元对立的思维范式,是西方哲学从近代走向现代的主要标志,马克思也是在这一反思中发展出自己的实践观。EP 提出的心智体验性原则认为:思想、知识、意义来源于感知体验,这是在明明白白地宣称:存在决定意识和意义。马克思早在 1845 年在《关于德意志意识形态》一文中就指出:

> 思想、观念、意识的生产最初是直接与人们的物质活动,与人们的物质交往,与现实生活的语言交织在一起的,观念、思维、人们的精神交往在这里还是人们物质关系的直接产物。……不是意识决定生活,而是生活决定意识(《马克思恩格斯全集〈第 3 卷〉》,1960:29—30)。

恩格斯(1820—1895)于 1892 年在《〈社会主义从空想到科学的发展〉英文版导言》一文中指出:

> 我们的全部知识是以我们的感官所给予我们的报告为基础的(《马克思恩格斯全集〈第 22 卷〉》,1965:343)。

列宁(1870—1924)于 1908 年在《唯物主义和经验批判主义》一文(1988:34,39)中指出:

> 思维永远不能从自身中,而只能从外部世界中汲取和引出存在的形式。……唯物主义和自然科学完全一致,认为物质是第一性的东西,意识、思维、感觉是第二性的东西。

毛泽东同志(1893—1976)于 1937 年在《实践论》中严厉批判过理性论的观点,他(1991:290)指出:

> 哲学史上有所谓"唯理论"一派,就是只承认理性的实在性,不承认经验的实在性,以为只有理性靠得住,而感觉的经验是靠不住的,这一派的错误在于颠倒了事实。理性的东西所以靠得住,正是由于它来源于感性,否则理性的东西就成了无源之水,无本之木,而只是主观自生的靠不住的东西了。…… 认识开始于经验——这就是认识论的唯物论。

他(1991:291)在文中也严厉批判了经验论,指出:

> 认识的感性阶段有待于发展到理性阶段——这就是认识论的辩证法。如果以为认识可以停顿在低级的感性阶段,以为只有感性认识可靠,而理性认识是靠不住的,这便是重复了历史上的“经验论”的错误。……理性认识依赖于感性认识,感性认识有待于发展到理性认识,这就是辩证唯物论的认识论。

在这里,毛泽东同志同时指出了经验论和理性论之不足。雷柯夫和约翰逊对这两种观点的批判与毛泽东同志的批判大致相同。毛泽东同志还指出:

> 一切真知都是从直接经验发源的。…… 所以,一个人的知识,不外直接经验的和间接经验的两部分,而且在我为间接经验者,在人则仍为直接经验。因此,就知识的总体说来,无论何种知识都是不能离开直接经验的。任何知识的来源,在于人的肉体感官对客观外界的感觉,否认了这个感觉,否认了直接经验,否认亲自参加变革现实的经验,他就不是唯物论者。

EP,包括新现象学、内部实在论等,都强调人在认识世界过程中的主观能动性。马克思早在1844年就指出了人们在认识世界过程中这种主体性作用,将这种观点表述为

> 人化的自然界。

他(1979:126)指出:

> 任何一个对象对于我的意义,都以我的感觉所及的程度为限。……人的感觉,感觉的人性,都只是由于它的对象的存在,由于人化的自然界,才产生出来的。

人的感觉所及的程度是有差异的,因此人化的自然界对于每一个人来说也是有差异的,思维、意义也就不可能具有客观性、绝对性和固定性。

因此,心智的体验性与马克思所倡导的唯物辩证法的基本思想是一致的,或者说,西方哲学研究又重新回到了对这一思想的再认识,并认为该理论对于解释语言形成和运用等现象具有较大的解释力。

三、认知的无意识性

EP的第二项基本原则为“认知的无意识性”。雷柯夫和约翰逊这里所说的“认知”是一种广义的解释,包括对五官感知的加工、记忆、注意、情感、思维、推理、语言等。因此他们所说的“认知”对许多哲学家来说不被视作“认知”。由于其所指范围的不同,从而也就导致了对这一观点看法的差异。

两位教授(1999:10)指出认知的无意识性主要指:

> 隐藏在认知能够意识到的层面之下,意识无法达到,运行速度极快而无法捕捉。

如我们习以为常的言语交际,即使是最简单的一个话语,倘若细细分析起来,也能解析出十几个程序:听到声波、解读句法、分析词义、获得句义、关注对方的表情和身体姿态、做出推理、获取含意、调用记忆库信息、做出回应、选用适当词句、指挥口腔运动、发送话语……但我们在日常交际过程中从来也没能意识到这些程序的存在,或者说,从来也没办法了解和控制这一心智加工过程。倘若能知道这一内在过程,那么此人倒可能不是一个正常人了!

在西方哲学史上对于认识和认知是否具有意识性一直存在不同的看法,如笛卡尔就认为“推理—语言”是有意识的;塞尔(Searle 1995:128)也坚决否定认知的无意识性;拉康曾通过分析语言结构论述了人类无意识的思维机制;乔姆斯基认为认知是无意识的。雷柯夫和约翰逊接受了乔氏的这一观点,并认为他的观点对认知科学作出了很大的贡献。

四、思维的隐喻性

EP的第三条原则为“思维的隐喻性”,虽早有学者论述,但他们的成就都远不及雷柯夫和约翰逊的“隐喻认知理论”。

我们知道,西方哲学自柏拉图以降,一直将“哲学”与“文学”这两个科目加以严格区分。前者为寻找客观绝对真理和建构形而上学,力主运用理性的、纯逻辑的语言;与其相反,文学却是虚构的、隐喻的、讲究修辞的。相对于哲学而言,文学并不囿于真值,允许浪漫、想象和虚构,语言表达不必严谨,各种比喻俯拾即是。因此,长期以来很多学者一直认为哲学优于文学,将隐喻视为形而上学的敌人。

但在对隐喻的一片嘘声中也有人褒之,将其视为人类须臾不可或缺的认知机制,特别是人类进入到后现代哲学时期,人本主义精神得到充分张扬,因人而起的“假话式隐喻”才受到人们的青睐。布莱克(Black 1979:20—21)曾将西方主要哲学家对隐喻的态度分为“贬斥派(Depreciators)”和“赞赏派(Appreciators)”,很好地反映了这一现象。

现笔者增加“认知派”一栏,拟将隐喻研究简史列表综述如下:

分期	人物	贬斥派	赞赏派	认知派	备注
古希腊	柏拉图	√			
	亚里士多德		√		
古罗马	西塞罗				(一般)词汇比较/借用
	昆提良				(一般)替代论
中世纪	毕德	√			
	阿奎那		√		
17/18C 经验论	霍布斯	√			
	洛克	√	√	?	
	贝克莱	√			
18/19C	卢梭		√	?	
	康德		√	?	
	黑格尔	√	√		
	密尔	√			
	尼采		√	?	
20C	逻实论者	√			
	理查德兹		√(互动说)	?	
	卡西勒		√		
	布莱克		√(互动说)	?	
	布卢门伯格		√	?	
	德里达		√		
	利科		√	?	
	塞尔		√		
	L&J		√	√	

图 17—1 西方隐喻研究简史

说明：

(1) 古罗马的两位哲学家对隐喻的态度介于两派之间，表中标为“一般”，后面注明他们对隐喻的看法。
(2) 有些哲学家对隐喻持有两种态度，分别就在对应的栏下画上“√”，如黑格尔、洛克①。
(3) 一般说来，17 世纪—19 世纪的经验主义者和实证主义者（如表中所列霍布斯、洛克、贝克莱、密尔等）以及 20 世纪的逻辑实证主义者，是贬斥隐喻的，因为隐喻是不能被经验所证实的，属于非科学。
(4) 表中仅只列述了 1980 年前著名哲学家对隐喻的论述，还有很多哲学家也论及过隐喻，恕不一一列全。表中所列著名哲学家不一定都将隐喻作为主要研究对象，有些仅只有所提及，我们就根据他们所述观点做出权宜归类。

有学者认为，国外最早从认知角度谈隐喻的当算雪莱，但根据文献记载可追溯到洛克，他于 1690 年在《人类理解论》中虽曾说过贬斥隐喻的话，但也提及过类似于概念隐喻的观点，列尔立(Leary 1990)曾指出：

> 换句话说，洛克认识到我们基本的心智概念是隐喻性的（参见 Dirven & Pörings 2002：555）。

这里就已经涉及雷柯夫和约翰逊的隐喻认知理论。但他仅是述及，而没有做大量的专题论述，也未鲜明地将其作为一个理论提出，因此表中标注为“?”，下同。

后来，德国著名哲学家康德 1790 年也曾指出(参见 Jäkel 1999：12)：

> 人们使用经验直觉进行类推。在类推中判断起双重作用：首先，将概念运用于感知到的事物中，然后，将直觉思考的规则运用于完全不同的事物，前者仅是后者的符号（即：隐喻）。因此，一个君主国家若是依据民主法律来管理，就可被概念化成一个生命体，但若是由一个专制者独裁统治，就可被概念化成一台（像手工作坊）机器。在这两种情况下，不

① 黑格尔和洛克都说过贬斥隐喻的言论，但我们也注意到他们也说过赞赏隐喻的话，如黑格尔曾说过：人们需要用感觉现象来表达精神现象，所以就产生了隐喻。

> 过仅是作一种象征性的概念化,即隐喻性的概念化。在专制独裁国家和手工作坊之间没有相似之处,但在这两种思考规则中以及因果关系中存在相似性。…… 我们的语言充满了这类通过类推获得的间接性概念化。

康德虽没有用 metaphor 这个词,但 Jäkel 认为他所说的 symbol 就相当于 metaphor,因而用括号注出。他还十分明确地指出:我们的语言中充满了这种运用类推间接获得的概念化表达方法。

德国哲学家,新康德主义学派的重要代表人卡西勒(Cassirer 1874—1945)于 1923 年也曾论述了心智特征是空间特征的隐喻表征,并指出人类的知识是基于身体经验和空间,并通过隐喻逐步形成的(参见 Jäkel 1999:14)。

德国存在主义哲学家海德格尔(Heidegger 1889—1976)一直与客观主义的形而上学做斗争,认为思想不同于基于命题的逻辑推理,其本质是对存在的收集、集合和回忆,使存在显现出来。“诗”一直公开承认自己的隐喻性质,而哲学却自命不凡,宣称自己在使用纯语言,使哲学具有“白色的”纯洁性。而海氏直接提出“思和诗”等同的观点。诗既不是模仿,也不是描绘,而是人的“真正财富和基本质料”,是把人类从其空虚无聊的命运中召回的一种方式,诗开显思想,故而主张取消哲学和文学(诗)之间的界线,这也是后现代主义哲学的一个重要特征。

德国哲学家布卢门伯格(Blumenberg 1960)发表了论文“Paradigms for a Metaphorology”,第一次使用了“Metaphorology(隐喻学)”这一术语,并提出隐喻学应从思维(认知)角度来研究的观点。他甚至还直接说到了隐喻认知理论的核心处:通过隐喻可帮助我们了解认知的基本结构(参见 Jäkel 1999:15)。

美国哲学家戴维森(Davidson 1917—2004)于 20 世纪 60 年代也曾指出,隐喻是我们在编织信念和欲望过程中的基本工具,没有这个工具就不会有科学革命或文化的突进。希思(Hesse)也把科学理论描述为“对被说明者的领域进行隐喻的再描述”(参见 Rorty 1979,李幼蒸译 2003:470)。

法国著名的解构主义哲学家德里达(Derrida 1930—2003)更是向前迈出了一大步,主张根本摧毁哲学与文学的界线,认为文学话语和哲学话语有着相同的本质,哲学与诗共享同一领域,两者不是截然相反。他认为隐喻原本是诗歌的典型特征,但在哲学语言中也同样包含了大量的隐喻,哲学实际上是充满隐喻的诗(庞学铨 2005:291)。德里达(1967,英文版 1976:271)与卢梭一样,认为:

Language is originally metaphorical.（语言在根源上就具有隐喻性。）

德里达（1982）还指出：哪里有文字，哪里就有隐喻。他（1967）在《白色神话学》中又写道，西方形而上学哲学家传统一向把隐喻当做危险的敌人，这一传统建立于“确实真理”与“纯粹隐喻”二者之间的对立上。前者被看成是“与现实符合”的，后者则被看成一种诱人的、有迷惑力的、危险的诱惑物——一种“逃离现实”的诱惑（参见 Rorty 1979，李幼蒸译 2003：471；第八章第十九节）。

利科（Ricoeur 1913—2005）于 1975 年出版了法文版《活的隐喻》（1977 年译为英文，其标题为《隐喻的规则》），也将隐喻与人类的意识联系了起来。理查兹（Richards 1936）提出隐喻互动论之后，布莱克（Black 1962，1979）、托尔郎果和斯滕伯格（Tourangeau & Sternberg 1981，1982）等学者进一步完善了互动论。这些论述为雷柯夫和约翰逊（Lakoff & Johnson 1980）日后鲜明地提出“隐喻认知观”奠定了一定的理论基础（参见第二十章第五节）。

他们认为，隐喻在本质上不仅是一种修辞现象，更重要的是一种认知活动，它是人们认识世界的基本认知方式，对于组织人类概念系统、发展人类认知功能、生成语言新奇表达都具有至关紧要的决定性作用。这些说法与上文所述及的哲学家观点不乏相似之处。

综上所述，体验哲学中的认识隐喻理论主要有以下三点创新之处：

（1）颠覆了亚里士多德的传统观，隐喻不再是语言修辞层面的问题，而是人类的认知方式，且是须臾不可或缺的生存手段。用他们的话来说，思维、行为、语言，究其本质而言，都是隐喻性的。用一个事物来喻说另一个事物的现象不仅不可避免，且还面大量广，无处不在，将其扩大到了其他若干领域。

（2）他们首先将隐喻认知理论正式作为一条普遍原则置于哲学理论框架之中。尽管在他们之前也有很多哲学家述及此类现象，但都没有雷柯夫和约翰逊的讨论深刻，论证全面。

（3）在后现代哲学视野中，将隐喻认知理论与心智的体验性和认识的无意识性有机结合起来，形成了一种全新的理论体系：体验哲学。

第三节　体验哲学和认知语言学的超越

一、体验哲学的超越

古希腊和中世纪时期的毕因论过于倚重人对客观世界的感知经验，或以图通过人之理性来说明客观事实，其中虽包括人，但没有研究真正的人是什么。

17 世纪到 19 世纪的西方认识论虽也关注人的认识能力，追问人的真知来自何处，但主要基于身心二元论立场，要么持"经验论(Empiricism)"，要么持"理性论(Rationalism)"。前者片面强调身体感知经验和科学实证论，且将感知经验视为人的一切知识或观念的唯一来源，以这样或那样的方式贬低乃至否认理性认识的作用；后者主要基于心智观，将理性视为知识的唯一源泉，认为"经验"总是主体内部"私人"的东西，缺乏客观性和可靠性，无法被人所共同确认。

胡塞尔所倡导的现象学也曾持相同看法，忽视了人的基本生存经验在日常生活中所起到的决定性作用，认为哲学研究应关注与实实在在的人相脱离的、没有血肉之躯的、苍白的、超验的、纯粹的意识现象。

分析哲学早期所倡导的用形式化语言来解决哲学问题，为哲学研究开创了一个新方向，也为语言学注入了一种新理念，其历史意义必须得到充分肯定。但其理论局限性也暴露无遗，溯其根源，它也是基于传统客观主义理论、经典范畴理论、二元对立论等之上建立起来的一种分析方法，必然会面临一大堆难题，如：语言表达的细微差异、修辞加工、感情色彩、故意双关、模糊辞令、丰富含意、隐喻转喻、表达多样性等，都可能被形式主义语言理论视为大敌而当以排除在外。特别是后现代哲学大力倡导回归生活世界，强调人本性因素，这就是哲学家们转向日常语言学派的初衷。

正如上节所述，杜威、梅洛庞蒂、施密茨、普特南、马列等著名哲学家也批判了西方哲学中的客观主义立场，鲜明地提出了体验观、实践观和互动论，旨在消除笛卡尔二元论对哲学研究所产生的负面影响。

雷柯夫和约翰逊(1980:195)在反思和批判西方客观主义哲学的基础上提出了"体验哲学①"，认为古希腊和中世纪的唯名论与唯实论之争，近代史经验论与理性论之争，英美分析哲学、行为主义、实用主义与新理性论之争，基本是围绕"感性论"和"理性论"的争论，它们基本上都属于"客观主义"哲学理论，因为两派都认为存在一个独立于我们人的客观世界，其中隐藏着一个"绝对真理"，我们应当不遗余力地将其找出来。这两种理论的区别仅在于解

---

① 他们在 1980 年所用的术语为 Experientialism，我们当初将其译为"新经验主义"，以区别于西方 17 世纪－19 世纪认知论中的"Empiricism"。但国内有粗心学者或缺乏哲学背景知识的学者误将 Experientialism 译为"经验主义"，这就很容易引起思想混乱，造成误解。雷柯夫(1987)后来开始使用 Embodiment，但尚未将其视做一个术语。他与约翰逊(1999)才正式使用"Embodied Philosophy"这一术语。

释获得这种绝对真理的方法有差异：对于经验论者来说，经验是人的一切知识或观念的唯一来源，我们关于世界的全部知识来自人的感知。这其间虽也包含人的因素，但并没有真正研究“人是什么”，且还过于强调排除人的因素，将研究方法导向了科技理性（或叫工具理性、科学主义）的进路。对于理性论者来说，只有人类先天具有的理性能力才能向我们提供关于真实世界的知识。这其间虽也是在论述人的理性和推理能力，但却又过分强调要排除人的感观经验，消解个人偏见和个人价值，抛弃传统观念的干扰。

笔者（2003，2007b：54—56）曾根据雷柯夫和约翰逊（1980，1999），雷柯夫（1987）等的论述，将客观主义哲学与非客观主义哲学（特别是体验哲学）之间的主要差异概括为 5 条，现概括如下：

	客观主义哲学	非客观主义哲学(EP)
1. 世界范畴	客观性与独立性	主客性与依存性
2. 人类思维	分离性和镜像性	体验性和互动性
3. 心智结构	非隐喻性和原子性	隐喻性和完形性
4. 概念结构	符号性与对应性	非符号性和建构性
5. 意义系统	固定性和组合性	模糊性和整合性

图 17—2　客观主义哲学与非客观主义哲学(EP)的主要分歧

雷柯夫和约翰逊将西方哲学中的感性论和理性论（参见图1—1）归为客观主义哲学，对其进行了严厉批判，认为客观主义理论完全行不通，人的主观因素不应当被排除在认识世界的过程之外。语言是“惟人参之”的产物，何来的绝对客观，哪来的“笛卡尔范式”？人的因素当予充分考虑和重视，因而出现了意义的概念化理论和识解方案。他们兼收并蓄了三条重要原则：心智的体验性；认知的无意识性；思维的隐喻性，形成了体验哲学的核心内容，当算是对西方客观主义理论的一次超越。正如他们（1999）在《体验哲学》一书的副标题所示：

The embodied mind and its challenge to western thought

在该书封面右上角的一句话也能恰如其分地表明这本书的核心思想和重要意义：

A ground-breaking work that radically changes the tenets of

traditional western philosophy.

这里所“挑战(challenge)”和“颠覆(radically change)”的西方传统哲学，正是指流行了两千多年的形而上学客观主义哲学理论，这就是图 1.1 下方大括号的根据。

雷柯夫和约翰逊的论著既有继承也有发展，充分体现出他们扎实的哲学根基和创新精神。也正是由于他们的努力，将当今哲学和语言学研究带入到了一个新境界、最前沿，值得我们去学习研究、消化吸收、继承发展！

二、认知语言学的超越

现将图 1－1 所绘西方哲学简史再次简化，可表述为：

感性	理性
亚氏哲学	柏氏哲学
唯名论	唯实论
经验论	理性论
英美分析哲学	新理性论
行为主义、实用主义	

客观主义哲学 ⟺ 非客观主义哲学(体验哲学)

图 17－3　西哲史简化表

我们在第二章简述了西方不同时期的哲学与语言研究的交织情况，特别是前者对后者的影响。我们可依据图 17－3 将西方主要语言学流派做如下分类列述，且可将它们大致划归为“客观主义语言学派”，而认知语言学则属于“非客观主义语言学派”。

	感性	理性
19C 前	传统语文学	思辨语法
19C	比较语言学	普遍唯理语法
20C	结构语言学	
	描写语言学	转换生成语法

客观主义语言学 ⟺ 非客观主义语言学(CL)

图 17－4　基于 EP 划分语言学流派

传统语文学(Traditional Philology)、比较语言学(Comparative Linguistics)和描写语言学(Descriptive Linguistics)主要基于感性论(经验论),强调基于语言事实进行归纳总结,以能寻得语言表达的规律、本质和根源;而思辨语法(Speculative Grammar)、普遍唯理语法(Universal Rationalist Grammar)和转换生成语法(Transformational-Generative Grammar)则基于理性论,运用演绎性理性分析法,追寻普遍存在的语言特性。

结构主义语言学主要基于分析哲学,兼有感性论和理性论倾向,因此在图 17－4 中将其置于两者之间。但不管结构主义语言学属于哪一类,由于它忽视人的主观因素,排除个人见解,消解人的价值观念,将追求语言的客观形式本质视为其终极目标(参见第八章第十三节),因此在体验哲学理论中被划归为"客观主义语言学(Objectivist Linguistics)"范畴。

转换生成语法所倡导的形式化分析方法只注重纯符号的运作和演算,以及符号表达式与客观世界之间的纯粹对应关系,忽视人的主观性、想象力和创造力在理解客观世界中所起到的关键作用。

与这些语言学流派相对的是"非客观主义语言学(Non-objectivist Linguistics)"——其代表为"认知语言学"——对上述传统语言观又做出了一次超越,也是对当今人文研究中所表现出的"呼唤人因素回归"(李洪儒 2006)思潮的呼应。基于后现代哲学理论(包括体验哲学)所形成的认知语言学大力倡导"回归生活世界",互动体验现实社会,且充分考虑人的主观能动性,努力尝试建立语言与人、与社会现实之间的统一和辩证的整体关系,力主从"以人为本"的角度来探索语言表达背后的认知机制,挖掘语言表达背后的人性特点和人本精神,揭示语言表达背后的心智表征机制,透析人们认知世界的基本方法,寻找人们如何通过"体验"和"认知"形成语言的方式和过程。认知语言学据此认为,语言具有"体认性(Embodied Cognition)",即:语言中既有客观性,也有主观性,仅基于客观主义形而上学理论是难以获得语言之真谛的。语言符号象似性理论也是沿此思路发展而成的。

第四节　笔者心得与中国后语哲

鉴于上文所述和我们的理解,一方面拟将体验哲学和中国后语哲划归为西哲第四转向三期:建设性后现代哲学理论;另一方面拟将体验哲学和认知语言学视为中国后语哲的一项主要内容。

这些年来我们基于中国后语哲所一贯倡导的"继承与创新,超越和回归"的方法论,对体验哲学和认知语言学做了以下思考和发展。

一、确立核心原则

我们基于体验哲学归纳出了认知语言学的核心原则：

现实——认知——语言

同时将西方哲学(包括语言哲学)的主题“世界”、“毕因”、“人”和“语言”等融合为一体，做贯穿性综合处理，惊奇地发现：该核心原则中的三个要素，竟然与哲学的三次转向相吻合：

现　实——认　知——语　言
毕因论　　认识论　　语言论

也就是说，要能深刻理解认知语言学的核心原则，就要对西方哲学有一个较为全面的了解；另一方面也说明，体验哲学本身较为全面，可将西哲主要内容包含其中。

同时，我们还发现：索绪尔仅只关注语言系统本身，即最右边的要素；乔姆斯基向前迈出了一步，关注语言与心智(即认知)之间的关系，但他将心智和语言视为天赋之物；而认知语言学向前又跨出了一大步，认为它们不是先天的，而是在对现实进行互动体验的基础上形成的。这足以可见认知语言学具有前沿性，同时也具有全面性。

这些年来我们还围绕这一核心原则分析了语言各层面(包括语音、词汇、词法、句法、语篇等)的具体成因及其认知机制，大力倡导将这些分析方法和所得结果应用到语言教学中来，收到了事半功倍的效果。这也足以证明体验哲学和认知语言学具有较大的解释力和实用性。

二、溯源体验哲学

我们在第二节对体验哲学的三条原则进行了追踪溯源，理清了它与西方(语言)哲学的关系。

体验哲学源自对西方两千多年传统理论的反思，它将传统的感性论和理性论(包括近代哲学史上认知论，如经验论和理性论，以及现代分析哲学和理性研究方法，参见王寅 2007b:39)都归结为客观主义哲学理论，因为它们都承认存在一个独立于人的客观外界和客观真理，哲学家的任务就是找出外部世界背后的客观真理(或终极真理、彼岸世界)，这才有了哲学的核心内容“形而上学”。雷柯夫和约翰逊接受了康德的“人为自然立法”、马克思的“人化自然界”、哈贝马斯的“共识真理观(Consensus Theory of Truth)”,以及其他学者的若干观点,针锋相对地提出了非客观主义哲学理论,认为不存在什么独立于人的客观真理。他同时创建了体验哲学的三条基本原则,它们既是区分第一代和第二代认知科学的分水岭,也是认知语言学的哲学基础,也为语言符号象似性提供了理论支撑。

我们在溯源性探索过程中,发现体验哲学所倡导的三条原则也是基于前人研究之上综合而成的。单就心智的体验性来说,两位学者(雷柯夫为美国著名认知语言学家,约翰逊为美国著名哲学家)就受到了很多哲学家的影响,如:杜威(Dewey 1925)的经验自然主义、海德格尔(Heidegger 1927)的人文哲学、梅洛庞蒂(Merleau-Ponty 1945)的知觉现象学、斯密茨(Schmitz 1980)的新现象学、普特南(Putnam 1981)的内部实在论,以及马列的唯物辩证法等。至于认知的无意识性和思维的隐喻性,也有很多学者做出了论述。雷柯夫和约翰逊的贡献在于将三者整合为一个完整的理论,以其来批判西方哲学(包括语言哲学)的理论根基,挑战传统思想,开启了一条新研究进路。

同时,我们还将他们所说的体验性从以下三方面做进一步细化理顺:

(1) 我们依靠什么体验:身体和大脑;
(2) 我们首先体验什么:空间和运动;
(3) 我们究竟如何体验:感知互动式。

这些基本出发点就决定了认知语言学必将要走向与传统语言理论不同的进路。哲学基础的反思,必然要决定语言学理论的反思,我们也沿着上述所理顺的进路做出了初步探索和论述。

我们还基于体验哲学对西方哲学流派的划分,对过往主要语言学流派进行了重新分类(参见图17—4)。

三、建构SOS理解模型

就如何理解“世界、思想、语言”之间的关系,西方学者提出了很多模型。我们基于体验哲学的建设性立场,反思了传统人本观和激进人本观之不足,提出了“主客主多重互动理解新模式(简称SOS理解模型)”,以能避免西方学者提出的“单向”或“双向”理解模型之不足。

从古希腊到19世纪末漫长的两千多年中,西方哲学家为追求客观真理而竭力排除人的主观因素,遵循着单向性思考的方式,强调主体向独立客体的单向运动:要么强调感知经验的作用,要么强调理性思维的作用。到了现代和后现代,学者们发现这种单方向思考存在很多缺陷,开启了双向思考的研究进路。皮亚杰提出了主客互动的观点,伽达默尔觉得人本性还没有得到应有的强调,将理解直接视为主体之间的相互对话,哈贝马斯在其理论体系中重点论述了"主体间性"。

我们基于体验哲学对"单向理解、主客互动、主体间性"进行反思,提出"SOS 理解模型",其中既有主客互动,又有主主互动,更重要的是两者的结合,以修正后现代学者过于强调"接受美学"、"读者反映论"、"意义不确定论"所产生的偏差。在两主体(S)之间有一个"客体(O)",它可有效地约束主体之间在理解上的偏差。

四、细化认知分析

我们在上文第一点论述的基础上,还细化了体验哲学和认知语言学的核心原则"现实—认知—语言"中的"认知过程",可望能回答"物质如何决定精神"的问题。

图 17—5 详解了认知过程:首先在主客互动体验的过程中通过感觉、知觉、意象建立了意象图式;基于此建构出范畴和概念,同时形成意义;当人们用语言形式将这一思想撳住,这就是词汇化和语法化,以便表达和交流。笔者通过语言分析顺便思考了哲学上的一个老问题,也算是对唯物主义决定论的一点细化解读。

在"互动体验"中,我们还列述了三个递进阶段:

(1) 感觉(Sensation);
(2) 知觉(Perception);
(3) 表象(Image)。

感觉指当前作用于人们感觉器官的客观事物的个别属性在头脑中的反映,它是认识的最简单形式,婴儿依靠它开始认识外部世界。知觉则比感觉更为复杂,指当前作用于人们感觉器官的事物的各种属性在头脑中的总体反映,是各种感觉的总和。例如婴儿在多次感觉的基础上慢慢获得了梨子的多个乃至综合性特征,包括颜色、形状、味道、硬度、温度等,在综合这些感觉的基础上就可获得对梨子的整体印象,这就是对梨子的知觉。

上述两个阶段是以"存在当前事物"为基础的,属于"在线加工(On-line Operation)"。而表象(或心象,为心智图像 Mental Image 的简称)则指在没有客观事物的情况下留在人们头脑中的印象,即在无具体事物在场时人们依旧能够通过"想象力"唤起该事物的意象,为"下线加工(Off-line Operation)",它是感觉和知觉的心智表征,具有较高的模糊性和较大的变动性。

图式(Schema)指人们把经验和信息组织成常规性认知结构,以便能较长期地储存于记忆之中。雷柯夫(1979)首先将"意象"和"图式"这两者结合起来,提出了"意象图式(Image Schema)",以期能使个人的意象更具普遍性和稳定性,这样它就可作为认知过程中的一个基础环节。基于意象图式就可形成人类的范畴、概念和意义。

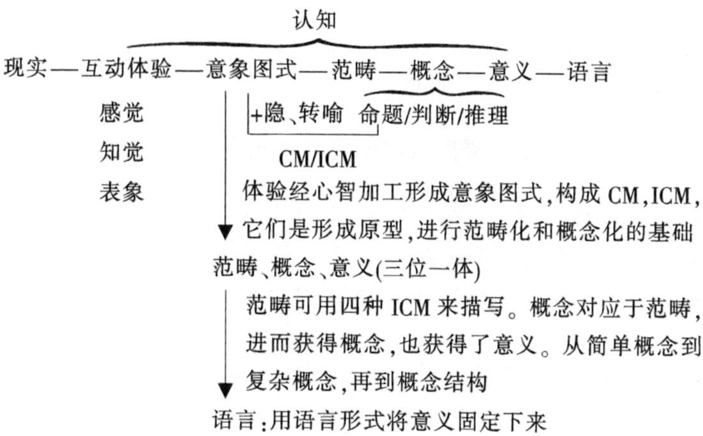

图 17—5　认知语言学核心原则细化分析

人类通过对现实世界的互动体验形成了基本的意象图式,据此也就形成了"认知模型(Cognitive Model,简称 CM)"。若干个 CM 之和就可构成一个"理想化认知模型(Idealized Cognitive Model,简称 ICM)",它主要运用以下 4 种原则建构而成:命题结构原则、意象图式原则、隐喻映射原则、转喻映射原则。后两者的运作机制也是以"意象图式"为基础的。

我国政治教材反复强调了"物质决定意识"的唯物观,但对"物质如何决定精神"却鲜有详述。我们(2006a)希望通过对上述"认知过程"的细化分析,以能尝试对这一问题做出一定的解释,即人们主要是通过"感觉—知觉—表象—意象图式—范畴"这样一个过程来获得意识的。这或许仅仅是诸多解释方法之一种,但也算是一种尝试吧!除此之外,图 17—5 还意在说明:

(1) 有效地整合国内外多路认知语言学家不完全相同的论述。他们所用术语和论述措辞也有较多差异，现期望能通过该细化分析作一贯通性处理，能形成较为统一的模式。

(2) 充分地体现了认知语言学的跨学科研究方法。通过对认知过程的细化分析可见，认知语言学涉及心理学(感觉、知觉、意象)、哲学和语言哲学(范畴化、范畴、概念化、概念)、逻辑学(命题、判断、推理)、语言学等学科的有关内容，并较好地将它们进行了统一性整合。

(3) 清晰地解释了语言形成的较为详细的认知过程，突显了语言哲学"语言使思想出场"的观点，可望能展现出认知语言学中的主要内容和基本观点，并以此为主线将较为零散的多路论述串通起来，统一地运用于语言理论和教学实践之中。

(4) 图 17—5 在细化人的"认知内部核心环节"的过程中，突出了语言的主客二性，强调了语言研究中的人文精神。这也完全符合当前人文科学，特别是后现代哲学和中国后语哲的主要趋势。

五、提出语言世界观多元论

语言哲学也与语言世界观密切相关，两者都关心语言与思维(即认知)、与现实世界和社会世界之间的关系，都述及了语言在人的世界观形成中所起的作用。当前，语言世界观主要有四种基本观点：

(1) 反映现实论；
(2) 认知假说论；
(3) 语言决定论；
(4) 语言思维二元论。

前三种观点具有明显的单向论述的倾向，且这四种观点都没能将社会文化因素考虑进来。为此我们提出了"语言世界观多元论"，在认知语言学核心原则"现实—认知—语言"中加入"文化"这一要素，且认为这四要素之间存在"多重相互作用"。笔者在此框架中提出：

(1) 决定关系：现实决定认知，认知决定语言；
(2) 影响关系：语言影响认知，认知影响现实。

我们近年来基于体验哲学和认知语言学的理论重点论述了语言体验性和认知性，一方面为语言世界观多元论做了理论铺垫，另一方面语言世界观多元论也为语言体认性提供了证据(详见《重庆大学学报》2007 年第一期;《高等学校文科学术文摘》2007.2 部分转载)。

六、拟构认知语言学权宜性定义

国外认知语言学通过近三十年的发展,已逐步形成一个全新的主流语言学理论体系。但该学派内部也是门出多家,观点庞杂,术语众多,述著甚丰,但也有不少观点并不一致,甚至还完全相背。我们经过多年的思考,主要根据雷柯夫(Lakoff)、蓝纳格(Langacker)、泰勒(Taylor)、德尔文(Dirven)等著名认知语言学家的观点,勾画出认知语言学的理论框架和主要内容,并拟构了其权宜性定义(王寅 2005:8):

> 一门坚持体验哲学观,以身体经验和认知为出发点,以概念结构和意义研究为中心,着力寻求语言事实背后的认知方式,并通过认知方式和知识系统等对语言作出统一解释的、新兴的、跨领域的学科。

然后,我们以该定义为基本出发点,暂时选择出认知语言学的主要教学内容,努力将它们贯穿起来,以便能形成一个相对完整的理论体系。特别梳理出约 10 种认知方式,诸如:互动体验、意象图式、范畴化、概念化、认知模式(包括框架、CM、ICM、ECM、概念整合等)、识解(范围、突显、视角等)、隐转喻、激活、关联等,重点尝试运用这些能反映心智表征的认知方式对语言的各个层面,如语音、词汇、词法、句法、语篇等作出统一性解释,其中也包含了很多新见解。

七、提出语言新性质"体验性"

国内语言学著作和教材都谈到了语言的很多性质,如交际性、社会性、符号性、系统性、全民性、民族性、任意性、生成性、超时空性、心智性……且不同学派常强调了语言的不同性质:

> 结构语言学更强调语言的符号性、系统性、任意性;
> 功能语言学更强调语言的社会性、功能性、交际性;
> 乔氏 TG 派更强调语言的天赋性、心智性、生成性;
> CL 学派则更强调语言的体验性、认知性、象似性。

认知语言学认为:语言是人们基于自己的感觉器官在与现实世界互动体

验的基础上通过认知加工逐步形成的，是主客观多重互动的结果，这就必然要得出语言具有体验性这一结论。我们近年来尝试超越传统语言观，围绕这一主题发表了系列文章(现已发到"之二十九")，从不同角度对其做出了论证。

雷柯夫和约翰逊(1980;1987;1999)等在他们的论著中虽论述了范畴、概念、心智、推理以及语言的体验性，但未能对其做重点强调和专题论述。我们在这一基础之上专门论述了"语言体验性"，并分别从语音、词汇、词法、句法和语篇等层面进行了论证，同时还提出了确定语言性质的基本原则。

我们针对乔姆斯基的"天赋普遍观"提出了"体验普遍观"，强调了人类之所以在思维和语言中具有部分普遍现象，是因为人类面对的世界相同或基本相同，我们身体的各器官和功能也具有共性，因而人类所获得的思维和认知也具有部分共通之处。

我们还认为，认知语言学家蓝纳格(Langacker 1987;1991)主张将意义等同于"概念化(Conceptualization)"，且主张用"识解(Construal)"对其做出统一解释，但忽视了意义中的客观因素，因此笔者提出了"体验性概念化"的观点。

我们还针对后现代哲学思潮中的"激进人本观"提出了"体验人本观"，这也是基于西方语言哲学这个"节"上生出的一个"新枝"。

中国后语哲是在西方语言哲学大潮已过，以及发现其中若干不足的形势下提出的战略性补救措施，一方面为语言哲学在中国的发展和深入提供了新思路，也为语言学在21世纪的前进提供了一个新方向。本节所述及的笔者心得，是近20年来对体验哲学和认知语言学做出的一点反思和发展，正体现了中国后语哲的精神，在学术研究中争取做到"既有继承，也有反思，更有发展"。

八、强调中西结合

在我国语言学研究中，汉语界和外语界沟通甚少，吕叔湘先生于20世纪70年代就发现了这一问题。近年来不少学者在这一领域进行了探索，并取得了一定的成就，两张皮的问题有所缓解，但还很不够。

我们都知道这样一个现实，长期以来外语界学者常将眼光仅盯在西方理论上，不太重视我国学者的论著，认真研读我国老祖宗有关语言论著者则更少，这造成了多年来汉外两界沟通较少的局面。为了有效克服这一倾向，很多学者在这方面做出了许多努力，特别是近年来不少学者尝试将认知语言学的基本原理运用到汉语分析和语言教学中，期盼能在这两个方面有所发展、突破和超越。我们(2003;2004)也顺应这一趋势作出了一点尝试，同时还发现认知语言学的基本原理，特别是语言的体验观，在我国先哲中早有提及和论述，如在《易经》、《荀子》、《说文解字》、《释名》、《文心雕龙》等古籍中都有相应论及。特别值得一提的是，隐喻的认知观也不能简单地划归于西方学者的名下，孔子对其早有论述。另外，关于语法化、象似性等观点，我国学者的论述也要大大早于西方学者很多年。

我们所得出的这一结论，并不是要刻意抬高我国古代学者的贡献，无故抒发民族自豪感，而重在以史料为根据，以文本为基础，分层次按类别进行对比，因此我们得出上述有关结论是有根据的，具有较大的说服力。这一事实也有力地证明，外语界的语言学者不能忘却宝贵的本土文化，忽视我国老祖宗留下的丰富思想遗产，特别是有关语言方面的论述。

中西方学者虽出自不同的社会背景和政治环境，研究进路各有所长，所用语言也千差万别，但很多基本观点、研究进路却有不少相通之处。当我们站在现代人类认识发展的高度来回顾往昔，观察历史，完全可以超越时空的限制，运用对比的方法将地球村古今公民的有关观点、相关理论进行综合研究。若要考虑时间因素的话，那就会发现以下一个不争的事实：西方思想的很多观点在我们老祖宗的文本中早有表述。正是这些闪亮的思想构成了中国国学的精华部分，也是世界文化宝库的一个重要组成部分，如当前哲学界所进行的庄子与海德格尔的对比研究就是一个很好的例证。

汉外对比研究是一个大课题，需要大家的共同努力。中西方多种语言理论各有长短，不必仅信奉一家之学说，研究需要广开思绪、多开言路，兼听则明！只有如此才可使我们融会贯通地理解语言，更好地掌握语言中的哲学思想、哲学中的语言学观点，并全面考察我国学者对西方语言理论的论述，以及西方学者对中国语言理论的探索。我们相信，两条腿总会比一条腿走得更稳、走得更快、走得更好。

这也算是一种既超越也不超越的回归！

第五节　结　语

每个时代都有自己的最强音，每个时代也都有自己的学术前沿。17 世纪的笛卡尔，18 世纪的康德，19 世纪的黑格尔，20 世纪的语哲学家，他们在西方理性论领域和语言论转向中各领风骚数百年或近百年。

不同的哲学理论和时代思潮对语言研究都产生了重大影响（详见第二章）。回顾世界语言学发展简史，我们从公元前 4 世纪到 18 世纪两千两百多年的传统语文学时期，进入到 19 世纪的历史比较语言学时期，然后进入到

20世纪头60年的结构主义语言学时期。20世纪的后半叶是一个多元化的语言学理论时期,(系统)功能语言学、转换生成语言学、认知语言学等,它们都打上了时代话语的烙印,各派自有各自的辉煌点。

我们知道,英美分析哲学中的逻辑语言学派是语言学中语义学的摇篮;日常语言学派是语言学中语用学的摇篮。正是语言哲学家的辛勤耕耘才使得20世纪语言学进入了大发展时期。钱冠连指出,我们不仅要知道哲学是语言学的摇篮,而且还要瞪大眼睛看清这个摇篮的编织者,不至于只顾“埋头拉车”,沦为一只“迷途羔羊”。“知其根源”就能保证抬头看清路线拉好车;“饮水思源”才能回归到真正的语言家园。也只有这样,在语言教学中才能理清思路,不至于误人子弟;科研中才能言之有理,不至于迷失方向。

当今人文思潮的一个总趋势是,人类在认识世界时应坚持人文精神,回归生活世界,重视实践。世间万物(包括人本身)既一分为二,也一分为多;既二分归一,也多分归一。客观中有主观,主观中有客观,主客二观难以一刀两断;确定中有不确定,不确定中有确定,确定与不确定始终处于一个模糊集之中。事物始终处于这种既对立又不可分离,既矛盾又缺一不可的运动过程中,“惟人参之”是根本,这样才能更好地理解我们的世界,掌握我们的语言,认识我们人自己,也才能看清当前中国后语哲的发展方向,掌握认知语言学的真谛。

哲学和语言学研究中的“超越又不超越的回归”充分体现了这种对立统一的原则。人类总是在不断反思和进步,对既有理论不断消化和吸收,每一发展都离不开前人取得的成就,因此超越总归包括着不超越,前进中也总是有回归。我们知道,人类发展史中还经常出现“螺旋式”前进,而不是直线式上升,这其中就包含着一种“回归式超越”的道理。人类或许就是在这既螺旋又前进,既超越又回归的旅程中走向未来。站在世纪之交的十字路口,如果我们能做一点展望和预测的话,那就是,21世纪头几十年里,中国后语哲(包括本土化后的体验哲学和认知语言学)必将得到迅速发展和壮大。

> 一辈辈学者继往开来,笔耕不止;
> 一派派观点承前启后,各领风骚。

人类就这样实践着自己踏着前人足迹不断前进的奋斗目标,在自己的历程上留下了“吸收、发展、前进”的攀登轨迹。

衷心希望各位学者能在这一领域有所超越,有所作为!

第十八章　后语哲视野下的 SOS 理解模型

第一节　认识和理解：哲学研究的永恒主题

我们基于体验哲学和认知语言学反思了西方现有的三种理解模型，发现它们都存在弊端，为此提出一种新方案："SOS 理解模型"，以期能弥补过往理论之不足，这也是中国后语哲的一个新支。

人类在不断认识世界和改造世界中进步，在这一过程中，理解遍及人类和世界的一切关系之中。只要有人类的活动，就有认识和理解，它们发生在人类生活的一切方面。根据存在主义和解释学，凡是认识的必当是理解的，凡是理解也必定涉及解释，因此"理解（Understanding）"和"解释（Interpretation）"才是人类生存的最基本方式，我们在本质上是由理解和解释构成的。而思维和认识又离不开语言，且语言又是人类达到互相理解的最重要和最方便的手段，因此理解必定离不开语言。这就是哲学解释学中所论述的理解具有普遍性和语言性。

理解的语言性还可通过《圣经》中有关"通天塔（Babel）"的寓言故事得到佐证。上帝企图通过打乱语言来破坏人类互相理解，阻止人类实现"人定胜天"的企图，上帝只是取得了暂时的成功，因为通天塔确实未能建成。这一方面说明语言对于理解的必要性；另一方面也说明理解对于人类的重要性。但是我们也发现，这一长期以来人们乐于传诵的故事存在严重问题：上帝错了，错误主要有三：

（1）人类必定要为能相互理解而不懈努力。上帝以为打乱语言就可阻止人类的沟通，但却忽视了人类必定要以"互相理解"为一种生存方式，这样才能形成一个"人类社会"。从短时间来说，说同一种语言的人突然失去了共同语，会导致沟通上的麻烦；但从长远角度来说，"理解"既然是人类生存的基本方式，那么人类必将要为达到"理解"这一目的，想方设法去克服沟通中的种种障碍，这是由人类的本质所决定的。

（2）语言具有体验普遍性。根据体验哲学和认知语言学的基本原理，语言具有体验性，语言是人类自身与客观外界进行感知互动，并在此基础上形成特定的认知方式而形成的。据此我们就能推导出以下结论：全人类居住在同一个地球上，生存在同一片蓝天下，呼吸着相同的空气，沐浴着相同的阳光，这就注定了全人类必定要享有部分普遍性认知方式和思维规律，各民族语言也必定具有部分普遍性，这就是我们所说的体验性普遍观。

其实这一观点在荀子的《正名篇》中早有述及：

> 凡同类同情者，其天官之义物也同。

此句意为：凡同属人类感情相同者，他们的感觉器官对外物的反应也相同。冯友兰(1976:153)也指出：

> 吾人同为人类，有相同的感官，故对于外物有相同之知识。

(3) 语言具有较大程度互译性。根据第(2)点所述，语言具有体验普遍性，不同语言之间就必然能在较大程度上被互相理解。长期以来，人类为克服语言障碍做出了不懈的努力，取得了可喜的成就，终于能站在联合国平台上进行对话。而且，人类还将继续努力下去，不断打破"上帝"所设置的语言障碍，通过各种形式的"翻译"(包括机器翻译)来实现全球化环境下的不同语言社团之间的相互理解，这也是"上帝"所始料不及的。

第二节　传统理解模式

哲学的核心内容是认识和理解人与自然之间的关系。自古希腊以来，哲学家们就一直不断地追问"What is the world?"持续地探索"What is the man?"以及基于其上所演绎出的各种其他问题。对这些问题的解答必然涉及"感性与理性"、"存在与思维"、"客观与主观"之间的关系，这已成为西方两千多年哲学史中长期争论不休、永不衰败的话题。人们围绕它也提出了很多不同的认识模式或理解模型：诸如传统哲学的单向观，现代哲学所主张的主客互动双向观，后现代哲学所倡导的主主互动双向观等。现将他们的主要观点依据"方向性"做如下简要梳理。

<table>
<tr><td></td><td>自然</td><td>人</td><td></td></tr>
<tr><td rowspan="3">古希腊至
1940s</td><td>感性</td><td>理性</td><td rowspan="3">单向运思模式</td></tr>
<tr><td>存在</td><td>思维</td></tr>
<tr><td>客观</td><td>主观</td></tr>
<tr><td>现代</td><td colspan="2">互　动</td><td>主客双向模式</td></tr>
<tr><td>后现代</td><td colspan="2">主　体　间　性</td><td>主主双向模式</td></tr>
</table>

图 18—1　哲学研究中的方向观

一、单向运思模式

从古希腊到20世纪中叶，哲学研究为能建立形而上学、获得绝对真理，舍弃人的主观能动性因素，循着一条顾此失彼的思路，主要采取单向运思的模式。这种传统认识论模式认为客观世界存在一个绝对真理，人们应当不遗余力地将其搜寻出来，最可靠的方法就是实现主客二元分离，排除一切个人主观因素①。具体过程又被诠释为两种模式：

(1) 从感性到理性，即从客观到主观，从存在到思维。认为人的认识过程就是独立客体向着主体的单向运动，过分强调客观外界对于人的经验和认识所具有的决定性作用，否定人的主观能动性或理性的重要性，这就引出了“镜像原则”，即客观外界在人们心智中呈镜像对应关系。从亚里士多德的感觉认识论、个体决定共相说，一直到近现代的经验论、逻实论等，主要依据的就是这一认识模式。

(2) 从理性到感性，即从主观到客观、从思维到存在。这一模式被诠释为主体向着独立客体的单向运动，过分强调理性思维的作用，排斥感性经验或否定个人价值。由于“理性”常被视为人区分于动物的主要参照标准，且又难以从经验角度做出客观描述，自然就引出了“天赋说”、“先验说”和“超验说”。从苏格拉底和柏拉图的理念说、共相决定个体说，一直到笛卡尔的唯心

① 古代哲人认为，为能看清世界、获得真理，必须将自身从我们所研究的对象中分离出来，这就是西方哲学的一个根基“二元论”。我国北宋著名文学家苏轼(1084)的《题西岭壁》诗句也印证了这一观点：不识庐山真面目，只缘身在此山中。但我们又要追问，我们能够从世界中分离出来吗？我们不在庐山看庐山，又该在哪里看？在庐山脚下，依旧看不清！在南京，距离又太远！因此，二元论只是一个理想化的模式，在实际生活的现实世界中是实现不了的。正如康德所说，人永远只能戴着“有色眼镜”看世界。按照认知语言学家兰姆(Lamb)的观点，人犹如近视眼，没有眼镜就看不清世界，但若要了解什么是眼镜时，把眼镜从眼前拿下来，我们又看不清眼镜了，也看不出眼镜的工作原理。也就是说，自然界只能是“人化的自然界”(马克思 1844)。

论的理性论、黑格尔的绝对理念、乔姆斯基的转换生成哲学观等,主要沿袭了这一认识模式。

众多哲学家沿着这两种理论取向演绎出了各种各样的哲学观点和流派,从而形成了客观主义哲学理论的大家族。

二、主客互动模式

到了现代哲学,学者们发现这种单向运思模式存在很多缺陷,从而开启了双向思考的研究进路。瑞士心理学家皮亚杰(Piaget 1896—1980)在《发生认识论原理》中,沿着施莱尔马赫、狄尔泰、杜威、梅洛庞蒂等阐述的互动思想,在批判单向模式的基础上正式提出"主客互动"模式,意在强调主体与客体之间的"互动关系(Interactionism)",得到很多学者的响应。他(1970,王宪钿等译,1981:21)指出:

> ……以致如传统经验主义所假定的那样,主体是受教于在他以外之物的,或者相反,是否如各式各样的先验主义或天赋观所坚持的那样,主体一开始就具有一些内部生成的结构,并把这些结构强加于客体。……然而心理发生学分析的初步结果,似乎是与上述这些假设相矛盾的。一方面,认识既不是起因于一个有自我意识的主体,也不是起因于业已形成的(从主体的角度来看),会把自己烙印在主体之上的客体;认识起因于主客体之间的相互作用(笔者按:即我们所说的"互动"),这种作用发生在主体和客体之间的中途,因而同时既包含着主体又包含着客体……

从这段文字我们不难看出以下两点:

(1) 皮亚杰提出"互动论"是针对西方传统哲学中的经验论(感性论)和理性论(先验论、天赋观)。

(2) "互动(即 Interaction,又译:相互作用)"主要是指主体与客体之间的相互作用,两者之间无所偏重,谈不上哪个更基础。

皮亚杰主要基于发生认识论阐述了互动论,但这也可视为一种主客互动的理解模型。有了"互动"的概念,就可将传统哲学中的单向运思模式扩展成双向互动模式,强调了人在认知自然世界过程中可发挥的主观能动性,我们的心智不可能像镜子一样反映客观外界,其间必有人的参与,人们的价值观、主观能动性是不可避免的,这就可解释不同人之间为什么会存在认识上的差异、思维上的分歧、语言上的不同。

三、主主互动模式

到了(后)现代,胡塞尔、伽达默尔等觉得人文性在主客互动论中还没有得到充分展现,且也不能解释人与人之间是如何得以有效沟通的,因而提出了“主体间性(Intersubjectivity)”,将“理解”直接视为主体之间的相互对话和相互理解。哈贝马斯(Habermas 1981)在其交往行为理论中更是强调主体间性,并针对“真值对应论(Truth Correspondence Theory)”提出了著名的“共识真理观(Consensus Theory of Truth)”。

所谓传统的“真值对应论”是指,存在一个独立于人的客观世界,一个语句的真值就取决于它的表述是否与客观世界相对应,人们的心智必须排除主观因素,具有镜像般反映客观世界的本领,这样才能获得客观真理,这显然属于传统时期的研究思路。哈贝马斯严厉批判了这一观点,认为任何对客观世界的了解必然会涉及主体的演绎,语句的真假值取决于主体在相关社群规范制约下所能达成的共识,这就是“主体间性”。它在图 18－1 中靠右列在“人”这个栏目下,以能彰显这一涵义。利奥塔(1979,车槿山译 2011:109)也强调了哈氏这一观点,他说:

> 英雄的名字是人民,合法性的标志是共识,规范化的方式是协商。

上述种种理解模型在语言研究和翻译理论中分别引出了强调作者(作者中心论、作者的独白)和文本(文本中心论、文本的独白)的倾向,现以图 18－2 加以概括,详细论述参见下文。

图 18－2 最下一行的三个箭头,表明体验哲学和认知语言学分别对三种理论的反思。后现代哲学(包括体验哲学)严厉批判了经验论和理性论,我们在中国后语哲的视野下提出了“SOS 理解模型”,可以此来消解后现代理论因过于强调主体间性(哈贝马斯)、意义不确定性(德里达、奎因)、读者反应论(费什)、接受理论(伊泽尔)等所产生的理解片面性。

	作　　者	文　　本	读　　者
哲学＆语言理论	经验论 语文学	理性论(兼分析) 结构主义 (文本封闭性)	主要后现代理论： 现象学、解释学、 存在主义、解构 主义、交往理论
三个中心	作者的独白 过分强调作 者的权利	文本的独白 文本中心论	读者的独白 (巴特：作者死了) 读者的对话
语义观	指称论、真值论	关系论、确定论	意义不确定论、 读者决定论
翻译观	作者是主人， 译者是仆人， 传声筒,反光镜； 忠实论、直译法	忠实原文论、 等值论、 等效论、再现 (原文风格)论	译者的自由权、再 创作论、目的论、 读者反应论、主人 自由权、突显自我
互动	客观、经验	主观、理性	主客互动→主体间性
	体验哲学与认知语言学【主—客—主多重互动】		

图 18—2

第三节　SOS 理解模型

我们认为，单向理解(从感性到理性，或从理性到感性)、双向理解(主客互动，或主体间性、共识真理观)都具有一定的片面性。后者虽是对前者的一种超越和进步，但“主客互动”过于笼统，对两要素何者为主、如何互动等问题语焉不详；“主主互动”又过于强调主观性而忽视了客观性，难以解释主主之间能够达成理解的基础从何而来的问题。我们基于体验哲学尝试提出“‘主—客—主’多重互动理解模式(Subject-Object-Subject Multiple-interaction Understanding Model，简称：SOS 理解模型)”，将理解模型“从单向和双向修正为三项”的模式，可望弥补“单向”和“双向”留下的问题。

一、单向观之误

在“单向观”的关照下，人们往往采取以偏概全的思路，要么像经验论者那样，过分强调从感性到理性(或从存在到思维)的方式，要么像理性论者那样，过分强调从理性到感性(或从思维到存在)的方式。这两种认识论都以一个方面掩盖另一个方面，从一个极端走向另一个极端。雷柯夫和约翰逊(Lakoff & Johnson 1980;1987;1999)把西方哲学研究中的感性论和理性论都归结为"客观主义(Objectivism)"，因两者都认为客观地存在一个独立于人的外部世界，其背后存在一个绝对真理，我们应当不遗余力地将其寻找出来，但两种认识论在寻找方式上存在根本性差别。

对经验论者来说，经验是人们一切知识或观念的唯一来源，我们关于世界的全部知识来自我们的感知，它们完全是由感觉能力所建构的。说到"经验"，理当包含人的因素，但经验论者并没有真正研究"人是什么"，反而强调追求绝对真理时当排除人的主观因素，从而将研究目标导向了科技理性(或叫工具理性、科学主义)的进路。

对理性论者来说，只有先天具有的推理能力才能向我们提供关于真实世界的知识。谈及"理性"，惟人有之，也理当包含人的因素。但理性论者虽触及这一问题，却又过分强调排除人的感观经验，消解"个人偏见"和"价值污染"，竭力抛弃传统观念的干扰，建立了所谓的"笛卡尔范式(Cartesian Paradigm)"。

人们不禁要问，世界有无"绝对真理"？单凭经验论和理性论那样的研究方法能否获得它，建立起阿基米德支点？我们先说自然科学，因为人们一般认为自然科学论述的内容当属"客观真理"。可是，回顾一下人类科学史我们就会发现，所谓的"绝对真理"仅是一个美好遐想而已，不同时代会有不同的认识，现略举几例说明如下。

(1) 在哥白尼之前，人们一直将托勒密于2世纪建立的"地球中心说"视为那个时代的共识性真理；中世纪的经院哲学又将其与神学教义结合起来，使其成为中世纪不可动摇的信念；这一神话终被哥白尼打破，恢复了世界的本真面目。自此以后，"太阳中心论"逐步成为人们的共识。

(2) 牛顿于17—18世纪建立的力学三定律，曾被视为物理学的基础和真理，终于随着爱因斯坦的相对论逐步为人们所接收而被重新认识。

(3) 以前，人们公认太阳系有9颗行星，有教科书为证。但一批天文学家于2006年8月24日集会，通过举手表决的方法基本达成共识"太阳系只有八大行星"，且提出需重新定义"行星"。

自然科学尚且如此，更不用说人文科学了。况且，那些自然科学中的可靠定律，也不是仅通过经验论，或者仅通过理性论的单向运思所能获取的，大多遵循着"大胆假设，小心求证"的研究方式，这正体现出一种理性论与经验论两者兼而有之的运思模式。

在本书第六、七、八章所列述的意义理论中大部分都是出自客观主义哲学理论建立起来的,如指称论、涵义论、证实论、真值论、功用论、行为论、语境论、关系论、成分论等,它们都忽视了人的决定因素。在图 4—1 中理想语言学派中的第三行曾列述了塔尔斯基(Tarski)和戴维森(Davidson)的真值条件论,其后所列的达米特(Dummett)则严厉批判了这一理论,他从反实在论立场出发,主张把判断陈述的真假与人们的认识能力联系起来,也就是说,一个陈述只有当人们认识到它为真的时候,它才为真,它的真假和意义是与我们对它们的认识不可分的(黄华新等 2008a;徐友渔 1994:109)。雷柯夫和约翰逊(Lakoff & Johnson 1980:179)也持同样的观点,认为"Truth is based on understanding(真值是基于理解的)",且将其用作第 24 章中一个小节的标题。在这一小节中他们还指出:

> Truth is therefore a function of our conceptual system. It is because many of our concepts are metaphorical in nature, and because we understand situations in terms of those concepts, that metaphors can be true or false.(因此,真值是我们概念系统的一个函数,这是因为我们许多概念在本质上就具有隐喻性,也因为我们是根据这些概念来理解场景的,隐喻可真可假。)

二、双向观之误

皮亚杰(Piaget 1970)等看出了传统认识论中两种单向运思模式的问题,并针对它们的失误之处提出了"双向互动说",这是一大进步。但他的互动论又过于模式化和简单化,仅只论说了"主体(Subject)"与"客体(Object)"两要素之间的互动,未能述及两者何者为主的问题,而且还忽视了其他重要的相关因素,特别是在语言交际过程中这一模式更显得捉襟见肘。是作者与读者的互动,还是两者与文本的互动,还是两者与客观世界的互动?它们是如何互动的?仅凭"图式"能否做出完满解释?除了"同化(Assimilation,让客观外界适应已有的认知模式)"和"顺化(Accommodation 调变认知方式以适应客观外界)"之外,是否还有其他方式?这尚有待于进一步论述。

况且,这一模式也不足以解释翻译认知的全过程,其间还要考虑到语句、文本、不同的语音、不同的书写等多重因素之间的互动问题。另外,对于皮亚杰来说,"主体"与"客体"这两个要素好像具有同等作用,而我们认为,应当基于唯物论的基本原理,客体对于主体的认识当具有基础性功能,这才能与雷柯夫和约翰逊(Lakoff & Johnson 1980;1999)所论述的"体验哲学"中第一条原则"心智具有体验性"相吻合。

但是，我们也发现部分后现代哲学家又过分强调理解中的“人本性”和“主观性”，似乎忽视了“主体间性”得以建立的现实基础，又将人类的认识和理解导向了另一个极端，忽视客观世界的基础性，抛弃了人类理解的“体验性”，令人大有“空中楼阁”的感觉。这一倾向也可从蓝纳格(Langacker 1987，1991)提出“意义等于概念化(Meaning is conceptualization)”观点可见一斑。他(1987:194)曾对这一观点细述如下：

> 意义不是客观地给定的，而是(人为地)建构出来的，即便是那些描写客观现实的语言表达，其意义也是这样。因此，我们不能通过纯粹描写客观现实来解释意义，而只能通过描写认知性的例行常规(指认知加工)，正是它构成了人们对现实和意义的理解。语义分析的主观方面就是人们的概念化，我们所关心的结构，就是一个人通过主动的认知加工强加在他的心智经验之上的结构。

他尝试用“概念化”来解释意义和人类的理解，也算是一种独创，但从其论述可见他过于强调概念化的动态性、人本性、主观性和识解性(王寅 2001：151—159)，显然是打上了后现代哲学观的烙印。

人们难免要发出这样的疑问：主体与主体之间的理解基础是什么？因此笔者基于唯物主义和体验哲学将其修补为“体验性概念化”。顺着这一思路我们不难发现，后现代哲学观所倡导的“主体间性(Intersubjectivity)”过分突出了人与人之间通过协商建立的共识，未能兼顾到理解的体验性和客观性，淡化了人们得以相互理解的认知基础。

三、SOS理解模型的解释力

我们(王寅 2005)在《认知语言学的翻译观》一文中曾提出了“多重互动模型”，当初主要是用来解释翻译认知过程的(参见图18—2)。在单向理解模型中，翻译理论中分别出现了强调“作者”和“文本”的倾向；在主客互动模式中，译者的主体性地位似乎没有得到应有的重视，尚不能解释人与人之间如何得以有效沟通。另外，主客互动的具体内容究竟是什么，是译者与文本互动，还是译者与客观世界互动，尚有待进一步明确和详述，且这也不足以解释翻译认知的全过程。在主主互动模式中，“译者自由论”极易产生巴比塔式的窘境，且译者主体与作者主体之间能够得以相互理解的基础仍需做出详细阐述。

体验哲学和认知语言学认为，人类的概念最初来源于“身体”和“空间”的互动体验,正是人运用自己身体在外界空间中的各种互动作用,通过"感觉—知觉—表象"等体验过程,逐步建立起若干基本的方位和动觉意象图式,如:上下、前后、左右、内外、容器、偏正、始末、进退、动静、线性、部整(部分与整体)、大小、连接、平衡等,从而获得了人类的初始概念。再运用其他认知方式(如隐转喻、概念整合等)逐步扩大,不断从具体概念延伸至抽象领域,从而形成了人类的概念系统(详见第十七章第四节第四条)。

因此,我们认为在人们的理解和翻译过程中既有"主客互动",又有"主主互动",更重要的是"两者结合"。我们基于体验哲学基本原理以及对"单向理解、主客互动、主体间性"的反思后,建构了"SOS 理解模型",将 O 置于两个 S 之间(两个 S 为"Subject 主体",O 为"Object 客体"),意为:两个不同的主体(包括同一语言社团和不同语言社团)所面对的是同一个客体,这就决定了生活于地球上的人必然要有部分共同的概念和思想,否则人类就无法沟通。倘若有朝一日我们发现了外星人,这一原理也同样适用,此时中间的"O"就以宇宙为基准,宇宙中所共有的现象决定了不同星球上居民得以沟通的基础。

在"SOS 理解模型"中虽只提到了三项,但其中包含了"多重互动(Multi-interaction)"的含义,因为在认识和理解过程中不仅是"主体"和"客体"这两个要素,特别从理解的语言性角度出发,在语言交际或跨语言交际时,相互作用的要素就不能仅凭两个要素来解释,据此我们提出了"多重互动"的观点:

(1) 主客互动,指人们与客观外界的相互作用,这是得以形成部分共识的基础;
(2) 主主互动,指交际过程中人与人之间的相互作用和理解;
(3) 人语互动,指语言交际时必然要包括人与文本、语音、文字等之间的互动;
(4) 客语互动,指文本与客观外界在人作用下的互动;
(5) 语语互动,指人在跨语言理解时,当需考虑源语言和目标语之间的互动。

这样,人们在理解和翻译过程中主要涉及上述五重互动关系,其间既有主客互动,又有主主互动,它们再与"语言"进行互动,更重要的是几者的有机整合和协调。这就与原来的理解模式有了本质差异,突出了保障人们达到相互理解的体验性基础和互动性过程,且强调了语言的重要性,算是对传统认知论的不足之处做了纠正和发展。

经过一段时间的思考,我们认为这一观点也可用来解释"认识"和"理解”,即该模型也同样适用于语言学(特别是语义学,详见第十九章)和文学研究(对后现代文学的反思)。笔者于 2008 年 1 月在广东外语外贸大学召开的第二届中西语言哲学研究会上将其进一步发展为“SOS 理解模型”。

据此,蓝纳格的“意义等于概念化”就可修正为“意义基于体验性概念化(Embodied Conceptualization)”,强调了人们能进行概念化的感觉认知基础,突显了理解过程中的客观性和主观性的有效结合。此外,我们还将乔姆斯基的“天赋普遍观(Innate Universalism)”修补为“体验性普遍观(Embodied Universalism)”,就可对人类理解和语言之同异做出如下新解:

> 理解和语言之同,是因为人们面对相同或相似的客观世界,且人自身具有相同的身体结构和功能;理解和语言之异,是因为人们认知方式存在一定差异,看世界的角度和立场有不同。

近年来,我们将“体验性”和“人本性”进一步整合为“体验人本观”,可简称为“体认观”(详见第十九章),以期能为“理解和语言”做出更加切合实际的辩证解释,既强调理解的客观性,也充分注重理解的主观性,从根本上揭示了人类思维和语言的普遍性和差异性之原因。

第四节　语料论证 SOS 理解模型

大多后现代学者主要从理论角度论述了理解的“人本性”和“差异性”,接受了理解的解释学立场。特别是德里达(Derrida 1967)在“解构主义(Deconstructionism)”中启用了关键词“延异(Différance)”,正可对这一观点做出清晰说明:由于文本在空间上发生了变异,在时间上出现了延伸,作者所写出的文本与读者所读到的文本处于不同的空间和时间,因此各人对同一文本的理解就会有不同。

这一理论自有可取之处,至少可让我们从另外一个角度来认识“理解”和“文本”。但我们也发现,很少有学者运用语料库对其进行佐证,大多数学者仅只依据“思辨”提出种种推断而已。或许有人认为,哲学家就主张对概念世界进行抽象思维,不必依靠什么证据来论证。但我们认为,倘若能用语料来加以论证,岂不更完美吗!据此,我们不仅提出了 SOS 理解模型,且还尝试运用语料作实证性支撑。

笔者收集到同一首唐诗《枫桥夜泊》的 40 篇英语译文,它们正可反映出这 40 位作者的不同理解。

《枫桥夜泊》

唐・张继

月落乌啼霜满天,江枫渔火对愁眠。

姑苏城外寒山寺,夜半钟声到客船。

我们在阅读译文时明显有一个感觉,各位作者都在认认真真地理解着原诗中的各种含义,且都在努力将这些含义转译出来。尽管他们的理解和翻译有所不同,但其主旨并没有改变,这是毋庸置疑的事实。例如,各位译者译的都是"枫桥",没有人将其随意修改为"廊桥"、"蓝桥"、"康桥"、"伦敦桥"等,更没有人将"枫桥夜泊"随意改译为"廊桥遗梦"、"蓝桥魂断"、"康桥别了"、"伦敦桥垮了"等等,他们都是在张继所设定的圈圈中做有限的不同识解。

各篇译文的表述虽不尽相同,但这些译文的内容都没能跳出张继所描述的主题。译者们都在努力体验着张继所体验的经历,理解着张继所描写的场景和境界,这也完全证明了体验性概念化中"体验性"的含义。选词和译法上的差异正说明了人们在理解上的差异,以及语言表达的丰富性和多样性,不足以说明理解和翻译的自由性和放纵性。

人们在对同一现实世界进行不同方式的概念化时,会产生不同的认知结果,此时,读者与作者之间的理解就不可能完全相同。不同读者对同一文本会有不同的解读和翻译,此乃常情。后现代哲学思潮正是从这一点出发来否定文本和话语有稳定不变的意义。但长期以来,有些学者仅只被动地接受了这一观点,以为"主观性"本来就是主观的,有很多不确定因素,不可能有一个统一的标准,因而很少有人对其做出深入思考。我们必须系统深入地分析不同读者在理解同一文本时究竟存在哪些差异,有哪些变化,是否很大,有何规律可循。很多人深感对其加以限制性描写难以下手,无从说起,因此大多国内外学者对"翻译主观性"仅停留在描写上,未见有何深入探究和理论阐述,更不见从认知角度做出认真解释。我们尝试运用认知语言学中的"识解观"来统一解释这些差异。

蓝纳格(Langacker 1987, 1991, 2000)将"识解(Construe/Construal)"定义为:

> 人们可用不同的方法来认识同一事态的能力。

它又可细分为5小项:辖域(Scope)、背景(Background)、视角(Perspective)、突显(Salience 或 Prominence)、详略度(Specificity)。笔者曾与蓝纳格本人讨论

过多次，这些小项似有重复，且在不同论著中有不同表述，他也很坦率地承认了这一点。我们拟将"辖域"和"背景"合并，且按照逻辑关系将它们按顺序排列为：

(1) 确定不同辖域；
(2) 择用不同视角；
(3) 突显不同焦点；
(4) 定位不同精度。

这4点不仅是形成概念体系、语义结构和语言表达的必由之路，也是理解和翻译中不可或缺的基本认知方式。

第(1)项表明发话者认识事态时先要确定一个大致范围或辖域，主要将论述哪一方面的事情，涉及哪些背景知识。

第(2)项则是在辖域范围中确定认识的视角，即参照点或切入点，这与"认知参照点(Cognitive Reference Point)"相吻合。

第(3)项则在前项基础上做入微和聚焦处理，择其相对于背景更为突显的部分来论述，因为人们不可能将场景中所有信息都全盘托出。

第(4)项表明对聚焦部分的认识可采取"从详"或"从略"的方式来认识和论述，既可对其做简述，也可对其详述。

在这4项微观过程中，转喻机制起着关键作用，识解过程主要遵循着"从面到点、以点带面、用部分指代整体"的机制。下文将以此为主线来建构理解主观性的理论框架，并结合《枫桥夜泊》40篇英语译文来具体解读翻译主观性。

一、辖域和背景

"辖域"指表达式所涉及相关经验和被激活的概念域配置，即理解一个表达式的意义或结构所需要的相关经验，并且需要另外一个或多个表达式的意义或结构作为背景，这与我们常说的百科性背景知识有关。这一识解因素在《枫桥夜泊》译文中主要体现在对以下词语的理解和翻译上。

(一) 译"泊"

对一个"泊"字的理解需要体验和想象当时的历史背景，涉及很多有关概念域。在我国古代乃至今天，小船的停靠很少用"锚"，多用绳子拴在河边的桩上，有这种生活体验或背景知识的人就不难理解此诗中"泊"的含义。在40篇英译中对其有以下5种译法：

[1] moor, anchor, stop, park, tie up

但它们的确切含义不同：

stop 过于笼统,可指 put an end to 任何种类的运动或活动;park 主要指停“车”;tie up 仅指“拴绳子”这一动作,用“过程部分”代替“表示结果”的“泊”,即用部分代替部分的转喻。大部分译者选用 moor(用绳子系泊)和 anchor(抛锚停船),显然前者更符合张继诗中的“泊”,有 32 位译者选用它,占 80%,这说明他们比用 anchor 的译者更了解当时的生活背景。

(二) 译“乌啼”

从译文语料来看,“乌啼”都被理解和翻译成了“乌鸦的啼叫”,但乌鸦只在白天啼叫而夜里不啼,据此它有可能指地名“乌啼桥”,这句话的意思为“挂在天空的月亮正朝乌啼桥方向落下”。但这一解释并未被译者们所接受,40 篇译文大多没照此意来处理。

还有一种可能,是否张继将猫头鹰或捕鱼的鱼鹰的叫声误认为乌鸦的啼叫,并以此建立“乌啼桥”和“乌鸦叫”之间的双关?

(三) 译“江枫”

有很多学者认为,“江枫”是指寒山寺附近的两座桥“江村桥”和“枫桥”。有不少译者将其处理为“江边的枫树”,或许这又是一个双关。

(四) 译“渔火”

“渔火”主要有以下三种处理方法：

[2] 译为“渔船上的灯火”：
dimly-lit fishing boats,
the lights of fishing boats,
fishing boat's lights,
boat lights

等。

[3] 以下译法除上义外似乎还可能理解为“为打渔而设置的灯火”：
fishing lights,
the fishing torches,
the fishing lamps,

fishing fires,
fishing lanterns

等。

[4] 译为“打鱼人的灯火”：
fishermen's flares,
a fisherman's lamp,
the fisher's lights,
fishermen's fires,
fisherman moves with his torch

似乎是上述两义兼而有之。

根据背景知识我们认为，第(1)类译法较妥，第(2)、(3)类译法没有前者明确，因为在我国没听说过渔民夜晚用油灯来吸引鱼的打鱼方法。

（五）译“寒山”

苏州“寒山寺”得名于唐朝曾有一位叫“寒山子”的诗人住过那里，那么究竟当译为：

[5] Cold Mountain

还是：

[6] Han Shan

呢，这也是一个仁者、智者之见的问题。

总的来说，这是一篇以“寒”、“霜”、“愁”为背景构思而成的律诗，从场景中的“霜”、“寒”到心境上的“寒”和“愁”，顺畅而又自然，译作为突出这一意象直接说出“cold”也可起到点题的效果。但值得注意的是“寒山寺”不是指在“寒山”上的寺庙，如有一译者处理为

[7] The monastery on cold mountain

显然有悖原意。

(六)译“船”与“山”

在译文语料中,“船”有译为 boat 和 ship 的,“山”有译为 hill 和 mountain 的,它们之间在语义上还是有一定差别的,一般说来,后者比前者要大。根据诗中的具体情况,用前者似为更妥。译文中用 boat 的有 32 例(用 ship 有 3 例,aboard 有 2 例,sail 和 bark 各 1 例,还有 1 例不见“船”),占 83%。

用 hill 的有 12 例,仅占 30%;用 mountain 有 10 例,占 25%;大部分译者用拼音,有 18 例,占 45%。

二、视 角

有了描述范围和背景之后就当考虑从哪一个视角切入来观察问题,这涉及观察者与事体之间的相对关系、个人兴趣、语篇的人称、分句的语法主语等一系列问题。

张继原诗的总体视角(即论述的出发点)应为:作者本人在进京赶考落榜返乡途中路过苏州寒山寺,触景生情,有感而发。据此,“对愁眠”的主语应是张继本人,确定了这一视角之后有利于准确理解和翻译整个诗篇。从译文语料来看,对整个诗篇的视角有以下几种不同的处理方法:

(一)作者视角

有 19 首译文选择了张继的视角,占 48 %,我们认为这是符合原义的。但我们也注意到,不同的译者采用了不同的方法来表现这一视角,如有的用“I”,有的则采用所有格“my”的方法来体现,如说成

[8] ere my eyes,
my uneasy eyes,
my sleepless eye,
my sleep,
my troubled sleep

等。

(二)渔民

有学者将“对愁眠”的视角处理为“渔民”,将其理解为渔民难以入眠,这似乎离原意稍远。

(三)笼统处理

部分译者用 we 来做笼统处理,还有人笼统地译为:

[9] the man in sad dream

但不知这里的 the man 究竟指谁？或许是在故意避开这个难题。

（四）视角不明

有 8 篇译文处理为“渔火”、“渔船”，如：

[10] The bank maples and the fishing flares see a sleepless night.

[11] Few fishing-boat lights of th' riverside village①
Are dozing off in their mutual sad gaze.

（五）其他

还有用“旅行者”、“流浪者”、“访问者”、“乘客”、“陌生人”等来点明视角，如有人译为

[12] the sorrowful traveler was sleeping

将“对愁眠”的主语理解为“游客”。

（六）主语问题

对“视角”的理解和翻译还涉及英汉对比中的“主语”问题。汉语句子常省略主语，特别是诗歌，主语大多是略而不提，采取了“尽在不言中”的表达策略。

当原诗没有交待主语时，尽管在大多情况下我们还是能找到被省略的成分，但这其中也不乏仁者智者的问题，这就给古诗英译提出了一道难题，择“谁”做主语？上述所列述的第（三）和（四）视角不明的情况，其实也多多少少地有损原诗的意向和风格。

另外，原诗最后一句“到”的主语是什么？是“钟声”？还是“客船”？在译文语料中绝大部分译者理解成前者，但也有 1 例取后者，译为：

[13] Amid the night toll arrives a boat up the stream.

① 译文中“河边的村庄”是译者添加的内容，有可能误解为“渔民就居住在附近的村庄里”。实际上，他们常以渔船为家，就住在渔船上到处游动。

三、突　显

有了论述的范围和视角，就要考虑抓住场景中的哪一部分进行聚焦描述。人类有确定注意力方向和焦点的认知能力，语言表达在很大程度上要受制于注意力突显的原则。“突显”有多种含意和用法，直接反映了人们在主观上对某一事体感兴趣或最感兴趣的部分，本书主要从以下两个方面加以分析：

(一) 隐藏与突显

在译诗过程中必然要考虑到信息的取舍，有些信息可以隐藏，有些信息可以突显(这与详略度有关，参见下文)，例如：

(1) 原诗的“渔火”在有的译文中被译为“灯火”，隐藏了“渔”这一信息。而有 8 篇译文将没有明说的“渔民”也译了出来，也就是说，将原诗中隐藏的信息在译文中显露了出来。

(2) 汉语句子可以没有主语，而英语句子一般应有主语(祈使句除外)，这就涉及如何将汉语中隐藏的主语在英译中显露出来，这在古诗翻译中常是一个棘手的难题，如本诗中的“对愁眠”的主语究竟是谁？这个问题又与“视角”相关(参见上文)。

(二) 突显运动过程的不同阶段

人们在描写一个运动事件时可以聚焦于该运动的过程，或聚焦于运动过程的某一点，也可聚焦该运动的起点、终点或结果，从而形成了语言中的不同表达，这与温格勒和施密特(Ungerer & Schmid 1996:218)所论述的“注意窗(Windowing of Attention)”密切相关。这一识解因素在我们的语料中也有很多具体反映：

1. 译“月落”

原诗中的“月落”是指挂在西边天空中的月亮正在向下落去，还是已经落下了，这也颇有争议。但大多学者持前一观点，将诗句突显为“月亮下落运动的过程”；而有些译文将其译为“at moonset”，突显了运动的终点。

2. 译“霜满天”

人们曾经疑问过究竟应是“霜满天”还是“霜满地”的问题。按照正常的生活经验,天上若“下霜”,应是地上霜。其实这两种说法分别体现了“下霜”的不同阶段,前者主要指下霜的过程(作者的想象),后者主要指下霜的结果。

3. 译“月落乌啼霜满天”

该句意为“挂在天空的月亮正在下落,有乌鸦在啼叫,天空正在下霜”,这三件事体线性排列,不分主次,体现为并列关系。若要在译文中反映这一含意,应将它们处理为并列成分较妥。但我们发现很多译者将其中的一项或两项置于主句中,另两项或一项译为从句或短语,这就使得原诗并列的含意在英译中有了主次之分,自然也就突显了不同的内容。

4. 译“对愁眠”

它可指睡觉这一动作过程的不同阶段。在 40 位译者主体中有的将其理解为:

A. 想入睡,感觉要入睡,如译为:

[14] Asleep I feel.

B. 入睡过程,但还没睡着,如用:

[15] lie, keep me from sleep, sleepless night, keep me awake

等。

C. 入睡结果,如译为:

[16] fall into sleep, was sleeping

等。

D. 深沉入睡,如译为:

[17] in sad dream

等。这些译文分别突显了同一动作“眠”的不同阶段:从“想睡”到“入睡”,又到“睡着”和“做梦”。

按照经验,在那个背景和心境下的张继是难以入眠的,所以才看到或听到了诗中所描写的种种夜景，如“月落、乌啼、霜满天、江枫、渔火、寒山寺、钟声”等，因此将其理解为(B)更为合理。在艾克利等(1992)的《唐诗三百首今译》中将“对愁眠”理解为“忧愁难眠”，也是指“入睡的过程”。据此，若将其译为“入睡的结果”、“进入梦乡”就考虑得不很到位了。

5. 译“到”

原诗第4句的“到”显然是表示动作结果的，有24篇英语译文按此义处理，主要用 reach(20)，come(3)，arrive(1)，touch(1)，hear(4)，其余处理为“过程”或“不明显的结果”，如用了：

[18] break, flow out to, flow afar to, towards us, forth to, down to, ring for me

等。

另外，上文提到的“泊”是译成 tie up，还是 stop，moor，anchor，这同样也涉及将“泊”理解为动作的过程或结果的问题。

“过程”与“结果”之间的互换，实际上也是一种转喻认知方式，用部分来代替整体或整体中的另一个部分。因此，译者对运动过程不同阶段的突显这一识解因素也可视为一种转喻认知机制。

四、详略度

突显与详略度是密切相关的两种认识方式，可聚焦某部分加以详细观察和论述，也可忽略某些其他部分只加以轻描淡写，这样人们就以不同的详略度来认识或描写一个事体。这一现象可能出现在语言的各个层面，在译诗过程中就具体体现为译者对原作中有关信息的增删处理。这里所说的详略度并不仅从用词量的多少来衡量，因为英语的虚词用量常多于汉语，这不是我们讨论的重点。本书主要分析实意概念的详尽与粗略，如不同译者对古诗中的“对愁眠”就有不同详略程度的描写。我们从40篇译文语料中摘出用“lie”对译的例子，并大致按照从略到详、从粗到细的顺序做如下排列：

[19] I lie.
I lie in bed.
I sadly lie in bed.
I sleepless lie.
Facing sadness I lie.

I lie awake in sorrow.

这都体现了不同译者对同一个“对愁眠”做出了详略度不同的翻译。

又例“客船”在不同英译中也有不同的详略程度，为论述清楚起见，将它们大致从略到详分为两组：

[20] ?（有一篇译文未见“船”）
aboard, sail,
the boat, my boat,
the guestboat,
the mooring boat,
my boat from strange land,
my lone boat moored nearby

[21] a traveler's boat,
the mooring boat,
the wanderer's boat,
the visitor's boat,
rover's bark,
the roamer's boat,
the sad and troubled napper's boat

将“客船”译为 [21] 都不同程度地用所有格形式来细化“客船”的含义，它们都是译者主体做出的较为详细的理解，尝试将张继当时的心境译出来，但译者用“流浪汉”的译法似乎不很符合原义。

还有的译文将“月落”中的“月”译为“old moon”，似乎也比原文更为精细。有一译文将“夜半钟声到客船”译为：

[22] Out to the mooring boat the distant chimes of midnight.

其详细度远大于原诗，多出原文所没有的意义 out, distant, chimes。

在另一译作中将“江枫渔火对愁眠”译为：

[23] the maples vague, the fishing lamps are blinking ere my eyes.

将“对愁眠”这一主旨略而不译,详细度又明显小于原诗,因此该译文值得进一步推敲。

还有一篇译文将原诗首句中的前两项意义处理为:

[24] The moon is setting in the west.
Crows are crying to their best.

为了凑韵,在译文中增添了原诗所没有的意象:in the west 和 to their best,译文显得更为细致入微。

另外,原诗仅 4 行,有的译者将其处理成 6 行,还有译为 8 行、9 行、10 行、11 行,都是出于“更为精细”的考虑。空间上的拓展,时间上的延长,朗读时的从容,可更细致地展现出原诗的含意。

上文通过 40 篇译文语句的分析,我们不难发现这 40 位译者对原诗的理解既有客观因素,也有主观因素,还有语言因素,它们具有主客主多重互动关系,正可说明“SOS 理解模型”的解释力。40 篇译文所反映出的理解或内容之所以同,是因为译者与原作者张继具有基本相同的体验或认识;之所以不同是因为体验或认知上存在一定的差异所致,且这些差异都可统一在“识解”框架中做出合理而又统一的解释。

第五节 结 语

语言哲学的主旨为:通过分析语言解决哲学老问题——“存在(自然)”与“思维(人、语言、理解)”的关系。西方哲学家两千多年来主要通过“感性论(从存在到思维)”或“理性论(从思维到存在)”的进路来建立形而上学理论体系,体验哲学将它们都视为客观主义理论,雷柯夫和约翰逊(Lakoff & Johnson 1980;1999)对这种单向观做出了严厉批判。

现代和后现代哲学家将理解模式从“单向”转到“双向”,包括“主客互动”和“主主互动”,也在理论上留下了很多困惑。我们依据后现代哲学(包括体验哲学、中国后语哲)对理解的过激言论(意义不确定论、读者决定论、翻译再创作论、译者自主论),反思了单向论和双向论之不足,提出了“SOS 理解模型”,可望弥补上述各模式的缺陷。特别在针对双向的“主体间性”,SOS 突出了交际双方所能共同体验的客观因素,同时又将传统“互动论”修补为“多重互动论”,因此,“SOS 理解模型”主要有以下三点创新:

一、主客主式的体验性

两主体之间共同面对的是一个相同或基本相同的客观世界，且主体有相同的身体构造，它们的功能也相同，这就决定了不同主体(包括同语言社团和不同语言社团)必定会享有若干共同概念。它们是通过不同主体对相同世界的体验和认知所决定的，这就是我们所说的“主体—客体—主体(SOS)”的含义，据此就可将乔姆斯基的“天赋性普遍观”修补为“体验性普遍观”。正是依据这样的体认基础，操不同语言的民族之间才能够互相交流和理解，尽管不能百分之百，但也能大致得其主旨。

交际双方的个体先通过与客观外界的互动性体验，基于其上必能形成一定的共识，这就是人类能够互相理解的认知基础。试想一个“外星人”，由于他们的生活环境可能与地球不同，他们的身体结构和相应功能也可能与我们存在差异，因此他们与我们的思维就可能难以统一，较难实现相互理解也就在情理之中了。但若将其置于“宇宙客体”这一更大范围来考察“体验性理解”，宇宙客体中所存在的部分共同现象也当是星际人之间沟通的认知基础。

二、多重互动

“SOS 理解模型”在体验基础上又增加了“多重互动”，可使其获得更大解释力。我们过去对“互动”这一术语的理解不很深入，觉得既然是“动”，意义就应是不确定的。近来通过反复思考，认识到这个“互动”也不仅仅是个“动”和“不确定”的问题，而是在互动过程中可达至某种程度的共识和确定。另外，语言交际会涉及人与人、人与客、人与言、客与言等多重互动关系，在翻译时还要涉及一种语言与另一种语言之间的互动，因此更多情况下是“五重互动”(参见第三节第三条)。我们认为，多因素的交叉更有利于人们在理解上划定一个范围，确定一个交际值。这就好像用笔在一张纸上画若干线条，它们会出现一个较为确定的交叉范围。

正是有了这样的“多重互动”，再加上“体验性普遍观”，“SOS 理解模型”就可保证人们在语言交际过程中较好地相互理解，实现交际，满足理解的需要。

我们说，客观外界基本相同，但毕竟尚有一定的差异，再加上各民族在漫长历史中所沉淀下来的文化特征，它们也已成为人们所面对世界的一个重要组成部分，因此人类的理解不可能完全一致，差异在所难免。但虽有差别，也不至于差别无边；认知具有主观性，但也不是主观无边。虽说是“有 100 个人读哈姆雷特，就有 100 个不同的哈姆雷特”，这一名言时常成为强调理解差异的箴言。但是根据“SOS理解模型”,我们认为他们虽是100个不同的哈姆雷特,但毕竟他们还是哈姆雷特,而不可能是李尔王、奥塞罗、罗密欧、麦克白,更不可能是中国的三皇五帝或努尔哈赤。

因此,人类的认识、意义、理解等只能是同中有异,异中有同;确定中有不确定,不确定中有确定;模糊中有不模糊,不模糊中有模糊。这或许就是“理解”本身的一个重要特征。两对立要素相互交织,你中有我,我中有你,这一现象正可通过SOS理解模型做出有效解释,也算是对“单向理解(作者独白、到文本独白、再到读者独白)”、“主客双向理解”、“主主双向理解”三种理解模式的反思,对其不足之处做出的修补。

我们还尝试用40位译者对同一首《枫桥夜泊》的理解和翻译作出了论证。同时也很好地体现了语言哲学的研究进路。通过分析翻译作品解释“存在与思维”的问题。

三、拟构观替代同构观

我们基于“SOS理解模型”主张用“拟构观”代替分析哲学中的“同构观”。人们的认知和理解与客观外界不可能是镜像关系,不可能完全“同构(Isomorphism)”,只能是“拟构(Paramorphism)”,其中既有相同或相通的部分,也有部分会因民族、因语言社团、因人而异。在“拟构”过程中,只要能够满足双方交际的需要则可,“拟得恰如其分便行,拟得满足需要则可”。倘若得不到满足,交际双方必然要采取某种手段加以调整和弥补。

否定认识和理解中的差异是不客观的,但过分强调差异也是有违现实的。“SOS理解模型”正体现了对这两种倾向的克服,且也正视和重申了普遍性与差异性之间的辩证关系。该模型是取英语“主观(Subject)—客观(Object)—主观(Subject)”术语首字母而成,正好与英语缩略语SOS可意为“救救我们”相吻合。或许,这不期的吻合正可把人类从陷入理解上巴比塔式的窘境中挽救出来,不至于使得全人类无法交流。这也是实现“全球化”、“地球村”的一个基本保证,避免后现代哲学理论因过于强调“差异性”、“不确定性”、“主体间性”,还有费什等的“读者反应论”、伊泽尔等的“接受理论”等所产生的片面性。他们的过激观点提供了我们换位思考的方向,但与实际情况不符,与时代潮流不符,与人类本性不符。

当我们在理论上确立了“SOS理解模型”和“体验性普遍观”、“体验人本观”、“体验性概念化”之后，便可为我们的理解和解释提供一个较为正确的认识。这就是我们所倡导的“体验性解释学”，可望弥补传统理解模式之不足，且对语言研究诸方面，如语义观、翻译观、文学研究等，都有较为重要的参考价值。

第十九章　基于SOS理解模型的意义体认观

第一节　概　述

我们知道，仅局限于客观事实而不考虑人的主观因素，这是不妥的，也是办不到的。人类对自然、概念、思维和语言的看法必然要打上人的烙印，正如马克思曾在《1844年经济学哲学手稿》中将自然界视为“人化的自然界(humanized nature)”，即世界当为人眼中的世界。我们顺着这一思路完全可将语言视为“人化的语言(humanized language)”。其实，我们的老祖宗早就有了这一思想，如《易经》中所说的“近取诸身，远取诸物”，刘勰(5世纪)在《文心雕龙》中所论述的“惟人参之”等，说的就是这个道理。

但抛弃客观因素，将真理仅视为“主体间性(Intersubjectivity 主体间的协商)”的结果也有明显缺陷。人们将依据什么协商？靠什么维系共识？倘若一味地按照“激进人本观”的思路走下去，人类势必又要重蹈巴比塔旧辙，从理论上来说就可能导致互相不能理解的局面。

普特南(Putnam 1926—)早期曾持“外部实在论(External Realism 强调客观因素)”，后来又放弃了这一观点，分别提出了“内部实在论(Internal Realism)”和“自然实在论(Natural Realism 或叫：实用主义实在论 Pragmatist Realism)”，主张把“实在”视做处于人类自身的审视之下，依赖于我们对世界的想象。他的这一主张就是基于主客结合的观点，既要考虑外部的客观因素，也要兼顾人的主观因素，这为雷柯夫和约翰逊(Lakoff & Johnson 1980, 1999)的体验哲学和认知语言学提供了一个很好的理论基础。

正如江怡(2009:289)所指出的，由于不存在超越“人类价值”的所谓的客观事实，因而一切关于“事实”与“价值”的二分法都应当被抛弃，无论是在自然科学领域还是在社会科学领域都是如此。在这个意义上，一切真理都应当具有一定的主观性。这就是说，一切陈述性真都依赖于关于合理性的判断。普特南也曾明确表示，事实并不像我们想象的那样客观，价值也不像我们想象的那样主观，因此，事实和价值之间的界限也就不像我们想象的那样严格清晰了，因此必须放弃对待事物的“神目观”(God's eye)，我们没有一双能看清事物本质的眼睛。

罗蒂（Rorty 1979；李幼蒸译 2003）在 *Philosophy and the Mirror of Nature*（《哲学和自然之镜》）中也阐明了相同的观点，严厉批判了“镜式隐喻”，认为人之理性具有“镜式本质”，可用它去准确地再现现实世界。后现代哲学认为，根本不存在什么镜式本质，人的观念不可能是自然的镜子，我们也不需要什么内在之镜。同理，根本不存在什么真理，只存在“对话”，只存在“我们大家”。人们所使用的语言不是用来代表现实的，它不可能是自然的一面镜子，不可能再现社会，也不能按其代表现实的优劣加以评价。罗蒂（2004：277）后来则说得更明白，

> 不是语言映现世界，而是发话者映现世界。

这就是后现代哲学家为“确定人在哲学研究中真正地位”的宣言！

雷柯夫和约翰逊（Lakoff & Johnson 1980，1999）正是依据后现代哲学家普特南、罗蒂等人的基本立场，批评了形而上学中“身心二元论”，且针锋相对地提出“身心一体观”，建立了“体验哲学”和“认知语言学”的一个核心原则“现实一认知一语言”，即人们的概念、思维、推理和语言等都是人们基于对现实进行互动体验和认知加工而形成的，语言中既有主观成分，也有客观内容（参见陈嘉映 2003：395；江怡 2009：24；钱冠连 2002：93，2005：88；李洪儒 2001；2002；2005；刘利民 2009；王寅 2003；2008；2009）。

我们基于这一立场进一步提出了“SOS理解模型”，强调了“人与物、物与人、人与人、物与言、人与言、言与人、言与言”等一系列多重互动的关系，其中既突出了唯物观：两个S同时体验着相同的O，这才是人类得以形成基本共识的基础，因为地球上的客观环境还是有很大程度上的相同之处；又突出了人的主观能动性：两端的S也充分体现出了后现代的人本观，确定了“人本”的重要地位，还体现出“我们大家在对话”的思想。该模式一方面批评了客观主义哲学观，另一面也从理论上澄清过分张扬人本性，忽视人类得以沟通的认识基础的倾向。

总之，“唯物辩证法（Materialist Dialectics）”提出的基本原理是正确的，我们的认识来源于实践，共同的经验决定了我们认识中的共性。辩证法表明，事物又总是处于不断发展、变化和矛盾之中的，人具有一定的主观性，这导致人们的认识和思想必有差异，也会经历发展和变化。因此，在哲学研究中应突出人的因素，这就是后现代哲学的主旨之一。若在后现代哲学视野中研究语言，就应当将人置于中心位置，这就是当今认知语言学的关键贡献（详见第

二十章)。从人本角度看语言的方法论,终于摆脱了索绪尔和乔姆斯基无视人本性的传统理论框架的束缚。也正是在这一点上,认知语言学完成了其重大的历史使命,终于将语言学研究带入到后现代思潮中,这才是进入 21 世纪的语言学家所要更新的关键性观念。

抛弃人本性势必会将语言学理论导向客观主义的窠臼,落入形而上学的俗套;过分强调人本性势必会使人类丧失得以互相理解的体验性根基,无视我们业已建立起的若干共识。这两个极端皆不可取。因此,当我们迈入 21 世纪后现代时期之后,不必丧失应有的理智,陷入后现代的漩涡之中而随波逐流,人云亦云。"保持几分清醒,把握几分独立,创出几分新意"也不失为当今文人的立学之本。

第二节 从二元走向三元

一、语义二元观

语言的初衷是用来表示人与世界之间的关系。事物需要名称,名称用来指称事物,因此"指称"就是人在语言活动中与世界相联系的必由之路。也就是说,知晓世界是什么样子的一个可行之道就是:研究语言中的指称词语,这自然就成为哲学(包括语言哲学)的一个基本出发点。

这种建立在"语言符号"与"外界事物"之间二元对应关系上的"指称论(Referentialism)"一直是传统哲学的主流思潮,流行了两千多年。按照柏拉图和亚里士多德的观点,形而下的具体事物有其形而上的本质(柏拉图将其称为"Ideal Idea",亚里士多德将其称为"Form")。事物有其对应的名称,其意义就反映了事物的本质,可图示如下:

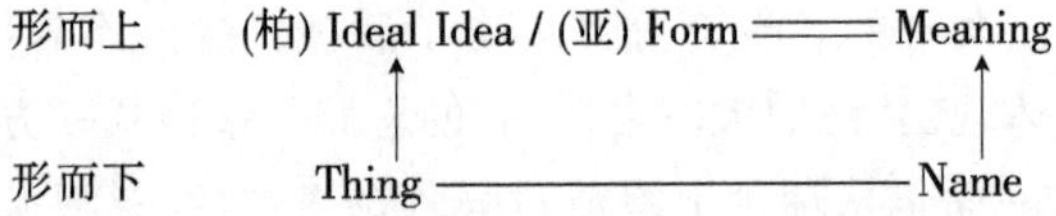

图 19-1

亦有学者将其简化为二元关系,意义即为名称与事物之间的关系:

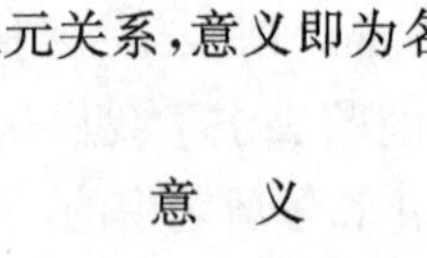

图 19-2

两千多年前的古希腊哲学家基于这种二元关系提出意义的“自然派(或本质派)”与“习惯派(约定派)”。前者将名称说成与事物之间的一种自然联系,名称反映事物的本质;后者认为不存在这种自然联系,名称仅是一种任意和约定的符号。前者没有考虑到人的主观因素,后者好像涉及人们的约定因素,但又否定了人的模仿功能和理智思维。

这种意义二元观一直延续到 20 世纪,且也是 20 世纪前 70 多年语言哲学的一个中心议题。传统观被逻实论者表述为“语言与世界同构”,意义来自词语与世界的真假关系,指称论披上了新外衣“证实论”和“真值条件论”。但是该理论本身也面临许多难以解决的问题(参见第九章第二节和第十一章第一节)。

我们知道,不从人的角度来谈论语言和意义总有隔靴搔痒之感,难以切中关键。那种为追求绝对真理而排除人的主观能动性的做法,被雷柯夫和约翰逊(Lakoff & Johnson 1980,1999)等斥为客观主义哲学观。直接将“语符”与“事物”简单联系起来,总在传统“指称论”意义观的框架中盘旋,要么认为两者之间自然地具有理据性,要么认为仅具有约定性,显而易见,这两种解释都有很大的局限性。遗憾的是,当今仍有不少学者依据这种二元模式将象似性与任意性之争视为古希腊“自然派”与“习惯派”之争的简单延续,这显然很不妥当。戴着一副客观主义哲学观的眼镜何以能看出当今理论交锋的要害!

二、语义三元观

弗雷格于 1892 年为纠正二元语义观之不足,提出了语义三元模式,在语符和事物之间增加了一个“观念(Concept)”或叫“涵义(Sense)”。后来奥格登和理查兹(Ogden & Richards 1923)将其总结为著名的“语义三角”(参见图 19—3),为现代语义学注入了新鲜血液,从此“意义”包含了两项内容 Sense 和 Reference,据此就可写出下一等式:

[1] Meaning = Sense + Reference

当代语义学研究沿此思路不断向前发展:有学者聚焦于图 19—3 中的“Reference”或“Symbol 与 Referent”之间的关系,形成了“外指论语义家族”的诸多成员;亦有学者聚焦于图 19—3 中的“Sense”,形成了“内指论语义家族”的诸多成员。胡塞尔的现象学则沿着弗雷格的思路继续向形而上学层面延展,对 Sense 做进一步抽象,提炼出“纯粹意识(Pure Consciousness)”;胡氏的学生海德格尔将其改写为“存在”,且基于“人本主义”和“亲在→存在→在者”

进一步论述哲学中的问题;海氏的学生伽达默尔沿其思路又将“纯粹意识”和“存在”改写为“理解和解释”,进一步深化了人本观。

德里达的解构主义颠覆了若干传统哲学观,消解了流行了两千多年的形而上学和二元论,批判了结构主义(包括描写主义)的误导性,提出了意义的“痕迹论”、“延异论”、“隐喻论”等著名观点。

哈贝马斯传承了上述观点进而提出了“交往行为理论(Theory of Communicative Action)”,倡导以日常语言作为主要研究对象,以言语行为理论(接受并改造了奥斯汀和塞尔的言语行为理论)作为理论基础,阐述了他的“共识真值论”、“普遍语用学”、“理想交往语境”,以期能在这一基础之上建立一个普遍的范式,去理解、分析和批判现代社会的结构,以人际间真诚和理想的交往来代替以满足个人利益为主导的行为模式,这种理想的交往可以通过语言行为来实现,理想的生活方式就潜藏在人们的语言行为之中。

我们认为,弗雷格虽然在语义研究中有所突破,在图19—2两要素之间增加了一个“涵义(Sense,Sinn)”,但其哲学立场未变,依旧是在客观主义理论中打圈圈,因为弗雷格(1892;cf. Lakoff & Johnson 1980:199)在论文中明确区分了Sense和Idea,将前者局限于“客观意义”,后者才指“主观意义”。这里所说的Sense就是指客观事物在头脑中的镜像反映,而“镜像”是客观主义哲学理论的核心,可保证排除人的主观因素,其结果就是Sense可像照镜子一样客观地反映事物之实际现状和本质特征,这与传统西方哲学所坚守的客观真理须遵循“笛卡尔范式(Cartesian Paradigm)”的圭臬如出一辙。

弗雷格(牟博等译1998:377)指出:

> 指号,它的涵义和它的指称之间的正常联系是这样的:与某个指号相对应的是特定的涵义(sense),与特定的涵义相对应的是特定的指称,而与一个指称(对象)相对应的可能不是只有一个指号。

据此,图19—3应当可被解读为:语符通过Sense(镜像的、非体验性的意义)客观地指向外部世界的所指对象,Sense就成为语符指向外物的一个中间过渡站。这比古典指称论向前迈出了一大步,能缓解指称论所面临的部分窘境,包括“一物多名”问题。

第三节　从三角到线性的超越

一、语义三元观之缺陷

弗雷格虽修改了传统的指称论，但依旧未能逃离客观主义的泥潭，这从他将 Sense 确定为“纯客观意义”就决定了该观点的局限性。因此，这位被称为“现代语义理论之父”的弗雷格就被雷柯夫和约翰逊确认为现代客观主义哲学家的始作俑者，是个“坏”代表。他们(1999:468)指出：

> 语言哲学从弗雷格开始就起了个坏头，到后结构主义时期情况依旧，它们对待心智、意义和语言的基本立场与第二代认知科学格格不入。弗雷格旨在寻求意义的“客观绝对性”、“永久普遍性”、“事实镜像性”，强烈反对心理学中主观性和个人价值取向，这必然使他在论述意义时要否定身体经验和想象力，看不到意义的主体间性和隐喻作用。后结构主义者虽然看到了意义会随时间、文化、个人而有很大变化，但又走向了另一个极端，认为意义不是永久的、普遍的，而只能是随意的、变化的，也否认了“意义基于体验”和“隐喻的体验性”等观点。

语言活动是人之所为，那么根据后现代哲学和体验哲学的基本原则，我们就应当贯彻人本精神，从人的立场来看待语言，论述意义，只有这样才能对其做出更为合理的解释。正如黄斌(1999:50)所说，语言并不完全像维特根斯坦所认为的那样，是世界的图像，而应是思维的图像，它间接地和部分地反映了客观世界的图像。江怡(2009: 24)也指出：

> ……无论是确定语言的意义还是指称，都需要考虑语言表达中的意向内容；都与语言的使用者以及语言使用的具体场景有着密切的关系……

钱冠连(2002:93)也有同样见解：

> 语言系统的选择便是人的选择，人的选择总是有一定理据的。

他(2005：88)还说：

> 互动是人的互动，活动是人的活动。

李洪儒(2001;2002;2005)则说得更明白：

> 语句中始终都有发话者的形象。

刘利民(2009)也说道：

> 语言言说一定包含了作为认知主体的人的思想活动，语言意义一定是人认知构建的意义。

我们在反思传统语义观之不足的基础上提出了“意义体认观(Embodied Cognition of Meaning)”，这是对认知语言学的核心原则“现实—认知—语言”的概括。“体”指对“现实”的互动体验；“认”指“认知”，是对获得的互动体验结果做进一步“认知加工”。因此汉语中的“体认”一词就可基本代表这一主要思想。

我们曾于2002年正式提出了语言的一个全新的重要性质“体验性”，并连续发表了二十几篇文章加以详述。其实，这里的“验”实际上就已包含了主观加工的成分，但为能突出认知语言学所强调的“认知加工”这一关键要素，我们拟将其改为“认”，以期突显“人本精神”，这就形成了本节提出的“体认观”。该观点认为，外在论(相当于外延论)过分依赖外部世界来论述意义，内在论又过于聚焦于心智内部，常持关门派立场，使其失去了存在的经验基础。这两大派语义理论皆有不足，它们常以一个极端去掩盖另一个极端，皆不可取。体认观则有机地整合了这两个出发点，既强调语义的客观体验性基础，也突出语义的主观认知性。

二、从三角到线性

弗雷格的涵义论(又叫语义三角)强调语符是通过“涵义(Sense)”这一中间环节指向对象的，因此又叫“途径论”。他曾将其比作“用不同的望远镜来观察月亮”，虽然观察的路径和方法不同，但对象为同一个体“月亮”。这一比喻也为他的客观主义“镜像观”埋下了伏笔。既然用的工具为“望远镜”，观察得到的结果就是“镜像反映”，这样，涵义与对象之间就具有“镜像关系”，完全无视人的主观因素。

我们主张扩大他的“望远镜”含义，将其理解为各种有色眼镜、近视眼镜、远视眼镜、肉眼等，且也包括人的主观因素（如视网膜正常的眼、视网膜坏了的眼、视网膜变形的眼），这样就可更好地从人本主义角度理解“人们无法‘直接地’、‘赤裸裸地’看到个体”这一观点。因此，涵义论虽能纠正传统语义理论的若干难题，但其客观主义立场必然会局限他的思路。据此，我们基于“SOS理解模型”拟将“三角”修补为“线性”。

为能清晰地表明这一思想，对语义三角做如下重大修改：

(1) 为能与认知语言学的论述一致，笔者旋转该图，将Symbol置于右边，Referent置于左边，但其基本原理不变。

(2) 将客观镜像的Sense换成Cognition，后者是认知语言学中的核心，具有主客兼之的体认性。

(3) 将位于语义三角顶点的Sense下拉到底线，以彻底阻断语符与外物之间的直接联系，就连虚线这样的关系也不存在，因为语符都是在人的作用下来指称对象的。

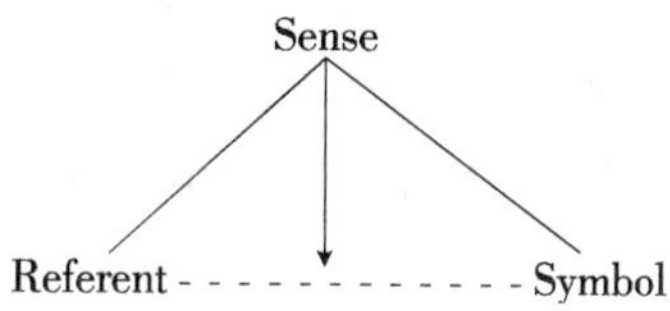

图19—3

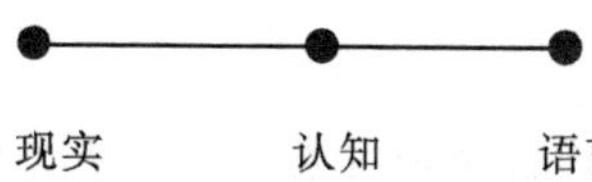

图19—4

此处的“认知”相当于王寅（2002；2005；2009）提出的“体验性概念化”或“体认观”，主要表示“互动体验”和“认知加工”两项内容，其中既有对外部世界的客观认识，也体现出了人的主观能动性，既批判了传统人本观，也是对部分后现代哲学家的“激进人本观”（过分张扬人的主观性，如主体间性）的一个重大修补。

据此，语言符号既不是客观世界的镜像反映，也不是头脑中固有的，它只能是“人化的语言”、“惟人参之”的结果，这就体现出体验哲学和认知语言学“现实—认知—语言”这一核心原则：语言是人们对客观外界进行“互动体验”和“认知加工”的结果。据此，在认知语言学理论框架中所讨论的象似性，就是指右端的“语言”象似于中间的“认知方式”,且中间的“认知”象似于左端的“现实”,语言在认知的作用下某种程度上象似于现实。也只有从这个角度出发,我们才能对语言哲学中所争论的“一物多名”现象做出更为合理的认知解释。

三、体认观与心智哲学

有学者认为,自 20 世纪 70 年代以来,作为“第一哲学”的语言哲学逐步让位于“心智哲学(Philosophy of Mind 参见 Searle 1999: 2075)”,学者们在意义研究中深刻反思了行为主义指称论的缺陷,重新关注“意向性(心智指向某一存在或不存在的客体)”,再次审视笛卡尔的身心二元论(Dualism)问题。

二元论者认为“身体”和“心智”为两个独立的实体,相互分离,即“物质”与“精神”是两个独立的本原,互不影响,一者不能决定另一者。笛卡尔认为,哲学家在研究外部世界,追求客观真理的过程中就应当将主体排除在外,消解主观干扰,抛弃价值污染,这就是著名的“笛卡尔范式(Cartesian Paradigm)”,在“身”与“心”之间画出了一条不可逾越的鸿沟。

与笛卡尔二元论相反的还有一种理论叫“一元论(Monism)”,认为世界本原只有一个,若承认“物质决定精神”则为唯物主义的一元论,若接受“精神决定物质”则为唯心主义一元论(参见 Searle 2004:48)。当今大多心智哲学家转向了“物质论(Materialism[①])”,在论述“物质状态 vs 心理状态”、“物质事件 vs 心理事件”、“非心理状态 vs 心理状态”等时,认为前者为主,前者决定或影响着后者,提出了很多值得深思的观点,例如:

(1) 20 世纪早期的行为主义者主张以行为来解释心智,将心智归结为行为或行为的趋向,视行为为生理之反映,通过研究动物之所为来解释心理活动,如:Watson,Skinner,Bloomfield,Quine,Wittgenstein 后期(Game and Use Theory)等。

(2) 物质主义者强调说人们的心理状态只是大脑的状态,特别是一些计算机科学家(1950s)将“心理状态”等同于“电脑状态”,即可将我们所有的意识活动还原为主体展现出来的物理现象。早期的美国日

① 在我国“Materialism”常被译为“唯物主义”或“唯物论”,常与马克思主义的基本原理联系在一起,往往更具政治色彩。而心智哲学中的 materialism 虽与唯物论立场有相通之处,但也有很多独特性,为此笔者在心智哲学中暂将其译为“物质论”以示区分。与之相关的另一术语“Physicalism”译为“物理主义”。

常语言学派 Sellars 为物质主义者，主张把心理活动还原为物质活动。后来他(Sellars 1956)还将“心理事件”等同于“神经事件”，如人们感到疼痛只是他大脑中的C-神经纤维受到刺激。美国哲学家戴维森(Davidson 1970:138)认为“心理事件”与“物质事件”之间是相同的(identical)，两者存在某种因果关系，这就是著名的“同一论(Identity Theory)”，认为心理状态与大脑的物质、生理过程是同一个东西。

(3) 美国哲学家刘易斯(D. Lewis 1966)和澳大利亚哲学家阿姆斯特朗(Armstrong 1968)等论证了“Central State Identity(中心状态统一论，又叫 Central-state Materialism 中心状态物质论)”，与 Sellars 观点接近，认为内部心智状态同一于大脑和中枢神经系统的状态，否认内部心智状态的存在。

(4) 澳大利亚哲学家斯马特(J. J. C. Smart)于20世纪50年代针对“(Token-token Identity 殊型一殊型同一论，即一个特殊的心理事件等同于一个特殊的物理事件)”提出了“Type-type Identity(类型一类型同一论，即每一类心理事件等同于某一类物理事件)”。他们都主张通过外在的物理活动(行为、动作、脑电波等)的观察，窥视其在心智中的呈现方式。

(5) 亦有学者指出，在“心理事件”与“物理事件”之间存在多因素决定论；还有学者认为，两者具有互动关系。

(6) 奥裔美籍哲学家费耶阿本德(Feyerabend 1963)和美国哲学家罗蒂(Rorty 1965)等基于奎因的理论发展出“Eliminativism [取消论，又叫 Disappearance Theory, Eliminative Materialism(取消观物质论)]”，认为不存在心智现象，有关命题态度的研究实属误导，当予取消。

(7) 功能主义心智哲学家，如美国哲学家奎因(Quine)和福多(Fodor)等，于1960年代指出，心理状态是人的整个有机体的功能，一个心理状态或事件取决于它所能发挥的功能，可通过心理状态之间的因果关系来规定。Searle(1998/2001:46)指出，一个物理系统(无论是大脑还是其他)的任何状态都是一种心理状态，它与输入刺激以及系统的其他功能状态具有直接的因果关系，也与输出行为具有直接的因果关系。功能主义又有若干分支流派，如计算功能说认为心智只是被装进大脑中的计算机程序，如感到疼痛只是因为被触动了疼痛的计算机程序。

(8) 英国哲学家罗素接受了詹姆斯和马赫的"中立一元论(Neutral Monism)",以图调和心理学中的物质主义(华生的行为论)倾向和物理学中的非物质论(爱因斯坦的相对论)倾向,认为心的东西和物的东西由同样的基本材料(既非心的又非物的,而是介于两者间的中立材料)构成,他既反对唯物主义也反对唯心主义(参见罗素 1921,贾可春译 2010:viii)。

凡此种种,不一而足。Searle(2004:75)曾画了一个直观图,可很好地理清这些观点之间的渊源关系,现摘录如下:

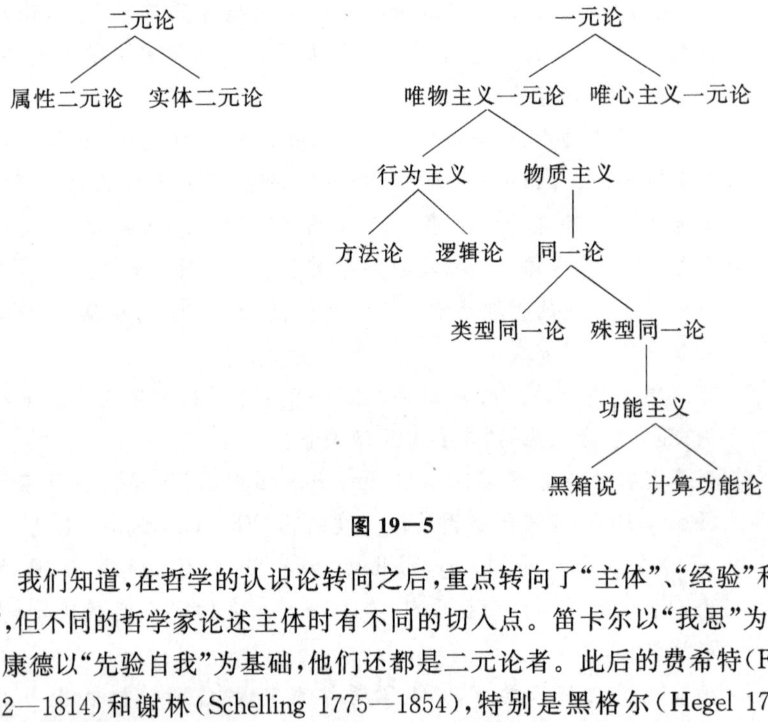

图 19—5

我们知道,在哲学的认识论转向之后,重点转向了"主体"、"经验"和"理性",但不同的哲学家论述主体时有不同的切入点。笛卡尔以"我思"为出发点,康德以"先验自我"为基础,他们还都是二元论者。此后的费希特(Fichte 1762—1814)和谢林(Schelling 1775—1854),特别是黑格尔(Hegel 1770—1831)等都批判了二元论。

黑格尔受到斯宾诺莎(Spinoza 1632—1677)"实体就是主体(但可有两种属性:物理属性和精神属性,这在哲学界有时又称为'弱式二元论')"的启发,以"绝对理念"为出发点建立起庞大的唯理论哲学体系,认为人既是绝对理念的工具,又是它的体现,提出了"思有同一"的原则,从而突破了二元论框架。此后,胡塞尔(Husserl 1859—1938)的现象学以"先验自我"为出发点,用"现象一元论"来消解"现象一本质二元论",并指出现象就是本质,现象后面没有别的东西。德里达和哈贝马斯对胡塞尔提出的"主体间性"大加发挥,强调了真理和意义存在于主体之间的协商之中，这也是坚持一元论立场的结果，但他们明显带有抛弃客体的倾向，这是不妥的。

萨特(Satre 1905—1980)虽也接受了“现象即本质”的立场，且强调了“存在是自在”、“自由先于本质”的观点，但从中不难看出他还具有二元论倾向。梅洛庞蒂(Maurice Merleau-Ponty 1945)解决二元论的方法是把“知觉”当做认识的唯一起点，这表明他是一个坚定的一元论者。他在《知觉现象学》中严厉批评了二元论，认为“意识”不是笛卡尔的“我思”，并深刻批判了思维主体的首要性，强调知觉主体的感性经验，以能超越主客二分的思维方式，摆脱经验论和唯理论两大对立阵营的论争。据此，他力主在主体和客体之间建起一个“中间领域”，以能通过捕捉我们所经历的生动而又原始的经验来探索本质，首倡从“知觉(Perception)”维度研究现象学的观点，以期消解二元论形而上学的老问题。

梅氏还设立了“己身(Corpsproper，又译‘身体—主体’)”这一重要术语，认为“知觉”介于“己身”与“世界”之间，并借鉴马克思的唯物辩证法大力倡导“心智来源于身体”的唯物立场。他还主张从整体论角度将“结构”视为主客结合体，它不是对经验的被动反应，而是对经验的主动组织，是内部世界和外部世界的统一，以此便可有效地克服传统主客二元论。

皮亚杰(Piaget 1970)既区分了主体和客体，也提出了两者紧密联系的观点，力主用“主客互动(Interaction between Subject and Object)”的方法来阐释认识论问题。学界认为他的这一观点试图用二元的方法来达到一元的目的，是两种立场兼而有之(参见第十七章第二节第二条)。

当代心智哲学①传承了行为主义、物质主义、功能主义等观点，大力倡导从认知角度深入探讨身心关系，认为心智世界不能脱离物理世界，前者中的事件最终可被还原为后者中的事件，这与语言哲学中的“简约论(Reductionism)”相通。

体验哲学和认知语言学也接受了上述的观点，认为身体和心智这两者虽是两个不同的实体，但绝不是互相独立的。身体经验会映射入心理知觉，人们在若干身体经验的基础上自然会涌现出一些有规律的心理反射。这就是体验哲学三原则中的第一条原则“心智的体验性”。

我们所提出的“体认观”当算是对当代心智哲学的一个补充和发展，一方面强调心智的体验性；另一方面也肯定了人的主观能动性，充分体现了“客主

---

① 章士嵘、王炳文于1996年主编出版的《当代西方著名哲学家评传》第二卷《心智哲学》中共收入9人，他们是：阿姆斯特朗、梅洛庞蒂、塞拉斯、丹尼特、德雷福斯、斯金纳、西蒙、明斯基、维洛格拉特。

结合”的唯物辩证法立场,以期能对诸多现象(包括世界、人、语言)做出更为全面和统一的解释。此处仅举几个语言层面的例子加以说明。

(1) 语言中大量表示“生气”的词语,完全是人类对生理现象进行体认的结果(王寅 2001:375)。

(2) 用温度表示情感的若干词语,产生自概念隐喻“AFFECTION IS WARMTH”,这是幼儿在妈妈怀抱中既可感受到“温暖”,也享受到“爱”而迸发的。

(3) 语言中若干情态动词大多源自对物理力量的体认(Sweetser 1990),如 may 从表示“物理力量(Physical Force)”转移到“心理力量(Mental Force)”。

(4) 表示空间方位的介词却原来是人类认识和理解若干抽象概念的基础,据此 Lakoff(1987)提出了“形式化空间假设(Spatialization of Form Hypothesis,简称 SFH)”。

(5) 名词的性、数、格等词法现象,与生活中对名词的体验认知密切相关,如欧洲先民常采用“以己身看外界”的拟人化方法,赋予无生命之物以阳性或阴性之别;生活中对事物需要计数,名词就有了“数”的词法概念;名词常与其他人或物产生若干关系,这就有了名词的主格、宾格、所有格等词法现象。

(6) 动词的时、体、态、式的变化也直接来源于生活经验中的对应情况,如实际生活中的时间变化导致了屈折语言中动词的时态变化,动作的主动性和受动性影响到语句的主动态和被动态等。

(7) 若干器官量词是基于“近取诸身”和“人是万物的尺度”的认知产物,如汉英语中常用“头(head)、手(hand)、脚(foot)”等来计量。

(8) “可数 vs 不可数名词”、“延续 vs 终止动词”来源于人类对实体“有界性(Boundarization)”的认识,有界物体常为可数名词,无界物体常为不可数名词;延续性动词常表示无界动作,终止性动词常表示有界动作。

(9) 语言中基本句型是基于生活中基本事件类型或交际需要建构而成的,如生活中有“施事者发出动作,作用到一对象”,它是形成“主谓宾构式”的体认基础;生活中有“施事者向某人传递对象”决定了语言中的双宾构式等。

(10) 语调的升降也与我们的生活经验密切相关,如升调表示疑问,或许受到了“人向上站立,因重心高而摇晃或不稳”的影响;降调表示肯定,或许受到了“人下蹲,因重心低而显稳重”的影响(Lakoff 1980:136)。李世中于 1987 年 4 月 14 日在光明日报上撰文,也从体认角度论述了汉语四个声调与词语意义之间的理据性关系。

"体认原则"对于语言各个层面都有较强的解释力，此处不再一一列述，具体参阅国内外相关论著以及笔者有关文章。现尝试运用该原则来解释语言哲学中的老课题"一物多名"。

第四节　体认观对一物多名的新解

弗雷格(1892)从"一物多名"开始批判指称论之不足。按照"名称的意义就是其指称对象"的观点，那么 the Morning Star 和 the Evening Star 同指一个星球，它们该有同样的意义。

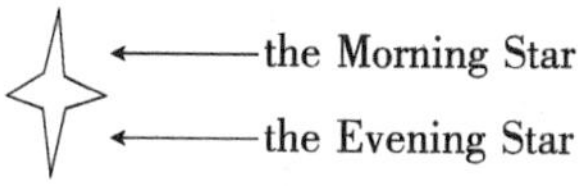

图 19—6

但是从字面上看，这两个词语的意义明显不同。一个是"启明星"，另一个是"长庚星"，虽同指一星，但意义却明显不同，指称论为此而一筹莫展。弗雷格尝试用语义三角图为其做出解释，且还据此指出 a ＝ a 和 a＝b 是两种不同的相等(Sameness 或 Equality)，前者属于分析性命题，后者是综合性命题。但是他又过分强调了 Sense 的客观镜像性，忽视了人的主观能动性。而从后现代主义的体验哲学和人本主义角度来看，若不考虑人因素，很多问题就不能得到合理的解释。此处以几个一物多名的例子加以说明。

一、妻子

同是丈夫的配偶"妻子"，在世界各地和中国的不同地区和时期有不同的名称，这实际上反映了认知主体可站在不同的观察角度识解(Construe)了"妻子"的不同特征，将其定位于不同的身份，从而给予不同的名称，同时也反映了妻子的不同地位：

(1) 在幼里披底斯的诗中，妻子叫做"Oikurema"，意为做家务的一种对象(恩格斯《家庭、私有制和国家起源》)，这是从管理家务和家庭财产角度来说的。

(2) 在雅典人看来，妻子除生育子女之外不过是一个"婢女的头领"而已(同上)，这是从家庭女性角度来说的。

(3)《礼记·曲礼》曾以"妻"为例说明人的政治地位和等级不同，"天子之妃曰后，诸侯曰夫人，大夫曰孺人，士曰妇人，庶人曰妻"。这是从丈夫的社会等级定出的区分和称谓。

(4) 解放前,我国云南的黑彝把妻子叫做“穿针婆”,主要突显了她在家中的工作主要是“做针线活”。

(5) 我国过去对别人称自己的妻子为“内人”,表示她是料理家庭内务的,不参与社会性事务;至于在口语中被称为“那一口子”,似乎有点不屑一顾的口气;比这两个说法更贬的为“贱内”、“拙荆”、“糟糠”等,太过自谦,大有贬低妇女之义。

(6) 在我国很多地区的方言中还可将妻子称为“当家的”,这反映了妻子的社会地位有了提高,可以当家了;特别是在当今社会常被称为“半边天”,已享有与丈夫平起平坐的地位了。今天又将妻子称为“领导”,丈夫要时常“请示”,更彰显出女子在家中有“居上”的地位。

(7) 我国在解放后夫妻之间通称“爱人”,这流行了很长一段时间(约从1949到1980),主要是出于感情角度的考虑,夫妻之间相敬相爱。

(8) 山西浮山一带常以“娘家地名+家”称呼妻子,如:郊里家、庄里家、衢里家等。这些称呼意在激起妇女对娘家的思念,从维系妻子与娘家之间感情纽带的角度叫出来的一种称呼。

(9) “家”常用来指大家庭,“室”为家中的一个小部分,常指以夫妻为中心的小家庭,因此汉语中常用“室”代替“妻”,如“娶妻”叫“有室”,妻子又叫“妻室”。汉语还有“女有家、男有室”的说法,这是依据妻子在家中所住场所起的名称。

(10) 与“室”相通的字是“舍”,因此用“丈夫名+舍”来称呼妻子。经常在屋子里活动的自然是女人,这也符合“男主外,女主内”的传统文化,这与第(5)、(9)称谓原理相同。

(11) 我国还有很多地区将自己的妻子称做“孩子他娘”、“小红妈”,这是依据孩子为参照点所起的名称,突显了母子关系。

凡此种种,不一而足。

二、向日葵

在我国“向日葵”在不同地区也有不同名称,如:

葵花、向阳花、朝阳花、朝阳葵、朝阳转、转心莲、转头莲、转日莲、转日葵、望日葵、望天葵、日头转、太阳花、太阳佛花、朝阳饼儿、盘头瓜子等，这些名称背后都有一定的认知策略，它们都是抓住了该事物某一典型的形状或特征所起的不同名称。

三、月亮

同是一个月亮，在汉语中竟有十几个词语表示它：

(1) 因初月如钩，月亮被称为：银钩、玉钩。
(2) 因弦月如弓，月亮被称为：玉弓、弓月。
(3) 因满月如轮如盘如镜，月亮又称：金轮、玉轮、银盘、玉盘、金镜、玉镜。
(4) 传说月中有兔和蟾蜍，月亮又称：玉兔、金蟾、银蟾、蟾宫。
(5) 传说月中有桂树，月亮又称：桂月、桂轮、桂宫、桂魄。
(6) 传说月中有广寒、清虚两座宫殿，月亮故称：广寒宫、清虚宫。
(7) 因传说为月亮驾车之神名叫望舒，故称月亮为望舒。
(8) 传说最多、最优美的还是嫦娥奔月的故事。传说射日英雄后羿的妻子嫦娥偷吃了他向西王母要来的不死之药，于是飘飘而上，奔入清冷寂静的月宫，后成为月宫仙子，与她相伴的还有捣药的玉兔和伐桂的吴刚，故又称月亮为嫦娥。
(9) 因为人们常常把美女比做月亮，故又称月亮为婵娟。
(10) 此外，月亮还有弯镰、银镰、素魄、凝霜、冰镜、明镜、冰轮、夜光、素娥等等许多别称。

外国神话将月亮奉为不同的神：

古叙利亚人称月亮为“阿斯泰罗”女神；
古罗马人称月亮为“狄安娜”女神；
古希腊人称月亮为“阿尔忒弥斯”女神。

四、地瓜

汉语中“地瓜”一物在全国各地也有很多不同的名称，这也反映了不同的人对其有不同的认知意义：

从出处和产地来命名：地瓜(长在地下)，

山芋(来自山地),
番薯(出自外地);
从外表的颜色来命名:红薯,
白薯,
红苕;
从味觉和触觉来命名:甘薯(味觉甘甜),
凉薯(取其触觉);
从外在的形状来命名:豆薯。

五、汉语108个“我”

钱冠连(2010: 2)曾列述了汉语中的一个“我”字,竟然有108种不同表达方法,实属罕见,以至于能将学汉语的老外吓跑,现将此笑话照录如下(因文中涉及很多古代用法,原文用繁体字书写)。

[2]洋人求学记

有一个老外为了学好汉语,不远万里,来到中国,拜师于一位国学教授门下。第一天老外想挑一个简单词汇学习,便向老师请教英语“I”在汉语中应该如何说。老师解释道:

中国是一个官本位国家,当你处在不同的级别、地位,“I”也有不同的变化,就像你们英语中的形容词有原级、比较级、最高级一样。比如,你刚来中国,没有地位,对普通人可以说:“我、咱、俺、余、吾、予、侬、某、咱家、洒家、俺咱、本人、个人、人家、吾侬、我侬。”

如果见到老师、长辈和上级,则应该说:“区区、仆、鄙、愚、走、鄙人、卑人、敝人、鄙夫、鄙躯、鄙愚、贫身、小子、小可、在下、末学、小生、不佞、不才、不材、小材、不肖、不孝、不类、走狗、牛马走、愚小子、鄙生、贫生、学生、后学、晚生、晚学、后生晚学、予末小子、予小子、余小子”

等到你当了官以后,见到上级和皇帝,则应该说:“职、卑职、下官、臣、臣子、小臣、鄙臣、愚臣、奴婢、奴才、小人、老奴、小的、小底。”

见到平级,则可以说:“愚兄、为兄、小弟、兄弟、愚弟、哥们。”

见到下级,则可以说:“爷们、老子、大老子、你老子、乃公。”

如果你混得好,当上了皇帝或王爷,则可以说:“朕、孤、孤王、孤家、寡人、不穀。”

如果你不愿意当官,只好去当和尚、道士,则应该说:“贫道、小道、贫僧、贫衲、不慧、小僧、野僧、老衲、老僧。”

最后一点必须注意，一旦你退休了，便一下子失去了权力和地位，见人也矮了三分，只好说：“老朽、老拙、老夫、愚老、老叟、小老、小老儿、老汉、老可、老躯、老仆、老物、朽人、老我、老骨头。”

上面一百零八种“I”，仅仅是男性的常用说法。更多的“I”明天讲解。

老外听了老师一席话，顿觉冷水浇头，一个晚上没有睡好觉。第二天一大早便向老师辞行：“学生、愚、不材、末学、走。”退了房间，订了机票，回国去了。

这虽是一个笑话，但其中所反映出的道理确是发人深省的。从语义体认观角度来说，所有这些表达方法在“指称”或“真值”上并没有多大差异，其认知参照点皆因社会因素（地位职权、职业、年龄、文体）所致。

<table>
<tr><td rowspan="5">社会地位</td><td>谦　称</td><td>区区、仆、鄙、愚、走、鄙人、卑人、敝人、鄙夫、鄙躯、鄙愚、贫身、小子、小可、在下、末学、小生、不佞、不才、不材、小材、不肖、不孝、不类、走狗、牛马走、愚小子、鄙生、贫生、学生、后学、晚生、晚学、后生晚学、予末小子、予小子、余小子</td></tr>
<tr><td>见长官自称</td><td>职、卑职、下官、臣、臣子、小臣、鄙臣、愚臣、奴婢、奴才、小人、老奴、小的、小底</td></tr>
<tr><td>见平级自称</td><td>愚兄、为兄、小弟、兄弟、愚弟、哥们</td></tr>
<tr><td>见下级自称</td><td>爷们、老子、大老子、你老子、乃公</td></tr>
<tr><td>皇上自称</td><td>朕、孤、孤王、孤家、寡人、不榖</td></tr>
<tr><td>职业</td><td>和尚、道士</td><td>贫道、小道、贫僧、贫衲、不慧、小僧、野僧、老衲、老僧</td></tr>
<tr><td>年龄</td><td></td><td>老朽、老拙、老夫、愚老、老叟、小老、小老儿、老汉、老可、老躯、老仆、老物、朽人、老我、老骨头</td></tr>
<tr><td rowspan="3">文体</td><td>方言/口语</td><td>咱、俺、侬、咱家、洒家、俺咱、人家、吾侬、我侬</td></tr>
<tr><td>书面语</td><td>余、吾、予</td></tr>
<tr><td>中性文体</td><td>我、某、本人、个人</td></tr>
</table>

图 19—7

现根据图 19—4 所示的认知语言学核心原则“现实—认知—语言”和意

义的体认观，对一物多名现象解释如下：

> 现实中人、事、物的“特征”经过“认知加工”处理后形成了多种意义，再用语言符号分别将它们凝固成具体的名称。

现将这一原理图示如下：

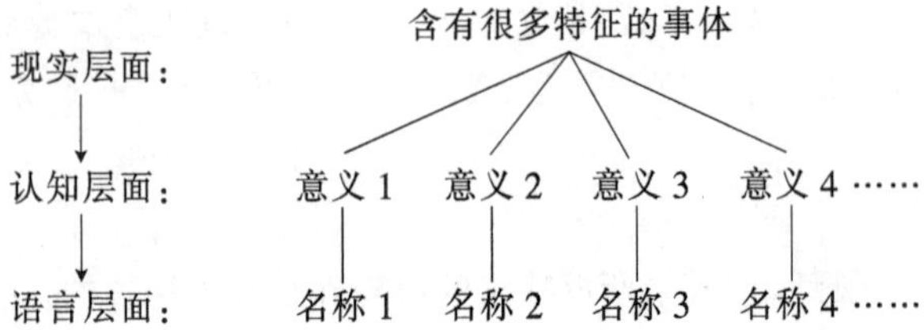

图 19－8

这就可从人本主义角度对同一对象为何会有如此众多的名称作出合理解释。它们不可能是外物在头脑中镜像反映的客观结果，如若这般，大家都应获得相同的概念和表达，这其间必定涉及人为选择、主观认识、突显机制、交际需要等，图 19－8 便可较好地体现这一立场。人们对现实层面中的同一对象，通过在认知层面上的差异，即所择对象特征的不同，就会产生不同意义，因而就有了语言层面上的表达差异。据此可见，名称和语言必定是人之所为的结果。

我们(2009)还顺着这一思路首先提出了事物命名的一般机制 —— 转喻：因为一个对象会有很多特征，人们只能择其一来命名它，而不可能穷其所有特征并集中在一个名称中将它们全部体现出来，常循之路为：用描写某一特征的名称来称呼整体事物，这就是我们所说的“转喻”，以部分代替整体。要想将一个事物的全部特征纳入到一个名称之下，是办不到的，因为一个名称的容量是有限的，而且也没有必要，因为“以偏概全”是通用的命名规律。

第五节　体认象似性

一、概　述

我们知道，20 世纪初现代语言学之父索绪尔发动了一场哥白尼革命，将语言学研究引入了“关门打语言”的方向，对其后近百年的语言学发展方向产生了重大影响。特别是索氏的“语言内指论”和“能所指一体”的观点，20 世纪的 TG 学派和认知语言学对它们做出了不同的反应，现列表论述如下：

	结构语言学	乔氏 TG	认知语言学
1	语言内指论	**语言自治论**	体 认 性
2	能所指一体	**句法自治论**	象征单位

图 19－9

乔姆斯基接受了索氏的第 1 个基本观点（语言内指论），且将其发展为“语言自治论”和“句法自治论”（表中这两个相同观点同用加粗仿宋体），认为人类的语言能力独立于其他认知能力，与身体经验更是无关，心智中有一个专管语言的独立机制，即 UG 或 LAD，且具有天赋性（传承自笛卡尔哲学观）；他还认为语言可划分为三大模块：音位、句法、语义，其中的句法独立于语义，且将立足点定在句法上，认为它具有自治性，可独立于语义和语用，依据形式化数理逻辑来演算，这样便可解释语言的生成和转换过程。

从上可见，乔氏抛弃了索氏的第 2 个基本观点，即能指所指一元观，认为句法具有自治性（将能指扩大到句法形式），从而建立了以句法为中心的 TG 学派，引领了 20 世纪数十载国际语言学的研究潮流。

而认知语言学走出了一条与 TG 学派完全不同的思路，接受了索氏的第 2 个基本观点（能所指一元观，但将其扩展到形式和意义/功能）。这也完全符合我们正常言语交际情况，每当人们发出一个语音符号，必然要表达某个意义，音义是不能分开的，而且在实际交流中人们往往会“得义而忘形”，并不很关注形式，总以获得交际意义为主要目的。既然语义是言语交际的中心所在，它才是语言学研究的重点，语言研究绝对不能离开语义（王寅 2001：前言 2，正文 6）。正是在这一点上认知语言学接受了索氏的一体观（表中这两个相同观点同用隶体），且将其发展为“象征单位（Symbolic Unit）”，即将语言符号视为“音位极”和“语义极”的结合体（Langacker 1987；1991；2008）。前者常被理解为“形式”，可包括“书写、结构、身势”等，后者还可包括“功能、语用”等，我们拟将其统称为“形义一体”。

但在形式与意义之间是否具有理据性上，认知语言学却与结构主义语言学有着根本分歧：索氏在内指论框架中将能指和所指的任意性作为第一原则加以信奉，而认知语言学则在“体认观”框架中将表达符号与所指意义之间的主要关系视为“象似性（Iconicity）”，这是由其学科性质和研究目标所决定的。

二、形义象似观

认知语言学接受了形义一元观，但否认了两者之间的任意性。有关这两者之间的差异,笔者(1999;2001;2009)已做出较为详细的解释,索氏是基于心智中"音响形象"和"概念"两内在要素做出的任意说,而认知语言学是基于上述核心原则三要素关系提出了象似性,语言符号来自于对现实的体验和主观的认识。认知语言学的核心原则和语义体认观涉及三个要素,与索氏的二元要素"能指—所指",以及关门派立场完全不同。

我们知道,认知语言学的目的在于揭示并解释语言表达背后的认知机制,象似性原则正好与这一目标完全吻合,它表明了特定语言表达(包括单个符号和句法结构)的形成必定有其特定的认知方式。认知语言学就是要通过分析语言事实揭示常为人们所忽略的认知机制,难怪几乎所有认知语言学的论著和教材都要论述象似性。因此,接受认知语言学,也就意味着要接受象似性。

当然了,不同学者对"象似性"有不同理解。有学者持狭义象似性的观点,认为象似性为理据性的下义词,前者仅为后者之一种情况,即象似性仅指语言符号与客观现实之间所存在的映照性关系,即图 19－10 中两端之间的关系,或如图中由(二)标示的大括号所示。更多的学者(如 Hockett 1958:577－578;Givón 1985,1990;Nänny & Fischer 1999, cf. Haspelmath 2008:3;王寅 1999, 2001, 2007b)持广义象似性的观点,象似性不仅包括上述狭义观,更主要的是右端的语言符号与中间的认知方式之间的关系,如图 19－10 中(一)标示的黑粗线所示,我们亦持这一观点。这样,广义象似性即可表述为:

> 语符象似于认知方式,且在其作用下某方面在某程度上象似于现实世界。

这与我们在 1999 年出版的拙著第 32 页上,以及 1999 发表于《中国翻译》论文中所述的定义基本相同,这几年我们所论证的语言体验性系列论文(现已发表到之二十九)也是这一研究思路的产物。象似性包括图 19－10 中(一)和(二)两部分,这正充分体现了后现代哲学中"人本观"思想,语言是人们思维加工的结果,必然取决于人们的认知方式,也须考虑到客观世界的具体情况。

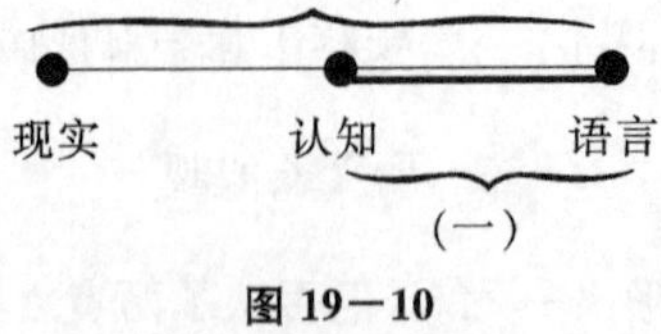

图 19－10

倘若理解了认知语言学的这一基本立场，就不难理解为什么该学派要将象似性视为一项主要内容，而根本不像有些人所误解的那样，语言仅在模仿客观外界（而不考虑人的体认因素）。这依旧是西方传统客观主义哲学争论了两千五百多年古老话题在做怪，但我们并不是对它做简单的重述，而是在“SOS理解模型”和“语义体认观”的指导下对其做彻底改造，赋予象似性以全新的含义和内容。关于这一点，我们已在过去的文章和书中阐述得十分清楚了，此处不再赘言。

在体认观框架下建立的象似观，也不同于索绪尔在“关门打语言”的内指论框架下将“能指”和“所指”局限于头脑中的两个心理实体（我们也一直认为索氏基于此建立起来的任意说在其理论框架中尚可自圆其说），倘若如此，它们又何以厘得清，又怎能道得明？索氏（Saussure 1916：12）所设计的“语言交际循环图”与他的理论框架不符，内在性的能指和所指是如何从人们口中传出来成为实体的？心理实体与现实世界的接口问题又该留给谁来解决呢？他在书中所画的交际循环图是如何得以运行的？他在书中所举的例子（如德语和法语中“牛”的实际发音不同）又未能与此观点相协调？

现在还是让我们回顾一下雷柯夫和约翰逊（Lakoff & Johnson 1980：126）就象似性理论所说的一句画龙点睛的语句：

> Such links make the relationship between form and content anything but arbitrary.（这样的联系使得形式和内容之间的关系根本不是任意的。）

这一句话就已道出了语言符号象似性的普遍性。我们不难理解“anything but”的含义，该短语原义为“除了……之外可以是任何东西”，常被译为“根本不是”。

这两位认知语言学家的经典论著在语言学界早已是家喻户晓，在国内被引用无数次，但不知什么原因，这一句话却鲜有人提及和引用。另外，他们在第20节中所述及的“数量象似性”、“距离象似性”等原则也没有什么人提及。按照皮尔士的观点，隐喻就是一种象似性现象，倘若隐喻在语言中“占大多数”，那么象似性在语言中的比例自然就很高，这就是他们（1999：464，465）在《体验哲学》一书中的观点：

> There does exist some arbitrariness. But given that, what we mostly find is not full arbitrariness, but motivation.(语言中确实存在一些任意性,即便如此,我们所发现的大部分现象不是完全任意的,而是有动因的。)
>
> ... there is more motivation in a language than arbitrariness.(语言中的理据性多于任意性。)

雷柯夫(Lakoff 1987:346,487)还指出:

> In natural language, motivation seems to be more the norm than the exception.(在自然语言中,理据是一种正常现象,而不是例外。)
>
> Motivation is central phenomenon in cognition. The reason is this: It is easier to learn something that is motivated than something that is arbitrary. It is also easier to remember and use motivated knowledge than arbitrary knowledge.(理据是认知的中心现象,理由是:比起任意性语符而言,我们更容易学得那些有理据的语符;比起任意性知识而言,我们更容易记住和运用那些有理据的知识。)

雷柯夫的观点与索氏完全不同,索氏将任意性视为第一原则,将理据性视为任意性中的有限情况,而雷柯夫等学者一贯主张理据性为正常情况,任意性是不得已而为之的最后策略(Cognitive linguists tend to see motivation as the norm and consider arbitrariness as the last resort)。

拉登和庞叟(Radden & Panther 2004:2)还引用了海讷(Heine)的观点:

> ... since human behavior is not arbitrary but ... driven by motivations, language structure, which is a product of behavior, must also be motivated.(由于人类的行为不是任意的,而是由动因所驱使的,语言结构是人类行为的结果,就也是有动因的。)

他们于 2004 年主编出版了 *Studies in Linguistic Motivation*,共收录了 12 位学者的论文,分别从"生态性(Ecological)、发生性(Genetic)、体验性

(Experiential)、认知性(Cognitive)"这四个角度[①]论述了语言中的理据性(即象似性)。2008年*Cognitive Linguistics*第一期(共7篇)上发表了4篇有关象似性的论文,其中包括海曼(Haiman)题为"In Defence of Iconicity"的论文,继续阐释了有关象似性的基本原则,并对某些学者(如Haspelmath等)的质疑给予有力的反驳,值得我们好好研读。

倘若要进一步了解象似性,还需要静下心来认真读读由John Benjamins出版的*Iconicity in Language & Literature*系列丛书,2008年刚出版了该系列丛书的第6卷,由De Cuypere编著的*Limiting the Iconic: From the Metatheoretical Foundation to the Creative Possibility of Iconicity in Language*。许国璋先生(1988)、李葆嘉(2001)等对这个问题也有很好的论述。

三、象似观的应用性

(一) 体认象似性与语言教学

语言符号象似性正体现了后现代哲学(包括体验哲学)和中国后语哲的基本原则,也标志着当代语言学,虽稍后于文学界和翻译界,但亦已步入了后现代哲学所倡导的人本主义这一人文科学的研究大潮之中。它不仅开辟了语言学研究的新方向,为理论语言学注入了新的活力,更重要的是,它可直接用于指导语言教学。与其相比的老观点"任意性"似乎对教学无甚意义可言,常为教师提供"惯用法"和"死记硬背"的借口。作为21世纪的教师不可蹈此旧矩,当致力于寻求语言表达之所以然的原因和机制。

笔者曾在《外语学刊》2009年第6期的文章《从后现代哲学的人本观看语言象似性——语言学研究新增长点之六:象似性的哲学基础与教学应用》中,从理论上较为详细地论述"体认象似性"原则,且基于这一原则对教学实践提出了几条建议:

(1) 从自身的生活经验、社会场景来解释语言的形成和理解;

---

① 这里的Ecological motivation指:人和语言单位不是孤立存在的,而是处于整个社会和语言系统网络的某一位置上(Niche/ Slot),参见雷柯夫(Lakoff 1987:487),拉登和庞叟(Radden & Panther 2004:24),泰勒(Taylor 2004: 49,58)。据此,任何语言单位都是语言系统中的要素,它就像一个pointer,总是要"指向"系统中的其他单位,不在这个系统中的成员就不能称做一个语言单位。据此,所有构式在某种程度上都具有理据性。Genetic motivation认为,语言是人类行为的产品,可以此解释语言变化(如语法化)背后的理据。Experiential motivation从人的身体经验角度来解释语言理据性。Cognitive motivation是指从人的认知能力和方式来论述语言理据性。

(2) 将象似性原理贯彻到语言教学之中,会有很多意外收获;
(3) 以简表归纳例示 CL 体验认知观对语言各层面的解释力;
(4) 以距离象似性为基础简介英语词素构词的认知学习方法。

第(1)点作为认知语言学理论与语言教学的基本原则,各位教师可从这一角度不断思考和探索语言事实背后的人主体的体认机制,寻找语言为何非这样表达而不那样讲的理据性。一旦能理解清楚其后的象似性规律,无论是教师教,还是学生学,都会有一种得心应手、轻松自如的感觉。这些年来我们与研究生一起,循此进路进行了一系列研究,取得了一定的成果,若能将它们运用到教学实践中去,一定能收到事半功倍的效果。

第(2)点可参见笔者 2001 年由上海外语教育出版社出版的《语义理论与语言教学》第十六章,主要运用了距离象似性、数量象似性、顺序象似性、标记象似性等原则来解释若干英语表达,而这些都是常规理论所解释不了或被忽视的现象。如此解释确实可为英语教师另辟蹊径,也为学生提供了一个十分有效的学习和运用英语的好方法。

我们基于第(3)点,即依据"现实—认知—语言"的体认观来统一分析语言的不同层面,一方面可有利于我们从体验哲学角度深入认识语言的形成机制,另一方面也可从象似性角度将其灵活运用于教学之中。

(二) 基于距离象似性的英语构词认知学习

本节重点简述第(4)点"英语构词认知学习",运用"距离象似性"原则来解释部分英语名词和动词的构成理据,理解英民族在构成这类词汇时的认知机制。这不仅为我们大量识记英语单词提供了一个科学合理、行之有效、多快好省的方法,而且还可从根本上提高我们的语言修养,透视出英民族的思维方式,从而可将素质教育贯彻到具体的英语教学实践之中。

认知语法认为,所有词素[Morpheme,包括前缀(Prefix)、词根(Root)、后缀(Suffix)]都是象征单位,也是构式(Goldberg 2003,2006),英语中的所有单词都是由一定数量的词素构成的,它们在组配结合成词的过程中依据了多条构式图式和象似性原则。据此,我们可将其运用到词汇研究和教学中。根据我们的教学经验,若能对这些词素构式,及其结合的方法稍下工夫,略加记忆,便会收到立竿见影、事半功倍的效果,而不必为浩如烟海、记不胜记的英语单词而犯愁。下文主要运用"距离象似性"原则来解释构词机制。

距离象似性(Iconicity of Distance/Contiguity/Cohesion/Closeness/Proximity)是指:语符距离象似于概念距离。两概念越靠近,在思维时就越容

易将它们放在一起加以思考，表达它们的符号也就越易共现，距离也靠得更近，也更易融合成一个单位（Haiman 1983，1985a，b；沈家煊 1993；王寅 1999，2001）。

距离象似性主要是在句法层面[①]上得出的结论，我们拟将其扩展到词汇的微观层面进行较为深入的剖析，并尝试从体认观角度做出合理解释。这也进一步表明蓝纳格在认知语法中将词汇和句法视为一个连续体的合理性，在词汇和句法之间并无绝对的界限，这两个层面上的规则具有一定的互通性。

经验告诉我们："名词与数量，动作与方向之间在概念距离上具有较为紧密的关系。根据距离象似性原则，它们共同出现的概率也就较高，极有可能将有关词素融合成词。"如表示物体的"名词"与"数量"概念十分紧密，因为人们在生活经验中常常要对事物计数，因此印欧语系中名词就逐步语法化出复数屈折变化形式（名词还有性与格的屈折变化形式，也可从体认角度做出合理解释），一些表示事物的词根也就最容易与表示数量的前缀融合成为一个单词。

又如"动作"与"方向"在概念上也是紧密相连的，因为一想到运动，人们自然就要想到它的方向，因此表示动作的词根很容易与表示方向的词缀融合成词（动作还与时、体、态、式等概念密切相关，也有对应的屈折变化形式，也可从体认角度做出合理解释）。我们据此原理设计了一套词汇学习练习题，将英语中表示数字的前缀：

mono-/uni-(一)，　bi-/di-(二)，　tri-(三)，
quadr-(四)，　pent-(五)，　sex- / hex-(六)，
sept- / hept-(七)，　oct-(八)，　enne-(九)，
deca-(十)

等与表示事物的词根：

cycle(环)，　later(边)，　ped / pod(足)，
gon(角)，　hedron(体)，　ode(极管)，
sect(切分)，　gram(写、画)，　ann/enn(年)，
valent(化合价)

① 海曼于 1983 年在讨论距离象似性时也曾涉及词汇层面，如 portmanteau(混成词)，但并未真正深入到词汇的微观层面对其做详细剖析，也未谈到词汇教学。

等编成一组,它们可以按照特定的规律结合成若干英语单词,若再配上几个后缀,一下子就可识记几百个单词。这不仅对英语专业的学生,对非英语专业的学生也很有帮助。

同理,很多表示动作的词根可与表示方向的前缀结合成很多单词,如:

ag(向)	+	gress(go/step)	→	aggress(侵略)
e(出)	+	gress	→	egress(出口)
con(共)	+	gress	→	congress(大会)
in(进)	+	gress	→	ingress(入口)
pro(前)	+	gress	→	progress(进步)
retro(后)	+	gress	→	retrogress(退步)

可见,句法层面上的距离象似性原则亦可用于词汇层面,能解释若干英语单词的构成方式(这也属于当前构式语法所研究的内容范围),这说明了人类在认知方面的"象似性"具有较大的普遍性,同时也为我们大量识记英语单词提供了一条既科学又有效的途径,为将认知语言学运用于英语词汇教学开辟了一片新天地,值得我们予以充分关注。

上文仅述及了词根 gress 与表示方向前缀的组配情况,若再列出它们的派生词,数量就更多了。我们收集了 12 个表示方向的前缀,以及 50 多个表示动作的词根,它们可组合出约近 600 个单词,再加上它们的派生词(按每词派生 3 个:名词、形容词、副词),则可能生成约 2000 个词。

很多同学(包括英语专业和非英语专业)喜欢将这两个表挂在床头,每天背几个,则可在较短时间里识记较多单词,且还从根本上学会了一种重要的学习方法。原来如此,英语单词的构成不是任意的,其中充满了理据,通过这种词汇教学可透析出英民族的智慧,这其实也是一种素质教育,且也帮助学生找到了学习的乐趣。有不少同学还不免发出如下感叹:教师早该传授这种学习方法啊!这对我们进一步修改英语教学大纲不无启示。

编写并推广这样一本词汇认知学习教材,既可使学生熟练地分析出英语单词的意义,又能根据汉语意义轻松自如地写出很多英语单词。更为重要的是,还能透视出英民族的思维方式,这将大大有利于开发学生的素质能力。很多学生通过这样的讲解和练习,大有顿开茅塞之感觉,好像明白了很多道理,使过去积累的一些感性认识一下子上升为理性知识。背单词不再那样枯燥无味,而可被视为一种培养逻辑推理能力的过程,把"难似上青天"的记单词变为"驾轻就熟"的轻松活,从而有效地提高大量识记与驾驭英语单词的能力，使学生好像进入到学习英语单词的自由王国一样，从而也大大增强了学习英语的积极性和趣味性。子曰：

授人以鱼，不如授人以渔。

方法的掌握、能力的培养、素质的提高，说到底就是认知能力的提高，这也正是认知语言学的基本研究思路。发现语言表达背后的认知机制，体现的正是一种素质教育。

第六节　结　语

西方哲学家一直关注真理和意义，从古希腊时期的形而上学本质观时期就提出了意义二元观，从事物与名称之间的关系来论述意义，这一观点流传了两千多年。弗雷格针对传统指称论之不足提出了著名的语义三角，以图解决指称论留下的“一物多名”难题，它虽比传统指称论有所进步，但依旧未能摆脱客观主义哲学观的困扰。基于弗雷格语义理论所建立起来的其他外在论（相当于外延论）也都过分依赖外部世界来论述意义，排斥人本精神，留下了很多难以解决的问题。

索绪尔也基于传统二元论，运用语言系统内部的二元对立要素（横组合和纵聚合）来确定意义，将语义研究导向了“结构内指论”方向。乔姆斯基又沿此进路将其导向“心智内指论”，将语义研究焦点落在了内部心智上，以忽视其体验基础为代价。

这两个极端皆不可取。我们基于后现代的体验哲学提出“改 Sense 为 Cognition，且下拉三角顶点”的主张，建构了“意义体认观”，这是对认知语言学的核心原则“现实—认知—语言”的精炼概括，其中包括了认知语言学的两个内核：

(1) 互动体验；
(2) 认知加工。

据此，意义中既有客观因素，吸收了外在论的合理内容，落实了“对现实互动体验”的思路；也有主观作用，吸收了内在论和人本观的合理内容，实现了“认知加工”的原则。这样就可修补外在论因过分强调客观因素所带来的胎里疾，也可修补内在论因仅聚焦于心智内部而留下的缺憾，同时也突显了体验哲学和中国后语哲中的人本新观，语言为“人化的语言”，必定是“惟人参之(刘勰语)”的结果。

将“客观体验性”和“主观认知性”有机地整合起来所建立的语义体认观，不仅可有效地消解外在论和内在论这两个极端之不足，还为批判“天赋普遍观”和“激进人本观”，建构“体验普遍性”和“体验人本性”提供了理论基础，意在强调意义当为主客主多重互动(王寅:2009)的结果。

第二十章　中国后语哲视野下的语言学研究

第一节　概　论

西方语言哲学已经历了百余年的历史，为哲学研究开创了新纪元，既继承了毕因论和认识论的若干思想，也对此两论做出了新发展，其所倡导的“分析语言的方法”不会过时。亦有部分学者认为，目前西语哲已日趋式微，走惯了跟踪西方老路的学者难免会发出哀叹：难道中国学者在这条路上也已走到了尽头？在此关键时刻，钱冠连在中西语言哲学研究会上提出了“中国后语哲”，为中国学者提出了一个新的研究方向。有识之士立即将其确立为近期的努力方向，既要跟踪西方学者的最新动态，批判吸收西方学者的思想，也要发挥我国学者的优势，努力提出自己的创新作品。这一研究思路在学界引起了较大反响，普遍认为学术研究当走“不断推陈出新”的道路，这也与我国21世纪的总体发展方针“解放思想、与时俱进”完全相吻合。

我们认为，西哲第四转向后的后现代哲学不仅体现在文学艺术、社会文化和哲学上，它还影响到语言学。近来，我们基于建设性后现代理论第三期中的中国后语哲（参见第四章图4－1）进一步反思了传统人本观、近现代人本观、激进人本观和后人道主义之不足，且基于后现代哲学中的知觉现象学、建构互动论、内部实在论、体验哲学等提出了具有建设性特征的“SOS理解模型”、“体验人本观”、“意义体认观”，深刻反思了上世纪基于形而上学客观主义立场形成的两大主流语言学派（结构主义和转换生成），批判了索氏和乔氏极力排除人本因素，否定隐喻的认知功能之失误，顺应时代趋势发展出认知语言学派，终将落后于文学和翻译学的语言学研究导入后现代哲学潮流，走出了客观主义语言学的老套路。隐喻认知理论也基于此应运而生。

第二节　不同哲学流派视野下的人本观

哲学是研究人与自然、思维与存在的关系，但在漫长的理论探索长河中“人因素”却常遭到“非人”的待遇，“人本观（Humanism）”在不同时期遭遇了不同的命运,有着不同的解释。但总体来说,西方学者为构筑形而上学知识体系,追得绝对真理,喜好在人类精神家园周边构筑起一道“非人”屏障,使得人本思想或隐或现。因此,在 20 世纪前的西方思想体系中人常处于“隐”的位置,有时稍微露了一下“脸”,又被种种理由排除在外,终使人文研究常陷于灾难性渊薮之中。于是,围绕“人本 vs 非人本”的争论不停地回荡在人文学科之中,永恒地牵动着人文学者的神经。在论述哲学中各类“人本观(即人本主义)”之前,先澄清一下几个术语。

我们知道,西方 14 世纪至 16 世纪掀起了一场反封建反神学的新文化运动 —— 文艺复兴(Renaissance),意在“复兴”被黑暗中世纪所忘却的古希腊古罗马文化艺术。这一时期的作品集中体现了“人文主义”精神,反映了新兴资产阶级的利益和要求,批判中世纪教会所主张的禁欲观和宗教观,倡导以人为中心,肯定现世人生的意义,提倡享受人世欢乐,主张个性解放和自由,相信人之伟大,颂扬人性的完美和崇高,推崇人的感性经验和理性思维,认为运用人的知识可造福人生。

学界常将文艺复兴中的“人文主义(又叫人道主义、人文性)”,与费尔巴哈的“人本主义”混为一谈,其实它们有不同出处,也有不同含义。前者主要指文艺复兴时期的意识形态,而后者则与德国唯物主义哲学家费尔巴哈首创的哲学学说“人本学(英语为 Anthropology,常译为:人类学)”有关,他赋予人本学以新内容:研究作为生物学意义上自然人的哲学,又叫“新哲学”。正如汪子嵩等(1972:156)所说:

> 在哲学史上,凡是像这样离开具体历史,离开具体社会关系而把人主要看做只是生物学上的自然人的哲学学说,就叫做“人本学”或“人本主义”。

但是学界也常将这种人本观说成“Humanism”,或两者基本相当。

我们认为,Humanism 一词与“天、自然”等相对,与中文的“人本、人文、人道”基本相合,含有“合乎人性、仁爱”之义。本书拟将其译为“人本观、人本主义”,强调人、人的价值具有重要意义,突显人的精神、后天教养、认知方式、人文关怀、行为规范等。《简明不列颠百科全书》第六卷第 761 页上的定义为:

> 从哲学方面讲,人本主义以人为衡量一切事物的标准。

笔者(2010)根据后现代哲学基本思想，将 humanism 中的 man 改为复数形式 men，意在突出该词在后现代哲学中更强调人本主义的多元化与变化性。

现以下表概述西方人本观的历史轨迹：

不同时期人本观		主要观点和特征
1. 古希腊	零位人本观	形而上学：人主体让位于形而上学
2. 中世纪	神本观	信仰大于理性，人让位于神 [文艺复兴：传统人本观]
3. 近代	(传统人本观：文艺复兴) 理性人本观	感性或理性之人(非现实人)； 人性的绝对性、先验性、统一性、真理性
4. 现代人本观	① 逻实(零位人本观)	科学主义，遵从经验，信守真值论，排除人
	② 语用(语用人本观)	考虑实际生活中的人、情景
5. 后现代人本观①	① 欧陆人本观	大力倡导以人为本的哲学观
	② 激进人本观	主体间性(忽视客观)
	③ 悲观人本观 (后人道主义)	解构人类中心论：人已死亡(福柯)；抛弃人主体(列维·施特劳斯)；颠覆"人定胜天"；人性不确定
	④ 体验人本观	建设性后现代：感知体验＋人本认知

图 20－1

一、古希腊人本观

西方学者早就认识到"人"当为世界之主宰，有刻在雅典 Delphi 神庙柱子上的名言"Know thyself(认识人自己)"作证，古希腊哲学家普罗塔格拉

① 由于国内外学者一直未能统一区分"现代"与"后现代"，认为两者之间存在单向、多向、逆向的重叠(高宣扬 2010：23)，对后现代中的人本观也没有统一的认识(刘放桐 2010)，且还存在对立的看法，如有人认为后现代过分张扬人本因素，有人认为要消解它。王治河(2006)主张将人本观视为现代哲学产物，将"后人道主义"视为后现代特征之一。本书拟将两者的分界暂定在 20 世纪 50 年代至 60 年代，且在后现代中又分出四类(参见图 20－1)，将"后人道主义"归入后现代哲学中的第三类，以期能缩小分歧，也便于论述。

(Protagorus)的名言“Man is the measure of all things.”也体现了这一立场。但古希腊主流哲学始终以形而上学毕因论为宗旨，追求“透过现象看本质”这一终极目标，为能求得客观的、普遍的、绝对的真理，自然要将人的主观因素排除在外。

二、中世纪神本观

中世纪是神学毕因论的时代，在基督教眼里人有原罪，在否定人自身之后转向了“神”，将人之所不能及的赋予神，因此，人造之神被捧到了至高无上的位置，出现了以神来贬低和控制人的现象。当终极真理被归结到上帝那里之后，人主体自然就不在哲学家视野之内了。

三、近代人本观

15世纪至16世纪的文艺复兴和其后的启蒙运动大力倡导“人文主义”，主张将人从上帝的束缚中解放出来。培根喊出了“知识就是力量”的口号，意在弘扬人的力量(因人有了知识)；笛卡尔的“我思”也开启了“人本”之曙光。但是他们及其追随者仍坚持主客二分，将人所生活于其中的世界作为客体从人身上剥离开来并与主体对立，此时的人就不再是活生生的常人了。笛卡尔等为了满足形而上学求得绝对真理之需要，保证真知不受人的主观干扰和价值污染，提出了“笛卡尔范式”(王寅 2007b:38－39)，再次将人因素(包括一切不属于理性的“感情、意志、想象”等)排除出哲学的视野。人们虽然认识到理性与人的密切关系，但近代理性论者却一直倾心于前者而舍弃后者。

康德的哲学中心依旧是“理性”而不是现实中的人，费希特的“自我”也全然不同于生活中的常人，黑格尔论及的绝对理念也与现实人相去甚远。为能获得绝对真理，一方面人主体被排除出客体，另一方面人又像客体一样被视为考察的对象，像分解客体一样被割裂成诸如“思想的、伦理的、心理的、生理的”等方面来单独论述，人已不是完整的、活生生的人，人好像已不是人自己了。

四、现代人本观

(一) 逻实论

现代的语言哲学基于科技理性，以图将“哲学王”与“科学王”二王合一，建立了“科学主义(Scientism)”的逻辑哲学体系，追求“语言与世界同构”的理想境界，此时人依旧被排除在外，在批判形而上学的同时又将其从后门引了进来。

文艺复兴时期出现了“人文主义”思潮，笔者拟将其称为“传统人文观”。

文艺复兴时期出现了“人文主义”思潮，笔者拟将其称为“传统人文观”。近现代学者认为人主体具有“先验性、绝对性、统一性、真理性”等特征，虽提出过“人类中心论”的主张，但始终没有将“真实的人”作为研究对象，放在中心位置的是人的“理性、精神、意识、思想”等，真可谓“有其名而无其实”，实为一种“零位人本观。”正如王炜(1996：17)所说，

> 西方哲学进入近代，摆脱了中世纪的神本位，而有一种人类中心论的预设和倾向，但是这种倾向在认识论的哲学中发生了偏离，人偏离出了中心位置，占据中心的是精神、意识、思想。
>
> 标榜为人类中心论的近代哲学一直在偏离着它本要摆在中心地位的人，哲学到处在谈及人，却未有一处真正说到人，人们想要说的是人，说出的却是别的什么……

高宣扬(2010：87，128)也有类似的论述。

（二）语用学

日常语言学派则在此背景下出场，提倡回归“生活世界(World of Life)”，注重“生活形式(Form of Life)”，研究“日常语言(Ordinary Language)”，开始关注实际生活中的人，倡导“语用人本观”，这与此后的欧陆人本哲学的思路基本相通，或曰，前者为后者的出场铺平了理论道路。注意：海氏、萨氏、迦氏已具有部分“激进人本观”倾向。

五、后现代人本观

（一）欧陆人本观

欧陆哲学家与后现代哲学家则大力强调人本精神在哲学中的地位。胡塞尔基于人本主义的内在直觉，“悬置”外物，研究人的纯粹意识现象，此图颠覆本质主义。海德格尔和萨特大力倡导存在主义，专注于人的生存状态、人生的意义、自由、价值以及与之相关的社会问题，关注那些被传统“删除”了的情感和意志等，强调“前理解”比理解本身更重要，甚至是理解中不可或缺的基本因素，使得人成为生活中有血有肉的现实人。萨特还提出“人是自我设计的存在物”。伽达默尔还将胡塞尔的先验意识转向人的存在、理解和解释，并据此创立了现代解释学，从历史文化系统的崭新视角去研究人文科学，研究理解的历史性、创造性、开放性，认为历史是主客观视域的交融或统一。精神分析学家弗洛伊德尝试以科学的眼光去透视人的本质，探索人的无意识精神现象。

(二) 激进人本观

后现代许多学者对人本主义采取了两种不同的过激行为:有的过分强调它;有的主张彻底消解它。德里达和哈贝马斯等代表了前者,他们爆发出两千多年来人一直受压抑的情感,过分张扬人因素(参见图 20－1 中第 5 点②处),提出了"激进人本观",认为客观符号本身没有意义,此乃人之所为,且不同人对同一文本会有若干不同见解。哈贝马斯的"交往理性"突破了传统哲学对理性的理解,加深了对人的社会本质的认识。他还提出"主体间性",将意义和理解归结为人与人之间的协商,认为真理不存在于客观世界,而存在于"人们的共识"之中。

这一观点确实打开了我们认识意义和理解的另外一扇窗口,但显然又将问题导向了另一极端,过分张扬人主体的作用而忽视客观因素,使得人们的认识成为空中楼阁,失去了经验基础,背离了唯物论的立场。

(三) 悲观人本观(后人道主义)

福柯、列维·施特劳斯、拉康等则代表了另一种过激行为,他们在"解构与颠覆"思潮的统摄下,基于"反传统、非理性、去中心、超基础、后人道、多元化"视角企图完全消解人主体,否定亘古不变的人本质,大唱"人定胜天"的反调,福柯甚至喊出了:

Man is dead.(人已死亡!)

的口号,从而出现了后现代哲学中的"悲观人本观",即学界常说的"后人道主义(Post-humanism 王治河 2006:121－140)"。于是,他们又将问题导向了另一方向的极端。

我们认为,该思潮过分夸大了非理性、语言、结构、权力的决定作用,否定人的主观能动性,这也犯了"将洗澡水和小孩一起倒掉"的错误,断不可取。马克思(1844)的"人化的自然界"仍不失为批判该极端的一种有效武器。

第三节　基于后现代哲学的体验人本观

梅洛庞蒂(Merleau-Ponty 1945)的知觉现象学大力倡导"心智的根源在于身体"的唯物论思想,主张将主客观性紧密结合起来。皮亚杰(Piaget 1970)的建构论(Constructivism)认为认识来源于主客体之间的互动,认知结构不是先验的,而是后天建构的。施密茨(Schmitz 1980)提出的"新现象学(Neo-Phenomenology 又叫:Body Phenomenology 身体现象学)"主张基于人的体验，从身体知觉和情感的角度来研究人，批判身心二元论。普特南(Putnam 1981)所提出的内部实在论继续批判身心二元论，否定外部因素的作用，主张从人的主观角度来研究实在论，且认为人的概念框架既整理出世界，又规定语言使用，它也参与了世界的建构。雷柯夫和约翰逊(Lakoff & Johnson 1980；1999)建立了“体验哲学(Embodied Philosophy)”，提出了“心智的体验性，认知的无意识性，思维的隐喻性”三原则(参见第十七章第二节)。钱冠连也基于西方后现代哲学立场提出了中国式的应变立场“中国后语哲”，且将其主要思想详述为“四条原则”(详见第十六章)。

所有这些学者的论述大大推动了后现代哲学理论的发展，我们基于上述理论建构了“SOS 理解模型”，且基于此提出了“体验人本观”和“意义体认观”，以深入批判传统人本观和近现代人本观中的客观主义形而上学(世界客观存在绝对真理)，反拨了分析哲学中“忽视人因素”倾向；也反思了后现代哲学中的两种过激立场，既要批判“过分张扬人因素”的激进人本观倾向，也要纠正完全消解人本性的“后人道主义”立场。

我们知道，后现代哲学的主要特征是：反传统、反基础、非理性、去中心化等，其关键词常为：

颠覆、解构、破坏、否定、消解、批判、不确定

等。而近年来出现的建设性后现代哲学思潮更强调“整体发展观”和“务实进取精神”，在批判中建构发展的基础，在颠覆中产生前进的动力，在解构中探索出解决问题的新方法，在否定中为人类寻求新的出路，在反思中激活人类的创造力。正是在这一点上，“体验人本观”和“意义体认观”不仅批判了过往人本观之缺陷，且也贯彻了有破有立的思想，为解释人类的思维、概念、推理、语言提供了一个全新的解释方案。

体验人本观认为，人类的思维、认知、概念乃至语言，既有客观性，也有主观性。前者主要出自“感知体验”；后者主要来于“人本认知”，这样既强调了人类的身体经验性，又突出了人的主观认知性，充分体现了马列主义、梅洛庞蒂、皮亚杰、施密茨、普特南、雷柯夫和约翰逊等的观点。

“感知体验”与“人本认知”两者之间存在互动辩证的关系。前者是人类认识之初，也是认识的必经之路；后者是对其进一步提升和思考的方式，主要可用“主观识解”来分析。这两者相辅相成，不可偏废。语言表达也是如此，其中既有客观因素，也有主观因素。如语言不是自然之镜，并不仅“反射”外界，而是哈哈镜，会“折射”外界现象，因为其中必有人主体的因素。根据维特

根斯坦(Wittgenstein 1922: 25),世界仅是由事实构成的,据此语言中只能有肯定陈述句。但是语言中还存在大量的否定句、疑问句、祈使句、感叹句等句型,它们所反映的都是人之需求;而且语言中还有情态动词、时体语态、隐转喻等,他们也不是世界中的客观存在,乃是人之所为;为何同一事实可有多种表达方式,正可用以说明人主体之所致。我们(王寅 2008)收集了同一首唐诗《枫桥夜泊》的 40 篇英语译文,它们代表了 40 个人的不同理解,通过细析可见,"体验性"决定了这些译文内容基本相同,不可能像激进人本观所认为的那样,爱怎么理解就怎么理解,喜欢怎样翻译就怎样翻译;"人本性"则体现在文字表达上存在一定甚至较大的差异,是"人本精神"和"识解机制"所致。

这就是为何认知语言学要强调语言的体验性和认知性(可合称为"体认观")的原因,充分突出了人类的主体性、身体的特殊性、体认的基础性。人,在对现实世界的感知体验和认知加工的过程中始终扮演着重要的主体角色,毋庸置疑。若从这个角度看,语言是人类活动中最足以能表达人性特点的,可从中透视出人本精神。认知语言学就是要研究语言背后的人性特点和人本要素,着力挖掘语言如何通过体验和认知形成的,分析语言表达背后的认知机制,透析出人们认识世界的基本方法。基于此我们还分析了"体验"三要素:

(1) 用什么来体验——身体;
(2) 首先体验什么——空间;
(3) 主要如何体验——互动。

这足以可见"人"在体验认知中的主体性作用,也证明了认知语言学的研究思路最能体现人本精神。

基于此,我们可将现代分析哲学所提出的"语言与世界同构"修补为"语言拟构世界",可将体现"激进人本观"的口号:

One hundred readers will produce one hundred Hamlets

后面再接上半句:

but they are still Hamlets!

以能更完整、更真实地反映人类的理解;还可将体现"后人道主义"的"人已死亡”修补为“人活在主客世界中”。一句话，我们的思想认识和语言表达既离不开客观世界，也离不开主观认识。体验人本观算是对解构性和破坏性后现代的一个弥补，因此可将其归入“西哲第四转向后的建设性后现代哲学”(学界已有人称之为：后后现代哲学)。

第四节　中国后语哲视野下的语言学前沿

一、概　论

英语语言文学主要包括三大分支：文学、翻译和语言学。前两个学科早已将后现代思想融入到本领域之中，最早是文学，又因他国文学需要不断译为各种不同的文字，文学与翻译这两个学科关系较为密切，这一思潮自然就进入翻译界，一时间似乎不谈后现代文论和译论，就大有落伍之嫌。福柯、巴尔特、德里达、凡努蒂等的解构派译论、费什的读者反应派译论、姚斯和伊泽尔的接受派译论、莱斯和弗米尔的目的派译论、巴斯内特等的文化派译论等纷纷登场，你还未唱罢后来者就匆匆登场了。

这些译论为广大翻译学家送来了一股春风，犹如注上了一支强心针，从“转述者”升迁为“创作家”，一改“传声筒”旧习当上了“变形金刚”，手中所握“反光镜”转眼成了“哈哈镜”，脱掉“搬运工”大褂顶上了“造物主”的华盖。这些换位思考的新理论确实为翻译界带来了一片新气象，让翻译界着着实实忙碌了一大阵子，至今仍唱着译学理论的主旋律。

20 世纪西方语言学主要经历了结构主义、转换生成、认知语言学这三种理论，产生了对应的三场语言学革命：结构主义是对传统语文学和历史比较语言学的反动，转换生成是对结构主义(包括描写主义)的革命，认知与功能语言学又是对乔氏革命的一场革命。真可谓长江后浪推前浪，浪浪都出彩，派派都精到。

站在世纪转折点反思上世纪语言学历程，我们仍深切感受到结构主义和转换生成学派对我们产生的巨大影响，常是言必索氏，语出乔氏。但他们由于深受当时流行的(语言)哲学理论的影响，在客观主义理论的统摄下所提出的语言理论必然要排除“人本因素”。认知语言学则基于后现代哲学的体验人本观，反其道而行之，提出了与他们完全相反的语言理论。

国内很多学者也详细论述了索氏理论的过失和矛盾(参见高名凯 1963；许国璋 1988；徐德江 1999；丁尔苏 2000；李葆嘉 2001；高宣扬 2010)。雷柯夫和约翰逊(Lakoff & Johnson 1980，1999)所倡导的体验哲学和认知语言学也深入批判了索氏上述观点,参见笔者(2003)在《哲学动态》上以《体验哲学:一种新的哲学理论》为题的文章。

二、索绪尔的结构主义语言学

绝大多数学习语言学的同行都是从索绪尔(1916)《普通语言学教程》开始其学术生涯的。这位现代语言学之父所创立的结构主义,为全世界学术界带来了一场“哥白尼革命”,但国内外学者对其革命意义之所在有不同诠释,若从语言哲学角度看,明显可见索氏的“关门派”和“分析哲学”的倾向(参见第三章第五节)。

索氏深刻反思了他的老师新语法学派基于比较方法和语言的历史性、社会性、文化性等因素建立起来的“历史比较语言学”,大胆提出了“内部语言学”和“共时语言学”思想,认为词语意义取决于它们在语言系统中的关系,与人无关,这才是语言研究的中心,确定意义的源泉。“语言自身是一个客观的、独立的、完备的封闭系统观”具有划时代意义,从此开启了语言学(包括其他人文学科)的“内指论”转向,也道出了部分后现代学者消解“人主体中心论”的先声,我们可直白地将其表述为“关门打语言”。如此说来,人是语言的产物而不是其发明者,分明是语言在说我们而不是我们在说语言。

要能关门,就要实施“悬置外部世界”的策略,将客观现实放在括号中“存而不论”,这也是胡塞尔“现象学还原”的基础,即关门研究先验的纯粹意识,意义不是由世界或实物决定的,而是取决于是否能在心智中得到呈现,或能否自明。这也进一步推进了20世纪的“语言学关门风”,且影响到语言的各个层面:音位学实施“关门打语音”,语义学实施“关门打语义(专门研究Sense Relations)”,乔氏实施“关门打句法”,文学实施“关门打文学性”。韩礼德理论中的“系统”二字也出自索氏,也曾从事过“关门打语篇连贯”的营生。由此我们不难看出索氏的研究进路,将语言视为一个结构完整而又严密的封闭系统,必然要排除人和社会的因素。据此我们认为,索氏排除人本因素,实施语言结构内指论的转向,这才是其“哥白尼革命”意义之所在。

自此我们不难看出,索氏一方面消解了人主体中心论,另一方面又建立起“语言系统中心论”,说到底,还未跳出“逻各斯中心主义”的框架,索氏仅是将其改头换面而已。这不仅与哲学中语言论转向相通,且也与形而上学企图建立完整严密的学科体系这一宗旨相吻合,从而使其成为后现代哲学所批判的靶子。

三、乔姆斯基的转换生成学派

乔姆斯基继承了索氏的这一观点,以“语言自治”为支点来建构TG理论，一方面宣称人的语言能力独立于其他认知能力，另一方面又宣称句法独立于语义和语用，且可用纯粹的形式主义方式来推演，奉行“1＋1＝2”的组合观，将人的五官感知、互动体验、人本因素统统清除出场。

亦有学者认为，生成学派虽也提到了人、人的心智、母语发话者的直觉，但并没有真正从人本角度探索语言，它还是以客观主义哲学，特别是笛卡尔的天赋观、二元论及现代语言哲学中形式化为圭臬，再次构建了一个无视人主体的神话体系。人所创造的、为人所用的语言到头来其人本性却被他们无情地摒弃，难怪蓝纳格(Langacker 1987;1991)和雷柯夫(Lakoff 1987)要大声疾呼，“乔姆斯基误导了全世界语言学研究方向”。从基于后现代哲学的体验人本观角度来看，研究语言如不提人本性，谈何理论之“充分性”?

国内学者对乔姆斯基形而上哲学观也有诸多论述和批评，参见涂纪亮(1996)和陈嘉映(2003)的著作，此处不再赘言。

四、认知语言学派

20 世纪后半叶，随着西哲第四转向后的后现代哲学思潮在西方滥觞和蔓延，雷柯夫和约翰逊等一批哲学家和语言学家受其影响提出了“体验哲学”，认为范畴、概念、思维、推理等都是基于人们身体与现实世界进行互动体验和认知加工而形成的。认知语言学接过这一基本理念，认为语言也是如此，提出了“现实—认知—语言”核心原则，以此来批判乔姆斯基的语言天赋观、普遍观、自治观、模块观、形式观。据此，我们便可看出体验哲学和认知语言学正是 20 世纪语言哲学思潮的延续，沿袭“通过语言分析解决哲学老问题”的思路(钱冠连 2005)，重新解释了人(包括语言、思维)与世界的关系，同时又批判了传统和现代哲学中的客观主义倾向，体现出后现代哲学中的人本精神。我们若沿着马克思(1844)“人化的自然界”这一思路也可将语言定义为“人化的语言”。

功能语言学和社会语言学也走了一条与索氏、乔氏完全不同的路径，强调语言的社会性，认为语言是深深扎根于社会，与人们的交际功能密切相关。特别是系统功能语言学更是注重语言与社会之间的辩证关系，语境可创造语篇，语篇也可创造语境，这一观点虽与认知语言学的语言体验观相通，但功能语言学家对其论述不详，未能深入到人的心智世界详细探索语言形成的主观因素和认知方式。“语言的社会性”主要是从人的社会性和交际角度论述语言与社会间关系得出的结论，而认知语言学则在此基础上更是向前迈进了一大步，深刻论述语言是如何在人们的社会生活中形成的。它强调语言源自身体经验，人们通过身体在空间与世界的互动体验中形成了初始概念，然后基于此通过隐转喻等机制扩展到其他概念域,逐步丰富了人类的概念系统。语言的体验性与语言的社会性有共通之处,前者是基于后者之上的,是对后者的一个深入论述和有力补充。因此,真正从人本角度对语言做出透彻解释的当算雷柯夫、约翰逊、蓝纳格、泰勒等所倡导的体验哲学和认知语言学。

认知语言学的登场终于结束了语言研究相对滞后于文学和翻译学的局面,改变了其理论取向和研究方法,将"人本性"融入到语言理论之中,这正是该学科的历史意义之所在。而且,它不仅提出了语言研究的人本原则,还阐述了具体的解决方案,如"识解(Construe,Construal)"就是上述哲学立场的产物,这从其定义便可知:

> the ability to conceive the same situation in alternate ways(以不同方式理解同一场景的能力 Langacker 1987)

我们在语言表达时对同一事件会产生不同的表达方式,正是出于人有不同的看世界的方法,这与梅洛庞蒂的"视角主义"(德勒兹对其也情有独钟)何其相似乃尔。他曾打比方说人们不能同时见到立方体的六个面,据此得出:

> 存在=为我存在=视角

的结论,强调了世界的多元性。可见"识解"正体现了这一哲学观,强调了解释的特殊视角和多元性,这正应了康德的一句名言:

> We see things not as they are,but as we are.

这也与我国宋代大诗人苏轼的诗句相符:

> 横看成岭侧成峰,远近高低各不同;
> 不识庐山真面目,只缘身在此山中

蓝纳格和其他很多认知语言学家都运用该分析法解释了语言中的主观性。事实证明,这比索氏和乔氏所坚守的"客观主义语言本质论"更有解释力,更能代表时代精神。

我们(王寅 2007d, 2010)也曾专题论述了英语和汉语中"明喻成语",在详细分析其本体和喻体分布情况的基础上将其上升到体验人本观角度,用其来佐证“人化语言”的立场。事物本身只能是它自己，别无他者，只有当人戴上“有色眼镜”之后，在人的眼里才谈得上它与其他东西“像”或“不像”，因此，外部世界只有在人的比较中才能建立起特定的关系，语言表达的差异所反映的只是人们识解世界的方式不同。同时，这种“AS 认知方式”也完全符合认知语言学的基本原理，突显了语言研究中的人本精神，这就是我们所说的语言象似性，即在人本精神的统摄下语言与人的认知方式之间具有象似关系，且在其作用下与客观世界之间存在一定程度的象似性(详见第十九章第五节)。

第五节　后语哲视野下的隐转喻研究

一、隐转喻在后语哲视野下复活

沿着上文对认知语言学的论述，语言具有体验性、人本性和认知性，自然就能很好地理解为何该学派要将隐喻视为其一项主要内容了。

我们知道，隐喻都是“违背事实”的表达，究其根源而言都是“假话”，它们不能反映真相，反而会模糊事实。如在客观主义哲学中，人就是人，猪就是猪，人永远不可能成为猪，在客观世界中这是两种完全不同的生物，此乃“绝对真理”，不可混为一谈。毋庸置疑，似乎全世界的人们偏偏都要说诸如：

[1] He is a pig.

之类的“假话”，且还不觉得其“假”，没觉得它不可接受，句义也很清楚。若按照逻实论哲学，语句的意义是通过“真值对应论”或“真值条件论”来定义的，这就是我们常说的：

The meaning of a sentence is determined by the conditions under which the sentence is made true.

或依照塔尔斯基的 T-Convention(T-sentence)：

[2] “Snow is white” is true iff snow is white.

来定义,这一句话的意义似乎只能解释为:

[3] "He is a pig" is true iff he is a pig.

而这是永远不可能的!

形而上学为追求绝对真理,就要排除人的主观干扰和价值污染,不能考虑人因素,只能以客观事实为依据来确定句义。后现代哲学(包括体验哲学和中国后语哲)纠正了这一偏向,充分张扬人因素,认为语言是"人化的语言",不可避免地要打上人的烙印,只有在人的主观世界中,"人"才有可能被概念化为"猪",这才有了例[1]之类的人化后的隐喻表达。因此我们可以说,隐喻是人本性的产物,是人眼中的世界,是"惟人参之"的产物,也反映着人们对世界的另番理解。

传统毕因论、近现代认识论、现代分析哲学早期都排斥隐转喻,因为究其根源而言,它们都是违背事实的"假话",是追求客观真理的障碍,是形而上学的敌人,是理性主义的死对头,当予抵制和排除。正是人类进入了后现代哲学时代,在非客观主义哲学的人本观指引下将人置于中心位置,学者们才不再认为世界存在什么客观真理,绝对本质也仅是一个虚无妄想而已。只有在此哲学背景下才能很好地理解隐喻机制,它之所以能将始于矛盾的"假话"结于统一,产生意义,是人之识解所为。目的域与始源域之间所存在的相似性乃是人的发现,为我们须臾不可或缺的隐喻认知方式所为。

高宣扬(2010: 3)指出:后现代独特的视角无法通过一般语言方式来表达,只能借助于隐喻、转喻、借喻和各种象征的方式。可见,隐转喻与后现代哲学思潮关系密切,只有当"后现代哲学"和"体验人本观"成为时代的一个主题,从人的角度来理解这类表达才成了当代的"灰姑娘",为众多学科所青睐,从而形成了一场"隐喻革命",使其堂而皇之地登上了学术舞台,唱起了主角,吸引诸路学者蜂拥而至为其竞折腰,大谈特论。

可见,只有在后现代体验人本观的背景下,才能阐明隐转喻革命之由来和历史价值之所在。隐转喻理论之所以从"敌人"成为"朋友",且还成为"赖以生存的机制",正得益于哲学理论的解放。也就是说,只有进入后现代哲学时代才使其得以复活,成为当今人文学科的主题之一。

二、隐喻方式是抽象思维的必由之路

当古希腊哲学家苏格拉底开始追问"X 的本质是什么"的时候,就已经超越了具体事物的限制,旨在追求抽象层面上的理解,如他在《大希庇亚篇》中与智者大希庇亚讨论“什么是美”时，在《拉凯斯篇》中与名将拉凯斯讨论什么是“勇敢”时，就已经摆脱了具体事物的束缚而上升到了抽象概念层面进行哲学思辨。“什么是美”的问题难倒了当时的智者大希庇亚，他只能言说具体的美是什么，而根本回答不了“美的本质”或“美的概念性定义”，最后得出结论：“美”是很难定义的（参见陈嘉映 2005：61）。而拉凯斯只能列述具体的勇敢，却难以解释具有普遍性的“勇敢”这一概念本身。他们面对苏格拉底的质问“我问的是‘什么是美’和‘什么是勇敢’，而不是问‘什么东西美’和‘什么行动算勇敢’”，颇感迷惑，无从说起。

可见，在苏格拉底之前人们更多的是借助于具体的事物来思考抽象问题，用可感事物来象征抽象的东西，这说明当时还缺少真正的抽象概念本身，或至少对其认识不足，尚不知如何言说。古希腊哲学家在研究世界本原时还常局限于用具体事物作解释，如泰勒斯的水说，赫拉克利特的火说，阿那克西米尼的气说，阿那克萨哥拉的种子说等。古希腊人经过不断的冥冥思考和苦苦盘想，才从这种感性认知中超脱而出，取得了一定程度的抽象思维能力，苏格拉底很多对话就可证明这一点。自此，人们意识到哲学要研究的问题远不是“感性经验”所能解决的，必须从中归纳抽象出具有普遍性的概念和具有共相性的定义，只有这些才能算做是真正的“知识”，这就是亚里士多德把“归纳论证”和“普遍定义”归功于苏格拉底的原因（张志伟 2004：62）。

上文所述的具体事物的美，或具体行为的勇敢，具有很大程度的相对性，而抽象出的概念性定义“什么是美”和“什么是勇敢”才具有普遍性和绝对性，才能揭示事物的本质，这才形成了哲学上的第一次转向“毕因论（又叫本体论或存在论）”。因此，苏格拉底所追问的“X 的本质是什么”或“是之为是”的问题，是对巴门尼德提出的“毕因论”的发展，就已经在语言中盘旋了，体现了分析性的理性思辨。这有力地促进了柏拉图进一步提出“理念论”，从而也确定了整个西方哲学研究的基本方向：形而上学毕因论，旨在“透过现象看本质”，就是要能透过千变万化的现象寻求到永恒不变的真理，具有普遍性的“本质”，只有它才算是事物的本质，才是该事物得以存在的真正根据，哲学家们常将这一观点总结为“存在即本质”或“毕因即本质”。

这一认知过程也可用以说明“隐喻”的形成过程和认知机制。大希庇亚对“什么是美”的回答和拉凯斯对“什么是勇敢”的回答，证明了人们对抽象概念的形成始于对具体事体认识的规律，也就是说，隐喻性认知机制是人们在对具体事物说明和认识的基础上逐步形成的一种超越。古希腊智者和大将军的回答也证明了抽象概念形成于“概念隐喻”，其总根源可总结成：

[4] ABSTRACT IDEAS ARE CONCRETE THINGS

这足以可见,体验哲学所总结出"思维的隐喻性"原则正是对上述哲学根源的最好解释,也可说明为什么隐喻一直是很多哲学家所关注的论题,从古希腊直到当前,有几十位哲学家对隐喻做出了论述(参见李幼蒸 1999:341—360;王寅 2001:302—315;2005:234—236)。

三、隐转喻具有普遍性

当今体验哲学和认知语言学不仅将"隐转喻(Metaphor-Metonymy,MM)"视为人类认识世界的一种基本方式,因其体现了人类行为的内在逻辑"省力原则"(黄华新等 2008b:110),它也成为一种遍及人类的语言、行为、文学、哲学等各领域的基本思维模式。这种普遍性若不从后现代的体验人本观角度加以深刻理解,也难以识其真面目,知晓其重要意义。

文学(特别是诗歌)毫不掩饰其隐喻性和虚构性,甚至以其作为一典型特征或重要手段,哪位作家能用好隐转喻,奇思妙想地编出一套让人接受和喜欢的"假话"(隐转喻都始于此),他或许就会成名,"假话作品"就能流行。而哲学家却自恃清高,要脱尘超世,不用凡人语句,坚守"纯粹语言",即直白的、理性的、纯逻辑的、非隐喻的语言,洋洋得意地冠之为"哲学白色化"。德里达认为哲学语言同样离不开隐喻,保罗·德·曼(Paul de Mann)也认为,任何语言,从它最深层的活动方式来看,都是隐喻性的(包兆会 2005: 215)。

雷柯夫和约翰逊(Lakoff & Johnson 1999: 543)更是一语击中要害:

> There is no philosophy without metaphor.(没有隐喻就没有哲学。)

注意,这种句型常用虚拟语气,而此处未用,正是强调了隐喻在哲学中的重要地位,且其具有现实性。王治河(2006:47,158,243)也有类似的观点,哲学文本中的隐喻比比皆是,柏拉图的"洞喻"就是一个显著的例子。正是隐转喻机制才使得哲学理论成为一个思想连贯的可读文本,足以说明隐喻也是哲学家们须臾不可或缺的认知方式,这是对西方传统形而上学思想的一种挑战(此为副标题的含义),也是他们于 1980 合作出版专著的书名 *Metaphors We Live By* 之含义。

在后现代哲学的批判之下,哲学的"白色神话"已化为泡影,自古希腊以降,自命不凡者将"文学(含诗歌)"与"哲学"分离开来的梦想也宣告破灭,凭空滋事者设立于其中的这堵隔墙砰然倒塌,沾沾自喜者所认为的"哲学优于文学的中心论”自豪感也荡然无存，名利场者曾号称哲学仅用“科学语言”的美谈自此威风扫地。这面“语言反射自然”的镜子被摔碎了、打破了，或者变成了“哈哈镜”，罗蒂(1979)的这一后现代观点意在说明：哲学与文学一样，所用语言相同(包括隐转喻)、意义都具有不确定性，所谓的寻求绝对真理，建立统一的阿基米德支点，无非就是将“对话进行到底”的解释性游戏，是对前人解释的再解释的再解释，踏上了“无限循环”之路。正可谓，以追求绝对真理为圭臬的哲学死了，它以崭新面目登场，如同语言游戏一般，也“无本质、无中心、无目的”可言，这可从语言和哲学文本中都充满隐转喻可见一斑。如此说来，做哲学就是从事“游戏解释”工作，哲学家当冠以“解释学就是实践家”之名号。

更为值得称道的是，雷柯夫(1987，1989，1991，1996，1999，2000)还运用了“趋同证明法(Convergent Evidence)”，分别从哲学、数学、文学、诗学、政治学、战争、道德学、心理学、神经科学等角度系统地论证了概念隐喻所具有的决定性作用，从而得出最终结论：隐喻包含在全部学科之中，正是“隐喻”才使得它们成为一个理论体系，如果将隐喻从这些学科中剔除出去，这些理论就失去了存在的可能，也难以形成体系。

一方面，后现代哲学催发了认知语言学的登场亮相，激活了广大学者对隐喻的浓厚兴趣，难怪乎，一召开有关隐喻的国际会议，参会者来自各领域，竟达千人之多，“灰姑娘”带来了一场学术界的“隐喻革命”(王寅 2001：320)；另一方面，认知语言学和隐喻研究又大大推动了后现代哲学的进程，使得“人本观”更加深入人心，诸如“范畴化、概念化、识解”等，为人本观注入了更为具体的内容。

第六节　结　语

哲学研究中要不要突显“人因素”一直是学界的一个争论焦点，在西方两千多年的漫长历史中出现了一边倒的形势，确实耐人寻味。今天，中国后语哲则反其道而行之，大力倡导“以人为本”的精神，主张以此为出发点研究人文学科，这也应当是 21 世纪语言学发展之根本原理。

自从古希腊哲学家苏格拉底将哲学从天上带回人间后，普罗塔格拉就曾提出过著名的“人是万物尺度”警言，高尔吉亚也质问过客观主义形而上学，“有没有客观真理？即使有，人能不能认识它？即使能认识，人能不能用语言表述出来？”人当为哲学的中心。但在漫长的理论探索中，终因客观主义形而上学以追求绝对真理为圭臬不得不将人弃置一旁，这就是所谓的“笛卡尔范式”。虽有康德喊出了“人为自然立法”的口号，萨特提出“人是自我设计的存在物”，主张将人置于世界和社会历史的中心位置，文艺复兴时期所倡导的“人文主义”最终还是被淹没在形而上学的大潮之中，认识论转向的初衷还是屈服于客观主义哲学的淫威之下。哲学界在形而上学的强大惯性作用下，始终未能摆脱这一桎梏，从图1—1可见，西方主要哲学家大多恪守客观主义立场，以形而上学毕因论为终极目标。

在此形势下，客观主义语言学自然就成为那个时代的主旋律，语言学家自觉或不自觉地抛弃了人本因素，否定隐转喻的认知功能，常将语言视为人所用的客观性工具。20世纪前60年占据哲学界主流地位的逻实论继续置“人主体”于一旁，这对索氏和乔氏学派也产生了巨大影响，隐转喻被视为“哲学的敌人”也就在情理之中了。

雷柯夫、约翰逊及其追随者辛勤耕耘在后现代哲学这块阵地上，建立了引导当今语言学潮流的认知语言学，且以雄辩的事实全方位地论证隐喻认知论，其研究广度和深度也是历史上任何一位哲学家所无法比拟的！也正是由于他们的努力才使得越来越多的学者接受了体验哲学、认知语言学、隐转喻理论等，摆脱了客观主义语言学的桎梏，清算了索氏和乔氏的形而上学语言理论，消除了“基于比较两事物相似的隐喻说”和“语言修辞说”等传统观点。

也正是由于他们的奋斗，从后现代哲学角度重新审视语言，不断揭示语言表达背后的认识机制，大力宣扬隐喻的认知功能，终使语言学理论进入到西哲第四转向后的后现代哲学时代，使得耸立在哲学与文学之间长达上千年的高墙轰然倒塌了，消解了哲学与文学之间的对立，从根基上粉碎了所谓的“白色神话”之传说。哲学与文学一样，都是具有隐喻性的学科，甚至“所有思想和写作都可以被看做是神话的、隐喻的、文学的”，哲学一直被认为是科学的语言，却原来，它根本就不是“自然之镜”。思想和语言不与世界“同构(Isomorphism)”，而只能是“拟构(Paramorphism)”。

这就是中国后语哲视野下语言学研究的基本立场，信守体验人本观原则来重新审视语言之真谛。

值得注意的是，我国先哲们自古以来就承认语言中的人本观，如《易经》中所提倡的：

> 近取诸身、远取诸物

的原则，就闪烁着人本观的光辉；“春秋笔法”的写作原则也提倡用简练曲折的文笔传递意含褒贬的人之立场；刘勰在《文心雕龙》中箴言“惟人参之”为世人所传扬，真可谓是“传神文笔足千秋”。据此，叙事从来就不是一个纯粹客观的个体行为，语言中必定存在发话者的立场和态度。我国学者对隐喻认知观的论述更可追溯到孔子的作品中（王寅 2007c）。

据此，笔者还得强调：外国语言文学专业的同行和学子在阅读西方文献时（包括西方语哲），千万不可忘却我国学者的观点和贡献（王寅、王天翼 2009），这也是我们（2008）在中国后语哲研究中反复重申的立场，坚定不移地走“中西合璧式”的科研创新之路。

附录一 重点推荐书目和工具书

1. Baghramian, M. 1998. *Modern Philosophy of Language*. London:J. M. Dent.
2. Bunnin, N. & YU Ji-yuan. 2001. *Dictionary of Western Philosophy: English-Chinese*.《西方哲学英汉对照词典》,北京:人民出版社。
3. Dewey, J. 1925. *Experience and Nature*. 傅统先译,1960,《经验与自然》,北京:商务印书馆。
4. Dummett, M. 1978. *Truth and Other Enigmas*. London: Duckworth.
5. Frege, G. 1879,王路译,2006,《概念文字 —— 一种模仿算术语言构造的纯思维的形式语言》,载《弗雷格哲学论著选辑》,北京:商务印书馆。
6. Frege, G. 1892. On Sense and Nominatum. In Greach, P. & M. Black (eds.). *Translation from the Philosophical Writings of Gottlob Frege*. Oxford: Basil Blackwell.
7. Habermas, J. 1981. *Postmetaphysical Thinking:Philosophical Essays*. 曹卫东、付德根译,2001,《后形而上学思想》,南京:译林出版社。
8. Habermas, J. 1981. *The Theory of Communicative Action*. 洪佩郁、蔺菁译,1994,《交往行为理论第一卷 —— 行为的合理性和社会合理化》,重庆:重庆出版社。
9. Heidegger, M. 1927. *Sein and Zeit*. 陈嘉映、王庆节译,2006,《存在与时间》,北京:三联书店。
10. Husserl, E. 1936. *Die Krisis der Europäischen Wissenschaften und die Transzendentale Phänomenologie*. 张庆熊译,1988,《欧洲科学危机和超验现象》,上海:上海译文出版社。
11. Kripke, S. 1972. *Naming and Necessity*. 梅文译,2005,《命名与必然性》,上海:上海译文出版社。
12. Lakoff, G. & M. Johnson. 1980. *Metaphors We Live By*. Chicago: The University of Chicago Press.
13. Lakoff, G. 1987. *Women, Fire, and Dangerous Things: What Categories Reveal about the Mind*. Chicago: The University of Chicago Press.
14. Lakoff, G. & M. Johnson. 1999. *Philosophy in the Flesh——The Embodied Mind and its Challenge to Western Thought*. New York: Basic Books.
15. Locke, J. 1690. *An Essay Concerning Human Understanding*. 关文运译,1959,《人类理智论》,北京:商务印书馆。

16. Lycan, W. G. 1999. *Philosophy of Language: A Contemporary Introduction*. London: Routledge.

17. Merleur-Ponty, M. 1945. *Phénoménologie de la Perception*. 姜志辉译,2001,《知觉现象学》,北京:商务印书馆。

18. Piaget, J. 1970. *The Principles of Genetic Epistemology*. 王宪钿等译,1981,《发生认知论原理》,北京:商务印书馆。

19. Putnam, H. 1981. *Reason, Truth and History*. 童世骏、李光程译,1997,《理性、真理与历史》,上海:上海译文出版社。

20. Quine, W. V. O. 1960. *Word and Object*. 陈启伟、朱锐、张学广译,2005,《语词和对象》,北京:中国人民大学出版社。

21. Ricoeur, P. 1913. *La Métaphore Vive*. 汪堂家译,2004,《活的隐喻》,上海:上海译文出版社。

22. Robins, R. H. 1967. *A Short History of Linguistics*. London: Longman.

23. Rorty, R. 1979. *Philosophy and the Mirror of Nature*. 李幼蒸译,2003,《哲学和自然之镜》,北京:商务印书馆。

24. Russell, B. 1905. "On Denoting." In Marsh, R. (ed.). 1956. *Logic and Knowledge*. London: Allen & Unwin.

25. Russell, B. 1946. *A History of Western Philosophy*. 马元德译,1976,《西方哲学史》,北京:商务印书馆。

26. Schmitz, H. 1980. *Neue Phanomenologie*. 庞学铨等译,1997,《新现象学》,上海:上海译文出版社。

27. Searle, J. 1958. "Proper Names." *Mind*. 1958(68):166—173.

28. Tanesini, A. 2007. *Philosophy of Language A—Z*. Edinburgh: Edinburgh University Press Ltd.

29. Thilly, F. 1914. *A History of Philosophy*. 葛力汉译,1995,《西方哲学史》北京:商务印书馆。

30. Wittgenstein, L. 1922. *Tractatus Logico-Philosophicus*. 贺绍甲译,2002,《逻辑哲学论》,北京:商务印书馆。

31. Wittgenstein, L. 1950. *Philosophical Investigation*. 李步楼译,1996,《哲学研究》,北京:商务印书馆。

1. 陈嘉映,2003,《语言哲学》,北京:北京大学出版社。

2. 程志民、江怡,2003,《当代西方哲学新词典》,长春:吉林人民出版社。

3. 冯友兰,1976,《中国哲学史》,北京:商务印书馆。

4. 高宣扬,2010,《后现代论》,北京:中国人民大学出版社。

5. 黄颂杰,2002,《西方哲学名著提要》,南昌:江西人民出版社。

[6]. 江　怡,2009,《分析哲学教程》,北京:北京大学出版社。

7. 刘利民,2007,《在语言中盘旋》,成都:四川大学出版社。

8. 庞学铨,2005,《哲学导论》,杭州:浙江大学出版社。

9. 钱冠连,1997,《汉语文化语用学》,北京:清华大学出版社。

[10]. 钱冠连,2002,《语言全息论》,北京:商务印书馆。

[11]. 钱冠连,2005,《语言:人类最后的家园》,北京:商务印书馆。

12. 涂纪亮,1987,《分析哲学及其在美国的发展》,北京:中国社会科学出版社。

[13]. 涂纪亮,1996,《当代西方著名哲学家评传(第一卷 语言哲学)》,济南:山东人民出版社。

14. 王庆节,2004,《解释学、海德格尔与儒道今释》,北京:中国人民大学出版社。

15. 王　炜、周国平,1996,《当代西方著名哲学家评传(第九卷 人本哲学)》,济南:山东人民出版社。

[16]. 王　寅,2001,《语义理论与语言教学》,上海:上海外语教育出版社。

17. 王　寅,2007,《认知语言学》,上海:上海外语教育出版社。

18. 王　寅,2007,《中西语义理论对比研究初探——基于体验哲学和认知语言学的思考》,北京:高等教育出版社。

[19]. 王治河,2006,《后现代哲学思潮研究(增补本)》,北京:北京大学出版社。

[20]. 汪子嵩、张世英、任　华,1972,《欧洲哲学史简编》,北京:人民出版社。

21. 许国璋,1991,《许国璋论语言》,北京:外语教学与研究出版社。

22. 赵敦华,2001,《西方哲学简史》,北京:北京大学出版社。

23. 张汝伦,2003,《现代西方哲学十五讲》,北京:北京大学出版社。

24. 张志伟,2004,《西方哲学十五讲》,北京:北京大学出版社。

25. 曾　志,2001,《西方哲学导论》,北京:中国人民大学出版社。

暂推荐56本,顺序号用方框标注的为最基本必读书目(共16本)。

附录二　术语索引和汉译对照表

续表

英　译	汉　译	页　码
Antonymy	反义关系	421
Appreciators	赞赏派	516
Apriori Proposition	先验命题	184
Apriorism	先验论	82
Arche	本原	24
Argument	述元	424
Argument	主项	393
Armchair Scholar	喜好坐在扶手椅中空想的学者	366
Assimilation	同化	540
Asymmetry	非对称性	424
Atomic Fact	原子事实	120，155，195，360
Atomic Proposition	原子命题	167，195，244
Attachment	添加	346
Attributive Use	属性用法	208
Autonomy-Dependency Relation	自主依存关系	116
Axiom of Connection	联结公理	248
Axiom of Reference	指称公理	247
Axiom of Satisfaction	满足公理	247
Axiomatic System	公理系统	247
Babel Tower	巴比塔	477
Background	背景	206，473，544
Base Component	基础部分	330
Bearer	承受者	214
Behaviorism	行为主义	252
Behaviorist Theory	行为论	253
Being	毕因、本体	14－18，21－24，28，218，251，277，279－280，482，490，505

续表

英　　译	汉　　译	页　　码
Blending Space	整合空间	276
Bivalence	二元	39
Body Phenomenology	身体现象学	592
Bottom-up	自下而上	217
Boundarization	有界性	570
Bound Variable	个体变项	395
Cartesian Anxiety	笛卡尔忧愁	454
Cartesian Paradigm	笛卡尔范式	60，432，539，562，566
Case	格	339，340
Case Grammar	格语法	248，339，380
Categoremata	范畴词	52
Causal-descriptive Theory	因果一摹状论	308
Causal-historical Theory of Referring	指称的历史因果论	306
Causal-history Theory	历史因果论	211
Causal Network	因果网络	214
Causal Theory	因果论	211，306
Causal Theory of Meaning	因果意义论	306
Causal Theory of Reference	因果指称论	199，306
Central State Identity	中心状态统一论	567
Chafe Semantics	齐夫语义学	344
Classical Formal Logic	经典形式逻辑	83，384
Close Sentence	闭语句	388
Cluster Theory of Descriptions	摹状语簇论	304，306
Code Model	语码模式	264

续表

英　译	汉　译	页　码
Cognition	认识	565
Cognitive	认知性	581
Cognitive Linguistics	认知语言学	97，220，484
Cognitive Model	认知模型	292，527
Cognitive Objectivist Semantics	客观主义语义学	349
Cognitive Reference Point	认知参照点	545
Cognitive Semantics	认知语义学	292，343
Cognitive Theory of Metaphor	隐喻认知观	476
Cognitive Value	认知值	153
Cohesion	衔接	94，582
Coherence	语义连贯	94
Collocational Restriction	搭配限制	346
Communicative Action	交往行动	286，562
Communicative Rationality	交往理性	286
Comparative Linguistics	比较语言学	523
Complex Proposition	复合命题	167，244
Componential Analysis	语义成分分析法	268，432
Componential Formulae	语义成分公式	269
Compositional Rules	组合规则	346
Concept	概念	223，371，386，561
Conceptual Blending Theory	概念整合理论	476
Conceptualization	概念化	530
Conjunction	合取词	399
Connectionism	连通论	379
Connotation/Intension	内涵	295
Connotational Meaning	内涵义	415
Consensual Negotiation of Truth	共识协商真理观	447

续表

英　译	汉　译	页　码
Consensus Theory of Truth	共识真理观	286，447，525，537
Consciousness	意识	253
Constative	表述句	115，255
Constraint	制约	332
Construal/Construe	识解	76，530，544，598
Construal Pluralism	识解多元化	473
Construal View	识解观	473
Construction Grammar	构式语法	343，380
Constructivism	建构论	375，492
Contextualism	上下文理论(语境论)	137
Contingent Proposition	偶然命题	184
Contingent Truth	偶然真	297
Continuum	连续体	325
Contradiction	矛盾句	361，423
Contradictoriness	反义句	423
Contradictory	矛盾式	410
Conventional	约定俗成	222
Conventionalism	习惯派	38
Convergent Evidence	趋同证明法	603
Conversational Implicature	会话含意	115，251，372
Conversion	转化	346
Cooperative Principle	合作原则	364，372
Core Grammar	核心语法	475
Corpsproper	己身	569
Creative Evolution	创造进化论	466
Critical Hermeneutics	批判解释学	285
Dada	达达主义	440

续表

续表

续表

续表

英　　译	汉　　译	页　　码
Epistemological Turn	认识论转向	2，28
Epistemology	认识论	59，196
Epoché	悬置	273
Equality(同 Sameness, Identity)	同一性	152，571
Equivalence	等值词	399
E-type Pronoun	E 型代词	235
European Humanist Philosophy	欧陆人本哲学	33，106
Evidence-Inferring 同 Ostension-Inference	明示一推理	263
Evoke	唤起	344
Exclusive Disjunction	不相容选言判断	407
Exist	实存	209，296
Existence of Abstract Entities	抽象体的存在	199
Existential Quantifier	存在量词	395
Existentialism	存在主义	277
Existentialist Theory of Meaning	存在主义语义观	280
Experiential	体验性	581
Experientialism	新经验论	504，506，520
Extended Standard Theory	扩展的标准理论	331
Extensional Context	外延语境	415
Extensional Meaning	外延义	415
Extensional Logic	外延逻辑	412，414
Extensional Semantics	外延语义学	413
Extensionism	外延主义	109
External Relation Theory	外在关系论	154
Externalism	外在论	207，349

续表

英　译	汉　译	页　码
External Realism	外部实在论	319，558
Fact	事实	120
Falsification	证伪	80
Falsificationism	证伪论	362
Family Resemblance	家族相似性	104，138，471
Feeling	情感	223
File Change Semantics	文本更新语义学	437
Filter Rule	过滤规则	332
First-order Logic	一阶逻辑	85，192，404
First-order Predicate Logic，First-order Predicate Logic System	一阶谓词逻辑（系统）	106
Flaccid Designator	柔性指示词	210，213，308
Fore-conception	前设	281
Fore-having	前有	281
Fore-sight	前见	281
Fore-Structure/Fore-Understanding Structure	前结构	281，285
Form	形式	9，98，265—266
Form of Life	生活形式	136，591
Formalism	形式主义	198
Formal Language School	形式语言学派	106
Formal Semamtic School	形式语义学派	106
Foundationalism	基础论	452
Frame Semantics	框架语义学	343
Frankfurt School	法兰克福学派	445
Free Will	自由意志	450
Frege's Puzzle	弗雷格疑问	297
Function	函数	387

续表

英　译	汉　译	页　码
Functionism	功能主义	250
Fusion of Horizons	视界融合	282，462
Fuzzy Translatology	模糊翻译学	179
Game	游戏	129，471
General Semantics	普通语义学	223，337
General Terms	通称词项	204
Generalize	概括	300
Generalized Conversational Implicature	一般会话含意	312
Generalized Meaning	概括义	370
Genetic	发生性	580
Government & Binding	管约理论	334
Grammar	语法学	490
Gricean Intention-meaning Theory	格莱斯意象主义理论	261
Great Hero	大英雄	107
Great Mirror of Nature	自然之大镜	463
Grimm's Law	格雷姆定律	57
Hearer	受话者	371
Hedge Words	模糊词语	474
Hermeneutic Cycle Theory	解释学循环论	280
Hermeneutic Theory of Meaning	解释学意义观	281
Hermeneutics	解释学	281，445
Holism	整体论	109，131，142，196，216，464
Holistic Network	整体性网络	206
Homonymy	同音异义词	421

续表

英　译	汉　译	页　码
Homophony	同音异义关系	421
Humanism	人文主义,人本观	28, 53, 85, 225, 432, 458, 587—589
Humanized Nature	人化的自然界	497, 558
Humanized Language	人化的语言	497, 558
Hyponymy	上下义关系	421
Iconicity	象似性	577
Iconicity of Distance/ Contiguity/Cohesion/ Closeness/Proximity	距离象似性	582
Idea	理念	9 — 10, 24, 46, 153, 223, 359, 371, 562
Idea of Sense	感觉观念	53
Idea Theory	观念论	223—224
Ideal Forms	理性形式	39
Ideal Idea	理念共相	39, 560
Ideal Theory	理想理论	177
Ideal Language School	理想语言学派	33
Idealism	唯理论(唯心论)	100
Idealized Cognitive Model	理想化认知模型	292, 512, 527
Ideational Theory	观念论	223—224
Identity(同 Equality, Sameness)	同一性	152
Identity Statement	同一陈述	198
Illocutionary Act	行事行为	256, 435
Image	意象	223, 526
Image Schema	意象图式	527
Immediate Constituent Analysis	直接成分分析法	328
Implication	蕴涵式	399

续表

续表

续表

英　　译	汉　　译	页　　码
Kripke-Wittgenstein Paradox	同 Rule-following Paradox（遵守规则的悖论）	132
La Grammaire Générale et Raisonnée	普遍唯理语法	69
Language Competence	语言能力	331
Lauguage Performance	语言运用	331
Language-centered Theories of Belief	以语言为中心的信念理论	200
Language of Thought	思维语言	200
Language-in-use	语言功用论	251
Language Game Theory	语言游戏论	167，199
Law of Contradiction	矛盾律	83，482
Law of Excluded Middle	排中律	83，165，297，482
Law of Identity	同一律	83，482
Lexicon	词库	330，341，343，475
Lifeworld	生活世界	446
Linguistic Competence	语言能力	218
Linguistic Performance	语言运用	218
Linguistic Reference	语言指称	206
Linguistic Relativity	语言相对论	70
Linguistic Turn	语言论转向	2，30
Literal Meaning	字面意义	219
Literature of Silence	沉默文学	441
Locutionary Act	言有所述的行为	256，435
Logical Atom	逻辑原子	195，204，301
Logical Atomism	逻辑原子论，逻辑原子论	125，154，172，195，216，232，360，405
Logical Connectives	逻辑连接词	399
Logical Constant	逻辑常项	167

续表

续表

续表

续表

英　译	汉　译	页　码
Neo-realism	新实在论	79，154，222
Network	网络	206，214
Neutral Entity	中立实体	154
Neutral Monism	中心一元论	53，154，453，568
New Humanism/ Social Humanism	新人道主义	444
Nihilism	虚无主义	244，452
Nominalism	唯名论	38，48，177，222
Non-objectivism	非客观主义	13
Non-objectivist Linguistics	非客观主义语言学	523
Non-objectivist Philosophy	非客观主义哲学	432
Non-Philosophy	非哲学	452
Non-rigid Designator	非严格指示词	308
No-place Predicate	零元谓词	424
Object	宾格	120，540，542，556
Object Language	对象语言	170
Objectivist Linguistics	客观主义语言学	523
Objectivist Philosophy	客观主义哲学	431
Objectivism	客观主义	13，493，539
Ockham's Razor	奥卡姆剃刀	296，355
Off-line Operation	下线加工	527
One-place Predicate	一元谓词	424
On-line Operation	在线加工	527
Ontological Commitment	本体论承诺	199，413
Ontological Commitment	毕因论承诺	174
Ontological Realism	毕因实在论	505
Ontological Realitivity	本体相对论	175
Ontological Turn	本体论转向	24
Ontology	存在论	15—17，22—23

续表

续表

续表

英　译	汉　译	页　码
Practical Rationality	实践理性	286
Pragmatic Grammaticalization	语用语法化	324
Pragmatic Force	语用动力	263
Pragmatics	语用学，语用论	33，74，127，207
Pragmatism	实用主义	109，466
Pragmatist Realism	实用主义实在论	559
Predicate	谓词	83，393，424
Predicate Calculus	谓词演算	83，85，107
Predication	述谓	424
Prefix	前缀	582
Prejudice	偏见	285，381
Prescriptive Linguistics	规定语言学	117
Presupposition	预设	208
Presupposition Failure	预设失效	208
Principle & Parameter	原则一参数系统	334
Principle of Charity	宽容原则	199，248，310，365
Principle of Compositionality	组合原则	403，476
Principle of Confirmability	可证实性原则	197，244
Principle of Falsification	证伪原则	216
Principle of Functionality	功能性原则	88
Principle of Ideality	理想性原则	88
Principle of Immanence	内邻性原则	88
Principle of Integration	整合原则	476
Principle of Proliferation	增生原则	462，473

续表

续表

续表

续表

英　译	汉　译	页　码
Scientism	科学主义	30，72，85，108，198，242，432，590
Scope	辖域	401，473，544
Selectional Restriction	选择限制	346
Semantic Ascent	语义上行	41，174，176
Semantic Case	语义格	340
Semantic Component	语义成分	268
Semantic Componential Analysis	语义成分分析法	93
Semantic Dictionary	语义词典	430
Semantic Externalism	语义外在论	200
Semantic Features	语义特征	269
Semantic Field Theory	语义场理论	93，375
Semantic Formula	语义公式	174
Semantic Fuzziness	语义模糊性	474
Semantic Internalism	语义内在论	200
Semantic Interpretation	语义表达	330
Semantic Paradox	语义悖论	199
Semantic Regimentation	语义整编	109，176
Semantic Representation	语义表征	337
Semantic Rules	语义规则	330
Semantic Triangle	语义三角	153，228
Semantics	语义学	74
Semantic Theory of Deconstruction, Deconstructionist Theory of Meaning	解构论语义观	289

续表

续表

英　译	汉　译	页　码
Solipsism	唯我论	450
Source Domain	始源域	178
Spatialization of Form Hypothesis	形式化空间假设	570
Speakable	可言说的	80
Speaker's Intention	发话者意象	261
Speaker's Meaning	发话者意义	261
Specificity	详略度	473，544
Speculative Grammar	思辨语法	48，51，523
Speculative Postmodernism	思辨的后现代主义	467
Speech Act	言语行为	129，251
Speech Act Theory	言语行为理论	127，255
Spiritual Sciences	精神科学	99
Standard Theory	标准理论	330
State of Affairs	现实中的事态	120－121，360
State of Things	事态	121
Stereotype	常规	212
Stimulus-Response	刺激－反应	253
Stoics	斯多葛学派	224
Structural Internalism	结构内在观	349
Structural Semantics	结构主义语义学	264
Subject	主词	83，540，542
Subject Idea	主观性观念	153
Subject-Object-Subject Multiple-action Understanding Model	SOS 理解模型	10，498，538，556
Subordinate	下义词	421
Subsist	虚存	102，209，296
Substance	物质	98，265－266
Substitution Class	替换类	271

续表

续表

英 译	汉 译	页 码
The Given	与料	196
The Morning Star	启明星	152—153，188，226，228，298，312，355，571
Theological Ontology	神学毕因论	27
Theory of Componential Analysis	成分论	268
Theory of Communicative Action	交往行为理论	562
Theory of Description	摹状语理论	164，199
Theory of Difference	差异论	268
Theory of Inferential Communication	推理交际论	264
Theory of Intention	意向论	259
Theory of Language Game	语言游戏论	33
Theory of Meaning-in-use	意义用法论	33，250—251
Theory of Objects	对象论	204
Theory of Relations	关系论	266
Theory of Substitution	替代论	270
Theory of Tabular Rasa	白板说	55
Theory of Truth Correspondence	真值对应论	223
Theory of Truth Condition	真值条件论	223
Theory of Truth Functions	真值函项理论	405
Thesei	约定论	38
The So-and-so	限定性摹状语	158
The Very Paradigm of Philosophical Analysis	哲学分析的典范	166
The View of Embodied Cognition	意义体认观	220

续表

续表

英　　译	汉　　译	页　　码
Truth Correspondence Theory	真值对应论	110，154，484
Truth Monism	真理一元论	154
Truth Schema	真值图式	170
Truth Theory by Concensus	真值共识论	495
Truth Value	真值	246
Truth Value Theory	真值论	246
T-sentence	T-语句	170，247，599
T-schema	T-图式	170
Twin Earth	孪生地球	212
Two-place Predicate	二元谓词	424
Two Warring Armies	两大对立阵营	205
Ultra-Physics	超级物理学	125
Uncertainty Principle	测不准原理	453
Unconsciousness	无意识性	450
Underlying Structure	底层结构	328
Understanding	理解	99，533
Universal	共相	49
Universal Grammar	普遍语法	334，351，427
Universal Pragmatics	普遍语用学	285，445
Universal Quantifier	全称量词	395
Universal Rationalist Grammar	普遍唯理语法	523
Universal Speculative Grammar	普遍思辨语法	51
Universalism	普遍观	430，474
Unsaturated	不饱和的	387
Unspeakable	不可言说的	80

续表

附录三　人名索引和汉译对照表

续表

续表

Cohen	科恩	1931—	384
Croft	克劳夫特	1956—	363，475
Cruse	克鲁斯	1934—	268，363
Culler	科勒	1944—	267
Darwin	达尔文	1809—1882	458
Davidson	戴维森	1917—2003	109，199，200，247，400，413，518，540，567
Davis	戴维斯	1952—	94
Deleuze	德勒兹	1925—1995	451，462
Derrida	德里达	1930—2004	34，94，288，477，451，518，543
Descartes	笛卡尔	1596—1650	58，225，452，507
Devitt	戴维特	1938—	207，214－215
Dewey	杜威	1859—1952	109，214，449，507－508，525
Dilthey	狄尔泰	1833—1911	99，280，285，462
Dirven	德尔文	1932—	517，529
Donnellan	唐纳兰	1931—	207－209，302，305，355
Dressler	德莱斯勒	1939—	252
Dummett	达米特	1925—2011	73，106，118，200，207，227，275，358，365，540
Eco	艾柯	1932—	376
Engler	恩格勒	1930—2003	88
Evans	伊万斯	1946—1980	199－200，234－235，312
Fauconnier	福考尼尔	1944—	45，476
Feuerbach	费尔巴哈	1804—1872	63
Feyeraband	费耶阿本德	1924—1994	462，473

续表

续表

续表

续表

Lecercle	莱塞赫科尔		88，105，327，435，446－447
Leech	利奇	1936—	74，258，263，269，294，345
Leibniz	莱布尼茨	1646—1716	60，106，199，385
Levinas	列维那	1906—1995	452
Levinson	莱文森/列文森	1947—	74，259，314
Lewis	刘易斯	1883—1964	118，248，385，416
Lewis	刘易斯	1941—2001	207，567
Linsky	林斯基	1922—2012	207－208，302，323
Lipka	利普卡	1938—	338
Locke	洛克	1632—1704	29，55，224，507
Lounsbury	朗斯伯勒	1919—2013	268
Lugg	腊格	1942—	4，129，140，221，230，251，357
Lukasiewcz	卢卡西维奇	1878—1956	110，385
Lycan	莱肯	1945—	128，148，161－162，190，209，212，214－215，230，233－234，248，295，360，362，369－370
Lyons	莱昂斯	1932—	74，259，268，358
Lyotard	利奥塔	1924—1998	439，447
Mach	马赫	1838—1916	57，154，453
Magee	麦基	1930—	27，252
Malcolm	马尔科姆	1911—2004)	140
Malinowski	马琳诺维斯基/马林诺夫斯基	1884—1942	218，257
Mann	保罗·德·曼	1919—1983	602
Marcus	马尔库斯	1921—2012	200，207，214，445
Marcuse	马尔库塞	1898—1979	445
Marx	马克思	1818—1883	512
McCawley	麦考利	1938—1999	338，431

续表

续表

Piaget	皮亚杰	1896—1980	375，473，536，540，569，592
Plantinga	普郎汀格		215
Plato	柏拉图	前427—前347	38，221
Popper	波普尔	1902—1994	2，5，216，362
Postal	波斯特	1936—	329，338，345，431
Putnam	普特南	1926—	81，109，199－200，207，212，302，376，507，252，558，593
Quine	奎因	1908—2000	109，118，147，163，171，188，199，226，236，248，356－358，371，378，413，454，464，566－567
Radden	拉登		580－581
Ransdell	蓝斯戴尔	1931—2010	265
Ramsey	拉姆塞	1903—1930	125，166，302
Redeker	雷德克	1955—	438
Reichenbach	赖辛巴赫	1891—1953	384
Rescher	雷谢尔	1928—	78
Richards	理查兹	1893—1979	219，228，260，291，374，519，561
Ricoeur	利科	1913—2005	287，447，519
Robins	罗宾斯	1921—2000	35，51－52，218，252，258，267－268，375，493
Rorty	罗蒂	1931—2007	30，146，148，281，432，448，451，453－454，464，518－519，559，567
Rosch	罗希	1938—	144，167，471

续表

续表

Spencer	斯宾塞	1820—1903	57，242
Sperber	斯珀波	1942—	259，263—264
Spinoza	斯宾诺莎	1632—1677	568
Spretnak	斯布雷特奈克	1946—	451，465
Steinhart	斯坦哈特		18
Sternberg	斯滕伯格	1949—	519
Strauss	列维·施特劳斯	1908—2009	447，459
Strawson	斯特劳森	1919—2006	115—117，190，194，200，207，259，302，305，314，355，363，389
Talmy	塔密	1942—	292，380
Tarski	塔尔斯基	1901—1983	33，169—170，199，246，386，400，540
Taylor	泰勒	1944—	144，256，358，471，529，581
Tesnière	特斯尼耶尔	1893—1954	339
Theodosius	狄奥多西	346—395	479
Thilly	梯利	1865—1934	57
Thurot	索洛特	1768—1832	35
Titchener	铁钦纳	1867—1927	101
Tourangeau	托尔郎戈		519
Trager	特拉格	1906—1992	254
Ullmann	乌尔曼	1914—1976	74，220，352
Ungerer	温格勒	1937—	550
Vendler	凡德勒	1921—2004	150
Voloshinov	沃尔希洛夫	1895—1936	99，463
Waismann	魏斯曼	1896—1959	194
Watson	华生	1878—1958	252，566
Weber	韦伯	1864—1920	457
Weiss	韦斯	1901—2002	449

续表

主要参考书目

Ackerman, D. 1979. Proper Names, Propositional Attitudes and Non-Descriptive Connotations. *Philosophical Studies*, 35.

Adams, E. 1965. The Logic of Conditionals. *Inquiry*, 8.

Akmajian, A., R. A. Demers, A. K. Farmer & R. M. Harnish. 1979. *Linguistics: An Introduction to Language and Communication*. Cambridge, Mass: MIT Press.

Allan, K. 1986. *Linguistic Meaning*. London: Routledge & Kegan Paul World Publishing Corp.

Allwood, J. 1977. *Logic in Linguistics*. 王维贤、李先焜、蔡希杰译,2009,《语言学中的逻辑》,北京:北京大学出版社。

Apel, K. O. 1973. *Towards a Transformation of Philosophy*. 孙周兴、陆兴华译,1997,《哲学的改造》,上海:上海译文出版社。

Aristotle. 1928. *Metaphysica*. 吴寿彭译,1997,《形而上学》,北京:商务印书馆。

Aristotle. 1941. *Categoriae, De Interpretation*. 方书春译,1959,《范畴篇 解释篇》,北京:商务印书馆。

Aristotle. *Organon*. 李匡武译,1984,《工具论》,广州:广州人民出版社。

Aristotle. *Poetics*. 陈中梅译,1999,《诗学》,北京:商务印书馆。

Aristotle. *On Rhetoric: A Theory of Civic Discourse*. 罗念生译,1991,《修辞学》, 北京:三联书店。

Aristotle. *The Politics of Aristotle*. 高书文译,2007,《政治学》,北京:九州岛出版社。

Armstrong, D. M. 1968. *A Materialist Theory of the Mind*. New York: Humanities Press.

Augustinus, A. 约 400. *Confessions*. 周一良译,1963,《忏悔录》,北京:商务印书馆。

Austin, J. L. 1962. *How to Do Things with Words*. Oxford: OUP.

Austin, J. L. 1962. *Sense and Sensibilia*. 陈嘉映译,2010,《感觉与可感物》北京:商务印书馆。

Ayer, A. J. 1935. *Language, Truth and Logic*. (1946: 2nd Edition) London: Gollancz.

Ayer, A. J. 1940. *The Foundations of Empirical Knowledge*. London: MaCmillan & Co LTD.

Bach, K. & R. M. Harnish. 1979. *Linguistic Communication and Speech Acts*. Cambridge, MA: MIT Press.

Bacon, F. 1620. *Novum Organum*. 许宝骙译,1986,《新工具》,北京:商务印书馆。

Baghramian, M. 1998. *Modern Philosophy of Language*. London: J. M. Dent.

Barwise, J & J. Perry. 1983. *Situations and Attitudes*. MA: MIT Press.

Beaugrande, R. & W. Dressler. 1981. *Introduction to Text Linguistics*. London: Longmans.

Bergmann, G. 1964. Acts. *Logical Reality*. Wisconsin: The University of Wisconsin Press.

Black, M. 1962. Metaphor. In Black, M. (ed.). *Models and Metaphors*. Ithaca, New York: Cornell University Press.

Black, M. 1979/1993. More about Metaphor. In Ortony, A (ed.). *Metaphor and Thought*. London: CUP.

Bloch, B. & G. L. Trager. 1942. *Outline of Linguistic Analysis*. Baltimore: Linguistic Society of America.

Bloomfield, L. 1933. *Language*. London: Allen and Unwin.

Blumenberg, H. 1960. Paradigmen zu einer Metaphorologie. *Archiv für Begriffsgeschichte*, Vol. 6. Bonn: Bouvier.

Bunnin, N. & YU Ji-yuan. 2001. *Dictionary of Western Philosophy: English-Chinese*.《西方哲学英汉对照词典》,北京:人民出版社。

Burge, T. 1979. Individualism and the Mental. *Midwest Studies in Philosophy*, *IV*.

Burge, T. 1984. Frege on Extensions of Conceptions, from 1884 to 1903. *Philosophical Review*, 93.

Burge, T. 1992. The Philosophy of Language and Mind: 1950—1990. *The Philosophical Review*, 101(1).

Carnap, R. 1935. *Philosophy and Logical Syntax*. London: K. Paul, Trench, Trubner & Co. Ltd.

Carnap, R. 1947. *Meaning and Necessity*. Chicago: The University of Chicago Press.

Carnap, R. 1950. *Testability and Meaning*. Hew Haven: Yale University Press.

Carnap, R. 1951. *The Nature and Application of Inductive Logic*. Chicago: the University of Chicago Press.

Carnap, R. 1952. Meaning Postulates. *Philosophical Studies*, *III*. Now in *Meaning and Necessity*, 1956. (2nd Edition). Chicago: The University of Chicago Press.

Carnap, R. 1957. Old Logic and New Logic. In Ayer, A. J. (ed.). 1957. *Logical Positivism*. New York: Free Press.

Chafe, W. 1970. *Meaning and the Structure of Language*. Chicago: The University of Chicago Press.

Chiari, J. 1975. *Twentieth-century French Thought: from Bergson to Lévi-Strauss*. 吴永泉、陈京璇、尹大贻译,1987,《二十世纪法国思潮——从伯格森到莱维·施特劳斯》,北京:商务印书馆。

Chierchia, G. 1995. *Dynamics of Meaning: Anaphora, Presupposition, and the Theory of Grammar*. Chicago: The University of Chicago Press.

Chomsky, N. 1957. *Syntactic Structures*. The Hague: Mouton.

Chomsky, N. 1965. *Aspects of the Theory of Syntax*. Cambridge, Mass: MIT Press.

Chomsky, N. 1966. *Cartesian Linguistics*. New York: Harper & Row.

Chomsky, N. 1968. *Language and Mind*. Revised 1972 Edition. NY: Harcourt Brace & World.

Chomsky, N. 1976. *Reflections on Language*. New York: Pantheon.

Chomsky, N. 1981. *Lectures on Government and Binding: the Pisa Lectures*. Dordrecht: Foris.

Chomsky, N. 1986. *Knowledge of Language: Its Nature, Origin, and Use*. New York: Praeger Publishers.

Chomsky, N. 1993. *Language and Thought*. London: Moyer Bell.

Chomsky, N. 1995. Language and Nature. *Mind*, 104.

Chomsky, N. 1995. *The Minimalist Program*. Cambridge, MA: MIT Press.

Church, A. 1946. A Formulation of the Logic of Sense and Denotation. *The Journal of Symbolic Logic*, 12.

Church, A. 1951. The Need for Abstract Entities. *American Academy of Arts and Sciences Proceedings*, Vol. 80.

Croft, W. 2001. *Radical Construction Grammar: Syntactical Theory in Typological Perspective*. Oxford: OUP.

Cruse, D. A. 1986. *Lexical Semantics*. Cambridge: CUP.

Culler, J. 1976. *Ferdinand de Saussure*. New York: Penguin Books.

Davis, K. 2001. *Deconstruction and Translation*.《解构主义与翻译》,上海:上海教育出版社。

Davidson, D. 1967. Truth and Meaning. *Synthese*, 17.

Davidson, D. 1968. On Saying That. *Synthese*, 19.

Davidson, D. 1970. Mental Events. In Foster, L. & J. W. Swanson(eds.). *Experience and Theory*. Michigan: Duckworth.

Davidson, D. 1973. Radical Interpretation. *Dialectica*, 27.

Davidson, D. 1975. Thought and Talk. In Guttenplan, S. (ed.). *Mind and Language*. Oxford: OUP.

Davidson, D. 1984. *Inquiries into Truth and Interpretation*. Oxford: Claredon Press.

De Cuypere, L. 2008. *Limiting the Iconic: From the Metatheoretical Foundations to the Creative Possibilities of Iconicity in Language*. Amsterdam: John Benjamins.

Derrida, J. 1967. *De la Grammatologie*. English translation by Spivak, G. C. 1976. *Of Grammatology*. Baltimore: The John Hopkins University Press.

Derrida, J. 1971. White Mythology: Metaphor in the Text of Philosophy. *Poetique*, 5.

Derrida, J. 1976. *Speech and Phenomena*. Baltimore: The Johns Hopkins University Press.

Derrida, J. 1982. *Margins of Philosophy*. Chicago: The University of Chicago Press.

Dirven, R. & R. Pörings. 2002. *Metaphor and Metonymy in Comparison and Contrast*. Berlin: Mouton de Gruyter.

Devitt, M. 1989. Against Direct Reference. *Midwest Studies in Philosophy*, 14.

Devitt, M. 1981. *Designation*. New York: Columbia University Press.

Devitt, M. 1981. Donnellan's Distinction. French, P., T. Uehling & H. Wettstein (eds.). *Midwest Studies in Philosophy VI: The Foundations of Analytic Philosophy*. Minneapolis: University of Minnesota Press.

Dewey, J. 1925. *Experience and Nature*. 傅统先译,1960,《经验与自然》,北京:商务印书馆。

Donnellan, K. 1966. Reference and Definite Descriptions. *Philosophical Review*, 75.

Dummett, M. 1973. *Frege: Philosophy of Language*. New York: Harper & Row.

Dummett, M. 1975. What is a Theory of Meaning? In Guttenplan, S. (ed.). *Mind and Language*. Oxford: OUP.

Dummett, M. 1978. *Truth and Other Enigmas*. London: Duckworth.

Dummett, M. 1987. *Origins of Analytical Philosophy*. 王路译,2005,《分析哲学的起源》,上海:上海译文出版社。

Dummett, M. 2003. Truth and the Past. *The Journal of Philosophy*, Vol. C. No. 1.

Evans, G. 1973. The Causal Theory of Names. *Aristotlian Society Supplementary Volume*, 47.

Evans, G. 1977. Pronouns, Quantifiers, and Relative Clause (I). *Canadian Journal of Philosophy*, 7.

Evans, G. 1980. Pronouns. *Linguistic Inquiry*, 11 (2).

Evans, G. 1982. *The Varieties of Reference*. Oxford: OUP.

Fauconnier, G. & Turner, M. 2002. *The Way We Think*. New York: Basic Books.

Feyerabend, P. 1963. Materialism and the Mind-Body Problem. *Review of Metaphysics*, 17.

Fillmore, Charles. 1975. An Alternative to Checklist Theories of Meaning. In Cogen, C. et al. (eds.). *Proceedings of the Berkeley Linguistic Society*. Berkeley: Berkeley Linguistics Society.

Fillmore, Charles. 1982. Frames Semantics. In Linguistic Society of Korea (ed.). *Linguistics in the Morning Calm*. Seoul: Hanshin.

Fodor, J. A. 1975. *The Language Of Thought*. New York: Crowell Press.

Frege, 1879. *Begriffsschrift, eine der Arithmetischen Nachgebildete Formelsprache des Reinen Denkens (Concept Script, a Formal Language of Pure Thought Modelled upon that of Arithmetic)*.《概念文字 —— 一种模仿算术语言构造的纯思维的形式语言》,《弗雷格哲学论着选辑》,北京:商务印书馆。

Frege, 1884. *The Foundation of Arithmetic*. 王路译,2002,《算术基础》,北京:商务印书馆。

Frege, 1892. On Sense and Nominatum. In Greach, P. & M. Black (eds.). *Translation from the Philosophical Writings of Gottlob Frege*. Oxford: Basil Blackwell.

Frege, 1903. *Grundgesetze der Arithmetik, Band II*. Jena: H. Pohle.

Gadamer, H. G. 1960. *Wahrheit und Methode (Truth and Method)*. 洪汉鼎译,2004,《真

理与方法》,上海:上海译文出版社。

Gallin, D. 1975. *Intensional and Higher-Order Modal Logic*. Amsterdam: North Holland.

Gärdenfors, P. 1999. Some Tenets of Cognitive Semantics. In by Allwood J. and P. Gärdenfors(eds.). *Cognitive Semantics-Meaning and Cognition*. Amsterdam: John Benjamins.

Gavins, J. & Steen, G. 2003. *Cognitive Poetics in Practice*. London: Routledge.

George, M. & S. Carroll. 1978. *Language and Situation: Language Varieties and Their Social Context*. London: Routledge & Kegan Paul.

Givón, T. 1985. Iconicity, Isomorphism and Non-Arbitrary Coding in Syntax. In Haiman, J. (ed.). *Iconicity and Syntax*. *TSL 6*. Amsterdam: John Benjamins.

Givón, T. 1990. *Syntax: A Functional-Typological Introduction. Vol. II.* Amsterdam: John Benjamins.

Glucksberg, S. & J. H. Danks. 1975. *Experimental Psycholinguistics: An Introduction*. Hillsdale, New Jersey: Lawrence Erlbaum Associates.

Goldberg, A. 1995. *Constructions: A Construction Grammar Approach to Argument Structure*. Chicago and London: The University of Chicago Press.

Goldberg, A. 2006. *Constructions at Work: The Nature of Generalization in Language*. Oxford: OUP.

Grice, H. P. & P. F. Strawson. 1956. In Defense of a Dogma. *Philosophical Review*, 65 (2).

Grice, H. P. 1957. Meaning. *The Philosophical Review*, 66. Reprinted in In Steinberg D. & L. A. Jakobovits. (eds.). 1971. *Semantics: An Interdisciplinary Reader in Philosophy, Linguistics, and Psychology*. London: CUP.

Grice, H. P. 1967. William James Lectures. Camhrdye, MA: Harvard University 1967. Published in part as "Logic and Conversation," In Cole P. & J. L. Morgan. (eds.). *Syntax and Semantics*, Volume 3(Speech Acts).

Grice, H. P. 1968. Utterer's Meaning, Sentence-Meaning, and Word-Meaning. *Foundations of Language*, 4. Reprinted in H. P. Grice. 1989. *Studies in the Way of Words*. Cambridge, MA: Harvard University Press.

Grice, H. P. 1969. Utterer's Meaning and Intentions. *Philosophical Review*, 78. Reprinted in H. P. Grice. 1989. *Studies in the Way of Words*. Cambridge, MA: Harvard University Press.

Grice, H. P. 1975. Logic and Conversation. In Cole, P. & J. L. Morgan (eds.). 1975. *Syntax and Semantics 3: Speech Acts*. New York: Academic Press.

Grice, H. P. 1989. *Studies in the Way of Words*. Cambridge, MA: Harvard University Press.

Griffin, D. R. 1988. *The Reenchantment of Science: Postmodern Proposals*. 马季方译, 1995,《后现代科学—科学魅力的再现》,北京:中央编译出版社。

Griffin, D. R. 1988. *Spirituality and Society: Postmodern Visions*. Albany: State

University of New York Press. 王成兵译，2011，《后现代精神》，北京：中央编译出版社。

Griffin，D. R.，P. Ochs，M. P. Ford，P. A. Y. Gunter & J. B. Cobb. 1993. *Founders of Constructive Postmodern Philosophy：Peirce，Bergson，Whitehead，and Hartshorne*. 鲍世斌等译，2002，《超越解构：建设性后现代哲学的奠基者》，北京：中央编译出版社。

Gamut，L. T. F. 1991. *Logic，Language，and Meaning，Vol. I：Introduction to Logic；Vol. II：Intensional Logic and Logical Grammar*. Chicago：The University of Chicago Press.

Habermas，J. 1981. *The Theory of Communicative Action*. 洪佩郁、蔺菁译，1994，《交往行为理论(第一卷)——行为的合理性和社会合理化》，重庆：重庆出版社。

Habermas，J. 1988. *Postmetaphysical Thinking：Philosophical Essays*. 曹卫东、付德根译，2001，《后形而上学思想》，南京：译林出版社。

Hacker，P. M. S. 1998. Analytic Philosophy：What，Whence，and Whither. *The Story of Analytical Philosophy：Plot and Heroes*. London：Routledge.

Haiman，J. 1983. Iconic and Economic Motivation. *Language*，59.

Haiman，J. 1985a. *Natural Syntax*. London：CUP.

Haiman，J. 1985b. *Iconicity in Syntax*. *TSL* 6. Amsterdam：John Benjamins.

Halliday，M. A. K. & R. Hasan. 1976. *Cohesion in English*. London：Longman.

Halliday，M. A. K. 1978. *Language as Social Semiotic*. London：Edward Arnold.

Halliday，M. A. K. 1985. *An Introduction to Linguistics*. London：Edward Arnold.

Haspelmath，M. 2008. Frequency vs Iconicity in Explaining Grammatical Asymmetries. *Cognitive Linguistics*，19.

Hegel，G. W. F. 1807. *Phenomenology of Mind*. 贺麟、王玖兴译，1979，《精神现象学》，北京：商务印书馆。

Hegel，G. W. F. 1812，1816. *Wissenschaft der Logik*（*I—II*）. 杨一之译，1966，《逻辑学》，北京：商务印书馆。

Hegel，G. W. F. 1817. *System der Philosophie Erster Teil*. *Die Logik*. 贺麟译，1980，《小逻辑》，北京：商务印书馆。

Hegel，G. W. F. 1833—1836，*Vorlesungen über die Ceschichte der Philosophie*. 贺麟、王太庆译，1997，《哲学史讲演录》，北京：商务印书馆。

Heidegger，M. 1927. *Sein and Zeit*. 陈嘉映、王庆节译，1987，《存在与时间》，上海：三联书店。

Heidegger，M. 1975. *Poetry，Language，Thought*. 彭富春译，1991，《诗、语言、思》，北京：文化艺术出版社。

Heim，I. 1982. *The Semantics of Definite and Indefinite Noun Phrases*. Ph. D. Dissertation，University of Massachusetts，Amherst.

Hempel，C. G. 1950. Problems and changes in the empiricist criterion of meaning. In *Revue Internationale de Philosophie*，4.

Herder, J. G. 1772. *Treatise on the Origin of Language*. 姚小平译, 1999,《论语言的起源》,北京:商务印书馆。

Hintikka, M. B. & J. Hintikka, 1986. *Investigating Wittgenstein*. Oxford: Basil Blackwell.

Hockett, C. F. 1958. *A Course in Modern Linguistics*. 索振羽、叶蜚声译,1987,《普通语言学》,北京:北京大学出版社。

Hoy, D. C. 2005.《后现代主义辞典》序,王治河主编,2005,《后现代辞典》,北京:中央编译出版社。

Humboldt, W. 1836. *Über die Verschiedenheit des Menschlichen Sprachbaus und Ihren Einfluss auf die Geistige Entwicklung des Menschengeschlechts*. 姚小平译,1997,《论人类语言结构的差异及其对人类精神发展的影响》,北京:商务印书馆。

Hurford, J. R. & B. Heasley. 1983. *Semantics: A Course Book*. London: CUP.

Husserl, E. 1936. *Die Krisis der Europäischen Wissenschaeten und die Tranzendentale Phänomenologie*. 王炳文译,2001,《欧洲科学的危机与超越论的现象学》,北京:商务印书馆。

Hylton, P. Analysis in Analytical Philosophy. 李国山译,《分析哲学中的分析》,载陈波主编,2001,《分析哲学——回顾与反省》,成都:实存教育出版社。

Jackendoff, R. 1972. *Semantic Interpretation in Generative Grammar*. Cambridge, MA: MIT Press.

Jackendoff, R. 1983. *Semantics and Cognition*. Cambridge, MA: MIT Press.

Jackendoff, R. 1988. Conceptual Semantics. In Eco. et al. (eds.). *Meaning and Mental Representation*. Bloomington, IN: Indiana University Press.

Jackendoff, R. 1990. *Semantic Structure*. Cambridge, MA: MIT Press.

Jäkel, Olaf. 1999. Kant, Blumenberg, Weinrich: Some Forgotten Contributions to the Cognitive Theory of Metaphor. In Gibbs, R. W. & G. J. Steen (eds.). *Metaphor in Cognitive Linguistics*. Amsterdam: John Benjamins.

Jameson, F. 1972. *The Prison-House of Language*. 钱佼汝译,1995,《语言的牢笼》,南昌:百花洲文艺出版社。

Johnson, M. 1987. *The Body in the Mind: The Bodily Basis of Meaning, Imagination, and Reason*. Chicago: The University of Chicago Press.

Kamp, H. 1981. A Theory of Truth and Semantic Representation. In Groenendijk, J., T. Janssen, and M. Stokhof. (eds.). *Formal Methods in the Study of Language*. Amsterdam: Mathematical Centre Tracts.

Kant, I. 1781. *Kritik der Reinen Vernunft*. 邓晓芒译,2004,《纯粹理性批判》,北京:人民出版社。

Kant, I. 1783. *Prolegomena to Any Future Metaphysics*. 庞景人译,1982,《未来形而上学导论》,北京:商务印书馆。

Kant, I. 1798. *Anthropologie in Pragmatischer Hinsicht*. 邓晓芒译,2005,《实用人类学》,上海:上海世纪出版集团。

Kaplan, D. 1972. What is Russell's Theory of Descriptions? In Pears, D. F (ed.). *Bertrand Russell*. Garden City, NY: Anchor Books.

Kaplan, D. 1975. How to Russell a Frege-Church. *Journal of Philosophy*, 72.

Katz, J. J. & J. A. Fodor. 1963. The Structure of a Semantic Theory. *Language*, 39.

Katz, J . J. & P. M. Postal. 1964. *An Integrated Theory of Linguistic Description*. Cambridge MA: MIT Press.

Katz, J. J. 1967. Recent Issues in Semantic Theory. *Foundations of Language*, 3.

Katz, J. J. 1972. *Semantic Theory*. New York: Harper & Row.

Katz, J. J. 1986. Common Sense in Semantics. Lepore, E. (ed.). *New Directions in Semantics*. New York: Academic Press.

Kempson, R. M. 1977. *Semantic Theory*. Cambridge: CUP.

Kent, B. 1999. The Semantics-pragmatics Distinction: What is It and Why It Matters, In Turner, K. (ed.). *The Semantics/Pragmatics Interface from Different Points of View*. London: Elsevier Science Ltd.

Kripke, S. 1959. A Completeness Theorem in Modal Logic. *Journal of Symbolic Logic*, 24 (1).

Kripke, S. 1972. *Naming and Necessity*. 梅文译,2005,《命名与必然性》,上海:上海译文出版社。

Kripke, S. 1977. Speaker's Reference and Semantic Reference. In French, P. Uehling, T. & H. Wettstein (eds.). *Contemporary Perspectives in the Philosophy of Language*. Minneapolis: University of Minnesota Press.

Kripke, S. 1982. *Wittgenstein on Rules and Private Language*. Cambridge: Harvard University Press.

Lakoff, G. 1972. Hedges: A Study in Meaning Criteria and the Logic of Fuzzy Concepts. *Journal of Philosophical Logic*, 2.

Lakoff, G. & M. Johnson. 1980. *Metaphors We Live By*. Chicago: The University of Chicago Press.

Lakoff, G. 1987. *Women, Fire, and Dangerous Things: What Categories Reveal about the Mind*. Chicago: The University of Chicago Press.

Lakoff, G. & M. Turner. 1989. *More Than Cool Reason: A Field of Guide to Poetic Metaphor*. Chicago and London: The University of Chicago Press.

Lakoff, G. 1991. Metaphor and War: The Metaphor System Used to Justify War in the Gulf. In Brien H. (ed.). *Engulfed in War: Just War and the Persian Gulf*. Honolulu: Matsunaga Institute for Peace.

Lakoff, G. 1996. *Moral Politics: What Conservatives Know That Liberals Don't*. Chicago: The University of Chicago Press.

Lakoff, G. & M. Johnson. 1999. *Philosophy in the Flesh: The Embodied Mind and its Challenge to Western Thought*. New York: Basic Books.

Lakoff, G. 2002. Why Cognitive Linguistics Requires Embodied Realism. *Cognitive*

Linguistics, 13—3.

Lakoff, G. & Núñez, R. 2000. *Where Mathematics Comes From: How the Embodied Mind Brings Mathematics into Being*. New York: Basic Books.

Lakoff, G. 2005. *Ten Lectures on Cognitive Linguistics by George Lakoff*. 高远、李福印主编,北京:北京航空航天大学外国语言系。

Langacker, R. W. 1987. *Foundations of Cognitive Grammar vol. I: Theoretical Prerequisites*. Stanford, California: Stanford University Press.

Langacker, R. W. 1991. *Foundations of Cognitive Grammar vol. II: Descriptive Application*. Stanford, California: Stanford University Press.

Langacker, R. W. 2000. *Grammar and Conceptualization*. Berlin: Mouton de Gruyter.

Langacker, R. W. 2008. *Cognitive Grammar: A Basic Introduction*. Oxford: OUP.

Lawrence, C. 1998. *From Modernism to Postmodernism: An Anthology*. Oxford: Blackwell Publishers.

Leary, D. E. 1990. Psyche's Muse: the Role of Metaphor in the History of Psychology. In Leary, D. E. (ed.). *Metaphors in the History of Psychology*, 1 — 78. London: CUP.

Lecercle, J. J. *A Marxist Philosopy of Language*. Translated by Elliott, G. 2006. Leiden: Brill.

Leech, G. N. 1974. *Semantics*. London: Penguin Books Ltd. 李瑞华等译,1987,《语义学》,上海:上海外语教育出版社。

Leech, G. N. 1983. *Principles of Pragmatics*. London: Longman.

Levinson, S. C. 1983. *Pragmatics*. London: CUP.

Lewis, D. 1966. An Argument for the Identity Theory. *Journal of Philosophy*, 63.

Lewis, D. 1972. General Semantics. In Davidson, D. & Harman, G(eds.). *Semantics of Natural Language*. Dordrecht: Reidel.

Lewis, D. 1986. *The Plurality of Worlds*. Oxford: Blackwell.

Lewis, C. I. 1918. *A Survey of Symbolic Logic*. Berkeley, California: University of California University.

Linsky, L. 1963. Reference and Referents. In Caton, C. (ed.). *Philosopy and Ordinary Language*. Urbana, IL.: University of Illinois Press.

Locke, J. 1690. *An Essay Concerning Human Understanding*. 关文运译,1959,《人类理智论》,北京:商务印书馆。

Lugg, A. 2000. *Wittgenstein's Investigations 1 — 133: A Guide and Interpretation*. London: Routledge.

Lycan, W. G. 1994. *Modality and Meaning*. Dordrecht and Boston, MA: Kluwer Academic Press.

Lycan, W. G. 1999. *Philosophy of Language: A Contemporary Introduction*. London: Routledge.

Lyons, J. 1963. *Structural Semantics: An Analysis of Part of the Vocabulary of Plato*.

Oxford: Basil Blackwell.

Lyons, J. 1977. *Semantics. Vol. I & II*. London: CUP.

Lyons, J. 1995. *Linguistic Semantics: An Introduction*. London: CUP.

Lyotard, J. F. 1979. *La Condition Postmoderne*. 车槿山译,2011,《后现代状态》,南京:南京大学出版社。

Magee, B. 1998. *Story of Philosophy*. 季桂保译,2002,《哲学的故事》,北京:生活·读书·新知三联书店。

Malcolm, N. 1958. *Ludwig Wittgenstein: A Memoir*. Oxford: Clarendon Press.

Marcus, R. B. 1946. A Functional Calculus of First Order Based on Strict Implication. *Journal of Symbolic Logic*, 11.

Marcus, R. B. 1947. The Identity of Individuals in a Strict Functional Calculus of Second Order. *Journal of Symbolic Logic*, 12.

Marcus, R. B. 1960. Extensionality. *Mind*, 69.

Marcus, R. B. 1961. Modalities and Intensional Languages. *Synthese*13.

Marcus, R. B. 1993. *Modalities: Philosophical Essays*. Oxford: OUP.

Martinich, A. P. 1985. *The Philosophy of Language*. 牟博、杨音莱、韩林合等译,1998,《语言哲学》,北京:商务印书馆。

Meinong, A. 1904. The Theory of Objects. First appeared in *Untersuchungen zur Gegenstandstheorie und Psychologie*. Leipzig: Barth.

Merleur-Ponty, M. 1945. *Phénoménologie de la Perception*. 姜志辉译,2001,《知觉现象学》,北京:商务印书馆。

Mill, J. S. 1843. *A System of Logic: Ratiocinative and Inductive*. 严复译,1981,《穆勒名学》,北京:商务印书馆。

Montague, R. 1970. Universal Grammar. *Theoria*, 36.

Montague, R. 1973. The Proper Treatment of Quantification in Ordinary English. In Hintikka, J. etc. (eds.). *Approaches to Natural Langauge*. Dordrecht: Reidel.

Montague, R. 1974. *Formal Philosophy: Selected Papers of Richard Montague*. Richard H. Thomason (ed.). New Haven: Yale University Press.

Moore, G. E. 1903. The Refutation of Idealism. *Mind*, 12.

Moore, G. E. 1946. Russell's "Theory of Description". In Schilpp, P. A. (ed.). *The Philosophy of Bertrand Russell*. Evanston Ill.: The Library of Living Philosophers.

Morris, Charles, W. 1946. *Signs, Language, and Behavior*. Englewood Cliffs: Prentice-Hall Inc.

Morris, Michael. 2007. *An Introduction to Philosophy of Language*. London: CUP.

Nänny, M. & O. Fischer. 1999. *Form Miming Meaning: Iconicity in Language and Literature*. Amsterdam: John Benjamins.

Nida, E. A. 1975. *Componential Analysis of Meaning*. The Hague: Mouton.

Nietzsche, F. 1889. Götz-Dämmerung(*The Dusk of Moral Idol*). 周国平译,1987,《偶像的黄昏》,长沙:湖南人民出版社。

Ogden, C. K. & I. A. Richard. 1923. *The Meaning of Meaning*. London: Routledge & Kegan Paul.

Ortony, A. (ed.). 1979. *Metaphor and Thought*. London:CUP.

Palmer, F. R. 1976. *Semantics*. London:CUP.

Pears, D. F. 1967. Is Existence a Predicate? In Strawson, P. F (ed.). *Philosophical Logic*. Oxford:OUP.

Piaget, J. 1970. *The Principles of Genetic Epistemology*. 王宪钿等译,1981,《发生认知论原理》,北京:商务印书馆。

Plantinga, A. 1978. The Boethian Compromise. *American Philosophical Quarterly*, 15.

Putnam, H. 1970. Is Semantics Possible? *Metaphilosophy*, 1.

Putnam, H. 1973. Meaning and Reference. *Journal of Philosophy*, 70.

Putnam, H. 1975. The Meaning of "Meaning". In *Philosophical Papers*, *Vol*. 2: *Mind, Language and Reality*. London:CUP.

Putnam, H. 1981. *Reason, Truth and History*. 童世骏、李光程译,1997,《理性、真理与历史》,上海:上海译文出版社。

Putnam, H. 1997. A Half Century of Philosophy: Viewed from Within. 王义军译,"从内部看哲学的半个世纪",载陈波主编,2001,《分析哲学——回顾与反省》,成都:四川教育出版社。

Quine, W. V. O. 1948. On What There Is. In Quine, W. V. O. 1953. *From a Logical Point of View*. Cambridge, MA: Harward University Press.

Quine, W. V. O. 1951. Two Dogmas of Empiricism. In Quine, W. V. O. 1953. *From a Logical Point of View*. Cambridge, MA: Harward University Press.

Quine, W. V. O. 1953. *From a Logical Point of View*. 江天骥、宋文淦、张家龙、陈启伟译,1987,《从逻辑的观点看》,上海:上海译文出版社。

Quine, W. V. O. 1960. *Word and Object*. 陈启伟、朱锐、张学广译,2005,《语词和对象》,北京:中国人民大学出版社。

Quine, W. V. O. 1981. *Theories and Things*. Cambridge, MA: Harvard University Press.

Quine, W. V. O. 1990. *Pursuit of Truth*. Boston, MA: Harvard University Press.

Radden, G. & K. U. Panther, 2004. *Studies in Linguistic Motivation*. Berlin: Mouton de Gruyter.

Ramsey, F. P. 1931. *The Foundation of Mathematics and Other Logical Essays*. London: Kegan Paul.

Rauch, I. & C. Gerald. 1980. *The Signifying Animal*: *The Grammar of Language and Experience*. Bloomington:Indiana University Press.

Rescher, N. 1994. The Rise and Fall of Analytical Philosophy. 张力锋译,分析哲学的兴起与衰落,载陈波主编,2001,《分析哲学——回顾与反省》,成都:四川教育出版社。

Richards, I. A. 1936. *The Philosophy of Rhetoric*. Oxford: OUP.

Ricoeur, P. 1913. *La Métaphore Vive*. 汪堂家译,2004,《活的隐喻》,上海:上海译文出版社。

Robins, R. H. 1967. *A Short History of Linguistics*. London: Longman.

Robins, R. H. 1976. *General Linguistics: An Introductory Survey*. London: Longman. 李振麟译,1986,《普通语言学概论》,上海:上海译文出版社。

Rorty, R. 1965. Mind-Body Identity, Privacy and Categories. *Review of Metaphysics*, 19.

Rorty, R. 1967. *The Linguistic Turn: Recent Essays in Philosophical Method*. Chicago: The University of Chicago Press.

Rorty, R. 1979. *Philosophy and the Mirror of Nature*. 李幼蒸译,2003,《哲学和自然之镜》,北京:商务印书馆。

Rosch, E. 1973. On the Internal Structure of Perceptual and Semantic Categories. In Moore, T. E. (ed.). *Cognitive Development and the Acquisition of Language*. New York: Academic Press.

Rosch, E. & C. B. Mervis. 1975. Family Resemblances: Studies in the Internal Structure of Categories. *Cognitive Psyc Hology*, 7.

Rosch, E. 1975. Cognitive Representations of Semantic Categories. *Journal of Experimental Psychology*, *General*, 104.

Rosch, E. 1978. Principles of Categorization. In Rosch, E. & B. Lloyd, (eds.). *Cognition and Categorization*. Hillsdale, N J: Erlbaum.

Ross, J. J. 1998. Analytical Philosophy: As a Matter of Style. In Biletzki, A. & A. Matar (eds.). *The Story of Analytical Philosophy: Plot and Heroes*. London: Routledge.

Russell, B. 1903. *Principles of Mathematics*. London: CUP.

Russell, B. 1905. On Denoting. In Marsh, R. (ed.). 1956. *Logic and Knowledge: Essays* 1901—1950. London: Allen & Unwin. 苑莉均译,1996,《逻辑与知识(1901—1950 论文集》,北京:商务印书馆。

Russell, B. 1914. *Our Knowledge of the External World: As a Field for Scientific Method in Philosophy*. London: Routledge.

Russell, B. 1919. *Introduction to Mathematical Philosophy*. 晏成书译,1982,《数理哲学导论》,北京:商务印书馆。

Russell, B. 1921. *The Analysis of Mind*. 贾可春译,2010,《心的分析》,北京:商务印书馆。

Russell, B. 1946. *A History of Western Philosophy*. 马元德译,1976,《西方哲学史》,北京:商务印书馆。

Russell, B. 1948. *Human Knowledge: Its Scope and Limits*. 张金言译,1983,《人类的知识——其范围与限度》,北京:商务印书馆。

Russell, B. 1959. *My Philosophical Development*. London: Allen & Unwin.

Russell, B. 1984. *The Collected Papers of Bertrand Russell, Volume 7: Theory of Knowledge: The 1913 Manuscript*. Blackwell, K., E. R. Eames (eds.). London: Routledge.

Ryle, G. 1931. Systematically Misleading Expressions. In *Proceedings of the Aristotelian Society*. The Aristotelian Society.

Ryle, G. 1949. *The Concept of Mind*. London: Hutchinson's University Library.

Ryle, G. 1953. Ordinary Language. In *Philosophical Review*, LXII.

Saeed, J. 1997. *Semantics*. Oxford: Blackwell.

Salmon, N. 1986. *Frege's Puzzle*. Cambridge, MA.: Bradford Books.

Sartre, J. P. 1946. *Existentialism is a Humanism*. 周煦良、汤永宽译,2005,上海:上海译文出版社。

Saussure, F. 1916. *Course in General Linguistics*. 高名凯译,1996,《普通语言学教程》,北京:商务印书馆。

Schiffer, S. 1972. *Meaning*. Oxford: Claredon Press.

Schlick, M. 1936. Meaning and Verification. *Philosophical Review*, 45. Reprint in Feigl H. & W. Sellars (eds.). 1949. *Readings in Philosophical Analysis*. New York: Appleton-Century-Crofts.

Schmitz, H. 1980. *Neue Phänomenologie*. 庞学铨等译,1997,《新现象学》,上海:上海译文出版社。

Searle, J. 1958. Proper Names. *Mind* 68.

Searle, J. 1969. *Speech Acts: An Essay in the Philosophy of Language*. London: CUP.

Searle, J. 1975. Indirect Speech Act. In Cole, P. & J. L. Morgan (eds.). *Syntax and Semantics*, 3: *Speech Acts*. New York: AP.

Searle, J. 1976. The Classification of Illocutionary Acts. *Language in Society*, 5.

Searle, J. 1983. *Intentionality: An Essay in the Philosophy of Mind*. London: CUP.

Searle, J. 1995. *The Construction of Society Reality*. New York: Free Press.

Searle, J. 1998. *Mind, Language and Society: Philosophy in the Real World*. 李步楼译,《心灵、语言和社会—实在世界中的哲学》,上海:上海译文出版社,2001。

Searle, J. 1999. The Future of Philosophy. *Philosophical Transactions: Biological Science*, 345.

Searle, J. 2001. Contemporary American Philosophy. 涂纪亮译,《当代美国分析哲学》,载陈波主编,2001,《分析哲学——回顾与反省》,成都:四川教育出版社。

Searle, J. 2004. *Mind: A Brief Introduction*. Oxford: OUP.

Sellars, W., R. Rorty & R. Brandom, 1956. *Empiricism and the Philosophy of Mind*. Cambridge, MA: Harvard University Press.

Smart, J. J. C. 1959. Sensations and Brain Processes. *Philosophical Review*, 68.

Sperber, D. & D. Wilson. 1986. *Relevance: Communication and Cognition*. Oxford: Blackwell.

Spretnak, C. 1988. Postmodern Directions. In Griffin, D. R. (ed). 1988. *Sprituality and Society: Postmodern Vision*. Albany: State University of New York.

Steinhart, E. C. 2001. *The Logic of Metaphor: Analogous Parts of Possible Worlds*. 黄华新,徐慈华译,2009,《隐喻的逻辑——可能世界中的类比》,杭州:浙江大学出版社。

Stockwell, P. 2002. *Cognitive Poetics: An Introduction*. London: Routledge.

Strawson, P. E. 1950. On Referring. *Mind*, 59.

Strawson, P. E. 1959. *Individuals: An Essay in Descriptive Metaphysics*. 江怡译,2004,《个体》,北京:中国人民大学出版社。

Strawson, P. E. 2001. Two Conceptions of Analytic Philosophy. 肖阳译,《分析哲学的两种图像》,载陈波主编,2001,《分析哲学——回顾与反省》,成都:四川教育出版社。

Sweetser, E. 1990. *From Etymology to Pragmatics: Metaphorical and Cultural Aspects of Semantic Strucutre*. London: CUP.

Talmy, L. 2000. *Toward a Cognitive Semantics. Vol. I: Concept Structing Systems. Vol. II: Typology and Process in Concept Structuring*. Cambridge, Massachusetts: The MIT Press.

Tanesini, A. 2007. *Philosophy of Language A—Z*. Edinburgh: Edinburgh University Press Ltd.

Tarski, A. 1931 in Polish. The Semantic Conception of Truth and the Foundations of Semantics. In Baghramian, M. (ed.). 1998. *Modern Philosophy of Language*. London: J. M. Dent.

Tarski, A. 1956. The Concept of Truth in Formalized Language. In Woodger, J. H. (ed.). *Logic, Semantics, Mathematics*. Oxford: Clarendon Press.

Taylor, J. 1989. *Linguistic Categorization — Prototypes in Linguistic Theory*. Oxford: OUP.

Taylor, J. 2012. *The Mental Corpus: How the Mind Represents Language*. Oxford: OUP.

Thilly, F. 1914. *A History of Philosophy*. 葛力译,1995,《西方哲学史》,北京:商务印书馆。

Toynbee, A. J. 1947. *A Study of History*. Oxford: OUP.

Tourangeau, R. & R. J. Sterberg, 1981. Aptness in Metaphor. *Cognitive Psychology*, 13.

Tourangeau, R. & R. J. Sterberg, 1982. Understanding and Appreciating Metaphors. *Cogniton*, 11.

Ullmann, S. 1957. *Principles of Semantics*. Oxford: Blackwell.

Ullmann, S. 1962. *Semantics: An Introduction to the Science of Meaning*. Oxford: Blackwell.

Ungerer, F. & H. J. Schmid. 1996. *An Introduction to Cognitive Linguistics*. London: Longman.

Vendler, Z. 1957. *Linguisitcs in Philosophy*. 陈嘉映译,2008,《哲学中的语言学》,北京:华夏出版社。

Volosinov, V. N. 1930. Trans. By Matejka, L. & I. R. Titunik, 1973. *Marxism and the Philosophy of Language*. New York: Seminar Press. 张杰、华昶译,2009,《马克思主义与语言哲学》,载《巴赫金全集》(第二卷),石家庄:河北教育出版社。

Whitehead, A. N. & B. Russell. 1910—1913. *Principia Mathematica*. *Vol*. 1 — 3. London: CUP.

Whitehead, A. N. 1929. *Process and Reality: An Essay in Cosmology*. New York: Harper & Row.

Wilson, N. L. 1959. Substance without Substrata. *Review of Metaphysics*, 12.

Wittgenstein, L. 1922. *Tractatus Logico-Philosophicus*. 贺绍甲译,2002,《逻辑哲学论》,北京:商务印书馆。

Wittgenstein, L. 1953. *Philosophical Investigation*. 李步楼译,1996,《哲学研究》,北京:商务印书馆。

Wittgenstein, L. 1958. *The Blue and Brown Books*. Oxford: Basil Blackwell. 涂纪亮译,2012,《蓝皮书和褐皮书》,北京:北京大学出版社。

Wittgenstein, L. 2005. *The Big Typescript: TS213*. Luckhardt, C. G. & M, A, E. Aue (eds.). Oxford: Blackwell.

Wright, G. H. 1993. Analytical Philosophy: A Historico-critical Survey. In *The Tree of Knowledge and Other Essays*. Leiden, the Netherlands: E. J. Brill.

Zadeh, L. A. 1965. Fuzzy Sets. *Information and Control*, 8.

Zelinsky-Wibbelt, C. 1993. *The Semantics of Preposition*. Berlin: Mouton de Gruyter.

包兆会,2005,《后结构主义》,载王治河主编,2005,《后现代主义辞典》,北京:中央编译出版社。

北京大学哲学系外国哲学史研究室,1982,《古希腊罗马哲学》,北京:商务印书馆。

陈 波,1998,《奎因哲学研究》,北京:三联书店。

陈 波,2001,《奎因的两个教条批判及其影响》,载陈波主编,2001,《分析哲学——回顾与反省》,成都:四川教育出版社。

陈 波,2005,《逻辑哲学》,北京:北京大学出版社。

陈嘉映,2001,《自然理解 vs 充分分析》,载陈波主编,2001,《分析哲学——回顾与反身》,成都:四川教育出版社。

陈 波,2001,《从中国哲学的角度看分析哲学的价值》,载陈波主编,2001,《分析哲学——回顾与反省》,成都:四川教育出版社。

陈嘉映,2002,《专名问题》,载赵汀阳主编,2002,《论证》,第 2 期,桂林:广西师范大学出版社。

陈嘉映,2003,《语言哲学》,北京:北京大学出版社。

陈嘉映,2005,《无法还原的象》,北京:华夏出版社。

陈嘉映,2006a,《存在与时间》译本附录一,北京:三联书店。

陈嘉映,2006b,《维特根斯坦的哲学观》,载《现代哲学》2006,第 5 期。

陈嘉映,2007,《哲学 科学 常识》,北京:东方出版社。

陈嘉映,2008,《哲学中的语言学》译者导言,北京:华夏出版社。收入陈嘉映《无法还原的象》。

陈嘉映,2011,《普遍性种种》,北京:华夏出版社。

陈嘉映,2013,《谈谈维特根斯坦的哲学语法》,载钱冠连、王寅主编《语言哲学研究(第二辑)》,北京:高等教育出版社。

承载撰,2004,《春秋谷梁传译注》,上海:上海古籍出版社。

程志民、江怡,2003,《当代西方哲学新词典》,长春:吉林人民出版社。

戴浩一,1989,《以认知为基础的汉语功能语法刍议》,叶蜚声译,《国外语言学》,1990 年 4 期;1991 年第 1 期。

丁尔苏,2000,《语言的符号性》,北京:外语教学与研究出版社。

丁言仁,2009,《语言哲学:在现代西方语言学的背后》,上海:上海外语教育出版社。

杜世洪,2010a,《论"假装+V"结构的逻辑问题》,《现代外语》,第 2 期。

杜世洪,2010b,《关于假装的语言分析和概念考察》,《外语学刊》,第 2 期。

杜世洪,2011,《连贯是一个语言哲学问题—四十年连贯研究的反思》,《外国语》,第 4 期。

杜世洪,2012,《脉辨——话语连贯的语言哲学研究》,北京:人民出版社。

恩格斯,1925,《自然辩证法》,汉译本 1971,北京:人民出版社。

冯友兰,1946,《论形上学的性质和方法》,载陈波主编,2001,《分析哲学——回顾与省》,成都:四川教育出版社。

冯友兰,1976,《中国哲学史》,北京:商务印书馆。

冯志伟,1999,《现代语言学流派》,西安:陕西人民出版社。

高名凯,1963,《语言论》,北京:人民出版社。

高宣扬,2010,《后现代论》,北京:中国人民大学出版社。

关子尹,1994,《从哲学的观点看》,中国台北:东大图书公司。

韩 红,2005,《交往的合理性与现代性的重建》,北京:人民出版社。

韩林合,2001,《维也纳学派关于知识基础问题的讨论》,载陈波主编,《分析哲学——回顾与反省》,成都:四川教育出版社。

韩林合,2007,《〈逻辑哲学论〉研究》, 北京:商务印书馆。

韩林合,2010,《维特根斯坦〈哲学研究〉解读》(上、下),北京:商务印书馆。

何九盈,1995,《中国古代语言学史》,广州:广东教育出版社。

洪汉鼎,2001,《〈逻辑哲学论〉对维也纳学派的影响和经验主义的解释问题》,载陈波主编,2001,《分析哲学——回顾与反省》,成都:四川教育出版社。

洪 谦,1987,《关于逻辑经验主义——我的个人见解》,载《哲学译丛》,第 5 期,载陈波主编,2001,《分析哲学——回顾与反省》,成都:四川教育出版社。

黄 斌,1999,《语言逻辑哲学——难题与解析》,重庆:重庆出版社。

黄国文,2007,《关于"外国语言学及应用语言学"的思考》,《外语与外语教学》,第 4 期。

黄华新,2005,《描述语用学》,长春:吉林人民出版社。

黄华新、徐慈华,2008a,《隐喻语句的真值条件》,载《哲学研究》,第 4 期。

黄华新、徐慈华,2008b,《隐喻表达与经济原则》,载唐孝威、黄华新主编《语言与认知研究(第二辑)》,北京:社会科学文献出版社。

黄颂杰,2002,《西方哲学名著提要》,南昌:江西人民出版社。

胡 军,2001,《罗素哲学在中国》,载陈波主编,2001,《分析哲学——回顾与反省》,成都:四川教育出版社。

胡兴荣,2004,《新闻哲学》,新华出版社。

胡壮麟,1991,《功能主义纵横谈》,《外国语》,第 3 期。

胡壮麟,1999,《科学理论新发现和语言学新思维》,《外语教学与研究》,第 4 期。

胡壮麟,2012,《人·语言·存在 ——五问海德格尔语言观》,《外语教学与研究》,第 6 期。

季国清,1998,《语言的本质在"遥远的目光"中澄明》:语言哲学的新视野,《外语学刊》,第 3 期。

季国清,1999,《语言研究的后现代化迫在眉睫》,《外语学刊》,第 1 期。

蒋严、潘海华,1998,《形式语义学引论》,北京:中国社会科学出版社。

江　怡,2001,《分析哲学在中国》,载陈波主编,2001,《分析哲学——回顾与反省》,成都:四川教育出版社。

江　怡,2002,《〈逻辑哲学论〉导读》,成都:四川教育出版社。

江　怡,2009,《分析哲学教程》,北京:北京大学出版社。

江　怡,1998,《维特根斯坦——一种后哲学的文化》,北京:社会科学文献出版社。

金岳霖,1979,《形式逻辑》,北京:人民出版社。

金岳霖,1940,"The Principle of Induction and A Priori"(《归纳原则与先验性》),*The Journal of Philosophy*, 37(7)。

李葆嘉,2001,《理论语言学——人文与科学的双重精神》,南京:江苏古籍出版社。

李洪儒,2001,《从逻辑、哲学角度看句义理论的发展——"语句中的发话者因素"理论探讨之一》,《外语学刊》,第 1 期。

李洪儒,2002,《从语句的交际结构看发话者形象》,《外语学刊》,第 5 期。

李洪儒,2005,《试论语言层级上的发话者形象——语言哲学系列探索之一》,《外语学刊》,第 5 期。

李洪儒,2006a,《系词——人在语句中的存在家园》,《外语学刊》,第 2 期。

李洪儒,2006b,《意见命题意向谓词与客体命题的类型》,《外语学刊》,第 5 期。

李世中,1987,《谈汉语声调对词义的象征性》,《光明日报》,4 月 14 日第三版。

李幼蒸,1999,《理论符号学导论》,北京:社会科学文献出版社。

李兆同,1981,《语言学导论》,乌鲁木齐:新疆人民出版社。

廖七一,2000,《当代西方翻译理论探索》,南京:译林出版社。

列　宁,1908,《唯物主义和经验批判主义》,《列宁全集》(第 18 卷),汉译本 1988,北京:人民出版社。

林　木,2009,《起名宝典》,北京:大众文艺出版社。

刘放桐,1981,《现代西方哲学》,北京:人民出版社。

刘放桐,2010,《"人本主义"和"人本主义哲学思潮"随想录》,http://www.csscipaper.com.

刘利民,2006,《论思维的语言操作三层次》,《外语学刊》,第 3 期。

刘利民,2006,《哲学视域中的语言问题》,《外语学刊》,第 6 期。

刘利民,2007,《纯粹语言性反思与分析理性思想的端倪》,《外语学刊》,第 1 期。

刘利民,2007,《在语言中盘旋》,成都:四川大学出版社。

刘利民,2009,《先秦名家在形容词语义中的哲学盘旋》,《外语学刊》,第 5 期。

罗森塔尔、尤金编,1955,《简明哲学辞典》,北京:三联书店,1973。

鲁　鹏,2006,《论不确定性》,《哲学研究》,第 3 期。

马建忠,1998,《马氏文通》(原作 1898),北京:商务印书馆。

马克思,1844,《经济学哲学手稿》,载《马克思恩格斯全集》(第 42 卷),汉译本 1979,北京:人民出版社。

马克思、恩格斯,汉译本 1960,《马克思恩格斯全集》(第 3 卷),北京:人民出版社。

马克思、恩格斯,汉译本 1965,《马克思恩格斯全集》(第 22 卷),北京:人民出版社。

毛泽东,1991,《毛泽东选集》(第 1 卷),北京:人民出版社。

宁春岩,2000,《关于意义内在论》,载《外语教学与研究》,第 4 期。

潘文国,2007,《关于外国语言学研究的几点思考》,《外语与外语教学》第 4 期。

潘文国、谭惠敏,2006,《对比语言学:历史与哲学思考》,上海:上海教育出版社。

庞学铨,2005,《哲学导论》,杭州:浙江大学出版社。

濮之珍,2002,《中国语言学史》,上海:上海古籍出版社。

钱冠连,1987,《言语假信息——兼论 Grice 合作原则的拯救》,《外国语》,第 5 期。

钱冠连,1989,《面像身势与话语必须和谐:一条会话合作原则》,《外语教学》,第 2 期。

钱冠连,1991,Pragmatics in China, *Pragmatics*(The IPrA),(JUNE)。

钱冠连,1995,《新语用机制,新在哪里?》,《外国语》,第 1 期。

钱冠连,1996,《语用学:人文网络言语学》,《读书》,第 1 期。

钱冠连,1999a,《语用学的哲学渊源——西方语言哲学研究之三》,《外语与外语教学》,第 6 期。

钱冠连,1999b,《哲学轨道上的语言研究(上)——西方语言哲学研究之一》,《外国语》,第 6 期。

钱冠连,2000a,《哲学轨道上的语言研究(下)——西方语言哲学研究之一》,《解放军外国语学院学报》,第 1 期。

钱冠连,2000b,《Pragmatics 九年首文研究》,《现代外语》,第 3 期。

钱冠连,2001a,《不当交际工具使用的语言——西方语言哲学研究之二》,《外语与外语教学》,第 2 期。

钱冠连,2001b,《中西哲学的不同语言走向——西方语言哲学研究之四》,《解放军外国语学院学报》,第 6 期。

钱冠连,2001c,《西方语言哲学三个问题的梳理——西方语言哲学研究之五》,《现代外语》,第 3 期。

钱冠连,2002a,《学派与学派意识——西方语言哲学研究之六》,《语言文化教育研究》,第 2 期。

钱冠连,2002b,《证伪论与语言研究——西方语言哲学研究之七》,《现代外语》,第 2 期。

钱冠连,2002c,《语言全息论》,北京:商务印书馆。

钱冠连,2002d,《汉语文化语用学》,北京:清华大学出版社。

钱冠连,2003a,《论工具性语言的扩展式——西方语言哲学研究之八》,《语言科学》,第 3 期。

钱冠连,2003b,《语言哲学翻译论——兼论工具性语言扩展式》,《中国翻译》,第 5 期。

钱冠连,2003c,《语言哲学修辞论:一个猜想——西方语言哲学系列研究之十》,《福建师范大学学报》,第 6 期。

钱冠连,2005,《语言:人类最后的家园》,北京:商务印书馆。

钱冠连,2007a,《西语哲在中国:一种可能的发展之路》,《外语学刊》,第1期。

钱冠连,2007b,《以学派意识看外语研究——学派问题上的心理障碍》,《中国外语》,第1期。

钱冠连,2008,《西语哲在外语界的传播与未来的发展》,《外语学刊》,第2期。

钱冠连,2010,《人自称、人被称与物被称》,《语言哲学研究》,第1辑。

沈家煊,2007,《关于外语界做研究的几点思考》,《中国外语》,第1期。

石毓彬、程立显、余涌,1996,《当代西方著名哲学家评传:第四卷"道德哲学"》,济南:山东出版社。

孙周兴,2009,《后哲学的哲学问题》,北京:商务印书馆。

隋 然,2003,《译学研究的研究与分析哲学的分析》,《外国语》,第1期。

隋 然,2005,《语言学研究的分析哲学方法论》,《来自首届中国外语教授沙龙的报告》,北京:商务印书馆。

涂纪亮,1987,《分析哲学及其在美国的发展》,北京:中国社会科学出版社。

涂纪亮,1996,《当代西方著名哲学家评传(第一卷 语言哲学)》,济南:山东人民出版社。

涂纪亮,2001,《后期维特根斯坦的哲学观》,载陈波主编,2001,《分析哲学——回顾与反省》,成都:四川教育出版社。

王爱华,2006,《论明达语言性及明达语言维度观——语言哲学系列研究》(一),《外语学刊》,第3期。

王爱华,2007,《语言不完备性:明达语言与语言自救》,《外语学刊》,第1期。

王宏印,1997,《白话解读公孙龙子》,西安:三秦出版社。

王克千等,1983,《现代西方哲学流派》,北京:中国青年出版社。

王 力,1944,《中国语法理论》,后收入《王力文集》第一卷,1984,济南:山东教育出版社。

王 力,1980,《中国语言学史》,太原:山西人民出版社。

王 路,1996,《论"真"与"真理"》,载《中国社会科学》,第6期。

王 路,1999,《走进分析哲学》,北京:三联书店。

王 路,2006,《弗雷格哲学论著选辑》,北京:商务印书馆。

王 路,2008,《逻辑的观念》,北京:商务印书馆。

王 路,2009,《走进分析哲学》,北京:中国人民大学出版社。

王庆节,2004,《解释学、海德格尔与儒道今释》,北京:中国人民大学出版社。

王仁强、章宜华,2004,《原型理论与范畴研究》,《四川外语学院学报》,第6期。

王晓升,1999,《走出语言的迷宫 —— 后期维特根斯坦哲学概述》,北京:社会科学文献出版社。

王 炜、周国平,1996,《当代西方著名哲学家评传(第九卷 人本哲学)》,济南:山东人民出版社。

王 寅,1987a,《语义与语言教学》,《山东外语教学》增刊。

王 寅,1987b,《数理统计在当代语言测试中的应用》,《山东外语教学》,第4期。

王 寅,1987c,《从语义与搭配的关系谈英语学习》,《山东工业大学学报(社科版)》,第2期。

王　寅,1988a,《语言交际图》,《清华大学外语教学研究》,第 1 期。
王　寅,1988b,《命题、句子和话语及其意义初探》,《北京第二外国语学院学报》,第 1 期。
王　寅,1988c,《语义的分类剖析及其在教学中的指导意义》,《外语研究》,第 3 期。
王　寅,1990,《英汉语言宏观结构区别特征》,《外国语》,第 6 期。
王　寅,1992,《英汉语言宏观结构的区别特征(续)》,《外国语》,第 5 期。
王　寅,1993,《简明语义学辞典》,济南:山东人民出版社。
王　寅、李弘,1996/2003,《英汉语言区别特征研究》,北京:新华出版社。
王　寅,2001,《语义理论与语言教学》,上海:上海外语教育出版社。
王　寅,2002,《认知语言学的哲学基础》:体验哲学,《外语教学与研究》,第 2 期。
王　寅,2003a,《中西隐喻对比及隐喻工作机制分析》,《解放军外国语学院学报》,第 2 期。
王　寅,2003b,《体验哲学:一种新的哲学理论》,《哲学动态》,第 7 期。
王　寅,2004,《中西学者对体验哲学的论述对比初探》,《外语与外语教学》,第 1 期。
王　寅,2005a,《二山之石,必可攻玉》,《中国外语》,第 2 期。
王　寅,2005b,《再论语言的体验性》,《山东外语教学》,第 2 期。
王　寅,2005c,《认知语言学的翻译观》,《中国翻译》,第 5 期。
王　寅,2005d,《认知语言学探索》,重庆:重庆出版社。
王　寅,2006a,《解读语言形成的认知过程——七论语言的体验性:详解基于体验的认知过程》,《四川外语学院学报》,第 6 期。
王　寅,2006b,《认知语法概论》,上海:上海外语教育出版社。
王　寅,2007a,《语言世界观多元论》,《重庆大学学报》,第 1 期。
王　寅,2007b,《认知语言学》,上海:上海外语教育出版社。
王　寅,2007c,《中西语义理论对比研究初探 —— 基于体验哲学和认知语言学的思考》,北京:高等教育出版社。
王　寅,2007d,《"As X As Y 构造"的认知研究——十论语言的体验性》,《解放军外国语学院学报》,第 4 期。
王　寅,2008a,《既超越又不超越的回归 —— 兼谈体验哲学的超越性和语言研究的新增长点(之三)》,《外语学刊》,第 1 期。
王　寅,2008b,《认知语言学的"体验概念化"对翻译主客观性的解释力——一项基于古诗"枫桥夜泊"40 篇英语译文的研究》,《外语教学与研究》,第 3 期。
王　寅,2008c,《语言学新增长点思考之四:后语言哲学探索——语言哲学、后语言哲学与体验哲学》,《外语学刊》,第 4 期。
王　寅、王天翼,2008d,《语言学新增长点思考之五:本土化的合璧式创新——以语言体验性和隐喻认知观为例》,《中国外语》,第 6 期。
王　寅,2009a,《汉语"副名构式"的认知构式语法分析法——基于"压制、突显、传承、整合"的角度》,《外国语文》,第 4 期。
王　寅,2009b,《主客主多重互动理解》,《哲学动态》,第 10 期。
王　寅,2009c,《语言体验观及其对英语教学的指导意义》,《中国外语》,第 6 期。
王　寅,2010,《主客主多重互动理解模式(SOS):理论建构与语料实证》,《语言哲学研究》,第1辑。

王 寅、王天翼,2010,《汉语明喻成语构式的特征分析》,《语言教学与研究》,第4期。

王 寅,2011,《构式语法研究(上卷):理论思索》,《构式语法研究(下卷):分析应用》,上海:上海外语教育出版社。

王晓升,1999,《走出语言的迷宫》,北京:社会科学文献出版社。

王治河,2002,《代译序:后现代主义的建设性向度及其依据》,载鲍世斌等译,2002,《超越解构:建设性后现代哲学的奠基者》,北京:中央编译出版社。

王治河,2005,《后现代主义辞典》,北京:中央编译出版社。

王治河,2006,《后现代哲学思潮研究(增补本)》,北京:北京大学出版社。

王治河,2011,《后现代主义与建设性(代序)》,载王成兵译,《后现代精神》,北京:中央编译出版社。

汪子嵩、张世英、任华,1972,《欧洲哲学史简编》,北京:人民出版社。

汪子嵩、范明生、陈村富、姚介厚,1997,《希腊哲学史》,北京:人民出版社。

文卫平、方 立,2008,《汉语驴句研究——兼谈英语相关句式》,《外语教学与研究》,第5期。

温宾利,1997,《英语的"驴句"与汉语的"什么……什么句"》,《现代外语》,第3期。

伍铁平,1994,《语言学是一门领先的科学》,北京:北京语言学院出版社。

伍铁平,1999,《模糊语言学》,上海:上海外语教育出版社。

冼景炬,2001,《维特根斯坦与西方哲学的终结》,载陈波主编,2001,《分析哲学——回顾与反省》,成都:四川教育出版社。

许国璋,1988,《语言符号的任意性问题——语言哲学探索》,《外语教学与研究》,第3期。

徐德江,1999,《索绪尔语言理论新探》,北京:海潮出版社。

徐烈炯,1990,《语义学》,北京:语文出版社。

徐盛桓,2006,《思维方式与创新——创新共斟酌之二》,《中国外语》,第1期。

徐盛桓,2007,《"照着讲"和"接着讲"——当代语言学研究自主创新问题的思考》,《中国外语》,第1期。

徐盛桓,2011,《"语言研究的心智哲学角度——'心智哲学与语言研究'之五"》,《河南大学学报(社会科学版)》,第4期。

徐友渔、周国平、陈嘉映、尚杰,1996,《语言与哲学》,北京:三联书店。

徐友渔,1994,《哥白尼式的革命——哲学中的语言转向》,上海:三联书店上海分店。

徐友渔,2001,《20世纪英美分析哲学中"语言的转向"》,载陈波主编,2001,《分析哲学——回顾与反省》,成都:四川教育出版社。

杨善华,1999,《当代西方社会学理论》,北京:北京大学出版社。

杨自俭,2006,《学会·学风·学理·学问·学派·学人》,杨自俭主编,《英汉语比较与翻译》,上海:上海外语教育出版社。

余纪元,1993,《亚里士多德:存在作为存在》,《中国人民大学学报》,第4期。

于秀英(译),2011,《普通语言学手稿》,南京:南京大学出版社。

袁文彬,2007,《语言哲学的马克思主义之维》,《自然辩证法通讯》,第3期。

赵秋野,2007,《俄罗斯心理语言学研究创新的启示》,《外语学刊》,第1期。

赵振铎,2000,《中国语言学史》,石家庄:河北教育出版社。
赵敦华,2001,《西方哲学简史》,北京:北京大学出版社。
赵一凡,2007,《西方文论讲稿——从胡塞尔到德里达》,北京:三联书店。
张后尘,2008,《语言学研究与现代科学发展》,《中国外语》,第1期。
张汝伦,2003,《现代西方哲学十五讲》,北京:北京大学出版社。
张　乔,1990,《模糊语义学》,北京:中国社会科学出版社。
张　杰,1998,《批评的转向:从语言学走上话语学》,《外国语》,第4期。
章士嵘、王炳文,1996,《当代西方著名哲学家评传(2):心智哲学》,济南:山东人民出版社。
张志伟,2004,《西方哲学十五讲》,北京:北京大学出版社。
哲学编辑委员会,1998,《中国大百科全书》,北京:中国大百科全书出版社。
曾　志,2001,《西方哲学导论》,北京:中国人民大学出版社。
邹崇理,1995,《逻辑、语言和蒙太格语法》,北京:社会科学文献出版社。
周流溪,2010年6月7日四川外语学院第30次认知语言学讲座,参见http://www.sisu.edu.cn/information/shownews。